화성에서 온 남자, 금성에서 온 여자

MEN ARE FROM MARS, WOMEN ARE FROM VENUS by John Gray
(c) John Gray 1992 First Published by Haper Collins Publishers, New York.
All Right Reserved.
Published by arrangement with Linda Michael Literary Agency through Imprima Korea, Inc.

Translation Copyright (c) 1993 by FRIEND Publishing Co.

화성에서 온 남자
금성에서 온 여자

지은이 /존 그레이
옮긴이 /김경숙

처음 펴낸날 /1993년 12월 15일
10쇄 펴낸날 /1995년 12월 10일

펴낸곳 /도서출판 친구
펴낸이 /강인실
등록 /서울시 제9-202호
주소 /(121-110) 서울시 마포구 신수동 448-6 한국출판협동조합내
전화 /(02)714-9800 · 팩시밀리 /(02)714-9804
ID : ironsil

값 7,000원

ISBN 89-7399-712-2 03840

＊잘못 만들어진 책은 바꾸어 드립니다.

# 화성에서 온 남자, 금성에서 온 여자

존 그레이 지음 · 김경숙 옮김

친구

# 차례

깊은 사랑과 애정을 담아 내 아내 바니 그레이에게 이 책을 바칩니다. 그녀의 사랑, 민감하고 여린 심성, 그녀의 지혜와 용기는 내가 할 수 있는 최선을 다하도록 나를 이끌었고, 우리가 함께 터득한 것들을 모두와 나눌 수 있도록 내게 용기를 불어넣었습니다.

# 감사의 말

이 책이 만들어지기까지의 여정에 나와 동행해 준 내 아내 바니 그레이에게 고마운 마음을 전한다. 우리 이야기를 세상에 내놓을 수 있도록 허락해 준 데 대해, 그리고 무엇보다도 여성의 관점을 보다 잘 이해하고 존중할 수 있도록 도움을 준 데 대해 고마움을 느낀다.

끊임없는 사랑과 지지를 내게 보내 준 나의 세 딸 셰넌, 줄리, 로렌에게 고마움을 전한다. 부모 노릇이라는 난제에 직면해 나는 우리 부모님이 치러 내셨을 고투를 이해하게 되었고, 한층 더 그분들을 사랑하게 되었다. 아버지가 된다는 것은 내 아버지를 이해하고 사랑하는 데 특히 도움이 되었다.

일곱 명의 아이들을 사랑으로 키워 주신 어머님, 아버님께 감사를 드린다. 내 마음을 알아 주고, 내 생각에 칭찬을 아끼지 않는 큰형 데이비드와, 더 높은 성취를 향해 나아갈 수 있도록 나를 격려해 준 윌리엄에게 감사하고, 새벽녘까지 나누곤 했던 길고도 흥미로운 대화로 늘 내게 유익하고 날카로운 견해를 제시해 주었던 로버트, 긍정적인 마음으로 내게 활기를 불어넣어 준 탐, 내 능력을 믿고 내 연구를 높이 평가해 주는 버지니아 누나에게도 고마움을 느낀다. 지금은 세상을 떠난 내 동생 지미가 내게 보여 주었던 사랑과 존경은 어려울 때 늘 내게 힘이 되어 주고 있다.

이 책의 구상에서 완성에 이르기까지 줄곧 반짝이는 창조적 열정으로 커다란 도움을 준 나의 대리인 패티 브라이트맨에게 사의를 표하고, 이 연구 계획의 착수를 위해 원조를 아끼지 않은 캐롤 비드닉과, 전문가적인 조언과 의견을 제시해 준 수잔 몰다우, 낸시 피스키에게도 감사를 전한다. 내가 도움을 구할 때 언제든지 이에 응해 주신 하퍼 콜린즈의 여러분들께도 감사의 마음을 전하고 싶다.

공동연구그룹에서 자신들의 이야기를 들려 주고 내게 이 책의 집필을 권했던 수천의 세미나 참가자들에게도 고루 감사를 보낸다. 그들의 적극적이고 충실한 피드백이 있었기에 복잡한 주제를 쉽게 풀어 나갈 수 있었다.

자기의 갈등을 있는 그대로 내보이고 거기에 대한 나의 조언에 전적인 신뢰를 보내 준 내 의뢰인들에게도 심심한 감사의 말씀을 드린다.

이 책의 내용 곳곳에 그 노련한 판단과 분별력으로 영향을 준 스티브 마티뉴에게도 감사드린다.

또, 이 책을 구성하게 될 각종 자료들을 검사하고, 시험해 보고, 주제를 전개시켜 나가는 전 과정에 성심을 다해 참여함으로써 '존 그레이 인간관계 세미나'의 오늘이 있게 한 여러분들, 산타 크루즈의 엘리와 이안 코렌, 호놀룰루의 데브라 머드, 개리, 헬렌 프란셀, 샌프란시스코의 빌과 주디 엘부링, 워싱턴 시의 데이비드 옵즈펠드와 프레드 크라이너, 볼티모어의 엘리자베스 클링, 시애틀의 클라크와 도티 바텔, 피닉스의 마이클 나자리안, 로스앤젤레스의 글로리아 맨체스터, 휴스턴의 샌디 맥, 라스베이거스의 얼린 카릴로, 샌디에이고의 데

이비드 팔로우, 댈러스의 메릴 제이콥스, 스톡홀름의 오브 요한슨과 에바 메텐슨에게 고마운 마음을 전한다.

이 책의 구상에 결정적 계기가 된 최근의 내 작품『남자, 여자, 그리고 그 관계』를 출판하는 데 물심양면으로 도움을 주신 'Beyond Words 출판사'의 리처드 코헨과 신디 블랙에게도 감사한다.

세미나 전 과정을 녹음해 준 트리아논 스튜디오의 존 베스트맨과 녹음 자료들을 검토하고 평가하는 작업을 맡아 준 '카세트 익스프레스'의 직원들과 데이브 모턴에게도 사의를 표한다.

자기 이야기를 들려 준 남성그룹의 일원들, 특히 원고 편집과정에 많은 도움을 준 레니 아이거, 찰스 우드, 자크 얼리, 데이비드 플래식, 크리스 존스에게 감사의 말을 전하고 싶다.

아울러 작업기간 내내 효율적이고 책임 있는 자세로 사무실 운영을 맡아 준 내 비서 아리아나에게 감사하며, 늘 그 자리에 있어 준 내 변호사 —우리 손자들의 양할아버지이기도 한— 제리 리폴드에게도 감사의 마음을 갖고 있다.

그리고 20년이 넘게 나와의 우정을 가꾸어 온 클리포드 맥과이어에게 고마움을 전한다. 그만한 친구, 그만한 상담역을 내가 다시 만나기는 어려울 것이다.

# 책을 여는 글

우리 딸 로렌이 태어나고 일주일이 지났을 때, 내 아내 바니와 나는 완전히 녹초가 되어 있었다. 매일 밤 로렌은 우리를 자게 내버려 두지 않았다. 바니는 해산의 후유증이 채 가시지 않아 진통제를 복용했고, 아직 제대로 걷지도 못했다. 산모를 돌보라고 주어진 닷새간의 휴가가 끝나고 나는 직장으로 돌아갔다. 아내는 조금씩 좋아지고 있는 것 같았다.

내가 출근하고 없을 때 하필 아내의 진통제가 다 떨어져 버렸다. 바니는 내 직장으로 전화를 거는 대신, 잠시 우리 집에 들른 내 동생에게 진통제를 좀 사다 달라고 부탁을 했다. 그러나 그는 돌아오지 않았고 덕분에 아내는 갓난애를 돌보면서 하루 온종일 아픔을 견디어야 했다.

나로서는 그녀의 하루가 얼마나 고통스러운 것이었는지 알 턱이 없었다. 퇴근해 집에 돌아와 보니 아내는 기분이 몹시 좋지 않아 보였다. 나는 아내가 그러는 게 나 때문이고 나를 비난하는 거라고 생각했다.

그녀가 말했다.

"하루 종일 고통에 시달렸어요……. 진통제가 떨어졌다구요. 침대에 늘어져 꼼짝 못 해도 누구 하나 아는 체해 주는 사람 없었단 말예요."

나는 방어적인 태도로 말했다.

"왜 내게 전화를 하지 않았소?"

아내가 말했다.

"도련님한테 부탁했는데 깜빡 잊은 거예요. 난 하루 종일 그가 돌아오기만을 기다렸어요. 내가 뭘 어떻게 할 수 있겠어요, 제대로 걷지도 못하는데. 나는 완전히 버림받은 느낌이었다구요."

이 시점에서 나는 감정이 폭발했다. 그날따라 무척이나 참을성이 없었던 나는 아내가 내게 전화를 하지 않은 게 화가 났고, 자기가 아픈지 어떤지 알지도 못했던 나를 비난하는 것에 대해 울화가 치밀었다. 몇 마디의 거친 말이 오간후 난 문 쪽으로 향했다. 난 피곤하고 짜증이 났고, 더 이상 잔소리를 듣고 싶지 않았다. 우리는 둘 다 한계에 이르러 있었다.

바로 그때, 내 인생에 변화를 가져다 준 무언가가 일어나기 시작했다.

바니가 말했다.

"가지 말아요, 제발. 지금이 바로 내가 당신을 가장 필요로 하는 때예요. 난지금 고통스럽고, 며칠 동안 잠도 제대로 못 잤어요. 제발 내 말을 좀 들어 봐요."

나는 잠시 그대로 서서 그녀의 말을 듣고 있었다.

아내는 말했다.

"존 그레이, 당신은 다급할 때에 믿을 수 없는 친구예요! 내가 다정하고 사랑스러운 아내일 때 당신은 여기 내 곁에 있지만, 그렇지 않을 때는 당장에 저문 밖으로 걸어 나가 버리니까요."

그녀는 잠시 말을 멈추었다. 그녀의 두 눈엔 눈물이 가득 고였고, 어조를 바꾸어 말했다.

"지금 나는 괴로움 속에 있어요. 내가 당신에게 아무것도 줄 게 없을 때, 바로 그때가 내가 당신을 가장 필요로 할 때예요. 제발 이리 와서 나를 안아 줘요. 아무 말도 할 필요 없어요. 나는 그저 당신에게 안겨 있다는 걸 느끼고 싶을 뿐이에요. 제발 가지 말아요."

나는 그녀에게로 다가가 말없이 그녀를 안아 주었다. 그녀는 내 품에 안겨눈물을 흘렸다. 몇 분이 지났을까, 아내는 내가 나가지 않은 데 대해 고맙다고했다. 자기에게 필요했던 것은 단지 내가 자기를 지켜 주고 있다는 느낌이었노라고 말했다.

바로 그때 나는 사랑의 의미, 무조건적인 사랑이 무엇을 뜻하는지 깨닫게 되었다. 그때까지 나는 스스로를 애정이 깊은 사람이라고 생각해 왔었다. 그러나 아내의 말이 옳았다. 나는 다급할 때 도움이 안 되는 친구였던 것이다. 아내가 행복해하고 기분이 좋으면 나도 아내를 사랑했지만, 아내가 기분이 언짢거나 우울해하면 그것이 마치 나를 탓하는 것인 듯해서 뭔가 따지려 들거나 공연히 아내를 피하곤 했었다.

그날 처음으로 나는 아내 곁을 떠나지 않았다. 머무른다는 것, 그것은 내게 참으로 좋은 느낌을 안겨 주었다. 그녀가 정말로 나를 필요로 할 때 있어 준다는 것, 그것이야말로 진정한 사랑인 것 같았다. 상대에게 마음을 써 주고, 그녀가 나를 필요로 할 때 그곳에 있어 주고, 우리의 사랑을 믿는 것. 내 앞에 방법이 제시되자 나는 아내에게 의지가 되어 주는 일이 의외로 아주 쉽다는 데 놀랐다.

내가 왜 그걸 알지 못했을까? 그녀에게 필요했던 건 그저 내가 가까이 다가가 가만히 안아 주는 것일 뿐이었는데. 만일 여자였다면 바니가 무엇을 원하는지 본능적으로 알 수 있었을 것이다. 그러나 남자로서 나는 안아 주고, 귀를 기울여 그 말을 들어 주는 것이 그녀에게 그토록 중요한 일인지 알지 못했다.

그러한 차이를 깨닫게 되면서 나는 아내와의 새로운 관계를 열어 갈 수 있었다. 갈등을 해소할 수 있는 방안이 그렇게 가까이에 있다는 걸 미처 몰랐던 것이다.

그 이전의 관계에서 나는 단지 무엇을 어떻게 해야 할지 몰라 무관심하고 무뚝뚝하게 굴었었다. 그 결과 나의 첫 결혼은 무척 힘이 들었고 어려움이 많았다. 바니와의 그 사건은 행동 방식을 어떻게 변화시켜야 하는지를 내게 보여 주었다.

이 일은 7년에 걸친 나의 연구에 영감을 주어, 이 책에 담긴 남녀에 대한 통찰을 보다 발전시키고 가다듬을 수 있게끔 했다. 남녀가 어떻게 서로 다른지 매우 실제적이고 구체적인 언어로 규명되면서, 나는 문득 결혼 생활이 전투여야 할 필요가 없음을 깨닫게 되었다. 이러한 인식으로 바니와 나의 관계는 눈부시게 향상되었고, 서로에게 더 많은 기쁨을 줄 수 있게 되었다.

우리가 서로 어떻게 다른지를 탐구하고 구체화하는 작업을 계속해 나가면서 우리는 관계를 향상시키는 새로운 방법들을 발견할 수 있었다. 이는 우리 부모님들이 결코 알지 못했고, 따라서 우리에게 가르쳐 줄 수도 없었던 그런 것들이었다. 내 상담 의뢰인들과 이러한 인식을 함께 나누기 시작하면서 그들의 관계 역시 개선되어 나갔다. 문자 그대로, 주말 세미나에 참여했던 수천 명의 사람들이 불과 하룻밤 사이에 자신들의 지금까지의 관계가 눈부시게 변화하는 걸 경험했다.

7년이 지나고 지금까지도 좋은 결과를 보았다는 사람들의 이야기가 보고되고 있고, 자신들의 결혼 생활을 파경에서 구해 준 내게 감사의 뜻을 전하면서 아이들과 함께 찍은 행복한 모습의 가족 사진을 보내 오는 사람들도 있다. 그들의 결혼을 구한 건 사실 내가 아니라 그들의 사랑이었지만, 만일 상대방을 보다 잘 이해하는 방법을 끝까지 몰랐더라면 그들은 결국 파경에 이르렀을 수도 있었다.

수잔과 짐은 결혼한 지 9년째 되는 부부였다. 대부분의 다른 부부들과 마찬가지로 그들도 처음에는 사랑으로 시작했지만 해를 거듭할수록 증폭되는 실망과 좌절 속에서 점차 열정이 사그라들었고, 마침내 결혼 생활을 더 이상 지속한다는 것이 불가능하다는 합의에 이르렀다. 그러나 이혼 절차를 밟기 전에 그들은 나의 주말 세미나에 참여하게 되었다. 수잔이 말했다.

"결혼을 깨지 않으려고 갖은 노력을 다 해보았지만 성격 차이가 너무 심해요."

세미나가 진행되면서 그들은 놀랍게도 그러한 차이가 정상적인 것일 뿐만 아니라 당연한 것임을 알게 되었다. 그들은 다른 부부들에게도 역시 비슷비슷한 문제가 있다는 데서 위안을 느꼈다. 꼭 이틀 만에 수잔과 짐은 남녀 관계에 대해 완전히 새로운 인식에 도달하게 되었다.

그들은 다시금 사랑에 빠졌다. 관계의 놀라운 변화였다. 그들은 이제 더 이상 이혼을 원하지 않았고 오히려 남은 여생을 둘이 함께할 수 있기를 간절히 바랐다. 짐은 "남녀의 차이에 대한 정확한 이해가 저를 아내에게로 돌아가게끔 했습니다. 이렇게 값진 선물은 평생 처음이에요. 우리는 다시 서로를 사랑하게 됐습니다."라고 말했다.

6년의 세월이 흐른 후, 내가 그들의 집에 초대받아 가 보았을 때, 그들은 여전히 서로 사랑하고 있었다. 그들이 서로를 이해할 수 있도록 도와 줌으로써 결과적으로 그 결혼이 깨지지 않게 해주었다는 데 대해 그들은 내게 고마움을 표했다.

그런데 남자와 여자가 서로 다르다는 데는 과연 그들이 어떻게 다르냐 하는 대목에 이르러서는 아직 확실한 인식을 갖고 있지 못한 사람들이 대부분이다. 최근 10년간 남녀의 차이를 규명하려는 목적으로 많은 책들이 쏟아져 나왔고, 이로 인해 상당한 진전이 이루어진 것이 사실이지만, 그 내용에 있어 어느 한쪽을 편들거나, 유감스럽게도 이성에 대한 오해와 원한을 강화시키는 결과를 초래하는 경우도 많았다. 그러한 것들은 일방이 일방에 의해 희생되고 있다는 시각에 기초한 것들이어서, 심신이 모두 건전한 남녀의 정상적인 차이를 이해하는 데 도움이 되는 명확한 규준이 필요하게 되었다.

양성의 관계를 개선하기 위해서는 상호 신뢰와 책임, 협조와 애정이 촉발되도록 고무함과 아울러, 자존심과 인간적 존엄에 대한 인식의 차이를 이해할 필요가 있다. 2만 5천 명이 넘는 세미나 참가자들에 대한 연구조사 결과 나는 남자와 여자의 차이가 어떤 것인지에 대해 긍정적인 정의를 내릴 수 있었다. 여러분이 이러한 차이들을 조사해 본다면 분노나 불신의 벽이 녹아 내림을 느끼게 될 것이다.

가슴을 활짝 열면, 너그럽게 용서할 마음이 생기고 사랑을 나누는 일에도 더 강렬한 욕구가 일어나게 된다. 그리고 이러한 새로운 인식을 통해서 여러분은 실제로 이 책이 담고 있는 것보다 훨씬 많은 것을 얻어 낼 수 있을 것이고, 이성과의 조화로운 관계를 가꾸어 가는 방법을 스스로 끊임없이 깨우쳐 나갈 수 있게 될 것이다.

이 책에 제시된 원칙들은 모두 시험과 검증을 거친 것들이며, 조사 대상이 된 2만 5천여 참가자들 중 적어도 90% 이상이 자기 자신도 예외가 아님을 기꺼이 인정했다. 만일 이 책을 읽으면서 고개가 끄덕여지고 "그래, 맞아. 바로 내 얘기네."라고 말하게 된다면, 그런 느낌을 갖는 건 당신만이 아니다. 그리고 다른 이들이 이 책에 제시된 이성에 대한 통찰을 통해 이익을 얻고 효과를 보아

온 것과 마찬가지로 당신 역시 좋은 결과를 기대할 수 있을 것이다.

『화성에서 온 남자, 금성에서 온 여자』는 남녀가 서로 어떻게 다른지를 자세히 인식하게 함으로써 관계 속의 긴장을 줄이고 사랑을 이끌어 내는 새로운 전략을 제시한다. 그리고 실망과 좌절을 줄이고 친밀감과 행복감을 증진시키기 위한 실제적인 방안을 제시하고 있다. 남녀의 관계는 그렇게 고통스러운 투쟁이어야 할 필요가 없다. 오직 우리가 상대방을 이해하지 못할 때 거기서 긴장과 원망과 불화가 생겨나는 것이다.

아주 많은 사람들이 관계 속에서 좌절을 경험한다. 그들은 배우자를 사랑하지만 일단 문제가 생기면 무엇을 어떻게 해야 할지 몰라 당황하게 된다. 남자와 여자가 전적으로 다른 개체임을 이해함으로써 당신은 이성인 상대에게 말을 하고, 그의 말을 들어 주고 그를 도와 주는 새로운 방법을 터득하게 될 것이다. 그리고 당연히 당신의 몫이어야 할 사랑을 이끌어 낼 수 있게 될 이 책이 없다면 성공적인 관계를 열어 나가는 일이 어떻게 가능할까 생각하게 될지도 모른다.

『화성에서 온 남자, 금성에서 온 여자』는 1990년대의 사랑학 지침서이다. 이 책에서는 남자와 여자가 인생의 모든 영역에서 어떤 차이점을 보이는지를 설명한다. 남녀는 의사를 전달하는 방법이 서로 다를 뿐 아니라, 생각하고 느끼고 지각하고 반응하고 행동하고 사랑하고 필요로 하는 것에 이르기까지 모든 것을 달리한다. 그들은 언어도 다르고 환경도 다른, 서로 다른 행성에서 온 것처럼 느껴지기까지 한다.

남녀의 차이에 대한 이해는 상대방과 부대끼는 과정에서 상대를 이해하려고 애쓰면서 겪게 되는 좌절감을 해소할 수 있게 도와 준다. 그러면 서로간의 오해는 곧 풀리고, 그릇된 기대 또한 쉽게 수정될 수 있다. 당신의 배우자가 다른 별에서 온 사람처럼 당신과 다르다는 걸 기억할 때 당신은 그들을 변화시키려고 애쓰거나 맞서려고 하는 대신 그 차이를 편하게 받아들이고, 더불어 잘 지낼 수 있을 것이다.

이 책을 통해서 당신이 가장 중점적으로 배워야 할 것은 남녀의 차이에서 야기되는 문제들을 해결하는 실제적인 방법들이다. 이 책은 남녀의 심리적인 차이를 분석해 놓은 이론서일 뿐만 아니라 사랑이 있는 관계를 이끌어 내는 방법을 소개한 실제적 지침서이기도 하다.

여기 제시된 원칙들의 사실성 여부는 상식과 당신 자신의 경험으로 입증될 수 있는 자명한 것이다. 당신이 막연하게 알고 있던 것들이 풍부한 예화를 통해 명료하고 정확하게 그 모습을 드러낼 것이며, 지금까지 당신의 사고방식과 행동양식이 나름대로 근거가 있고 타당한 것이었다는 인식이 당신으로 하여금 관계 속에서 자기를 잃지 않고 지켜 나갈 수 있도록 도와 줄 것이다.

이 책을 본 남자들은 종종 이런 반응을 보이곤 한다.

"이거 완전히 제 얘긴데요. 혹시 내 뒤를 따라다닌 거 아닙니까? 이젠 내게 뭔가 문제가 있다고 느끼지 않게 됐습니다."

여자들은 또 이렇게 말한다.

"마침내 남편이 제 얘기에 귀를 기울이게 됐어요. 이제 싸울 필요가 없게 됐어요. 선생님의 설명을 듣고 나니 모든 걸 이해하겠나 봐요. 정말 고맙습니다!"

이러한 것들은 사람들이 이 책을 읽고 난 후 내게 보여 준 그 숱한 고무적인 반응들 중 극히 일부에 지나지 않는다. 이성인 상대방을 보다 잘 이해하기 위해 마련된 이 새로운 프로그램이 가져다 주는 효과는 극적이고 즉각적인 것일 뿐만 아니라 지속적인 것이다.

물론 애정 어린 관계를 만들어 나가는 과정에는 때로 어려움이 따를지도 모른다. 문제 자체를 피할 수는 없다. 그러나 서로의 문제점이 원망과 배척으로 이어지기도 하지만, 관심과 사랑, 친밀감과 신뢰감을 심화시키는 계기가 될 수도 있다. 이 책이 제시하고 있는 통찰은 모든 문제들을 일시에 제거하는 임시변통의 '즉효약'이 아니다. 대신에 생활하면서 야기되는 문제들을 관계 속에서 성공적으로 풀어 나갈 수 있도록 새로운 접근방법을 제시해 준다. 이러한 인식은 당신이 자기 몫의 사랑을 받고 상대에게 그 몫의 사랑을 주는 데 필요한 밑천이 될 것이다.

이 책에는 남성과 여성에 대한 수많은 일반론이 피력되어 있다. 어쩌면 여러분은 그 중 몇몇 대목에 특별히 공감을 느끼게 될지도 모른다. 뭐니뭐니 해도 우리는 각자 나름대로의 경험과 독특한 개성을 지닌 독특한 존재들이다.

때때로 나는 세미나에 참가한 사람들로부터 자기들은 일반적인 남녀의 관계가 완전히 뒤바뀐 상태라는 이야기를 들은 적이 있다. 남자는 여성적이고 여자는 남성적인 경우, 이런 경우를 나는 역할 전도라고 부른다.

설령 당신이 그 같은 역할 전도를 경험하고 있다고 해도 나는 그것이 별로 문제가 되지 않는다고 분명히 말하고 싶다. 만일 이 책의 내용 중 어떤 부분이 당신과 전혀 무관한 것처럼 느껴지면 그냥 무시해 버리거나(그 부분은 무시하고 관련 있는 부분으로 넘어가라), 아니면 자신의 내면을 더 깊이 들여다보라. 많은 남성들이 더 자상하고 부드러운 사람으로 보이기 위해 자기 내면의 남성적 특성을 부정하기도 한다. 마찬가지로 여성들은 남성적 특성이 대접받는 일터에서 살아 남기 위해 자기 안의 여성적 특성들을 부정한다. 만일 그러한 경우라면, 이 책에 제시된 방법과 전략, 지시 사항들을 따름으로써 관계 속에서 보다 풍부한 열정을 이끌어 낼 수 있을 뿐 아니라, 점차 남성적 특성과 여성적 특성을 조화시켜 나갈 수 있게 될 것이다.

남녀간의 차이가 왜 생기는 것인지에 대해서는 이 책에서 직접 다루지 않았다. 이는 생물학적 차이, 부모의 영향, 교육, 형제간의 서열에서부터 역사와 사회, 매스컴에 의해 조성된 문화적 환경에 이르기까지 다각적 접근이 가능한 매우 복잡한 문제이기 때문이다. (이 문제에 관해서는 앞서 출판된 『남자, 여자, 그리고 그 관계』 그리고 『평화로운 이성 관계의 모색』에서 심도 있게 다루어 놓았다.)

비록 이 책에 제시된 통찰을 실제 적용함으로써 얻어지는 효과가 즉각적인 것이라고 하더라도 정신적 문제가 있거나 불화가 심각한 사람들을 위한 치료와 상담을 이 책이 대신할 수는 없다. 그리고 때로 어렵고 복잡한 상황에서는 건강한 사람에게도 상담과 치료요법이 필요한 경우가 있다. 나는 치료요법이나 결혼 상담, 12단계 과정으로 진행되는 집단 치료 등을 통해서 점진적이고 효과적인 변화가 일어날 수 있음을 확신한다.

개중에는 수년에 걸쳐 받아 온 치료보다 이 남녀 관계에 대한 새로운 인식이 훨씬 도움이 되었다고 말하는 사람들도 있었다. 그러나 나는 그들이 이와 같은 새로운 통찰을 그렇게 성공적으로 자신의 삶 속에 받아들일 수 있었던 것은 그간의 회복요법과 치료가 튼튼한 토대가 되어 주었기 때문이라고 믿는다.

만일 우리의 지난날이 역기능적인 문제들로 가득 찬 것이었다면, 비록 몇 년 동안 치료를 받고, 단계적 집단 회복요법을 거쳤다고 하더라도, 건강한 남녀 관계에 대한 적극적인 모색은 여전히 숙제로 남아 있다. 이 책은 바로 그런 통찰력을 제공하기 위한 것이다. 반면에 우리의 과거가 사랑과 애정으로 가득 찬 것이었다고 해도 시대는 늘 변화하므로 이성 관계에 대한 참신한 시각과 새로운 접근이 요구된다고 하겠다. 자기 생각을 올바르게 전하고 상대방을 보다 잘 이해하기 위한 노력은 누구에게나 필요한 것이다.

나는 모든 사람들이 이 책을 통해 얻어진 통찰로 득을 볼 수 있으리라고 믿는다. 세미나에 참여했던 사람들로부터 들은 유일한 부정적 반응은 '이런 걸 진작 누가 내게 일러 줬더라면 좋았을 텐데' 하는 것이었다.

인생에서의 사랑을 키워 나가는 데 너무 늦는 법이란 없다. 그저 당신은 새로운 방법을 향해 마음을 열면 되는 것이다. 만일 이성과의 보다 만족스러운 관계를 원한다면, 이 책을 권한다.

『화성에서 온 남자, 금성에서 온 여자』를 당신과 함께 나누는 것은 내게도 기쁨이 될 것이다. 당신에게 늘 지혜와 사랑이 새록새록 피어나길 바라며 불행한 이혼은 줄고 행복한 결혼이 풍성해지는 그런 날이 오기를 빈다. 우리의 자녀들은 이보다 더 나은 세상을 누려야 하지 않겠는가!

1991년 11월 15일 캘리포니아에서

존 그레이

# I

## 화성에서 온 남자와 금성에서 온 여자

남자들은 화성에서 오고, 여자들은 금성에서 왔다고
상상해 보자. 아주 오랜 옛날, 망원경으로 천체를 관
측하던 화성인들이 금성인들을 발견했다. 단 한 번 얼
핏 보았을 뿐인데도 그들은 그때까지 알지 못했던 느
낌을 갖게 되었다. 사랑에 빠진 화성인들은 얼른 우주
여행 방법을 고안해 금성으로 날아갔다.

금성인들은 마음으로부터 그들을 환영했다. 그들
은 이런 날이 오리라는 것을 직관적으로 알고 있었고,
예전에 한 번도 경험하지 못했던 사랑을 위해 가슴을
활짝 열었다.

그들의 사랑은 마법과 같았다. 그들은 함께 있는
것이 즐거웠고, 무엇이든 함께하고 함께 나누면서 기
쁨을 느꼈다. 비록 서로 다른 세계에서 왔지만, 그들
은 그 차이를 마음껏 즐겼다. 서로에 대해 알게 되기
까지, 서로 다른 욕구와 기호, 행동양식을 이해하기까
지 몇 개월이 걸렸다. 그리고 몇 년 동안 그들은 서로 사랑하고 조화를 이루며 함께 살았다.

그러던 어느 날 그들은 지구로 가기로 마음먹었다. 처음엔 모든 것이 근사하고 아름다웠다. 그런데 지구 환경의 영향으로 갑자기 그들은 이상한 기억 상실증 —선택적 기억 상실증— 에 걸려 어느 날 아침 눈을 뜨게 되었다!

화성에서 온 남자와 금성에서 온 여자는 자신들이 서로 다른 행성 출신이고, 따라서 서로 다를 수밖에 없다는 사실을 기억하지 못했다. 그들이 지금까지 알고 있던 서로의 차이점들이 기억에서 모두 지워지면서 그들은 충돌하기 시작했다.

## 차이를 기억할 것

서로 다를 수밖에 없다는 사실을 인식하지 못한다면 남자와 여자는 서로 충돌하게 된다. 이성으로 인해 화가 나거나 실망하는 것은 대개의 경우 이 중요한 진리를 망각했기 때문이다. 우리는 상대방 이성이 우리 자신과 비슷해지기를 기대한다. 우리는 그들이 '우리가 원하는 것을 원하고 우리가 느끼는 대로 느끼기'를 바란다.

우리는 상대가 만일 우리를 사랑한다면 그들이 마땅히 이러이러하게 —우리가 누군가를 사랑할 때 행동하고 반응하는 것과 똑같은 방식으로— 행동하리라는 그릇된 믿음을 갖고 있다. 이러한 태도를 견지하는 한 우리는 실망을 거듭하게 되고 서로의 다른 점에 애정을 갖고 이야기해 볼 수 있는 시간을 가질 수 없게 된다.

우리는 상대가 만일 우리를 사랑한다면 그들이
마땅히 이러이러하게 —우리가 누군가를 사랑할 때
행동하고 반응하는 것과 똑같은 방식으로— 행동하리라는
그릇된 믿음을 갖고 있다.

남자는 여자가 남자와 같은 식으로 생각하고 대화하고 행동하려니 하는 그 롯된 기대를 갖고 있고, 마찬가지로 여자는 남자가 여자와 같은 식으로 느끼고 말하고 반응할 거라는 오해를 하고 있다. 우리는 남녀가 서로 다르게 마련이라 는 사실을 망각하고 있고, 그 결과 우리의 관계는 불필요한 갈등과 마찰로 가득 차게 되는 것이다.

서로의 차이를 명확히 인식하고 존중함으로써 우리는 이성을 대할 때의 혼 란스러움을 놀라울 만큼 줄일 수 있다. 남자들은 화성에서 오고 여자들은 금성 에서 왔다는 것을 염두에 두면 모든 것이 분명해진다.


## 남녀의 차이에 대한 개관

이 책에서 나는 남녀간의 차이에 대해 아주 자세히 논해 보고자 한다. 각각의 장을 통해 여러분은 새롭고도 결정적인 통찰력을 얻게 될 것이다. 우리가 앞으 로 함께 탐구해 볼 남녀의 중요한 차이는 다음과 같다.

제2장에서 우리는 남자와 여자의 가치관이 본질적으로 어떻게 다른지 알아 보고 이성을 대함에 있어 우리가 자칫 저지르기 쉬운 가장 큰 실수가 무엇인지 규명해 볼 것이다. 그것은 바로 남자들은 어떻게든 해결책을 제시하려들고 감 정 따위는 무시하는 반면에 여자들은 쓸데없는 조언과 보살핌을 제공하려 한다 는 것이다. 화성인과 금성인의 기본 환경을 이해하면 남자와 여자가 자기도 모 르게 왜 그런 실수를 하게 되는지 명백해진다. 이러한 차이를 기억함으로써 우 리는 잘못을 고치고 보다 생산적으로 서로를 대할 수 있게 될 것이다.

제3장에서는 스트레스를 해결하는 방법에 있어 남녀가 서로 다르다는 걸 알게 될 것이다. 화성인들은 어디론가 사라져서 자기를 괴롭히는 문제에 대해 조용히 생각해 보는 경향이 있는 데 비해, 금성인들은 자신의 문제에 대해 누구 에겐가 이야기하고 싶어하는 본능적인 욕구가 있다. 여러분은 이렇듯 상반되는 서로의 성향 속에서 자기가 원하는 것을 얻을 수 있는 새로운 전략을 배우게 될 것이다.

제4장에서는 이성인 상대방에게 동기를 부여하고 많은 것을 이끌어 내는 방법에 대해 연구해 볼 것이다. 남자들은 상대가 자기를 필요로 하는 것 같을 때 마음이 움직이고, 여자들은 자기가 사랑받고 있다고 느끼면 의욕을 갖게 된다. 이에 3단계의 관계 개선책에 대해 논의하면서, 남자는 사랑을 주는 것에 대한 저항감을 물리쳐야 하고, 여자는 사랑을 받는 일에 대한 저항감을 물리쳐야 한다는 우리의 가장 큰 숙제를 해결하는 방법을 찾아보게 될 것이다.

제5장에서는 남녀가 서로 다른 언어를 사용함으로써 통상적으로 어떤 오해가 빚어지는지 알아보고, 화성과 금성의 관용어 사전을 이용하여 문제의 소지가 있는 구절을 다시 고쳐 표현해 보는 기회를 가질 것이다. 여러분은 남자와 여자가 어떤 식으로 말을 하며, 어떤 경우에 말하고 싶어하지 않는지를 발견하게 될 것이다.

제6장에서는 친밀감에의 욕구가 남녀간에 어떻게 다른지를 규명해 볼 것이다. 남자는 가까이 다가왔다가는 곧 멀어지려고 한다. 여자는 이처럼 멀어지려고 하는 남자의 본능적 욕구를 효과적으로 조절함으로써 마치 고무줄처럼 그를 자기에게로 되돌아오게 만들 수 있다. 그리고 남자와 친밀한 대화를 나누기에 가장 알맞은 때가 언제인가를 알게 될 것이다.

제7장에서는 여자의 사랑은 마치 파도처럼 리듬 있게 오르내림을 반복한다는 것, 그리고 이렇게 난데없이 나타나는 감정의 갑작스러운 변화를 남자는 어떻게 이해하고 받아들여야 하는가 하는 문제에 대해 논의할 것이다. 이를 통해 남자들은 여자가 자신을 가장 필요로 할 때가 언제인지를 알 수 있게 되고, 그럴 때 필요 이상의 희생 없이 정확하게 그녀가 원하는 도움을 제공하는 방법을 터득하게 될 것이다.

제8장에서는 우리가 주는 사랑이 상대방이 필요로 하는 사랑이 아니라 자기가 필요로 하는 사랑이라는 것을 깨닫게 될 것이다. 남자가 원하는 사랑은 주로 신뢰해 주고 인정해 주고 감사하는 그런 종류의 사랑인 데 비해, 여자는 관심을 기울여 주고 이해해 주고 존중해 주는 사랑을 필요로 한다. 무의식중에 상대를 싫증나게 만드는 여섯 가지 경우에 대해 자세히 알게 될 것이다.

제9장에서는 격렬한 논쟁을 피하는 법을 알아볼 것이다. 남자들은 항상 자

기가 옳은 것처럼 행동함으로써 여자의 감정 따위는 무시해 버리려는 경향이 있는가 하면, 여자들은 상대에게 이의를 제기하는 대신 자기도 모르게 불만이나 비난을 표시함으로써 남자의 방어 심리를 자극하게 되는 경우가 많다. 여기서는 바람직한 대화술에 대한 구체적인 제안이 이루어질 것이다.

제10장에서는 남녀의 채점 방식이 서로 다르다는 사실에 대해 알아볼 것이다. 금성인들에게 있어 사랑의 선물은 그 크기와 상관 없이 모두 같은 비중으로 받아들여진다는 것, 하나의 큼직한 선물에 많은 점수를 주기보다는 작은 사랑의 표현들이 그에 못지않게 중요한 것으로 취급된다는 점을 남성들은 이해하게 될 것이다. 또한 여자에게 점수를 따는 101가지 방법이 제시되어 있다. 반면에 여자들은 남자가 원하는 바로 그것을 제공함으로써 일시에 많은 점수를 얻을 수 있음을 깨닫게 될 것이다.

제11장에서는 어려움에 처했을 때 서로에게 자기 의사를 전하는 방법을 배울 것이다. 자기 감정을 숨기는 방법이 남녀가 서로 다르다는 사실과 아울러, 느낌을 함께 나눈다는 것이 얼마나 중요한 일인지를 여러분은 알게 될 것이다. 자신의 부정적인 감정을 상대에게 전함에 있어 사랑과 용서의 마음을 서로 더 많이 일깨울 수 있는 것이 바로 사랑의 편지를 쓰는 방법이다.

제12장에서 여러분은 협조를 구하는 일을 왜 여자들이 더 어렵게 생각하는지, 그리고 남자들은 어떤 경우에 그 요청을 거부하게 되는지를 이해하게 될 것이다. 명령조로 요구해 반발심을 자극하는 대신 어떤 표현 방법이 효과적인지를 여자들은 알아 둘 필요가 있다. 더 많은 사랑을 줄 수 있도록 남자를 움직이는 비결을 터득하고, 간략하고 직접적이고 정확한 표현이 얼마나 큰 힘을 지니는지 다양한 실례를 통해 구체적으로 생각해 보는 기회를 갖게 될 것이다.

제13장에서 여러분은 사랑에도 4계절이 있음을 깨닫게 될 것이다. 사랑이 어떻게 변화하고 성숙해 가는지에 대한 실제적 이해는 관계 속에서 야기되는 불가피한 장애들을 극복하는 데 많은 도움이 된다. 당신과 상대방의 과거가 두 사람의 현재의 관계에 어떤 영향을 줄 수 있는지에 대한 인식과, 사랑의 마법이 희미해지지 않도록 하는 중요한 통찰력을 당신은 이를 통해 얻게 될 것이다.

『화성에서 온 남자, 금성에서 온 여자』의 각 장에서 당신은 지속적이고 애정이 깊은 관계를 창조하는 새로운 비법을 발견하게 될 것이고, 그를 통해 만족스러운 관계를 열어 가는 능력을 키울 수 있을 것이다.


## 좋은 의도만으로는 충분하지 않다

사랑에 빠진다는 것은 항상 신비롭다. 그것은 마치 사랑이 언제까지나 지속될 것처럼 영원한 느낌으로 다가온다. 우리는 사랑이 식어 버린 데서 오는 불화나 우리 부모들이 겪었던 문제들이 우리와 무관한 것이며, 우리는 그렇게 될 생각이 추호도 없으므로 언제까지나 행복할 거라는 턱없는 믿음을 갖고 있다.

그러다가 마법의 효력이 점차 희미해지고, 일상 생활이 대신 그 자리에 들어앉게 되면서 문제가 생기기 시작한다. 남자는 여자가 자기처럼 생각하고 반응하리라 기대하고, 또 여자는 남자가 자기처럼 느끼고 행동하리라 생각하는 것이다. 서로의 차이에 대한 분명한 인식이 없으면서도 우리는 서로를 이해하고 존중하는 일에 별로 시간과 노력을 들이지 않는다. 그래서 성급하게 요구하고 판단하고 원망하게 된다.

서로 사랑하는 일에 최선을 다하려고 애를 쓰는데도 사랑은 점차 죽어 간다. 문제는 어떻게든지 두 사람 사이를 비집고 들어온다. 그러면서 점점 원망이 쌓여 가고, 대화가 단절되고, 오해가 증폭되며, 억압과 거부가 나타난다. 사랑의 마법은 온데간데 없이 사라져 버린다.

우리는 스스로 이렇게 묻는다.

"어떻게 이런 일이 일어나는가?"

"왜 이런 일이 생겨나는가?"

"왜 우리에게 이런 일이 벌어지는가?"

이러한 의문에 대한 해답을 구하면서 우리 최고의 지성들은 복잡하면서도 찬란하게 빛나는 철학적·심리학적 원형들을 제시해 놓았다. 그러나 결국 우리는 부모 세대의 전철을 밟게 되고 사랑은 식어 간다. 그리고 거의 모든 이들이 이같은 일을 경험한다.

지금도 매일같이 수백만의 사람들이 특별한 사랑을 나눌 상대를 찾아 헤매고 있다. 매년 수백만의 남녀가 사랑으로 결합되었다가 그 사랑이 식어 괴로워하며 헤어진다. 사랑의 감정을 오래 지속시켜 결혼에까지 이를 수 있었던 사람들 가운데 불과 50%만이 그 결혼을 지켜 간다. 그리고 이렇게 이혼하지 않고 함께 사는 부부들 중 약 50% 정도는 처음부터 다시 시작하는 게 두렵다거나, 아니면 배우자에 대한 의무감과 도리 때문에 그냥 살아간다.

실제로 극소수의 사람들만이 사랑을 키워 나간다. 하지만 그것은 아주 불가능한 일은 아니다. 남녀가 서로의 차이를 인정하고 서로를 존중할 때 비로소 사랑은 꽃을 피울 기회를 얻게 되는 것이다.

남녀가 서로의 차이를 인정하고 서로를 존중할 때 비로소
사랑은 꽃을 피울 기회를 얻게 되는 것이다.

겉으로 드러나 있지 않은 서로의 차이를 이해함으로써 우리는 각자의 가슴속에 있는 사랑을 보다 성공적으로 주고받을 수 있다. 서로의 차이를 인정하고 받아들이는 가운데 건설적인 해결책을 모색할 수 있고, 그를 통해 우리는 각자 원하는 것을 얻을 수 있게 된다. 그리고 무엇보다 중요한 것은 우리가 좋아하는 사람에게 어떻게 하면 가장 바람직한 사랑과 보살핌을 줄 수 있는지 터득하게 된다는 것이다.

사랑은 마법과 같은 것이고 그것은 지속될 수 있다. 만일 우리가 서로의 차이를 기억하기만 한다면 말이다.

# 2 미스터 수리공, 그리고 가정진보위원회

여자들이 남자들에게 가장 흔히 느끼는 불만 가운데
하나는 그가 자신의 이야기에 귀를 기울이지 않는다
는 것이다. 남자들은 보통 여자가 말을 하면 그냥 무
시해 버리든가, 아니면 몇 마디만 듣고 자기 마음대로
문제가 무엇인지 판단하고는 자랑스럽게 수리공 모자
를 눌러 쓰고 그녀의 기분이 나아질 수 있는 해결 방
안을 제시하는 것이다. 여자가 이 사랑의 표시를 별로
고맙게 여기지 않는 듯하면 그는 어리둥절해한다. 왜
귀를 기울여 주지 않느냐고 몇 번이고 말을 해도 그는
알아듣지 못하고 같은 일을 되풀이한다. 여자는 공감
을 기대하는데, 남자는 그녀가 문제를 해결해 주기를
바란다고 생각하는 것이다.

남자들이 여자들에게 가장 흔히 느끼는 불만 중의
하나는 여자들은 늘 그들을 변화시키려 한다는 것이
다. 한 여자가 남자를 사랑하게 되면 그녀는 그가 조
금이라도 나아지게 하는 것이 자기가 할 일이라고 느

끼고, 그때까지의 그의 생활을 개선시키려고 노력하게 된다. 그녀는 가정진보위원회를 조직하고, 그를 일차적 대상으로 삼는다. 그가 아무리 도움을 마다해도 그녀는 기회가 있을 때마다 그에게 할 일을 일러 주고 도움을 제공하려든다. 그러면서 여자는 자기가 그를 보살피고 있다고 생각하겠지만, 남자는 조종당하고 있다고 느낀다. 하지만 남자는 인정받기를 원한다.

이 두 가지 문제는 왜 남자들이 해결책을 내놓으려 하고, 왜 여자들이 무언가를 개선하려 애쓰는지 그 이유를 이해하고 나면 저절로 해결된다. 그러기 위해서 우선 시간을 거슬러 올라가 보자. 화성인과 금성인이 만나 함께 지구로 오기 전에 각자의 행성에서의 생활이 어떠했는지를 살펴보면, 남자와 여자에 대한 어떤 통찰을 얻을 수 있게 될 것이다.

## 화성에서의 삶

화성인들은 능력과 효율, 업적을 중요하게 여긴다. 그들은 자기 능력을 입증해보이거나 힘과 기술을 신장시키기 위해 끊임없이 노력한다. 목적을 이루는 능력을 통해 그들은 자기 존재를 확인한다. 그리고 주로 성공과 성취를 통해서 충족감을 맛본다.

남성들은 그들의 목적을 이루는 능력을 통해
자기 존재를 확인한다.

화성에서는 모든 것에 이러한 가치가 반영된다. 심지어 남자들이 입는 의복조차 기능과 능률 위주로 디자인된다. 경찰관, 군인, 사업가, 과학자, 택시 운전사, 기술자, 요리사 등 모두가 하나같이 제복을 착용하고, 그게 안 되면 모자라도 써서 자신들의 권한과 지위를 표시한다.

남자들은 『현대 심리학』, 『셀프』, 『피플』 같은 잡지를 읽지 않는다. 그보다는 사냥이나 낚시, 자동차 경주 같은 야외 활동에 더 흥미를 느낀다. 그들은 뉴스와 날씨 스포츠에는 관심을 갖지만, 연애소설이나 수필 등에는 별로 관심이 없다.

그들은 사람들이나 느낌보다는 '사물'과 '사실'에 더 관심이 많다. 심지어 오늘날의 지구에서도 여자들은 사랑을 그리는 반면 남자들은 힘 좋은 차, 고성능 컴퓨터, 첨단 기계장치나 도구, 보다 진보된 기술 등 자신의 목표를 이룩하고 능력을 과시하는 데 도움이 될 만한 '물건'에 집착을 보인다.

목적을 달성한다는 것은 화성인들에게 있어 자신들의 유능함을 입증하고 스스로 만족감을 얻는 데 매우 중요한 것이다. 그리고 혼자 힘으로 무언가를 이룩했을 때라야만 그들은 자기 자신에 대해 긍지를 갖게 된다. 아무도 그를 대신해서 목적을 달성해 줄 수 없다. 화성인들은 전적으로 혼자 일을 처리해 냈다는 데서 자부심을 느낀다. 자율은 능률과 힘, 능력의 표상이다.

화성인들의 이같은 특성을 이해하면, 그들이 왜 잘못을 지적받거나 할 일을 지시받는 것을 그렇게 싫어하는지 이해할 수 있을 것이다. 남자에게 그가 청하지도 않은 조언을 해주는 것은 곧 그가 일을 앞에 놓고 어찌할 바를 모른다거나, 아니면 혼자서는 해낼 수 없으리라고 여긴다는 것이 된다. 남자들에게 있어 능력은 더없이 중요한 문제여서 그들은 이런 경우 몹시 과민한 반응을 보인다.

> 남자에게 그가 청하지도 않은 조언을 해주는 것은 곧 그가
> 일을 앞에 놓고 어찌할 바를 모른다거나, 아니면 혼자서는
> 해낼 수 없으리라고 여긴다는 것이 된다.

화성인들은 자기 문제를 자기 스스로 처리하는 게 보통이므로 전문적인 조언이 필요한 경우가 아니라면 좀처럼 자기 이야기를 남에게 털어놓지 않는다. 그들은 이렇게 생각한다. '나 혼자서도 해결할 수 있는 문제에 왜 남을 끌어들이는가?' 남의 도움이 있어야 일이 해결되는 경우가 아니라면 그들은 자기 문제를 입 밖에 내지 않는다. 스스로 할 수 있는 일에 도움을 청하는 것은 유약하다는 증거이다.

그러나 만약에 정말로 도움이 필요한 경우에는 그 도움을 얻어 내는 것이

능력으로 간주되기도 한다. 이런 경우 그는 믿을 만한 사람을 찾아 자기 문제에 대한 조언을 구한다. 화성에서 자기 문제를 털어놓는 것은 도움을 구할 경우에 국한되며, 이때 조언을 요청받은 쪽에서는 수리공 모자를 쓰고 잠시 상대의 이야기를 듣고는 귀중한 조언을 해준다.

여자들이 자기 문제를 이야기할 때 남자들이 자꾸만 해결책을 제시하려고 하는 것은 화성에서의 그러한 관습 때문이기도 하다. 여자가 자기의 우울한 마음을 무심코 털어놓거나, 낮에 있었던 속상한 일에 대해 큰 소리로 이야기하면 남자는 그녀가 자기에게 전문적인 조언을 구하는 거라고 생각한다. 그는 당장 수리공 모자를 집어 쓰고 해결방안을 내놓기 시작한다. 이것이 그가 도움을 주려 하고 사랑을 표현하는 방식이다.

그는 그녀가 느끼는 문제들을 해결함으로써 그녀의 기분을 풀어 주고 싶어 한다. 그는 그녀에게 유능한 사람으로 비치기를 원한다. 그는 자기 능력으로 그녀의 문제를 해결해 줄 정도는 돼야 그녀로부터 인정받을 수 있고, 나아가 그녀의 사랑을 받을 자격이 있다고 느낀다.

일단 해결책을 제시했는데 그녀의 기분이 조금도 풀리지 않는다면 그는 자신의 해결책이 무시되고 있다고 느끼고, 자기가 아무 도움도 못 되는 사람이라고 생각하게 되어 더 이상 그녀의 말에 귀기울일 기분이 들지 않게 된다.

그냥 그녀와 같은 입장이 되어 진지하게 이야기를 들어 주는 것이 그녀에겐 훨씬 도움이 된다는 걸 그는 꿈에도 이해하지 못한다. 금성에서는 자기 문제를 남에게 들려 주는 것이 결코 해결책을 찾기 위해서가 아님을 그는 알지 못하는 것이다.


## 금성에서의 삶

금성인들의 가치관은 화성인들과는 다르다. 그들은 사랑, 개인간의 친밀한 관계, 대화, 아름다움 등에 높은 가치를 둔다. 서로 도와 주고, 관심을 쏟고, 보살펴 주는 일에 그들은 많은 시간을 할애한다. 여성들은 자기의 느낌과 남들과 관계를 맺고 함께 나누는 일을 통해 자기 자신에 대한 만족을 느낀다.

〜

여성들은 자기의 느낌과 남들과 관계를 맺고 함께 나누는
일을 통해 자기 자신에 대한 만족을 느낀다.

금성에서는 모든 것에 이러한 가치가 반영된다. 고층 빌딩을 건축하고 고속
도로를 건설하는 일보다 조화와 사랑으로 함께 어울려 사는 삶에 더 관심을 기
울인다. 그들에게는 일이나 기술보다는 인간 관계가 훨씬 중요한 것으로 인식
된다. 거의 모든 부분에서 그들의 세계는 화성과 대조된다.

그들은 화성인들처럼 권한을 표시하기 위해 제복을 입지 않는다. 오히려 그
날 그날의 기분에 따라 옷을 바꿔 입기를 즐긴다. 자기 표현, 특히 자신의 느낌
을 표현하는 것이 그들에겐 매우 중요한 것이어서 기분이 바뀌면 하루에도 몇
번씩 옷을 갈아 입기도 한다.

그들의 주된 관심사는 인간 관계이다. 그들에게는 개인적인 감정을 서로 나
누는 것이 목표를 이룩하고 성공하는 것보다 훨씬 더 중요하다. 함께 이야기를
나누고 함께 느끼는 데서 그들은 엄청난 만족감을 얻는다.

남자들이 이런 점을 이해하기란 쉽지 않다. 그들은, 여자들이 마음을 주고
받고 친밀한 관계를 맺는 데서 얻는 만족감은 남자가 경주에서 이기거나 목표
를 이루거나 문제를 해결했을 때 느끼는 만족감에 필적한다는 것을 이해할 필
요가 있다.

여자들은 목표 지향적이라기보다 관계 지향적이다. 그들은 자신의 능력 대
신에 자기가 지닌 따뜻함과 사랑과 관심을 표현하고 싶어한다. 화성인 둘이서
점심식사를 하러 갈 때는 계획에 대한 논의나 사업상의 목적 등 해결해야 할 일
이 있을 경우이다. 그들에게 있어 레스토랑에 간다는 것은 쇼핑을 하고 요리를
하고 설거지를 하지 않고도 손쉽게 음식을 먹을 수 있는 하나의 능률적인 방법
이다. 반면에 금성인들이 함께 점심을 먹으러 가는 것은 우정을 돈독히 하고 관
계를 풍요롭게 하는 계기이다. 여자들이 레스토랑에서 나누는 대화는 의사와
환자 사이에 오가는 상담만큼이나 내밀하고 솔직한 것일 수가 있다.

금성에서는 누구나 심리학을 공부해 상담에 관한 한 최소한 석사 학위 정도는 갖고 있다. 그들은 인격적 성장이나 마음의 치유 등 정신적인 것에 열중한다. 금성에는 곳곳에 아름다운 공원과 잘 가꾸어진 정원, 쇼핑 센터, 레스토랑이 있다.

금성인들은 매우 직관적이다. 수세기에 걸쳐 타인의 욕구를 미리 헤아려 마음을 써 주는 동안 그들에겐 뛰어난 직관력이 생기게 되었다. 그들은 다른 사람의 기분을 헤아려 주고, 그가 무엇을 필요로 하는지 살펴 주는 일에 긍지를 느낀다. 금성인들은 진정한 사랑이란 상대가 청하지 않아도 미리 알고 그를 도와주고 보살펴 주는 것이라고 생각한다.

남에게 자기 능력을 입증해 보이는 것이 금성인들에게는 그다지 중요한 것이 아니기에, 누가 도움을 제의해 온다고 기분 상할 것도 없고, 도움을 구한다는 것이 곧 유약함의 표시로 받아들여지지도 않는다. 그러나 남자는 여자가 조언을 해줄 경우 그녀가 자기 능력을 믿지 않는다고 느껴 자존심이 상할 수가 있다.

누군가가 자기를 도와 주겠다고 했다면 그것이 오히려 자랑거리일 수 있는 여자들에게 남자들의 이러한 과민함은 참으로 황당한 것이다. 여자들은 상대가 도움을 제의해 올 경우 그가 자기에게 호의와 애정을 갖고 있다고 생각하지만 남자들은 그럴 경우 스스로 무능력하고 약하다고 느끼고, 심지어 상대가 자기를 사랑하지 않는 거라고 생각한다.

금성에서는 조언과 충고가 관심의 표시로 받아들여진다. 금성인들은 어떤 일이 잘 되어 가고 있을 때도 더 잘될 수 있을 거라는 믿음을 갖고 있다. 무엇이든 좀더 낫게 만들고 싶어하는 것이 그들의 천성이다. 누군가를 좋아하게 되면 금성인들은 어떤어떤 점들은 이러이러하게 해보면 훨씬 낫겠다든가 예뻐 보이겠다든가 하는 등의 이야기를 서슴없이 해준다. 조언을 하고 건설적인 비판을 아끼지 않는 것이 그들의 사랑법이다.

화성인들은 사뭇 다르다. 그들은 해결책을 보다 중시한다. 만일 어떤 일이 제대로 돌아가고 있다면 굳이 바꿀 필요가 없다는 것이 그들의 신조다. '고장이 나지 않는 한 고치지 말라'는 것이 그들이 흔히 쓰는 표현이다.

여자가 남자를 자꾸 향상시키려고 애쓰면 그는 그녀가 자기를 고치려고 한

다고 생각한다. 그리고 이는 곧 자기가 고장난 물건으로 취급받고 있다는 의미
이기도 한 것이다. 그저 그를 보살펴 주고 도우려는 것이 오히려 그를 비참하게
만들 수도 있다는 것을 그녀는 깨닫지 못한다. 그녀는 자기가 그의 발전을 돕고
있다고 생각하고 있는 것이다.


## 조언 포기하기

남자에게 그런 속성이 있다는 것을 이해하지 못하면, 여자는 자기가 누구보다
사랑하는 그 사람에게 본의 아니게 상처를 입히고 실망을 안겨 줄 수 있다. 예
를 하나 들어 보자.

톰과 메리는 파티에 가는 중이었다. 톰이 운전을 하고 있었다. 그런데 똑같
은 곳을 빙빙 돌기 시작하자 메리는 그가 길을 잘못 찾는 게 분명하다고 생각했
다. 그녀는 마침내 도움을 요청해 보는 게 어떻겠느냐고 제의했다. 톰은 그때부
터 아무 말도 하지 않았다. 그들은 결국 파티장소에 도착했지만, 팽팽한 긴장감
이 저녁 내내 두 사람을 감싸고 돌았다. 메리는 그가 왜 그토록 기분이 상했는
지 알 길이 없었다.

그녀는 "나는 당신을 사랑하고 염려해서 그랬던 것뿐이에요."라고 말했다.

그의 입장에서 보면 기분 나쁜 일이었다. 조금 전에 그녀가 한 말은, "당신
만 믿고 있다가는 파티에 못 가겠어요. 당신은 미숙해요!"라고 한 것이나 다름
없었으니까.

화성인들의 삶과 사고방식을 몰랐던 메리는 톰에게 있어서 혼자 힘으로 무
언가를 해낸다는 것이 얼마나 중요한 것인지 이해할 수 없었다. 충고를 해주는
것은 거의 모욕에 가까웠다. 앞에서 살펴보았듯이 화성인들은 상대의 요청이
없으면 조언을 하지 않는다. 그가 도움을 청하지 않는 한 혼자 힘으로 문제를
해결할 수 있다고 믿어 주는 것이 예의이며 그를 존중하는 것이다.

톰이 길을 잘 모르는지, 한 번 왔던 곳으로 되돌아오곤 할 때 메리는 그것이
그를 염려해 주고 사랑해 줄 수 있는 절호의 기회라고 생각한다. 하지만 남자는

그 어느 때보다 신경이 예민해지고 상처받기 쉬운 상태가 되어, 특별한 종류의 사랑을 필요로 하게 되는 것이다. 도움을 주려고 하지 않음으로써 그를 존중해 주었다면, 그것은 남자가 여자에게 예쁜 꽃다발을 안겨 주거나 사랑의 편지를 건네는 것만큼이나 값진 선물이 되었을 것이었다.

화성인과 금성인의 특성을 알고부터 메리는 그럴 때 어떻게 톰을 도와 주어야 하는지를 깨닫게 되었다. 다음 번에 또 그가 길을 잘못 찾아 헤맬 때, 그녀는 옆에서 조언을 하는 대신 느긋한 마음으로 심호흡을 한 번 하고는 톰이 자기를 위해 애쓰고 있는 것에 대해 고마워했다. 톰은 그녀의 자신에 대한 신뢰와 따뜻한 애정에 무척이나 감격했다.

대체로 여자들은 남자에게 원하지도 않은 조언을 하거나 그를 도와 주려고 할 때, 자신의 말이 그에게 얼마나 비판적이고 불쾌하게 들릴 수 있는지 잘 알지 못한다. 설령 그것이 사랑에서 우러난 제안일지라도 그의 기분을 상하게 하고 상처를 준다. 더욱이 어린애처럼 꾸중을 들은 기분이었다거나, 그의 아버지가 어머니로부터 비난받는 모습을 늘 보아 왔다면, 그의 반응은 유난히 거셀 수가 있다.

대체로 여자들은 남자에게 원하지도 않은 조언을 하거나
그를 도와 주려고 할 때, 자신의 말이 그에게 얼마나 비판적이고
불쾌하게 들릴 수 있는지 잘 알지 못한다.

대다수의 남자들에게는 비록 그것이 음식점이나 파티에 차를 몰고 가는 것처럼 사소한 일일지라도, 자기가 그 일을 멋지게 해낼 수 있음을 보여 주는 게 무척 중요하다. 이 문제에 대한 그들의 생각은 이런 것이다. "파티장소를 찾는 것 같은 작은 일도 나를 믿어 주지 않는데, 내가 그보다 큰일을 할 때 어떻게 그녀가 나를 믿을 수 있겠는가?" 그들의 선조들처럼 남자들은 특히 기계를 손보거나, 어느 장소를 찾아가거나 문제를 해결하는 능력에 한해서는 자기가 전문가라는 사실에 긍지를 느낀다. 그러므로 그럴 때 남자들이 원하는 것은 충고나 비판이 아니라 따뜻한 신뢰의 눈빛임을 잊어서는 안 될 것이다.

미스터 수리공, 그리고 가정진보위원회

37

## 귀기울여 들어주기

마찬가지로 만일에 남자가 여자의 속성에 대해 아는 바가 없다면, 상대를 도와주려는 좋은 의도를 가졌다고 해도 관계는 점점 악화될 수 있다. 여자가 자기 문제를 이야기해 올 때는 가까워지고 싶기 때문이지, 반드시 해결책을 원해서가 아니라는 것을 남자들은 알아 둘 필요가 있다. 여자는 하루 동안의 자기 기분이 어땠는지를 그냥 이야기하려는 것뿐인데, 그녀의 남편은 뭔가 도울 생각으로 자꾸 아내의 말을 가로막고, 그 문제들에 대한 해결책들을 홍수처럼 쏟아 놓는다. 그로서는 왜 그녀가 자신의 호의를 달가워하지 않는지 알 수가 없다.

> 여자는 하루 동안의 자기 기분이 어땠는지를 그냥 이야기하려는
> 것뿐인데, 그녀의 남편은 뭔가 도울 생각으로 자꾸 아내의
> 말을 가로막고, 그 문제들에 대한 해결책들을
> 홍수처럼 쏟아 놓는다.

그 일례로, 메리는 아주 피곤한 하루를 보내고 집으로 돌아왔다.

메리  할 일이 너무 많아요. 내 시간은 조금도 가질 수가 없어요.

톰  당신은 그 일을 그만둬야 해. 그렇게 힘들게 일하지 않아도 되잖아. 그런 일은 그만두고 당신이 하고 싶은 걸 찾아보라구.

메리  하지만 난 내 일이 좋아요. 그들은 내가 한 번 척 보고도 모든 것을 바꿔 놓을 수 있기를 기대해요.

톰  그 사람들 말 들을 거 뭐 있어? 당신이 할 수 있는 것만 하면 되지.

메리  그야 당연하죠. 아참, 오늘 이모한테 전화하는 걸 깜빡 잊었어요.

톰  걱정하지 마. 이해하실 거야.

메리  이모가 지금 어떻게 지내시는지 알아요? 이모는 나를 필요로 하신다구요.

톰  당신은 너무 걱정이 많아. 그러니까 그렇게 불행하다는 생각이 들지.

메리  (화가 난 목소리로 말한다.) 내가 항상 불행하다고 느끼는 건
      아녜요. 당신은 내 말을 그냥 듣고 있지는 못하나요?

톰  듣고 있잖아.

메리  왜 짜증을 내요?


가까운 사람과 이런저런 이야기를 나누고 싶은 생각으로 집에 온 메리는 남편과의 대화로 인해 오히려 더 기분이 나빠졌다. 톰 역시 좌절감을 느꼈지만 무엇이 잘못되었는지는 알 수 없었다. 그는 메리를 도와 주고 싶었는데, 문제를 해결하는 방법이 전혀 먹혀들지 않았다.

금성인들의 삶에 대해 아는 바가 없었기에 톰은 해결책을 제시하지 않고 그냥 이야기를 들어 준다는 것이 얼마나 중요한지 이해하지 못했다. 그가 내놓은 해결책들은 사태를 오히려 악화시켰을 뿐이었다. 금성인들은 남이 이야기를 할 때 해결책을 제시하거나 하는 일이 절대로 없다. 그들은 이야기하는 사람의 입장이 되어, 그의 기분을 마음으로 이해하려 애쓰면서 참을성 있게 그 이야기에 귀를 기울여 준다.

자기 기분을 편안하게 이야기할 수 있도록 가만히 들어 주는 일이 메리에게 얼마나 큰 위로와 만족감을 줄 수 있는지 톰은 알지 못했던 것이다. 금성인들이 어떤 특성을 지니고 있고, 그들이 얼마나 이야기하기를 좋아하는지 알게 되고부터 톰은 점차 이야기를 들어 주는 방법을 터득하게 되었다.

이젠 메리가 지친 몸으로 집에 돌아올 때의 대화 내용이 사뭇 다르다. 그들은 이렇게 대화를 한다.


메리  할 일이 너무 많아요. 내 시간은 조금도 가질 수가 없어요.

톰  (심호흡을 크게 해서 마음을 느긋하게 갖고) 저런, 아주 힘든 하루를
      보냈나 보군.

메리  그들은 내가 한 번 척 보고도 모든 걸 바꿔 놓을 수 있기를 기대해요.
      난 어떻게 할 바를 모르겠어요.

톰   (조금 사이를 두고) 으음······.

메리  오늘 이모한테 전화하는 것도 깜빡 잊었지 뭐예요.

톰   (눈썹을 약간 찡긋해 보이며) 오, 저런.

메리  이모에겐 지금 내가 얼마나 필요한지 몰라요. 내가 너무 무심했던
     것 같아요.

톰   당신은 정말 마음이 따뜻한 사람이야. 자 이리 와 봐. 당신을
     한 번 안아 주고 싶어.


톰은 메리를 안아 주었고, 그녀는 그의 품에서 마음이 편해진 듯 안도의 숨을 크게 내쉬었다. 그리고 나서 메리는 "나는 당신과 이야기하는 것이 좋아요. 당신은 나를 정말 행복하게 해요. 정말 고마워요. 기분이 한결 나아졌어요."라고 말한다.

메리뿐만 아니라 톰도 기분이 좋았다. 마침내 이야기에 귀를 기울여 주는 방법을 터득하고 나니 아내가 얼마나 행복해하는지 실로 놀라웠다. 서로의 차이를 새로이 인식하게 되면서 톰은 해결책 제시에 연연해하지 않고 조용히 이야기를 들어 주는 지혜를 터득했고, 메리는 청하지 않은 조언과 비판을 삼간 채, 그를 가만히 지켜 보며 인정해 주는 지혜를 터득했다.

관계 속에서 우리가 가장 흔히 저지르게 되는 두 가지 실수를 간단히 요약해 보면 다음과 같다.


1  여자가 기분이 상해 있으면 남자는 그녀의 기분은 무시한 채 만능 수리
   공이 되어, 그녀의 문제를 해결할 방안을 제시함으로써 그 기분을 바꿔
   놓으려고 노력한다.

2  여자는 가정진보위원회를 만들어 남자가 실수했을 때 그가 청하지도 않
   은 충고와 비판을 가해 그의 행동을 변화시키려고 노력한다.

## 미스터 만능 수리공과 가정진보위원회를 위한 변론

두 가지의 대표적인 실수를 지적함에 있어 나는 미스터 만능 수리공과 가정진보위원회가 하나에서 열까지 잘못된 것이라고 말하고 있는 것은 아니다. 그것들은 오히려 화성인과 금성인이 지닌 바람직한 일면이다. 단지 타이밍과 방법론에 문제가 있었던 것뿐이다.

여자는 기분이 상해 있을 때만 아니라면 만능 수리공에게 큰 고마움을 느낀다. 여자가 우울해 보이거나 자기 문제를 이야기할 때는 해결책을 제시할 때가 아님을 남자들은 기억해 둘 필요가 있다. 그냥 누군가에게 마음을 터놓고 이야기하는 동안 그녀의 기분은 차차 나아진다. 억지로 기분을 돌려 놓으려 애쓰지 않아도 되는 것이다.

남자들은 자기가 먼저 도움을 요청하는 경우엔 여자들의 그 가정진보위원회를 고맙게 생각한다. 그러나 그가 실수했을 때 여자가 대뜸 청하지도 않은 충고와 비판을 가해 오면 그는 그녀로부터 사랑받지 못하고 지배당하고 있다는 느낌을 받는다. 그가 자신의 실수를 인정하고 그 경험을 통해 교훈을 얻게 하는 데는 충고보다 따뜻한 이해와 관용이 훨씬 효과적이다. 여자가 그를 개선시키려고 애쓰지 않는다는 것을 느낄 때 그는 비로소 자기 쪽에서 그녀에게 도움말을 구하는 여유 있는 자세를 갖게 된다.

상대가 우리에게 저항감을 나타낸다면 그것은 필시 우리의
타이밍이나 접근방식에 문제가 있기 때문이다.

이러한 차이를 이해하고 나면, 상대의 감수성을 건드리지 않고 그에게 적절한 도움을 주기가 한결 용이해진다. 상대가 우리에게 저항감을 나타낸다면 그것은 필시 우리의 타이밍이나 접근방식에 문제가 있기 때문이다. 이 문제에 대해 좀더 자세히 연구해 보자.

## 남자의 해결책에 여자가 거부감을 느낄 때

자기가 제시한 해결방안에 여자가 거부감을 나타내면 남자는 자기 능력을 의심받고 있다고 느낀다. 여자로부터 능력을 인정받지 못하고 신뢰를 얻지 못하고 있다는 느낌은 그로 하여금 마음을 닫게 하고, 그는 점점 더 그녀의 말에 귀를 기울이고 싶지 않게 된다.

여자들이 금성에서 왔다는 것을 기억하면 그녀가 왜 그런 태도를 보이는지 이해할 수 있을 것이다. 그리고 그녀가 이해와 공감을 필요로 할 때 자기는 늘 해결책 제시에 급급했다는 것을 깨닫게 될 것이다.

상대의 기분이나 감정을 존중하지 않고 공연히 쓸데없는 해결책을 제시하는 것이 어떤 경우인지 여기 몇 가지 간단한 문장들을 통해 알아보기로 하자. 그녀가 왜 저항감을 느끼게 되는지 알 수 있을 것이다.

1   "쓸데없는 걱정 좀 하지 마."
2   "내 말은 그게 아니야."
3   "그게 뭐 그리 큰 문제라고."
4   "알았어, 미안해. 그러니까 이제 그만 잊어버리자구."
5   "정 그러면 당신이 그 일을 하면 될 거 아냐?"
6   "지금 우리가 하는 게 대화가 아니고 뭐요?"
7   "기분 나쁠 거 없어요. 내가 일부러 그런 건 아니니까요."
8   "그래서, 도대체 무슨 말이 하고 싶은 거야?"
9   "하지만 당신이 그렇게 느낄 필요가 없지."
10  "당신, 어떻게 그렇게 말을 하나? 지난 주말엔 하루 종일 당신과
     함께 있어 주었잖아. 즐거운 시간을 보냈었고."
11  "알았으니까 그 일은 그만 잊으라구."
12  "좋아, 내가 뒤뜰 청소를 하지. 그러면 당신 행복하겠어?"
13  "알았어. 하지만 이건 당신이 해야 하는 일이야."
14  "자, 보라구. 우린 그 일에 대해 아무것도 할 수 없어."

15 "그 일 하면서 그렇게 불평하려거든 차라리 하지 마."

16 "당신은 왜 사람들이 자기를 그런 식으로 대하도록 내버려 두지?
그 사람들은 잊어버려요."

17 "당신이 행복하지 않다면 이혼하는 수밖에."

18 "좋아, 그럼 지금부터 당장 그렇게 해요."

19 "이제부터는 내가 그 일을 처리해 주지."

20 "물론 나는 당신을 염려해. 그런 말도 안 되는 소리 말아요."

21 "빙빙 돌리지 말고 핵심을 얘기해 봐."

22 "우리가 앞으로 해야 하는 일은……."

23 "그게 이 일과 무슨 상관이야?"

위의 문장들에서는 하나같이 상대방의 우울한 기분을 간단히 무시하려고 하거나, 부정적 감정을 긍정적 감정으로 변화시키려고 급조해낸 해결책을 제시하고 있다. 이런 식으로 굳어진 관계를 변화시키기 위해 남자가 우선적으로 해야 할 일은 위와 같은 말을 삼가는 것이다.(이 문제에 관해서는 제5장에서 더욱 자세히 다루기로 하겠다.) 남의 기분을 무시하거나, 섣불리 해결책을 제시하려 하지 않고, 그저 귀기울여 들어 주는 방법을 터득하는 것 자체만으로도 상당한 진전이다.

여자로부터 거부당한 것은 그의 해결책이 아니라, 그 표현방식과 부적절한 타이밍이었음을 명확히 인식하게 되면, 그녀가 표시하는 거부감을 필요 이상으로 확대 해석하거나 과민해지지 않게 된다. 이야기를 들어 주는 방법을 터득함으로써, 그녀가 기분이 상했던 원인이 그에게 있었을 때조차도 진지하게 들어 주는 그 자세에 고마움을 느낀다는 것을 발견할 수 있을 것이다.


## 가정진보위원회에 남자가 거부감을 느낄 때

자신의 제의에 남자가 거부감을 보이면 여자는 그가 자기를 좋아하지 않는 것 같다고 생각한다. 그래서 자신의 의견과 요구가 무시당하는 거라고 느끼고 그 결과 당연히 그를 더 이상 신뢰하지 않게 된다.

그럴 때 그녀가 남자들은 화성에서 온 사람들임을 기억한다면 그가 왜 거부 반응을 보이는지 그 까닭을 정확히 이해할 수 있을 것이다. 그리고 나서 스스로의 행동을 가만히 되돌아보면 자기가 지금까지 그에게 해온 것은 섣부른 충고와 비판이었지, 솔직하게 자신의 욕구를 말하고, 정보를 제공하고 부탁한 것이 아니었음을 깨닫게 될 것이다.

충고와 얼핏 악의 없어 보이는 비판으로 본의 아니게 남자를 짜증나게 하는 경우가 어떤 것인지 몇몇 예문을 통해 살펴보자. 이 예문들을 훑어보면서, 이 처럼 사소한 말들이 모여서 결국 거부와 원망의 높은 벽을 쌓아올리게 된다는 것을 기억하라. 어떤 문장에는 조언과 비판이 겉으로 드러나 있지 않지만 의미상 내재되어 있는 경우가 있음을 간과해서는 안 될 것이다.

1   "당신, 어떻게 그걸 살 생각을 다 했어요? 이미 하나 있잖아요."
2   "접시에 물기가 그대로 있어요. 그렇게 두면 얼룩이 진다구요."
3   "당신 머리가 너무 긴 것 같지 않아요?"
4   "저쪽에 주차장이 있네요. 차를 돌려요."
5   "당신이 친구들과 어울리고 싶어하면, 그럼 나는요?"
6   "당신은 너무 일만 해요. 하루쯤 휴가를 내세요."
7   "그걸 거기에 놓으면 어떡해요? 찾을 수가 없잖아요."
8   "배관공을 부르지 그래요? 배관공이 와서 보면 알 거예요."
9   "지금 빈 자리가 나기를 기다리고 있는 건가요? 당신, 예약을 안 하신 거예요?"
10  "아이들과 좀더 많은 시간을 함께 있어 줘요. 애들은 아빠를 그리워 한다구요."
11  "당신 사무실은 여전히 난장판이군요. 당신은 이런 곳에서 어떻게 생각을 할 수가 있어요? 언제 정리할 계획이에요?"
12  "당신, 이번에도 또 깜빡 잊고 그걸 안 가져왔군요. 어디 눈에 잘 띄는

곳에 두면 생각이 날 거 아녜요?"

13 "당신, 차를 너무 빨리 몰고 있어요. 속도를 늦추지 않으면 딱지를 떼이고 말 거예요."

14 "다음에는 반드시 영화평을 읽어 보고 와야겠어요."

15 "난 당신이 어디 있었는지도 모르고 있었어요. 전화를 해줬어야죠."

16 "누가 주스병에 입을 대고 먹었어요?"

17 "손가락으로 집어 먹지 마세요. 애들이 배우겠어요."

18 "그 포테이토칩은 기름기가 너무 많아요. 심장에 좋지 않아요."

19 "당신은 늘 시간에 쫓기고 있어요."

20 "좀더 '미리' 알려 주셨어야죠. 하던 일을 그냥 팽개쳐 놓고 당신과 점심 먹으러 갈 수는 없어요."

21 "당신 그 셔츠가 바지하고 안 어울려요."

22 "빌이 세 번이나 전화했었어요. 언제 그에게 전화해 줄 거죠?"

23 "당신의 공구 상자가 아수라장이라서 도무지 뭘 찾을 수가 없어요. 제발 정돈 좀 하세요."

여자가 남자에게 솔직하고 직접적으로 도움을 요청하는 방법을 모르거나 의견 차이에 대해 건설적인 대화를 나누는 데 미숙할 때, 도대체 충고나 비판 없이 남자에게서 자기가 필요로 하는 걸 얻어 낼 수 있다는 말인지 무력감을 느낄지도 모른다. 그러나 충고와 비판을 삼가고 그를 인정해 보도록 노력하는 것만으로도 큰 진전이 아닐 수 없다.

그가 거부감을 보이는 것은 당신의 요구 자체가 아니라 그 표현방식에 문제가 있기 때문임을 명확히 인식하고 나면 그의 거부에 필요 이상 예민한 반응을 보이지 않게 되고, 자신의 요구를 훨씬 효과적으로 전할 수 있게 될 것이다. 그리고 남자들은 자기 자신에게 문제가 있는 게 아니라 문제를 해결하는 데 자기가 꼭 필요하다고 느낄 때 기꺼이 가정진보위원회에 동참해 온다는 것을 알게 될 것이다.

남자들은 자기 자신에게 문제가 있는 게 아니라 문제를 해결하는
데 자기가 꼭 필요하다고 느낄 때 기꺼이 가정진보위원회에
동참해 온다는 것을 알게 될 것이다.

만일 당신이 여자라면, 앞으로 일주일 동안 상대가 청하지 않은 충고와 비
판을 일체 삼가 볼 것을 권한다. 당신의 배우자는 당신의 그런 태도 변화에 무
척 고마움을 느낄 것이고, 뿐만 아니라 당신의 말에 보다 성의 있게 귀기울여
응해 주게 될 것이다.

만일 당신이 남자라면, 앞으로 일주일 동안 여자가 말을 할 때 그녀의 기분
을 진심으로 존중하고 이해하는 마음의 자세로 그 말에 귀기울여 볼 것을 권한
다. 그녀의 기분이 타당하지 않다거나 해결방안을 제시하고 싶은 충동이 일더
라도 꾹 참아 보라. 그러면 그녀가 당신을 얼마나 고맙게 생각하는지 당신 자신
도 놀랄 것이다.

# 3

## 남자는 자기 동굴로 들어가고 여자는 이야기를 한다

남자와 여자의 가장 큰 차이 중 하나는 그들이 어떤 식으로 스트레스에 대응하느냐 하는 것이다. 남자는 시간이 흐를수록 점점 더 한 곳에만 주의를 집중하며 내면으로 깊이 움츠러드는 반면, 여자는 점점 더 감정적으로 그 스트레스에 압도되고 휩쓸리게 된다. 이러한 때에 그 기분을 풀어야겠다는 욕구가 남녀간에 서로 다르게 나타난다. 남자들은 문제를 해결함으로써 그 긴장이 해소되는 반면, 여자들은 자신이 느끼는 문제들을 이야기함으로써 한결 기분이 나아질 수 있다. 이러한 차이점을 이해하고 인식하지 못한다면 우리의 관계 속에는 불필요한 마찰이 생겨나게 된다. 흔한 경우를 예로 들어 보자.

톰은 퇴근해서 집에 돌아오면 조용히 신문이나 읽으면서 긴장을 풀고 휴식을 취하고 싶어한다. 낮에 일이 잘 풀리지 않아 스트레스를 느낀 그는 집에서는 그 일을 잊고 좀 마음 편히 쉬었으면 하는 것이다.

그의 아내 메리 역시 하루 동안의 긴장감을 풀고 싶어한다. 그러나 그녀는 낮에 있었던 문제들에 대해 이야기하면서 위안을 얻고자 한다. 두 사람 사이에는 서서히 긴장감이 쌓여 가고, 이것이 서로에 대한 원망으로 굳어져 간다.

톰은 속으로 아내가 말이 너무 많다고 생각하는 반면, 메리는 자기가 무시당하고 있다고 느낀다. 서로의 차이에 대한 이해가 없다면 둘 사이는 점점 더 벌어질 것이다.

이같은 상황은 남녀가 서로 다투게 되는 많은 상황들 가운데 하나로 아마 여러분 모두가 쉽게 이해할 수 있을 것이다. 이것은 비단 톰과 메리에게만 국한된 문제가 아니라 거의 모든 남녀 관계 속에 존재하는 문제이다.

톰과 메리가 이 문제를 해결하고 못 하고는 그들이 상대방을 얼마나 사랑하느냐에 달려 있는 것이 아니라 얼마나 이해하고 있느냐에 달려 있다. 여자들은 우울한 기분을 떨쳐 버리기 위해 자기가 맞닥뜨리고 있는 문제를 이야기하고 싶은 욕구를 느낀다는 것을 모르는 톰은 메리가 너무 말이 많다고 생각하고 그녀의 말에 귀기울이려 하지 않을 것이다. 반면에 톰이 신문을 읽고 있는 것은 긴장을 풀고자 함임을 모른다면, 메리는 자기가 그로부터 무시당하고 버림받았다고 느끼게 되고 원하지 않는 그를 자꾸만 대화에 끌어들이려고 애쓸 것이다.

남자와 여자가 스트레스에 대응하는 방법이 각기 어떻게 다른지를 자세히 이해하게 되면 그같은 문제는 곧 풀릴 수 있다. 그럼 남녀에 대한 통찰을 얻기 위해 화성과 금성에서의 삶을 다시 한 번 조명해 보기로 하자.

## 화성과 금성의 스트레스 대응법

화성인들은 기분이 언짢을 때 무엇이 자기를 괴롭히고 있는지 좀처럼 이야기하지 않는다. 문제를 해결하는 데 친구의 도움이 필요한 경우가 아니라면 자기 문제로 공연히 남을 부담스럽게 하는 것을 그들은 원치 않는다. 대신에 그는 조용히 자기만의 동굴에 들어가 해결책이 나올 때까지 그 문제를 생각하고 또 생각한다. 해결책을 찾고 나면 그는 기분이 한결 좋아져서 동굴 밖으로 나온다.

해결책을 찾을 수 없는 경우, 그는 그 문제를 잊기 위해 신문을 읽거나 게임을 하는 등 뭔가 다른 일을 한다. 낮에 있었던 복잡한 문제에서 벗어남으로써 그는 점차 마음의 긴장이 풀리게 된다. 그 문제가 너무나 복잡하고 스트레스가 과도할 때는 자동차를 타고 전속력으로 달리거나 시합에 출전하거나 등산을 하는 등 한층 더 도전적인 일에 몰입한다.

∽

화성인들은 혼자 동굴 안으로 들어가 문제를 해결하고 나서야<br>기분이 좋아진다.

금성인들은 낮에 스트레스를 받는 일이 있었다거나 기분이 우울할 땐, 자기가 믿는 사람을 찾아 그에게 자기 문제를 속 시원히 이야기하고 싶어한다. 감정의 공감대가 형성되면 그들은 아까보다 한결 기분이 풀린다. 이것이 금성인들의 기분전환 방법이다.

∽

금성인들은 누군가에게 자기 문제를 솔직히 터놓고<br>이야기하고 나면 기분이 좋아진다.

금성에서는 자기 문제들을 다른 이와 나눈다는 것이 부담이 아니라 사랑과 신뢰의 표시가 된다. 그들에게 있어서 힘겨운 사정이 생겼다는 것은 부끄러운 일이 아니다. 유능하게 보이는 것보다는 오히려 애정이 깊은 관계 속에 존재한다는 것에 그들은 더 큰 의미를 부여한다. 그들은 당황스럽고 혼란스럽고 어찌할 바를 모르는 지친 마음을 서로 허물없이 주고받는다.

금성인은 자신의 어려운 문제와 우울한 기분을 터놓을 수 있는 사랑하는 친구가 있다는 것에서 위로를 받는다. 화성인은 동굴 속에서 혼자 힘으로 문제를 해결하고 나서야 비로소 기분이 풀린다. 이같은 기분전환의 비결은 오늘날에 이르러서도 마찬가지로 적용된다.

## 동굴 속에서 위안찾기

스트레스를 받으면 남자는 자기 마음 속의 동굴에 들어가 문제를 해결하기 위해 정신을 집중한다. 이때 그가 선택하는 것은 대개의 경우 가장 긴급한 문제이거나 가장 어려운 문제이다. 이 한 가지 문제에 너무나 골몰한 나머지 순간적으로 그외의 다른 것들은 일체 눈에 들어오지 않는다. 그밖의 문제들이나 의무는 눈에 띄지 않는 뒤쪽으로 가라앉는다.

그럴 때의 그는 태도가 냉랭하고, 남의 일을 곧잘 잊어버리고, 부주의하고 반응이 없고, 상대방을 건성으로 대한다. 예를 들면, 그가 집에서 대화를 나누는 경우 95%는 마음이 아직도 다른 데 가 있고 나머지 5%만 가지고 대화에 임하는 것이다.

자신에게 스트레스가 되고 있는 문제의 해결방안을 골똘히 생각하느라고 다른 것들은 의식하지 못한다. 스트레스가 심하면 심할수록 그는 그 문제에 더욱 집요하게 매달린다. 그럴 때의 그는 평소에 늘 그래 왔고 또 그것이 마땅한 것이라 하더라도 여자에게 관심을 기울이거나 감정을 표현하는 등의 일을 제대로 하지 못한다. 그는 마치 어디엔가 마음을 빼앗긴 사람처럼 보이지만 그의 힘으로 어쩔 수 있는 일이 아니다. 그러나 만일 해결책을 발견한다면, 그는 이내 기분이 좋아져 동굴 밖으로 나오고 일상적인 생활로 복귀할 수 있다.

만일 해결책을 찾을 수 없다면 그는 완전히 내면의 동굴에 틀어박혀 지낸다. 만일 동굴에서 나오는 일이 있다면, 그것은 텔레비전을 보거나 차를 몰거나 운동을 하거나 축구 경기를 관전하거나 농구를 하는 등 작은 문제들로 관심을 돌리는 경우에 한한다. 그의 마음 중 활용이 가능한 5%만 가지고도 시작할 수 있는 그런 도전적인 활동이 그로 하여금 그 복잡한 문제를 잊게끔 도와 주고 동굴에서 나올 수 있게 해준다. 그러고 나면 그는 다음 날 훨씬 성공적으로 그 문제에 다시 관심을 쏟을 수 있게 된다.

몇 가지 사례를 통해 좀더 자세히 알아보도록 하자. 짐은 보통 머리를 식히기 위해 신문을 읽는다. 신문을 펼쳐 들고 있는 동안에는 낮에 있었던 일들을 잠시 접어 둘 수가 있다. 직장에서의 문제에 빼앗기지 않은 5%의 지각력으로 그는 세계의 문제에 대해 나름대로 견해를 형성하고 해결책을 생각해 본다. 그러다가 차츰 신문 기사에 몰입하게 되면 자기 문제는 잊어버린다. 이런 식으로 그는 자신의 직장 문제에서 세상의 잡다한 문제들로(이 문제들은 그에게 직접적인 책임이 없다.) 관심의 대상을 전이시킨다. 이러한 과정을 거치면서, 일터에서의 스트레스에 매달려 있던 그의 마음이 조금씩 풀어져 아내와 식구들에게로 향할 수 있게 되는 것이다.

톰은 긴장을 풀고 스트레스를 해소하기 위해 축구 경기를 본다. 자기가 좋아하는 팀이 당면하고 있는 문제를 해결함으로써 자기 문제에 골몰해 있던 그의 마음이 조금은 느슨해진다. 스포츠를 관람할 때 그는 마치 자기가 일을 해낸 것 같은 대리만족을 경험한다. 자기 팀이 점수를 따거나 이기면 그는 승리감을 만끽하고, 반대로 그의 팀이 시합에서 지면 자기 자신의 패배인 양 속상해한다. 그러나 이기든 지든 자신의 문제에 매달려 있던 그의 마음은 어느 정도 놓여나게 된다.

톰뿐만 아니라 대다수의 남자들에게는 어떤 운동 경기나 신문에 난 사건, 그리고 영화 등을 통해 얻게 되는 긴장의 해소가 그를 삶의 긴장으로부터 잠시나마 벗어나게 해주는 것이다.

### 여자들은 그 동굴을 향해 어떤 반응을 보이는가

자기 동굴에 틀어박히게 되면 남자는 그 배우자가 기대하는 만큼의 관심을 기울일 능력을 상실한다. 그가 얼마나 스트레스에 싸여 있는지 모르는 그녀로서는 이럴 때의 그를 받아들이기가 쉽지 않다. 만약 그가 집에 돌아와 자신의 어려운 일을 상의해 온다면 그녀는 얼마든지 그에게 따뜻하게 대할 수 있을 것이다. 그러나 그는 입을 꾹 다물고 있고, 그녀는 그가 자기를 무시하고 있다고 느낀다. 그가 기분이 좋지 않다는 것은 느낌으로 알 수 있다 하더라도 그가 자기에게 말을 하지 않는 것이 자기를 좋아하지 않기 때문이라고 억측을 하게 된다.

남자들이 스트레스에 어떻게 대응하는지 대체로 여자들은 이해하지 못한다. 그러면서 자기네 금성인들이 하듯이 마음을 툭 터놓고 자기 문제를 솔직히 이야기해 주기를 남자들에게 기대한다. 남자가 자기만의 동굴에 틀어박히면 여자는 그가 왜 좀더 마음을 열지 못하는지 답답해진다. 그러다가 그가 텔레비전을 켜거나 농구를 하러 밖으로 나가 버리고 자기를 아랑곳하지 않을 때 그녀는 마음에 상처를 받는다.

동굴에 들어가 있는 남자에게 당장 마음을 털어놓으라거나 상대의 말에 즉각 반응하고 애정을 기울이기를 바라는 것은, 기분이 극도로 언짢아 있는 여자에게 지금 당장 마음을 가라앉히고 완벽한 이성을 찾으라고 요구하는 것과 마찬가지로 비현실적인 것이다. 여자의 느낌이 언제나 합리적이고 논리적이기를 기대하는 것이 잘못이듯 남자가 항상 사랑하는 감정을 염두에 두고 행동하기를 바라는 것 또한 잘못이다.

화성인들이 동굴로 들어갈 때 그들은 자기 친구들에게도 역시 어려운 문제가 있으리라는 것을 잊어버리는 경향이 있다. 남의 일에 신경쓰기 전에 우선 네 자신의 문제부터 해결하라는 본능의 소리가 그를 지배한다. 여자는 이런 식으로 반응하는 남자에게 거부감을 느끼고 원망하게 되는 것이다.

그녀는 이 무심한 남자와 싸움이라도 해서 자신의 권리를 찾겠다는 듯 명령조로 그의 관심을 요구할는지도 모른다. 남자들이 화성에서 왔음을 기억함으로써 여자들은 그들의 그런 반응이 상대에 대한 그들의 감정을 표현하는 것이라기보다는 스트레스에 대한 그들의 대응법임을 올바르게 인식할 수 있게 된다. 그래서 그와 맞서 싸우는 대신에 자기가 필요로 하는 것을 얻기 위해 그와 함께 노력해 나갈 수 있게 된다.

그런 반면에 남자들은 대개 자기들이 동굴에 들어가 있을 때 얼마나 냉랭해지는지를 거의 인식하지 못한다. 동굴 속으로 움츠러드는 일이 여자에게 어떤 영향을 미치는지 이해하게 되면서 그는 하잘것 없는 존재로 버려진 것 같다는 상대방의 마음을 조금은 헤아릴 수 있게 된다. 그리고 여자들이 금성에서 왔다는 사실을 상기함으로써 그는 그녀의 반응이나 감정을 보다 잘 이해하고 존중할 수 있게 된다. 그녀의 반응이 당연한 것임을 이해하지 못할 때 그는 스스로를 방어하려들고 두 사람은 서로 잘잘못을 따지려든다. 여기 가장 흔히 나타나는 다섯 가지의 오해가 있다.

남자는 자기 동굴로 들어가고 여자는 이야기를 한다

1 "당신은 제 얘기를 듣고 있지 않군요."라고 그녀가 말하면, 그는 "안 듣 다니 그게 무슨 소리요? 당신이 뭐라고 그랬는지 내가 어디 말해 볼까?" 라고 한다.

동굴에 들어가 있을 때 남자는 5%의 마음으로 상대방의 말을 듣는다. 5%로 들었어도 들은 건 들은 거라고 그는 항변한다. 그러나 그녀가 요구 하는 것은 분산되지 않은 온전한 관심인 것이다.

2 "당신이 여기 없는 것 같다는 느낌이 들어요." 여자가 이렇게 말한다. 그 러면 남자는 이렇게 대꾸한다. "내가 여기 없다는 것이 무슨 소리요? 나 는 분명히 여기 있어요. 당신 눈에는 내 몸이 보이지 않아요?"

그의 몸이 그곳에 있는 이상 그녀가 그렇게 말할 수 없는 거라고 그는 주 장한다. 하지만 몸이 있어도 그녀에게는 그가 온전히 존재한다고 느껴지 지 않는다. 그녀의 말은 바로 그런 의미이다.

3 그녀가 말한다. "당신은 나한테 마음을 써 주지 않아요." 그는 말한다. "물론 나는 당신에게 마음을 쓰고 있어요. 그렇지 않다면 왜 내가 이 문 제를 해결하려고 이 고생이겠소?"

어떻게든 그녀를 이롭게 할 문제에 자기가 이렇게 전심전력으로 매달리 고 있는 것은 그녀를 염려하고 사랑하기 때문이라고 그는 설명한다. 그 러나 그녀는 그의 관심과 배려를 피부로 직접 느끼고 싶어한다. 그것이 그녀가 바라는 것이다.

4 그녀는 "내가 당신한테는 하잘것 없는 존재인 것 같은 느낌이 들어요." 라고 말한다. 그러면 그는 "말도 안 되는 소리. 당신은 내게 중요한 사람 이에요."라고 말한다. 그녀를 이롭게 하려고 자기가 이렇게 문제를 해결 하느라 애쓰는데 그런 감정을 갖다니 말도 안 된다며 그는 의아해한다.

그가 한 가지 문제에 골몰하느라고 그녀의 다른 문제들에 대해 전혀 아 랑곳하지 않으면 어떤 여자라도 그와 똑같은 반응을 보일 것이며, 무시당하고 있다는 느낌을 갖게 될 것임을 그는 깨닫지 못한다.

5 "당신은 감정이 없어요. 머리만 있을 뿐이에요."라고 그녀가 말하면 그는 "그게 뭐 잘못됐소? 그렇지 않으면 내가 이 문제를 어떻게 해결할 수 있다고 생각해요?"라고 말한다.

자기는 문제 해결을 위해 반드시 필요한 일을 하고 있는데, 그녀가 공연히 트집을 잡으며 지나친 요구를 한다고 그는 생각한다. 그리고 그녀가 고마워할 줄 모른다고 여긴다. 그로서는 그녀의 감정을 도저히 이해할 수가 없다. 남자들은 자기들이 얼마나 극단적으로, 그리고 얼마나 졸지에 따뜻한 사람에서 냉랭하고 무심한 사람으로 변하는지 깨닫지 못하고 있다. 동굴 안에서 해결책을 찾느라 여념이 없는 그는 자신의 그런 무관심이 다른 사람에게 어떻게 느껴지는지 알지 못한다.

협력을 강화해 나가기 위해서는 남자와 여자가 상대를 보다 잘 이해할 필요가 있다. 남자가 아내를 무시하기 시작하면 그녀는 그가 자기를 향해 일부러 그런 행동을 하는 게 아닐까 하는 생각을 종종 하게 된다. 그런데 지금 그가 자기 나름의 방식대로 스트레스에 대응하고 있는 것임을 알고 나면, 그를 이해하는 데 상당한 도움이 된다. 하지만 그렇다고 해서 그녀의 고통이 한순간에 눈 녹듯이 사라진다는 말은 아니다.

그럴 때에 그녀는 자기가 느낀 것들에 대해 이야기하고 싶어질는지도 모른다. 그런 경우 남자가 그녀의 그런 감정을 타당한 것으로 받아들이는 것이 중요하다. 그가 동굴 속으로 들어가 앉아 입을 열지 않을 권리가 있다면, 그녀에게도 자기가 무시당하고 내팽개쳐진 것 같다는 자신의 느낌을 이야기할 권리가 있음을 그는 이해할 필요가 있다. 그가 자기 감정을 이해해 주지 못한다고 느낄 때 그녀는 마음의 고통을 벗어 버리기 어려워진다.

## 대화를 통해 위안얻기

여자들은 스트레스를 받으면 지금 자기 감정이 어떻고, 자기가 무슨 일로 인해 기분이 그렇게 되었는지를 모두 이야기하고 싶은 본능적인 욕구를 느낀다. 이야기를 시작함에 있어서 그녀는 문제의 심각성으로 우선 순위를 매기지 않는다. 만일 그녀가 기분이 나쁘다면 그 일이 크든 작든 기분이 나쁜 건 나쁜 것이다. 그녀는 그 문제들에 대한 해결책을 찾는 데 관심을 두기보다는 자신의 감정을 표현하고 이해받음으로써 위안을 얻고자 한다. 두서없이 자기 문제들을 털어놓다 보면 그녀는 기분이 조금 풀리게 된다.

그녀는 그 문제들에 대한 해결책을 찾는 데 관심을
두기보다는 자신의 감정을 표현하고 이해받음으로써
위안을 얻고자 한다.

남자는 스트레스를 받으면 한 가지 문제에만 관심을 집중하고 나머지는 모두 잊어버리는 반면, 여자는 스트레스를 받으면 자기를 둘러싼 온갖 문제들에 신경을 쓰고 압도되는 경향이 있다. 한 가지 문제를 해결하는 데 관심을 집중하지 않고 이런저런 문제들에 대해 이야기하면서 그녀는 기분이 좀 나아지는 것을 느낀다. 이런 과정을 통해 자기 가정을 스스로 들여다봄으로써 실제로 자기를 괴롭히고 있는 게 무엇인지를 명확히 인식하게 되면 짓눌려 있던 가슴이 어느 순간 갑자기 후련해지는 것을 느낀다.

우울한 기분을 풀기 위해서 여자들은 과거의 문제, 장래의 문제, 그리고 아직 겉으로 드러나지 않고 잠재되어 있는 문제들, 심지어는 아무런 대책이 있을 수 없는 문제들에 이르기까지 모두 쏟아낸다. 가슴에 묻어 놓은 이야기들을 많이 털어놓을수록 그녀는 기분이 홀가분해진다. 이것이 바로 여자들의 행동양식이다. 그와 동떨어진 행동양식을 기대하는 것은 여자에게 자아 개념을 부정하라고 요구하는 것과 같다.

감정적으로 무엇엔가 압도되어 있는 여자는 자기가 느끼는 여러 문제들에 대해 시시콜콜 이야기함으로써 위안을 얻는다. 누군가가 자기 말에 귀를 기울이고 있음을 느끼게 되면서 그녀의 긴장감은 사라진다. 한 가지 주제에 대해 이야기를 다 했으면 잠시 멈췄다가 또 다른 문제로 넘어간다. 이런 식으로 그녀는 자신의 문제들, 걱정거리, 실망과 좌절들을 하나씩 하나씩 모두 쏟아낸다. 이 화제들은 순서가 있는 것도 아니며 서로 논리적인 연관성을 갖고 있지 않을 수도 있다. 만일에 자기가 상대로부터 이해와 공감을 얻지 못하고 있다고 느끼면, 그녀의 의식은 보다 먼 곳까지 미치게 되고 보다 많은 문제들에 대해 기분이 언짢아질 수 있다.

동굴 속에 틀어박혀 있는 남자의 주의를 다른 데로 좀 끌어 내기 위해서는 스포츠라든가 텔레비전같이 그가 몰두할 수 있는 작은 일이 필요하듯, 아무도 자기에게 귀를 기울여 주지 않는다고 느끼는 여자는, 위안을 얻기 위해 조금은 덜 직접적인 다른 문제들에 대해 자꾸만 이야기하려 할 것이다. 여자들은 자신의 고통스러운 감정을 잊으려고 남의 문제에 휩쓸려들기도 한다. 자기 친구나 친척, 혹은 아는 사람들의 문제에 관해 서로 이야기를 나누면서 위안을 얻는 경우도 있다. 그녀가 지금 이야기하고 있는 것이 자기 문제이든 남의 문제이든 간에 성인들에게 있어서 이야기를 한다는 것은 아주 자연스럽고 건강한 스트레스 해소법이다.

෴

여자들은 자신의 고통스러운 감정을 잊으려고 남의 문제에
휩쓸려들기도 한다.


### 여자가 이야기하고 싶어할 때 남자는 어떤 반응을 보이는가

여자들이 문제를 이야기해 보면 대부분의 경우 남자들은 저항감을 갖는다. 여자가 자기의 문제를 남자에게 이야기하는 것은 그에게 책임이 있다고 여기기 때문이라고 그들은 생각한다. 그래서 더 많은 문제들을 이야기하면 할수록 그는 더욱더 자기가 비난을 받는 것처럼 느낀다. 그녀는 우울한 기분에서 벗어나려고 이야기한다는 것을 그는 알지 못한다. 그저 들어 주는 것만으로도 그녀는

그를 고맙게 생각하리라는 것을 그는 모른다.

　화성인들이 자기 문제를 이야기하는 데는 오직 두 가지 이유에서이다. 하나는 누군가를 비난하고 탓하는 경우이고, 다른 하나는 조언을 구할 때이다. 여자가 기분이 몹시 언짢아 보이면 남자는 그녀가 자기에 대해 원망을 하고 있다고 추측한다. 그녀가 약간 기분이 상해 있을 때는 자기에게 조언을 구하고 있는 것이라고 그는 자기 마음대로 추정한다.

　그녀가 조언을 구하는 것이라고 판단되면 그는 만능 수리공 모자를 눌러 쓰고 그녀의 문제를 해결하려 한다. 만일 그녀가 자기를 비난하는 것 같으면 그는 공격으로부터 자신을 방어하고자 칼을 빼어 든다. 두 가지 중 어떤 경우이든 남자는 이미 여자의 말에 귀를 기울이기 어려운 상태에 와 있다.

　그가 문제에 대한 해결책을 제시하는데도 그녀는 여전히 다른 문제들을 자꾸 끄집어 내 이야기한다. 그는 두세 가지 정도의 해결책이면 그녀의 기분이 좋아질 거라고 기대한다. 화성인들은 자기네가 먼저 조언을 구한 경우라면 그에 대한 해결책을 반갑게 받아들이고, 곧 우울한 기분에서 벗어나기 때문이다. 그녀의 기분이 조금도 나아지지 않으면 그는 자기가 내놓은 해결책을 그녀가 시큰둥해한다고 느낀다.

　상대로부터 공격을 받았다고 느끼면 그는 자기 자신을 방어하기 시작한다. 그는 그녀가 자신의 설명을 듣고 나면 더 이상 자기를 비난하지 않을 거라고 생각한다. 그러나 그가 스스로를 옹호하면 할수록 그녀는 점점 더 기분이 나빠진다. 그녀가 필요로 하는 것은 변명이 아니라는 것을 그는 깨닫지 못한다. 그녀가 원하는 것은 자기의 감정을 그가 이해해 주는 것이며, 자기 문제들을 좀더 이야기할 수 있도록 해주는 것이다. 만일 그가 현명해서 그녀의 이야기에 가만히 귀를 기울여 들어 주기만 한다면 그녀는 곧 그를 비난하던 것을 그치고 다른 문제들에 대한 이야기로 넘어갈 것이다.

　남자들은 또 자기가 어떻게 해볼 도리가 없는 문제에 대해 여자가 말을 하면 특히 좌절감을 느낀다. 예를 들어 스트레스를 받은 여자는 다음과 같은 불평을 할 수도 있다.

1 "나는 직장에서 충분한 보수를 받고 있지 못해요."
2 "루이즈 이모의 병세가 점점 더 악화되고 있어요. 해가 갈수록
   쇠약해지는 것 같아요."
3 "우리 집은 너무 좁아요."
4 "날씨가 너무 건조해요. 도대체 언제쯤이나 비가 오려는지 모르겠어요."
5 "우리 은행계좌에 잔고가 거의 바닥이 났어요."

여자가 이와 같은 말을 하는 것은 자신의 우려와 실망감, 좌절감을 표현하는 하나의 방식일 수 있다. 그녀 역시 뾰족한 해결방법이 없다는 것을 알고 있을지 모른다. 그러나 아무리 대책 없는 일이라도 이야기를 하고 나면 조금은 마음이 후련해지고, 또 상대가 자기 이야기를 성의껏 들어 주고 공감을 표시해 주면 그녀는 새로운 힘을 얻는다. 그러나 속마음을 터놓고 이야기하는 것만으로도 그녀의 기분이 나아질 수 있다는 것을 배우자가 이해하지 못한다면, 그녀의 이런 행동은 그에게 좌절감을 안겨 줄는지도 모른다.

남자들은 또 여자가 아주 자세하게 이야기를 하면 마음이 조급해져 가만히 듣고 있지 못한다. 그는 그녀가 그렇게 자세하게 이야기를 하는 것은 그 시시콜콜한 내용 하나하나가 모두 문제해결에 필요하기 때문일 거라고 그릇된 추정을 한다. 그리고는 연관성을 찾느라고 조바심을 내며 그 말을 듣는다. 그녀가 자기에게 기대하는 것은 해결책이 아니라 관심과 이해라는 것을 그는 역시 깨닫지 못한다.

더욱이 그녀가 이 얘기를 했다가 금방 저 얘기를 하고 왔다갔다 하면, 그녀의 얘기에 논리적인 질서가 있으리라고 착각하고 있는 그로서는 계속해서 참을성 있게 귀를 기울인다는 것은 쉬운 일이 아니다. 그녀가 서너 가지의 문제들을 두서없이 쏟아 놓으면 그는 그것들을 논리적으로 연관짓느라고 극도로 혼란스러워진다.

이야기를 듣는 일에 남자가 거부감을 갖는 또 하나의 이유는 그가 자꾸 문제의 핵심을 찾으려 하기 때문이다. 이야기의 핵심이나 결론을 모르고서는 그가 해결책을 제시할 수가 없는 것이다. 그러므로 그녀가 문제를 자세히 이야기

하면 할수록 듣고 있던 그는 더욱 암담함을 느끼게 된다. 자세히 이야기하는 것이 그녀의 정신에 매우 유익하다는 것을 알고 나면 그의 좌절감이 한결 사그라든다. 복잡하게 얽혀 있는 문제를 해결하고 나면 남자가 성취감을 맛보는 것과 마찬가지로 여자는 자신의 복잡한 문제를 터놓고 이야기하고 나면 만족감을 느낀다.

<br>

복잡하게 얽혀 있는 문제를 해결하고 나면 남자가 성취감을
맛보는 것과 마찬가지로 여자는 자신의 복잡한 문제를
터놓고 이야기하고 나면 만족감을 느낀다.

여자가 남자를 조금 편하게 해줄 수 있는 것이 있다면 그것은 자세한 이야기를 시작하기 전에 미리 문제의 핵심을 알려 주는 것이다. 그럼으로써 그는 불안하게 마음을 졸이며 다음 이야기에 신경을 곤두세우지 않아도 되는 것이다. 여자들은 보통 이야기를 더 실감나게 하기 위해 일부러 우회적으로 표현하거나 미적거리며 상대를 애태우는 것을 즐긴다. 같은 여자라면 그 이야기를 흥미롭게 음미하며 들을지 몰라도 남자들은 참지 못하고 쉽게 좌절하고 만다.

남자가 얼마나 여자를 이해하지 못하는가는 여자가 문제를 이야기할 때 그가 어느 정도로 거부감을 느끼는지를 보면 알 수 있다. 여자를 마음으로부터 지지해 주고 충족감을 안겨 주는 방법을 배우게 되면서 그는 이야기를 들어 준다는 것이 그리 어려운 일이 아님을 깨닫게 된다. 더욱 중요한 것은 자기는 그저 자기 문제를 이야기하고 싶은 것뿐이며, 그가 꼭 해결을 해줄 필요가 없다는 것을 그에게 일깨운다면 그는 마음을 편히 갖고 그녀의 이야기에 귀를 기울일 수 있으리라는 것이다.


## 화성인과 금성인이 평화롭게 지낼 수 있었던 것은

화성인과 금성인이 평화롭게 지낼 수 있었던 것은 그들이 서로의 차이를 존중

할 수 있었기 때문이다. 화성인들은 우울한 기분을 떨쳐 버리기 위해 이야기를 하고 싶어하는 금성인들의 욕구를 존중했다. 설령 그가 해줄 말이 별로 없다고 해도 이야기를 들어 주는 것만으로도 큰 도움이 될 수 있음을 그는 알고 있었다. 금성인들은 또, 화성인들이 스트레스에 대응하려면 자기만의 동굴이 필요하다는 것을 인정했다. 동굴은 이제 더 이상 불가사의가 아니고 걱정거리도 아니었다.

## 화성인이 깨달은 것

화성인들은 심지어 자기가 금성인으로부터 공격당하거나 비난의 대상이 되거나 몰아세워지는 것처럼 느껴지는 경우에도 그것이 다만 일시적 현상일 뿐임을 알게 되었다. 금성인들은 이내 마음이 풀렸고 그러면 곧 상대를 이해하고 고맙게 여기곤 했었다. 그들의 말에 귀를 기울이다 보니 화성인들은 그들이 문제를 이야기하는 것 그 자체에서 얼마나 큰 위안과 활력을 얻는지를 발견하게 되었다.

　화성인들은 자기들이 무엇인가 잘못하고 있기 때문에 금성인들이 문제를 이야기할 필요를 느끼는 것이 아님을 마침내 이해함으로써 마음의 평화를 찾았다. 게다가 금성인들은 자신의 이야기에 상대가 진지하게 귀를 기울이고 있다는 것을 느끼기만 하면 문제에 매달려 고민하기를 그치고 매우 긍정적인 자세가 된다. 이것을 알면 화성인들은 자기가 그녀의 모든 문제를 해결해 주어야 한다는 의무감을 느끼지 않고 이야기에 귀를 기울일 수 있게 된다.

　대부분의 남자들은, 그리고 여자들조차도 자기 문제에 대해 이야기하고자 하는 욕구에 대해 몹시 비판적인 경우가 있는데, 이는 그것이 얼마만큼의 치유 능력을 가질 수 있는지 한 번도 경험해 보지 못했기 때문이다. 누군가 자기의 이야기를 열심히 들어 주고 있다는 느낌, 그것이 얼마나 여자의 기분을 불현듯 바꾸어 놓을 수 있으며, 긍정적인 자세를 갖게 하는지 그들은 보지 못했던 것이다. 그들은 여자가 —아마 그들의 어머니가— 아무도 자기 이야기에 귀를 기울여 주지 않는다는 느낌 때문에 문제 그 자체에 끝없이 집착하는 모습을 보아

왔을 것이다. 사랑받지 못하고 아무도 이야기를 들어 줄 사람이 없다는 소외감 속에 긴 세월을 살아 온 경우 여자들은 자기 문제에 한사코 매달려 벗어나려 하지 않는다. 그러므로 그들에게 진정 중요한 것은 사랑받고 있다는 바로 그 느낌인 것이다.

화성인들이 이야기를 듣는 방법을 터득하면서 그들은 한 가지 굉장히 놀라운 발견을 하게 되었다. 그것은 금성인의 이야기를 듣는 것이 텔레비전 뉴스를 보거나 신문을 읽는 것과 마찬가지로 그들이 동굴에서 나오도록 도와 준다는 사실이었다.

게다가 비난받고 있다거나 자기에게 책임이 있다는 부담감 없이 이야기를 듣는 방법을 배우게 되면서, 듣는다는 일은 그들에게 있어 훨씬 수월한 것이 되었다. 이야기에 귀를 기울이는 일에 능숙해짐에 따라 그는 그러한 행위가 자기 배우자에게 굉장한 만족감을 안겨 주는 것일 뿐만 아니라 하루 동안 있었던 자신의 골치 아픈 문제들을 잊는 데에도 썩 훌륭한 방법일 수 있다는 것을 깨닫게된다. 그렇지만 스트레스가 아주 심한 날은 예외이며, 그럴 경우 그는 역시 동굴에 움츠리고 있다가 텔레비전 뉴스나 혹은 도전적인 스포츠 등의 뭔가 다른 흥미거리를 찾아 서서히 밖으로 나오는 그런 과정이 필요할는지 모른다.

### 금성인이 깨달은 것

금성인들 역시 화성인이 동굴 속으로 들어가는 것이 그녀를 사랑하지 않는다는 증거가 아니라는 걸 알게 되면서 마음의 평화를 얻게 되었다. 그런 때는 그가 엄청난 스트레스를 느끼고 있을 때이므로 오히려 그를 더욱 이해하고 받아 줘야 한다는 것도 깨달았다.

그래서 금성인들은 화성인이 주의를 딴데로 돌려도 그다지 섭섭하게 생각하지 않았다. 자기가 한참 이야기를 하고 있는데 그가 마음이 산란해 제대로 듣지 않았다면, 아주 품위 있게 말을 잠시 멈추고 그대로 서서 그가 알아차리기를 기다렸다가 다시 이야기를 시작하곤 했다. 이따금은 그가 온 마음을 다 기울이는 것이 어려울 때가 있음을 이해했기 때문이다. 그리고 아주 편안하고 부드러운 태도로 그에게 관심을 요구하면 그는 기꺼이 그녀에게로 관심을 기울여 준다는 사실도 알았다.

그가 동굴에 들어앉아 완전히 정신을 빼앗기고 있을 때, 그녀는 그것을 사사로운 감정으로 받아들이지 않게 되었다. 아울러 그녀는 그가 이런 상태에 놓여 있을 때는 가슴 속의 이야기를 나누기보다는 친구들을 만나 어려운 문제를 의논한다든지, 즐거운 시간을 갖거나 쇼핑을 하러 가는 등의 행동이 훨씬 도움이 된다는 것을 깨닫게 되었다. 그로 해서 자기가 상대방으로부터 사랑받고 있음을 느끼면 화성인들은 자기 동굴에서 더 빨리 밖으로 나오게 된다는 사실을 알게 되었다.

# 이성 자극하기

화성인과 금성인이 만나기 전에 그들은 각자 별개의
세계에서 수세기 동안 행복하게 살고 있었다. 그러다
가 하루아침에 모든 것이 변했다. 각자의 별에 살고
있던 그들이 갑자기 우울증에 빠져 버린 것이다. 결국
그들이 함께 있어야겠다고 생각하게 만든 것은 바로
이 느닷없는 우울함이었다.

그들에게 어떻게 그런 변화가 찾아왔는지 그 비밀
을 알게 되면 화성인과 금성인이 각각 어떤 경우에 마
음이 움직이는지를 미루어 알 수 있을 것이다. 그러면
여러분은 긴박하고 힘겨운 때에 상대로부터 적절한
원조를 받을 수 있을 뿐만 아니라 상대에게도 그가 필
요로 하는 도움을 제공할 수 있게 된다. 자, 시간을 거
슬러 올라가 그때 무슨 일이 있었는지를 우리 눈으로
직접 확인해 보자.

화성인들은 우울증에 걸리게 되자 너나 할 것 없이
모두들 도시를 떠나 오랜 시간 동안 자기 동굴에서 지

냈다. 그들은 그곳에 꼼짝도 않고 틀어박혀 나올 줄을 몰랐는데, 그러던 어느 날 누군가가 망원경으로 아름다운 금성인들의 모습을 보게 되면서 그 소문이 순식간에 퍼져 나가 모두 그의 망원경을 돌려 보았다. 화성인들은 그 아름다운 존재를 보고 넋이 나갔고 우울증 따위는 온데간데없이 사라졌다. 불현듯 누군가가 자기를 필요로 하고 있다는 생각이 그들을 스쳐갔다! 그들은 동굴에서 나와 우주선을 만들기 시작했다.

금성인들은 우울증에 사로잡히자, 그 기분에서 벗어나기 위해 모임을 만들어 자기 문제에 대해 서로 이야기를 나누었다. 그러나 우울증은 별로 나아지지 않는 것 같았다. 오랫동안 그런 기분에서 헤어나지 못하고 있던 그들은 어느 날 직관을 통해 하나의 환상을 보게 되었다. 강력하고 놀라운 존재(화성인들)가 자기들을 사랑하고 위해 주고 지지해 주기 위해 우주 저편에서 오고 있는 것이었다. 불현듯 그들은 사랑받고 있음을 느꼈다! 이러한 환상을 함께 나누면서 그들의 우울증은 어느덧 말끔히 걷혔고, 그들은 행복한 기분으로 화성인들을 맞이할 마음의 준비를 하기 시작했다.

남자들은 누군가가 자기를 필요로 한다고 느낄 때 힘이 솟구치고
마음이 움직이는 데 비해 여자들은 누군가가 자기를 사랑하고
있다고 느낄 때 힘이 생기고 마음이 움직인다.

이 동기 부여의 비밀은 오늘날에 있어서도 마찬가지로 적용된다. 어떤 관계든지 상대가 자기를 별로 필요로 하지 않는 것 같으면 남자는 점점 더 힘을 잃고 위축된다. 날이 가면 갈수록 그는 그 관계 속에서 베풀 줄 모르는 소극적인 사람이 된다. 그러나 반면에 그가 상대의 욕구를 만족시켜 주려고 최선을 다하고 있다는 것을 알아 주고 그 노력을 고맙게 생각하면 그는 더욱 힘을 얻어 상대에게 더 많은 것을 주고 싶어한다.

금성인들은 자기가 사랑을 받고 있다고 느낄 때 마음이 움직이고 의욕이 솟는다. 관계 속에서 사랑받고 있다고 느끼지 못하는 여자는 그것이 자기 탓일 거라는 강박관념에 사로잡히고 상대에게 무작정 모든 것을 베푸는 일에 스스로

지쳐 버린다. 반면에 자기가 애정과 존중의 대상이 되고 있다는 느낌은 여자에게 더없는 만족감을 줄 뿐 아니라 더욱 적극적으로 사랑을 베풀게 한다.


## 남자가 여자를 사랑할 때

남자가 한 여자를 사랑하게 되면 최초에 화성인이 금성인을 발견했을 때와 똑같은 일이 벌어지게 된다. 동굴에 틀어박힌 채 원인 모를 우울증에 시달리고 있던 그는 망원경으로 하늘을 바라보았다. 흡사 번개에 맞은 것처럼 번쩍하는 순간 그의 인생이 영구히 바뀌었다. 망원경으로 얼핏 하나의 환상을 본 그는 그것이 경외할 만한 아름다움이며 매력이었노라고 표현했다.

그는 금성인들을 본 것이다. 그의 몸은 불꽃처럼 타올랐다. 금성인들을 본 순간 그는 난생 처음으로 자기 아닌 누군가 다른 사람에게 관심을 가지게 되었다. 단 한 번 힐끗 보았을 뿐인데 그의 삶은 새로운 의미를 띠게 되었다. 그를 짓누르고 있던 우울증은 말끔히 걷혔다.

화성인들은 승리와 패배의 철학을 갖고 있었다. 나는 승리를 원하고, 너의 패배는 내 알 바 아니라는 게 바로 그것이다. 화성인들이 저마다 자기 자신에게만 신경을 쓰는 동안 이러한 공식은 예외 없이 적용되었다. 그러나 수세기 동안 통용되어 온 그 공식은 바뀔 필요가 있었다. 자기 자신의 일에만 몰두한다는 것이 더 이상 예전처럼 만족스럽지 못했기 때문이다. 사랑에 빠진 그들은 자기 자신만큼이나 금성인들도 승리를 얻게 되기를 바랐다.

오늘날 대부분의 스포츠에서 우리는 화성인들의 경쟁양식을 엿볼 수 있다. 예를 들어 친구와 테니스 시합을 할 때 우리는 그에게 이기고 싶어할 뿐만 아니라 그 친구가 받기 어렵게 공을 보냄으로써 그를 지게 만들려고 애쓴다. 친구의 패배에도 불구하고 우리는 승리감을 만끽하기 위해서다.

화성인들의 이같은 행동양식은 우리 인생에 대부분 그대로 존재하고 있다. 하지만 성숙한 인간 관계에서 이러한 승패의 철학은 유해한 것일 수 있다. 상대의 희생을 대가로 내 욕구를 채우려 한다면 결국에는 원망과 갈등, 불행이 찾아올 것이다. 자신과 상대방이 모두 승리하는 것, 그것이 바람직한 관계 형성의 비결이다.

## 다른 점에 이끌리다

맨 첫번째 화성인이 사랑에 빠진 후 그는 동료 화성인들 모두를 위해 망원경을 만들기 시작했다. 곧 그들 모두가 우울증에서 벗어났다. 그리고 그들 역시 금성인들을 사랑하기 시작했다. 그들은 자기 자신만큼이나 금성인들을 염려하기 시작했다.

낯설고 아름다운 금성인들은 화성인들에게 있어 신비로운 유혹이었다. 특히 금성인들이 지닌 다른 점들이 화성인들의 마음을 끌었다. 화성인들이 딱딱하다면 금성인들은 부드러웠고, 그들이 모난 데 비해 금성인들은 둥글었으며, 그들이 차갑다면 금성인들은 따뜻했다. 이러한 차이는 신기하고 완벽하게 서로에게 딱 들어맞는 것 같았다.

말없는 말로써 금성인들은 아주 크고 분명하게 자기 뜻을 전했다.

"우리는 여러분들이 필요해요. 여러분의 능력과 힘은 우리의 존재 내면에 깊숙이 자리한 공허함을 채우고 굉장한 만족감을 줄 수 있어요. 우리가 함께한다면 무척 행복할 거예요."

이러한 금성인들의 은근한 유인에 화성인들은 힘을 얻고 행동에의 동기를 느꼈다.

여자들은 대부분 이러한 메시지를 어떻게 전해야 할지를 본능적으로 알고 있었다. 두 사람의 관계가 형성되기 시작할 무렵 여자는 남자에게 당신이야말로 나를 행복하게 해줄 수 있는 사람이라고 말하는 듯한 짧은 눈길을 보낸다. 이렇게 교묘한 방법으로 그녀가 사실상 그 관계에 시동을 거는 것이다. 이 눈길에 그는 좀더 그녀에게로 가까이 다가갈 용기를 얻는다. 그리고 그녀와 관계를 맺음에 있어 두려움을 극복할 힘을 얻는다. 그런데 불행히도 일단 두 사람의 관계가 이루어지고 둘 사이에 문제가 생기기 시작하면, 여자는 그러한 메시지가 남자에게 있어 여전히 중요한 것임을 자각하지 못한 채 메시지를 보내는 일을 소홀히 하게 된다.

　화성인들은 금성인에 영향을 미칠 가능성에 무척이나 고무되었다. 그들은 새로운 발전 단계로 나아가고 있는 중이었다. 자신들의 능력을 입증해 보이고 신장시키는 일만으로는 그들은 더 이상 만족을 느낄 수 없었다. 그들은 자신의 힘과 기술을 다른 사람을 위해, 특히 금성인들을 위해 쓰고 싶었다. 그들은 승리와 승리라는 새로운 철학을 진전시켜 나가기 시작했다. 그들은 모든 이들이 자기 자신뿐만 아니라 남들에게도 관심을 갖고 배려하는 그런 세상을 원했다.

### 사랑이 화성인들을 고무시키다

화성인들은 우주를 날아 금성으로 가기 위해 우주선을 건조하기 시작했다. 살아 있다는 느낌이 일찍이 그토록 충만한 적이 없었다. 금성인들을 힐끗 본 것이 그들로 하여금 생전 처음으로 이타적인 감정을 갖게 했다.

　그렇듯이 남자는 사랑을 하게 되면 다른 사람들을 위해 최고가 되고 싶어한다. 마음이 활짝 열려 있을 때 그는 자기가 뭔가 중요한 변화를 불러일으킬 수 있으리라는 자신감에 넘친다. 그러다가 잠재능력을 펼쳐 보일 기회가 주어지면 그는 자기 자신의 가장 뛰어난 모습을 마음껏 드러낸다. 단지 성공할 수 없을 것 같다는 느낌만이 그로 하여금 예전의 그 이기적인 삶으로 되돌아가게 만들 뿐이다.

　사랑을 하게 되면 남자는 자기 자신만큼이나 남들에게도 관심을 갖기 시작한다. 오직 자기 자신을 위한 일에만 열의를 보이던 쇠사슬을 풀고 사사로운 이익을 챙기려는 목적이 아니라 순수한 염려에서 다른 사람들에게도 관심을 기울이게 된다. 그는 배우자의 성취를 마치 자신의 성취인 양 기쁘게 받아들이고, 그녀가 행복해하면 자기도 행복하므로 그녀의 어려움까지도 기꺼이 감수하려 한다. 보다 숭고한 목적이 있는 그에겐 이제 고투마저도 한결 수월하게 느껴진다.

〰

잠재능력을 펼쳐 보일 기회가 주어지면 그는 자기 자신의 가장
뛰어난 모습을 마음껏 드러낸다. 단지 성공할 수 없을 것

같다는 느낌만이 그로 하여금 예전의 그 이기적인
삶으로 되돌아가게 만들 뿐이다.


젊은 시절 그는 자기 자신을 이롭게 하는 일을 통해서만 만족을 느꼈으나 점차 성숙해 가면서 그런 자기 만족만으로는 더 이상 마음이 흡족하지 않았다. 만족을 얻기 위해서는 사랑에 의해 촉발되고 움직여지는 그런 삶을 살아야 할 필요가 있었다. 자유롭고 헌신적인 삶에 대한 열의는 다른 사람에 대한 배려가 전혀 없었던 데서 오는 타성과 무력증으로부터 그를 해방시키는 것이었다. 사랑을 받고 싶다는 그의 욕구는 변함없지만 그가 무엇보다도 필요로 하는 것은 사랑을 주는 일이었다.

대부분의 남자들은 사랑을 몹시 주고 싶어하는 동시에 사랑받기를 갈망한다. 그들이 안고 있는 가장 심각한 문제는 자신들이 무엇을 그리워하는지를 알지 못하고 있다는 것이다. 그들은 자신의 아버지가 사랑을 베푸는 행위를 통해 어머니를 충족시키는 것을 별로 본 적이 없었기에, 남자가 상대에게 무엇인가를 줌으로써 어느 정도의 성취감을 얻을 수 있는지 알지 못한다. 인간 관계에 문제가 생긴 듯하면 그는 금세 풀이 죽어 자기 동굴 안에서 나오지 않으려 한다. 그리고 남에게는 전혀 관심을 돌리지 않으면서 자기 기분이 왜 그렇게 우울한지 깨닫지 못한다.

그런 경우에 그는 관계로부터 스스로 움츠러들어 거리를 두려 하고 혼자 있고 싶어한다. 그는 자기가 무엇 때문에 이래야 하는지, 왜 괴로워하는지 자문해 본다. 그러나 상대에게 필요한 존재가 아니라는 느낌이 그를 그토록 소원하게 만드는 것임을 그는 깨닫지 못한다. 누군가 자기를 필요로 하는 사람이 나타나면 곧 그 우울증에서 벗어나 새로운 의욕을 얻게 될 것이라는 사실도 그는 알지 못한다.

꿈

필요한 존재가 되지 못한다는 것은 남자에게 있어
천천히 찾아오는 죽음과도 같다.

자기가 누군가 다른 사람의 인생에 긍정적인 변화를 가져다 주고 있지 못한다고 느끼면 남자는 더 이상 그 관계에 마음을 쓰기가 어려워진다. 자기를 필요로 하지 않는 사람의 일에 계속적으로 열의를 보인다는 것이 쉽지 않은 것이다. 그가 다시금 동기를 부여받으려면 상대로부터 자기가 인정받고 신뢰받고 있다는 느낌이 필요하다. 필요한 존재가 되지 못한다는 것은 남자에게 있어 천천히 찾아오는 죽음과도 같다.


## 여자가 남자를 사랑할 때

여자가 한 남자에게 사랑에 빠지게 되면 처음에 금성인들이 화성인이 오리라고 믿었을 때와 똑같은 일이 벌어지게 된다. 그녀는 하늘에서 우주선이 날아와 화성인이라는 힘세고 자상한 마음씨의 종족이 나타날 것임을 꿈꾸고 있었다. 그 사람들은 누군가가 보살펴 주어야 하는 그런 존재가 아니라, 오히려 금성인들을 보호해 주고 싶어하고 부양하고 싶어할 거라고 여겼다.

화성인들은 매우 충실했고, 금성인의 아름다움과 교양에 매료되었다. 그들은 자기들의 힘과 능력이 기꺼이 바칠 대상이 없다면 아무런 의미가 없다고 생각했다. 이 놀랍고 찬탄할 만한 존재들이 금성인들을 위해 봉사하고, 그들을 만족시키고 기쁘게 해줄 수 있어야만 비로소 안도감을 느끼고 원기를 얻게 된 것이었다. 이 얼마나 경이로운가!

다른 금성인들도 모두 그와 비슷한 꿈을 꾸었고 오랜 우울증에서 벗어났다. 금성인들을 변화시킨 것은 다름아니라 곧 화성인들이 와서 도움을 줄 것이라는 믿음이었다. 그간 금성인들을 짓누르고 있던 것은 외로움과 고독감이었다. 그런 기분에서 벗어나기 위해 그들은 누군가가 사랑으로 자기들을 보살펴 주리라는 느낌이 필요했다.

자기가 사랑하는 사람으로부터 보호받고 있다는 느낌이 여자들에게 얼마나 중요한 것인지 남자들은 대부분 인식하지 못한다. 여자는 자신의 욕구가 충족될 것이라는 믿음이 있을 때 행복을 느낀다. 그녀가 기분이 언짢거나 지치고 혼란스러워 어찌할 바를 모르고 있을 때, 그녀에게 가장 필요한 것은 누군가와 함께 있다는 느낌이다. 혼자가 아니라는 느낌, 사랑받고 있다는 느낌이 그녀에게 필요한 것이다.

그녀의 입장이 되어 생각해 주고 이해해 주고, 그녀와 함께 느끼는 것이 그녀로 하여금 그의 원조를 기꺼이 받고 고맙게 여기도록 하는 데 도움이 된다. 기분이 언짢을 때는 혼자 있는 게 최고라고 알고 있는 화성인들은 그녀의 이런 마음을 좀처럼 헤아리지 못한다.

그녀가 기분이 나빠 보이면 그의 딴에는 그녀를 존중하는 뜻에서 혼자 있도록 내버려 두려 할 것이고, 설령 곁에 있어 준다고 해도 문제를 해결한답시고 오히려 상대의 기분을 더 악화시키게 될 뿐이다. 그는 친밀한 느낌과 마음의 교감이 그녀에게 얼마나 중요한 것인지 꿈에도 알지 못한다. 그녀에게 가장 필요한 것은 누군가 자기 이야기를 들어 줄 사람이다.

자신의 속마음을 열어 보이고 느낌을 함께 나눔으로써 그녀는 자기가 사랑을 받기에 부족함이 없다는 것을 새삼 상기하고 자신의 욕구가 충족될 것이라고 생각하게 된다. 그 결과 의심과 불신은 서서히 걷힌다. 굳이 사랑을 얻으려고 애쓰지 않아도 자기는 사랑받을 가치가 있으며, 조금 주어도 많이 받을 수 있는 존재임을 기억하면서 그녀는 저절로 마음이 풀리고 안심하게 된다. 그녀에겐 그럴 만한 자격이 있다.

<hr />

굳이 사랑을 얻으려고 애쓰지 않아도 자기는 사랑받을 가치가
있으며, 조금 주어도 많이 받을 수 있는 존재임을 기억하면서
그녀는 저절로 마음이 풀리고 안심하게 된다.
그녀에겐 그럴 만한 자격이 있다.

## 너무 많이 주어도 피곤하다

우울함을 털어 버리고 싶을 때 금성인들은 자기 문제를 누군가에게 이야기하고 서로 마음을 나누느라고 바빴다. 가슴 속 이야기를 하다 보면 우울함의 원인이

찾아지게 마련이었다. 그러나 언제부터인가 그들은 남에게 늘 그렇게 베풀어야 한다는 것에 싫증이 났다. 남의 고민을 언제나 같이 짊어져야 하는 게 짜증스러웠다. 그들은 잠시 마음을 편히 갖고 그저 누군가의 보호를 받고 싶다는 생각을 했다. 매사 남과 나누는 일에 그들은 지쳐 버렸다. 그들은 특별한 존재가 되고 싶고, 남과 나누지 않는 자기만의 것을 갖고 싶어했다. 순교자 노릇을 하고 남을 위해 산다는 것이 전처럼 만족스럽지 않았다.

금성에서 그들은 패배와 승리의 신조로 생활했다. '네가 이길 수 있게 내가 져 준다'는 것이 바로 그것이었다. 모든 사람이 자기 아닌 남을 위해 희생하는 한 그 혜택은 결국 모두에게 돌아가게 되어 있었으니까. 그러나 수세기 동안 그렇게 생활해 오면서 그들은 서로를 보살피고 모든 것을 함께 나누는 일에 지쳐 버렸다. 그들은 이제 승리와 승리의 철학을 받아들일 준비가 되어 있었다.

오늘날 많은 여자들이 상대에게 베푸는 일에 지쳐 있다. 그들은 휴식 시간을 원하고 자기 자신을 발견하기 위한 시간, 누구보다도 우선적으로 자기 자신에게 관심을 가질 시간을 필요로 한다. 그들은 감정적으로 기댈 수 있으면서 자기들이 돌보아 주지 않아도 되는 그런 상대를 원한다. 화성인들이야말로 그들의 구미에 딱 들어맞는 사람들이었다.

금성인들은 이제 받아들이는 것을 배울 준비가 되어 있고 화성인들은 베푸는 것을 익히고 있다. 바야흐로 금성인과 화성인은 발전 단계에 다다른 것이다. 금성인들은 받는 방법을, 화성인들은 주는 방법을 배워야 할 필요가 있었다.

이같은 변화는 남녀가 나이를 먹어 가는 과정에서 흔히 일어난다. 여자가 젊었을 때는 얼마든지 자기를 희생할 각오가 되어 있고, 스스로를 배우자에게 맞추어 그를 만족시키려고 애쓴다. 젊은 시절에 남자들은 너무나 자기 자신에게 몰두해 있어 타인의 욕구를 헤아리지 못한다. 그런데 여자는 나이를 먹어 감에 따라 배우자를 기쁘게 하기 위해 자기 자신을 너무 많이 포기해 온 것이 아닌가 하는 회의가 생기기 시작한다. 그리고 남자들은 나이를 먹어 가면서 비로소 남을 존중하고 위해 주는 일에 눈뜨기 시작한다.

물론 그들 역시 남을 돌보는 삶 속에서 자기 자신은 포기하고 있는 것일지 모른다는 생각을 할 수도 있겠지만, 그들에게 있어 가장 큰 변화는 자기가 남들에게 얼마나 많은 것을 베풀 수 있는 사람인지를 인식하게 되는 것이다. 마찬가지로 여자도 나이를 먹어 가면서 베푼다는 행위에 대한 새로운 전략을 터득해 가지만, 무엇보다도 큰 변화는 자기가 상대로부터 원하는 것을 얻기 위해 주는 일에 한계를 긋는 방법을 배우게 된다는 것이다.

## 비난하지 않기

자기가 그 동안 너무나 많은 것을 베풀어 왔다고 느끼면, 여자는 자기 부부가 행복하지 못한 데 대해 배우자를 탓하는 경향이 있다. 받은 것에 비해 늘 더 많이 주어 왔다는 사실이 불공평하게 느껴지는 것이다.

그러나 설령 자기가 마땅히 받아야 할 만큼 받지 못했다고 해도 관계를 개선하고자 한다면 그녀는 자기도 그 문제에 책임이 있다는 인식을 가져야 한다. 자기가 너무 많이 준다고 해서 배우자를 비난할 이유는 없다. 마찬가지로 남자도 자기가 상대에 비해 조금밖에 주지 않으면서 배우자의 불만스러운 태도를 탓할 수는 없다. 어느 쪽이든 비난은 아무런 도움이 되지 않는다.

문제의 해결책은 비난이 아니라 이해와 믿음, 공감과 관용이다. 만일 그런 상황이 벌어진다면, 남자는 배우자가 자기를 원망하는 것에 화를 내기보다 그녀의 입장이 되어 생각해 보고 요청이 없더라도 도와 주고, 처음에는 그녀가 자기를 비난하는 것처럼 들리더라도 끝까지 그녀의 이야기에 귀기울이고, 그녀에게 마음을 쓰고 있다는 것을 보여 주는 몇 가지 작은 행위를 통해 그녀가 자기를 신뢰하고 마음을 터놓을 수 있도록 도와 줄 수 있다.

여자는 남자가 자기보다 주는 데 인색하다고 비난하는 대신 그의 불완전함을 이해하고 용서할 수 있으며, 특히 그로 인해 실망을 느꼈을 경우에라도 지금은 그가 별 도움을 주지 않지만 마음 속으로는 그렇지 않을 것임을 믿고, 그가 실제로 주고 있는 것에 대해 고마워하고 계속 그의 도움을 요청함으로써 좀더 많이 베풀도록 그를 북돋울 수 있을 것이다.

## 한계를 정하고 그것을 지키기

여자는 상대를 원망하지 않고 자기가 어느 정도까지 베풀 수 있는지 그 한계를 인식하는 일이 무엇보다 중요하다. 자기가 베푼 만큼 상대로부터 받기를 기대하는 대신 자기가 너무 많이 주고 있는 것은 아닌지 돌아보고 수위를 조절할 필요가 있다.

한 가지 예화를 들어 보기로 하자. 짐과 수잔이 상담을 하러 왔을 때 짐은 서른아홉, 수잔은 마흔한 살이었다. 수잔은 이혼을 원했다. 그녀는 지난 12년간 일방적으로 베풀고 살아 왔지만 이제 더는 못 참겠노라고 말했다. 그녀는 자기 남편 짐이 둔감하고 이기적이며 지배적이고 낭만을 모르는 사람이라고 비난했다. 자기는 이제 더 이상 주려야 줄 것도 없어 그를 떠날 작정을 했다는 것이다. 짐은 상담을 한 번 받아 보자고 했지만 그녀는 그래 봐야 소용이 없을 거라고 느꼈다. 6개월 만에 그들 부부는 관계 회복을 위한 3단계를 모두 거칠 수 있었고, 현재 세 아이와 더불어 행복한 가정을 꾸려 가고 있다.

### 1단계 : 동기 부여

나는 수잔이 12년간 가슴 속에 원망을 차곡차곡 쌓으며 살아 왔음을 짐에게 알아듣게 이야기했다. 만일 그가 이 결혼이 깨지는 걸 원하지 않는다면 결혼 생활에 대해 그녀가 새로운 의욕을 가질 수 있도록 그녀의 이야기를 많이 들어 줘야 할 거라고 그를 설득했다. 첫단계에서 나는 수잔으로 하여금 자기 감정을 솔직하게 모두 털어놓을 수 있도록 격려하면서, 짐이 아내의 그런 부정적인 감정들을 인내심을 갖고 이해하도록 도와 주었다. 그들의 관계가 회복되도록 하는 과정에 있어서 이것이 가장 어려운 부분이었다. 그녀의 고통과 충족되지 못한 욕구들에 대해 그가 진정으로 귀를 기울이게 되면서, 그는 사랑이 깊은 관계를 만들어 가는 데 필요한 변화를 일으킬 수 있을 것 같다는 자신감과 용기를 얻게 되었다.

수잔이 그들의 관계 회복에 대한 믿음을 갖고 힘을 얻기 위해서는 무엇보다도 먼저 짐이 자기 이야기에 귀를 기울여 주고, 자기 감정을 이해하려 노력하고 있다는 것을 느낄 필요가 있었다. 수잔이 이해받고 있다고 느낀 다음에야 그들은 다음 단계로 옮겨갈 수 있었다.

## 2단계 : 책임감갖기

두 번째 단계는 책임을 느끼는 것이다. 짐은 아내에게 충분한 사랑을 주지 않은 데 대해 책임을 느껴야 했고, 수잔은 한계를 긋지 않고 무작정 베풀기만 한 데 대해 책임을 느낄 필요가 있었다. 짐은 자기가 아내에게 상처를 준 일들에 대해 사과했다. 수잔은 그가 자기에게 소리를 지르고 투덜대고 요청을 묵살하고 감정을 무시하는 등의 무례한 행동을 보였을 때 바로 행동의 한계선을 분명히 그어 놓지 못했음을 깨달았다. 그녀가 그 일에 대해 사과를 할 필요는 없었지만, 그들의 결혼 생활이 그 지경에 이르른 데는 자기에게도 어느 정도 책임이 있음을 인정했다.

자기가 한계를 명확히 하지 못하고 덮어놓고 베풀기만 하려 했던 것이 화근이 되었음을 점차 인정하면서 그녀는 상대를 용서할 마음이 되었다. 자기 문제에 책임을 느낀다는 것은 상대에 대한 원망을 풀어 버리기 위해 꼭 필요한 일이었다. 이런 식으로 그들은 한계를 넘지 않음으로써 서로에 대해 배려하는 새로운 방법을 알게 되었다.

## 3단계 : 실행에 옮기기

수잔은 어떻게 한계를 설정할 것인지를 배워야 했고, 짐은 그녀가 그어 놓은 한계를 존중하는 방법을 배워야 했다. 두 사람 다 상대를 존중하면서 자기 감정을 솔직히 표현하는 기술을 익힐 필요가 있었다. 그들은 이 세 번째 단계에서 때로 실수를 저지르게 될 것임을 알았기에 한계를 설정해 놓고 그것을 존중하는 연습을 해보는 데 동의했다. 실수를 범하더라도 연습이라는 것이 그들에게 안전 그물이 되어 주었다. 다음은 그들이 익히고 연습한 몇 가지 실례들이다.

1 수잔은 "당신이 그런 식으로 말하는 게 난 싫어요. 내게 더 이상 소리지르지 말아요. 그렇지 않으면 난 이 방에서 나갈 거예요."라고 말하는 연습을 했다. 방을 나가는 행동을 몇 차례 거듭하고 나자 다시는 그녀가 그럴 필요가 없게 되었다.

2 그녀가 결국에는 하면서도 원망할 일을 그가 요구해 오면 그녀는 이렇게 말하는 연습을 했다. "아뇨, 나는 지금 쉬고 싶어요." 혹은 "싫어요. 오늘은 너무나 할 일이 많거든요." 수잔은 자기가 얼마나 바쁘고 피곤한지를 짐이 이해하게 되었기에 그가 자기에게 좀더 관심을 기울이게 된다는 것을 깨달았다.

3 수잔이 짐에게 휴가 여행을 다녀오고 싶다고 했을 때 그가 너무 바빠서 안 되겠다고 하면 그녀는 혼자서라도 가겠다고 말했다. 짐은 돌연 스케줄을 바꾸어 그녀와 함께 가고 싶어했다.

4 이야기를 하는데 짐이 중간에서 말을 가로막으면 그녀는 이렇게 말하는 연습을 했다. "얘기가 아직 안 끝났어요. 내 말을 끝까지 들어 줘요." 어느 순간부터 그는 그녀의 말을 가로막지 않고 보다 잘 경청하게 되었다.

5 수잔에게 가장 어려운 과제는 자기가 원하는 것을 남편에게 요구하는 일이었다. 그녀가 내게 물었다. "지금까지 저는 그를 위해서라면 무엇이든 기꺼이 해주었는데, 제가 왜 그에게 청해야만 하는 거죠?" 그가 그녀의 욕구들을 스스로 눈치 빠르게 헤아려 주기를 기대한다는 것은 비현실적인 동시에 무리한 바람이라고 나는 설명했다. 자기 욕구를 충족시키려면 감나무 밑에 누워 감이 떨어지기만을 기다려서는 안 되었다.

6 짐에게 가장 힘든 과제는 수잔의 변화를 인정하고 존중하는 일이었으며, 자기에게 모든 것을 맞추어 주던 예전의 그녀를 더 이상 기대하지 말아

야 한다는 것이었다. 그는 자기가 한계에 적응하기 힘든 만큼 그녀 역시 한계를 정하기가 쉽지 않았을 것임을 깨달았다. 연습이 거듭되면서 그들은 서로에게 고마운 마음을 갖게 되었다.

남자는 그같은 한계를 직접 체험해 보면서 상대에게 더 많은 것을 베풀고 싶은 의욕을 느낀다. 그 한계를 존중함으로써 그는 자연히 자기 행동이 가져오는 결과에 관심을 집중하게 되고 변화를 시도하기 시작한다.

자기가 원하는 것을 얻기 위해서는 한계를 명확히 해야 한다는 사실을 깨닫게 되면, 그녀는 자연히 상대를 너그럽게 이해하게 되고, 나아가서 자기가 원하는 것을 요구하고 받을 수 있는 새로운 방법을 연구하기 시작한다. 한계를 설정함으로써 그녀는 차츰 마음의 긴장을 풀고 상대로부터 더 많은 것을 얻어 내는 방법을 터득하게 된다.


## 어떻게 받을 것인가

한계를 정한다거나 상대로부터 무엇인가를 받기란 여자에게 있어 무척이나 조심스럽게 느껴지는 일이다. 그녀는 너무 많은 것을 요구했다가 거절당하고 비난받고 결국에는 버림받게 될지도 모른다는 두려움을 갖고 있기가 쉽다. 그녀에게는 거절과 비난과 버려짐이 그 무엇보다 고통스러운 일인데, 그것은 자기는 많은 것을 요구하거나 받기에 부족한 사람이라는 그릇된 믿음이 그녀의 잠재의식 깊숙한 곳에 자리하고 있기 때문이다. 이러한 믿음은 어린 시절의 그녀가 자신의 감정과 욕구와 바람들을 억눌러야 했던 순간순간마다 그녀의 가슴속에서 자라나 굳어진 것이었다.

여자는 특히 자기가 사랑받을 만한 존재가 못 된다는 부정적이고 그릇된 믿음을 갖기 쉽고, 어렸을 때 자신의 어머니가 학대받는 것을 보았다거나 늘 야단만 맞고 자랐을 경우에는 더욱 그렇다. 자기가 무가치한 존재라는 느낌은 다른 사람을 필요로 한다는 것에 대해 두려움을 갖게 하고 아무도 자기를 도와 주지 않을 것이라는 생각을 은연중 하게 만든다.

　도움받을 수 없으리라는 두려움 때문에 그녀는 자신이 필요로 하는 도움을 무의식적으로 밀어 낸다. 상대로부터 도움받을 수 있다는 것을 믿지 않으면 상대는 그녀가 자기를 거부하는 것이라고 느끼고 곧 등을 돌린다. 그녀의 불신과 자포자기는 자신의 정당한 욕구를 절망적인 곤궁으로 바꾸어 표현하게 하고, 이는 그가 자신의 욕구를 만족시켜 줄 리 없다고 생각한다는 의중을 그에게 드러내는 결과가 된다. 얄궂게도 남자들은 본래 자기를 필요로 하는 상대 앞에서는 마음이 움직이지만 그런 식의 자포자기는 듣고 싶어하지 않는다.

　그런 경우 여자는 그가 등을 돌리는 것이 자기가 무엇인가를 요구했기 때문이라는 오해를 하게 되는데, 그를 외면하게 만드는 것은 실은 그녀의 불신과 자포자기와 절망인 것이다. 남자들이 얼마나 신뢰받기를 원하는지 모르고서는 여자는 자기가 필요로 하는 것을 요구하는 것과 곤궁을 절망적으로 내비치는 것의 차이를 좀처럼 깨닫지 못한다.

　'필요로 하는 것을 요구하는 것'은 상대가 최선을 다할 것을 믿는 마음으로 솔직히 손을 내밀어 도움을 청하는 것을 뜻한다. 이런 태도는 그에게 힘을 준다. 그러나 '곤궁함의 표현'이란 도움을 받을 수 있으리라는 것을 믿지 못하기 때문에 자신의 필요를 절망적으로 나타내는 것이다. 이는 남자로 하여금 그녀가 자기를 인정하지 않고 거부하고 있다고 느끼게 하고 심정적으로 더욱 멀어지게 만든다.

　여자에게 있어 남의 도움을 구했다가 실망하게 되거나 그로부터 외면당한다는 것은 아무리 사소한 경우라도 당황스럽고 고통스러운 일이다. 누군가에게 의지했는데 무시당하고 잊혀지고 그의 뇌리에서 사라진다는 것은 견디기 힘든 노릇이다. 남에게 기대는 입장에서는 상처를 받기가 쉽고, 그로부터 무시당하고 좌절하게 되면 자신이 쓸모없는 존재라는 그릇된 믿음을 확인하게 되어 그 상처가 더욱 크다.

## 자기 가치에 확신을 갖는 길

금성인들은 수세기 동안 다른 사람의 욕구를 배려하고 헤아려 줌으로써 자기가 무가치한 존재라는 근본적인 두려움을 상쇄시켜 왔다. 남에게 주고 또 주면서도 그들의 마음 한구석에는 자기가 남들로부터 도움을 받을 자격이 없는 사람이라는 생각이 자리잡고 있었다. 그래서 그들은 주는 행위를 통해 스스로 보다 가치 있는 존재가 되고 싶어했다. 그런데 오랜 세월을 그렇게 베풀고 살아 오면서 그들은 마침내 자기가 사랑과 배려를 받을 자격이 있는 사람임을 깨닫게 되었다. 인생을 돌아봄으로써 그들은 스스로의 가치를 깨닫게 된 것이었다.

그들은 남에게 베푸는 행위를 통해 자긍심을 갖는 지혜를 얻게 되었다. 누군가를 도와 준다는 것은 실제로 그 사람이 도움을 받을 가치가 있음을 뜻하는 것이었고, 그리하여 그들은 누구든 사랑받을 자격이 있는 존재임을 깨닫기 시작했다. 그러니 당연히 그들도 사랑을 받을 자격이 있었다.

여기 지구에서는, 엄마가 사랑받는 것을 보고 자란 여자아이는 자연히 자기가 가치 있는 존재라고 느낀다. 그 아이는 무작정 한없이 베풀기만 하는 금성인들의 전철을 여간해서는 밟지 않는다. 자신을 어머니와 완전히 동일시하기 때문에 그 아이는 사랑을 받는다는 것에 대해 두려움을 갖지 않는다. 어머니가 일찌감치 이같은 지혜를 터득했다면 그 딸은 자연히 어머니를 보고 배우게 된다. 어머니가 남에게 사랑을 받는 일에 주저함이 없이 마음을 터놓을 때 그 아이 역시 편견 없이 마음을 열 수 있게 된다.

그러나 금성인들에게는 역할에 대한 바람직한 모델이 없었기에, 자꾸 베풀기만 하려는 태도를 버리기까지는 수천 년의 세월이 필요했다. 그리고 그들이 스스로 사랑받을 자격이 있는 존재임을 깨닫게 된 바로 그 순간, 신기하게도 화성인들 역시 변화를 겪고 우주선을 건조하기 시작했다.

### 금성인이 마음의 준비가 되면 화성인이 나타날 것이다

자기가 정말 사랑을 받을 만한 사람이라고 느껴지면 여자는 남자의 사랑을 받아들일 수 있도록 마음의 문을 연다. 그러나 결혼 생활 IO여 년을 줄곧 베풀기만 하다가 그제야 자신의 가치를 깨닫게 되면 여자는 그 문을 닫아 걸고 상대방에게 더 이상의 기회를 주지 않으려 한다. 그녀는 이렇게 느낄지 모른다.

'나는 당신에게 사랑을 주었지만 당신은 여태껏 나를 무시했어요. 당신에게는 얼마든지 기회가 있었어요. 이런 대접으로 나는 만족할 수 없어요. 난 당신을 믿을 수가 없어요. 나는 이제 너무 지쳐서 더 이상 당신에게 줄 것이 없어요.'

이런 경우에 나는 관계 회복을 위해 그녀 쪽에서 더 많은 것을 베풀어야 할 필요는 없다고 누이 강조해 왔다. 만일 그녀 쪽에서 조금 덜 준다면 실제로 상대방이 더 주는 셈이 될 것이다. 남자가 여자의 요구를 무시해 왔다는 것은 둘 다 잠을 자고 있었다는 얘기와 같다. 만일 여자가 잠에서 깨어나 스스로의 요구를 기억해 낸다면 그 역시 잠을 깨어 그녀에게 더 많은 것을 주고자 할 것이다.

〜

만일 여자가 잠에서 깨어나 스스로의 요구를 기억해 낸다면 그
역시 잠을 깨어 그녀에게 더 많은 것을 주고자 할 것이다.

남자는 수동적인 상태에서 불현듯 깨어나 정녕 그녀가 원하는 변화를 시도하게 될 것이다. 여자가 마음 속에서 자기 가치를 인식하고 무한정 베풀기를 중지할 때, 그는 비로소 동굴에서 나와 그녀를 행복하게 해주러 오기 위해 우주선을 만들기 시작할 것이다. 그가 실제로 상대에게 더 많은 사랑을 주기까지는 얼마간의 시간이 필요할는지도 모르지만 그가 지금껏 상대방을 소홀히 대해 왔고, 이제 그것이 바뀌어야 한다고 느끼는 것만으로도 가장 중요한 첫발은 이미 내디딘 것이 된다.

그 반대의 경우도 마찬가지이다. 남자가 자기 인생이 불행하다고 느끼고, 좀더 많은 사랑과 낭만이 있으면 하고 바라면 그의 아내가 불현듯 마음을 열고 다시 그를 사랑하기 시작할 것이다. 원망의 벽은 허물어지고 사랑이 다시 삶 속으로 들어온다. 정말 남처럼 소원해 서로를 돌보지 않던 사이였다면 그 동안 쌓인 원망을 치유하는 데 참으로 긴 시간이 걸리겠지만 그래도 불가능한 일은 아니다. 이러한 원망을 씻어 내는 실제적이면서도 용이한 방법들은 제II장에서

제시할 것이다.

둘 중 어느 한쪽이 긍정적으로 변화하면 나머지 한쪽도 따라가게 되는 경우를 흔히 보게 된다. 이처럼 예측이 가능한 일치는 삶이 지니는 신비 가운데 하나이다. 학생이 준비를 하고 있으면 선생님이 나타나고 질문을 해야지만 대답을 들을 수 있다. 진정으로 받아들일 자세가 되어 있어야 우리가 필요로 하는 것을 받을 수 있게 될 것이다. 금성인들이 받을 태세가 되면 화성인들도 줄 태세를 갖춘다.

## 어떻게 줄 것인가

남자들에게 있어 가슴 속 가장 깊숙한 곳에 자리잡고 있는 두려움은 자기가 썩 훌륭하지도 못하고 무능력한 존재일지 모른다는 것이다. 그는 힘과 능력을 키우는 데 관심을 집중함으로써 이러한 두려움을 보상받는다. 성공과 능력은 그의 인생에서 최우선 순위를 차지하는 것이다. 금성인들을 발견하기 전까지 그들은 이런 일에 너무나 몰두해 있었던 탓에 그외의 다른 일이나 다른 사람들에게는 신경을 쓸 여유가 없었다. 남자가 무엇에 대해 두려워하고 있을 때는 매사에 극도로 무심하고 냉정한 반응을 보인다.

남자들에게 있어 가슴 속 가장 깊숙한 곳에 자리잡고 있는 두려움은
자기가 썩 훌륭하지도 못하고 무능력한 존재일지
모른다는 것이다.

여자들이 사랑을 받는 일에 두려움을 갖는 것과 마찬가지로 남자들은 사랑을 주는 일에 두려움을 느낀다. 남에게 무엇인가를 주려고 마음먹는다는 것은 거절당하거나 무안을 당할 위험을 무릅쓰는 일이다. 자기가 별로 그럴 듯한 사람이 못 된다는 두려움이 그의 잠재의식 깊숙이 도사리고 있기에, 거절을 당한다는 것은 그에게 무엇보다도 큰 상처가 된다. 자기가 별 볼일 없는 존재라는

그릇된 믿음은, 어린 시절부터 실제의 자기보다 버거운 기대를 느낄 때마다 마음 속에 조금씩 생겨 자라온 것이다. 그의 성취에 아무도 관심을 가져 주지 않고 인정해 주지 않으면 그의 잠재의식 깊숙한 곳에는 자기가 별로 훌륭한 사람이 못 된다는 그릇된 믿음이 싹트기 시작한다.

> 여자들이 사랑을 받는 일에 두려움을 갖는 것과 마찬가지로
> 남자들은 사랑을 주는 일에 두려움을 느낀다.

남자들은 이 그릇된 자기 평가로 인해 특히 상처받기가 쉽다. 그가 옳지 않은 믿음을 갖고 있을 때 그의 가슴 속에는 실패에 대한 두려움이 싹트게 된다. 상대에게 주고 싶은 마음이 있어도 실패할까 봐 두려워 지레 포기해 버리는 것이다. 자기가 부족한 존재일 거라는 두려움이 있기에 그는 쓸데없는 모험을 회피하려는 경향을 보인다.

자신감이 없는 남자는 자기 문제 이외의 그 어떤 것에도 관심을 갖지 않는다. 가장 자연스러운 변명은 "난 관심 없어."라고 말하는 것이다. 이런 이유로 화성인들은 남의 일에 별로 상관하지 않으며 살아 왔다. 능력을 갖추고 성공한 사람이 됨으로써 그들은 비로소 자기가 훌륭한 사람임을 깨닫게 되어 자신 있게 남에게 베풀 수 있게 된 것이다.

그리고 나서 그들은 금성인들을 발견했다. 비록 그들이 언제나 좋은 사람이긴 했지만 능력을 입증해 보이기 위한 과정은 그들로 하여금 자기 스스로를 바르게 평가하는 지혜를 갖게 했다. 성공을 이룩하고 나서 뒤를 돌아본 그들은 그간의 실패가 최후의 성공에 밑거름이 되었음을 문득 깨달을 수 있었다. 그 실패들을 통해 매번 중요한 교훈을 얻었고 결국 목표를 달성할 수 있게 된 것이다. 이렇게 해서 그들은 자기가 제법 쓸 만한 사람이었음을 깨닫게 되었다.

### 실수를 해도 괜찮다

남자가 보다 많은 사랑을 주는 방법을 터득하는 첫번째 단계는 실수를 해도 괜

찮고, 더러 실패를 할 수도 있으며, 반드시 그가 모든 해결책을 갖고 있어야 하는 것은 아니라는 사실을 인식하는 것이다.

내가 아는 어떤 여자는 자기 애인이 좀처럼 결혼 얘기를 꺼내지 않는다고 하소연을 했다. 그녀는 자기가 그 남자를 사랑하는 만큼 그가 자기를 사랑하지 않는 것 같다고 생각하고 있었다. 그러던 어느 날 그녀는 그와 함께 있다는 것이 너무나 행복하다고 말했다. 비록 두 사람은 가난했지만 그래도 그녀는 그와 함께라면 좋다고 했다. 다음 날 그는 마침내 청혼을 했다. 그는 자기가 그녀에게 꼭 필요한 사람이라는 것을 인정받고 싶고 격려가 필요했으며, 그런 연후에야 그녀에 대한 자기 사랑을 느낄 수 있었던 것이다.

### 화성인들에게도 사랑은 필요하다

여자들이 자기가 필요로 하는 관심을 얻지 못할 때 상대로부터 거부당했다는 느낌 때문에 마음이 상하기 쉬운 것처럼, 남자들은 여자가 어려운 문제를 이야기해 올 때 자기가 그녀를 실망시키게 될 것 같은 느낌 때문에 노심초사한다. 때로 상대의 이야기를 들어 준다는 것이 그에게 그토록 어려운 것은 바로 그 때문이다. 그는 그녀의 영웅이 되고 싶어한다. 그녀가 어떤 일에 대해 실망하거나 불행을 느끼면 그는 스스로 실패자라고 여긴다. 여자의 불행은 그의 가슴 속 깊숙이 자리잡고 있는 두려움, 자기가 별로 좋은 사람이 못 되어 그럴 거라는 은밀한 두려움을 기정사실화하는 것이다.

오늘날에도 여자들은 남자가 얼마나 상처받기 쉬운 존재이며, 얼마나 사랑이 필요한 존재인지 깨닫지 못하는 경우가 많다. 사랑은 자신으로 하여금 다른 사람들을 만족시켜 줄 능력이 있음을 깨닫게 만든다.

여자가 좌절해 있거나 불행을 느끼면 남자는
자기가 실패자가 된 것 같아 그녀의 말에 귀기울이기가
어렵게 된다.

다행히도 어머니에게 충족감을 안겨 주고 바람직한 관계를 이끌어 가던 아버지의 모습을 보고 자란 소년은 성인이 되었을 때 상대 여성을 능히 만족시킬 수 있다는 자신감으로 이성 관계를 열어 나간다. 자기가 잘 해낼 수 있음을 알기 때문에 그는 쓸데없이 주저하거나 눈치를 보지 않는다. 설령 잘 해내지 못한다고 해도 능력이 없어서 그런 것은 아니며, 최선을 다했다는 것만으로도 충분히 사랑과 감사를 받을 만하다고 느낀다. 자기가 비록 완벽하지는 못하지만 항상 최선을 다하고 있고, 결과가 어떻든 간에 그것은 칭찬받을 만한 일임을 알기에 그는 자책감에 빠지지 않는다. 그는 자신의 실수에 대해 용서를 구할 수도 있는데, 그것은 자기가 최선을 다했다는 것을 상대로부터 인정받을 수 있고 사랑과 용서를 기대할 수 있기 때문에 가능한 것이다.

누구나 실수를 저지르게 마련이다. 그의 아버지도 실수를 한 적이 있지만 그랬다고 해서 자신감을 잃고 위축되지는 않았다. 어머니는 아버지의 모든 실수를 용서했고 변함없이 아버지를 사랑했다. 그는 아버지가 어머니를 실망시켰을 때조차 아버지를 향한 어머니의 신뢰와 격려를 느낄 수 있었다.

대부분의 남자들은 성장기 동안 바람직한 역할의 본보기들을 만나지 못한다. 그들에게 있어 사랑을 하고 결혼을 해서 가정을 갖는다는 것은 아무런 훈련을 받지 않고 점보여객기를 조종하는 것만큼이나 까마득하게 여겨진다. 어찌어찌하여 제대로 이륙했다고 해도 얼마 안 가서 추락하게 될지도 모른다. 그리고 몇 번씩 추락했던 비행기를 가지고 계속 비행을 시도하기는 어렵다. 아버지가 조종하던 비행기가 불시착한 것을 보았다면 당신은 더욱 자신감을 잃을 것이다. 남녀 관계의 바람직한 본보기에 대해 확실한 인식과 훈련이 뒷받침되지 않는 한 많은 남녀들이 중간에 그 관계를 포기해 버리는 것은 자명한 일이다.

# 5 서로 말도 다르고

화성인과 금성인이 처음 만났을 때 그들은 오늘날 우리가 갖고 있는 관계의 애로점들에 맞닥뜨리게 되었다. 그러나 그들은 서로가 너무나 다른 존재임을 인식하고 있었기에, 이 문제들을 잘 풀어 나갈 수 있었다. 그들이 성공을 거둔 비결 가운데 하나는 의사소통이 원만하게 이루어졌다는 점이다.

역설적으로 들리겠지만 그들이 의사소통을 잘할 수 있었던 것은 그들이 서로 다른 언어를 사용했기 때문이다. 두 사람 사이에 무슨 문제가 생기면 그들은 즉시 통역관을 찾아가 도움을 구했다. 화성에서 온 사람과 금성에서 온 사람이 서로 다른 언어를 사용한다는 사실을 모르는 사람은 없었기에 일단 그들 사이에 갈등이 생기면 섣불리 싸움을 걸거나 상대방을 비난하는 대신, 우선 각자 행성의 관용어 사전을 펼쳐 놓고 서로를 보다 깊이 이해해 보려는 노력을 했다. 그래도 잘 안 되면 그때 통역관을 찾아간다.

금성에서 사용하는 언어와 화성에서 사용하는 언어에는 꼭
같은 어휘들이 존재하는데, 문제는 그 어휘들이 서로 다른
의미로 사용된다는 데 있다.

알다시피 금성에서 사용하는 언어와 화성에서 사용하는 언어에는 꼭 같은 어휘들이 존재하는데, 문제는 그 어휘들이 서로 다른 의미로 사용된다는 데 있다. 형식상의 표현은 거의 비슷하지만 말의 속뜻이나 감정적으로 강세를 두는 부분이 서로 달라 자칫 오해가 생기기 쉬웠다. 그래서 의사전달에 문제가 발생하면 그들은 이것이 예의 그 차이에서 비롯되는 오해일 뿐이라고 여기고 약간의 도움을 받아 서로를 충분히 이해하게 되곤 했다. 그때의 두 사람 사이에는 지금은 좀처럼 찾아보기 힘든 믿음과 이해가 있었다.

## 감정표현 대 사실전달

현재의 우리에게도 통역관이 필요하기는 마찬가지이다. 남녀가 똑같은 어휘를 사용해도 그 의미가 다른 경우가 허다하기 때문이다. 예를 들어 여자가 "당신은 내 말에 '전혀' 귀를 기울이지 않는군요."라고 말할 때 그녀는 '전혀'라는 낱말이 문자 그대로 받아들여지리라고는 기대하지 않는다. '전혀'라는 말은 다만 그 순간 자기가 느낀 좌절감의 정도를 표현하는 하나의 수단일 뿐 마치 사실에 입각한 표현인 양 받아들여서는 곤란한 것이다.

꒰ꑾ꒱

자기 감정을 충분히 전달하기 위해 여자들은 마치 저마다 시인이
된 듯 각양각색의 과장과 은유, 막연한 표현 등을
총동원해 사용한다.

자기 감정을 충분히 전달하기 위해 여자들은 마치 저마다 시인이 된 듯 각

양각색의 과장과 은유, 막연한 표현 등을 총동원해 사용한다. 그리고 남자들은 어리석게도 이런 표현들을 곧이곧대로 받아들인다. 말의 의미를 잘못 해석한 그들은 여자의 예상과 달리 비협조적인 반응을 보이는 게 보통이다. 다음은 오해를 불러일으키기 쉬운 욕구불만의 표현 열 가지와, 각각에 대해 남자가 보일 반응들이다.

## 오해를 부르기 쉬운 흔한 불평들

| 여자들은 이렇게 말한다 | 남자들은 이렇게 응수한다 |
| --- | --- |
| "우리는 좀처럼 외출을 하지 않아요." | "그건 사실이 아니에요. 우린 지난주에 외출했었잖소." |
| "모두들 나를 무시해요." | "안 그런 사람도 있어요." |
| "나는 너무 피곤해서 아무것도 못 하겠어요." | "어리석은 소리 말아요. 당신은 그렇게 무기력하지 않아요." |
| "모든 것을 다 잊고 싶어요." | "당신 일이 마음에 안 들면 그만두면 되잖소." |
| "우리 집은 늘 엉망이에요." | "늘 그런 건 아니지." |
| "이제 아무도 내 말에 귀기울여 주지 않아요." | "바로 지금 내가 당신 이야기를 듣고 있잖소." |
| "제대로 되는 일이 없어요." | "그게 내 잘못이라는 거요?" |
| "당신은 이제 더 이상 나를 사랑하지 않잖아요." | "당신을 사랑하니까 내가 여기 있는 거지." |
| "우리는 늘 허둥대며 살아요." | "그렇지 않아요. 지난 금요일엔 편히 쉬었잖소." |
| "나는 좀더 로맨틱한 기분을 느껴 보고 싶어요." | "그럼 당신은 내가 로맨틱하지 못하다는 말이오?" |

여자의 말을 '곧이곧대로' 해석한다는 것이 사실과 정보를 전하는 수단으로써만 언어를 사용해 온 남자들에게 얼마나 쉽게 오해를 불러일으킬 수 있는지 알 수 있을 것이다. 그리고 남자들의 그같은 반응이 곧 서로간의 논쟁을 야기시킬 것이라는 예측도 가능할 것이다.

관계 속에서 가장 문제가 되는 것은 애매모호하고 애정 없는 대화이다. 여자들이 갖고 있는 불만 가운데 가장 대표적인 것은 "내 말에 귀를 기울이지 않는 것 같아요."와 같은 말이다. 그런데 바로 이 불만조차 잘못 이해되고, 그릇되게 해석되고 있지 않은가!

여자들이 갖고 있는 불만 가운데 가장 대표적인 것은 "내 말에
귀를 기울이지 않는 것 같아요."와 같은 말이다. 그런데 바로 이 불만조차
잘못 이해되고, 그릇되게 해석되고 있지 않은가!

남자는 "내 말을 듣지 않는 것 같다."는 그녀의 말을 곧이곧대로 해석하고는 이의를 제기하고 나선다. 그는 만일에 자기가 방금 들은 말을 그대로 되풀이할 수 있다면 그것은 그녀의 말을 들었다는 증거라고 생각한다. "내 얘기를 듣는 것 같지 않다."라는 그녀의 말을 제대로 해석하면 다음과 같다. "내가 하려는 말이 무엇인지 당신은 충분히 이해하지 못하는 것 같아요. 당신은 내 기분 따위에는 관심도 없는 사람 같아요. 내가 하는 말에 당신이 흥미를 갖고 있다는 것을 내게 보여 주지 않겠어요?"

상대방의 불만이 무엇인지를 제대로 이해하고 나면 남자는 보다 긍정적인 반응을 보일 수 있게 되고 자연히 논쟁은 줄어든다. 남녀간에 논쟁이 벌어지려는 순간에는 자칫 서로를 오해하기가 쉽다. 그럴 때에는 상대방의 말을 다시금 생각해 보고 그 의미를 헤아려 보는 것이 중요하다.

대다수의 남자들은 감정을 표현하는 여자들의 방식이 자기들과 다르다는 것을 이해하지 못하기 때문에 상대의 감정을 자기 잣대로 판단해 쓸데없는 것으로 무시해 버린다. 이것이 논쟁에 불을 당긴다. 그 옛날의 화성인들은 말뜻의 정확한 이해를 통해 숱한 논쟁을 피할 수 있었다. 이야기를 듣다가 거부감이 느

꺼지면 그들은 금성과 화성의 언어사전을 펼쳐 놓고 서로간의 오해를 줄이려고 노력했었다.


## 금성인들이 말할 때는

그 옛날 금성과 화성에서 사용하던 관용어 사전에서 발췌한 다양한 인용구들을 제시하면서, 조금 전에 열거했던 열 가지 불평에 대한 남자들의 이해를 돕기 위해 그 말들의 참뜻과 의도를 다시 설명하고자 한다. 그것에서 여자들이 그 말을 하면서 남자에게서 어떤 반응을 기대하는지에 대한 힌트를 얻을 수 있을 것이다.

알다시피 금성인들은 기분이 언짢을 때 일반론으로 돌려서 이야기할 뿐만 아니라 특별한 도움을 요청하는 경향도 있다. 금성에서는 연극 대사 같은 말 속에 특별한 요청이 함축되어 있다는 것을 모르는 사람이 없기에 그들은 자기가 필요로 하는 것을 직접 요구하지 않는다.

각 문장에 대한 해석을 통해 우리는 그 문장들이 어떠한 요청을 내포하고 있는지 알아차릴 수 있을 것이다. 남자가 여자의 이야기를 들으면서 그 말 속에 어떤 요구가 내재되어 있는지 헤아려 적절한 반응을 보인다면, 그녀는 상대가 자기 이야기에 충실히 귀기울이고 있고 자기를 사랑하고 있다는 것을 느끼게 될 것이다.

### 금성과 화성의 관용어 사전

"우리는 좀처럼 외출을 하지 않아요."를 화성인의 말로 번역하면 이렇게 된다. "나는 당신과 함께 외출하고 싶고 무엇이든 함께 나누고 싶어요. 당신과 함께 있는 시간은 언제나 즐겁고 행복해요. 당신 생각은 어때요? 우리 오늘 밖에서 저녁식사 할래요? 함께 외출을 한 지도 며칠 됐잖아요."

이러한 해석이 없다면 "우리는 좀처럼 외출을 하지 않아요."라는 여자의 말을 남자들은 이렇게 알아들을 수도 있다. "당신은 할 일을 제대로 하지 않고 있어요. 당신이 그런 사람인 줄 몰랐어요. 당신이 게으르고 낭만도 모르고, 그저 따분한 사람이라 우리는 함께 무엇인가를 하며 즐거운 시간을 가진 적이 한 번도 없었어요."

"모두들 나를 무시해요."를 화성인의 표현으로 바꾸면 다음과 같다. "오늘은 사람들이 아무도 나를 알아 주지 않고 인정해 주지 않는다는 느낌이 들었어요. 심지어 내가 보이지도 않는 것 같았어요. 물론 그렇지 않은 사람도 있겠지만 그들도 별로 내게 마음을 쓰지 않는 것 같아요. 요즘 들어 당신이 너무 바빠 내가 낙심한 면도 아마 있을 거예요. 당신이 그렇게 열심히 일하는 데 대해 진심으로 고맙게 생각하고 있지만 가끔은 내가 당신에게 그다지 중요한 사람이 못 되는 것 같다는 생각이 들곤 해요. 당신이 나보다 일을 더 중요하게 생각하면 난 섭섭해요. 이리 와서 나를 한 번 안아 주고 내가 당신에게 아주 특별한 존재라고 말해 주지 않겠어요?"

이런 해석이 없다면 "모두들 나를 무시해요."라는 여자의 말을 남자들은 이렇게 받아들일 수 있다. "나는 너무나 불행해요. 아무도 내게 관심이 없어요. 나를 사랑해 주어야 할 당신조차 나를 본척만척하잖아요. 모든 게 너무 절망적이에요. 당신은 죄책감을 느껴야 마땅해요. 당신에겐 사랑이 없어요. 나는 이런 식으로 당신을 무시한 적이 없는데."

"너무 피곤해서 아무것도 못하겠어요."를 화성의 언어로 고치면 이렇게 된다. "오늘은 얼마나 일이 많았는지 몰라요. 조금 쉬고 나서야 무엇이든 할 수 있을 것 같아요. 당신의 도움을 받을 수 있다니 나는 참 운이 좋은가 봐요. 나를 한 번 안아 줄래요? 그리고 내가 잘 해 나가고 있고 휴식을 취할 만한 자격이 있다고 말해 주지 않겠어요?"

이러한 해석이 없이는 "너무 피곤해서 아무것도 못하겠어요."라는 여자의 말을 남자들은 이렇게 알아들을지 모른다. "일은 모조리 내가 하고 당신은 판판이 놀고 있어요. 당신은 집안일을 좀더 거들어야 해요. 모든 일을 나 혼자 할 수는 없어요. 나는 '진짜 남자'와 결혼해 살고 싶었는데, 당신을 선택한 게 일생 일대의 실수였어요."

"모든 것을 다 잊고 싶어요."라는 말을 화성의 언어로 옮기면 다음과 같이 된다. "내가 내 일과 내 인생을 얼마나 사랑하고 있는지 당신도 아실 거예요. 하지만 오늘은 정말이지 기분이 엉망이고 당혹스러웠어요. 내가 책임을 져야 하는 일로 다시금 돌아가기 전에 나 스스로를 위해 자양이 되어 줄 수 있는 그런 일이 내게 꼭 필요해요. '무슨 일이 있었소?'라고 내게 물어 주고, 그냥 가만히 내 이야기에 귀기울여 줄 수 있겠어요? 나는 단지 당신으로부터 이해받고 싶을 따름이에요. 그러고 나면 기분이 한결 나아질 것 같아요. 편안한 마음으로 쉴 수도 있을 것 같구요. 내일은 다시 책임 있는 위치로 돌아가서 일을 잘 처리할 수 있을 거예요."

이와 같은 해석이 없으면 "모든 것을 다 잊고 싶어요."라는 여자의 말을 남자들은 다음과 같이 받아들일지도 모른다. "나는 하고 싶지 않은 일을 마지못해 하고 있어요. 당신과 함께 지낸다는 것이 조금도 행복하지 않고 우리 관계도 지겨워요. 나는 보다 만족스러운 삶을 영위하게 해줄 더 나은 배우자를 원한다구요. 당신은 형편없어요."

"우리 집은 늘 엉망이에요."를 화성인의 표현으로 바꾸면 이렇다. "오늘은 좀 편히 쉬고 싶은데 집안이 엉망이군요. 나는 지금 기분이 별로 좋지 않아서 휴식을 원해요. 당신이 내게 곧 말끔히 치워 놓을 것을 기대하지 않기를 원해요. 집안이 엉망이라는 것을 당신도 인정하고 대충이라도 좀 치워 놓게 거들어 주겠어요?"

이같은 해석이 없다면 "우리 집은 늘 엉망이에요."라는 여자의 말을 남자는 이렇게 받아들일지 모른다. "당신 때문에 집안 꼴이 늘 이 모양이에요. 내가 열심히 쫓아다니며 애써 치우면 뭐해요? 당신이 또 금방 어질러 놓을 텐데. 당신은 정말 대책 없는 게으름뱅이에다 지저분해서 당신이 달라지지 않는 한 나는 함께 못 살겠어요. 당장 말끔히 청소하세요!"

"이제 아무도 내 말에 귀기울여 주지 않아요."라는 말을 화성의 표현으로 고쳐보면 다음과 같다. "나는 당신이 내게 더 이상 관심을 보이지 않고 따분해 할까 봐 걱정이 돼요. 오늘은 왠지 신경이 예민해지는 것 같아요. 내게 각별한 관심을 기울여 주지 않겠어요? 당신이 그래 주면 난 정말 행복할 거예요. 오늘은 힘겨운 하루였어요. 아무도 내 말을 듣고 싶어하지 않는 것 같았어요. 내 얘기에 귀기울여 주고 친절하게 이렇게 물어 봐 줄래요? '오늘 무슨 일이 있었소? 그리고 또 다른 일은? 당신 기분은 어땠소? 당신은 어떻게 했으면 좋겠다고 생각하오? 그 일에 대해 당신 느낌은 어때요?' 또 나를 염려해 주고 내 마음을 알아 주고 내게 힘을 주는 이런 말을 들려 주세요. '내게 좀더 말해 줘요.', '당신 말이 옳아요', '당신이 하려는 말의 의미를 알고 있소.', '나는 이해해요.' 그렇지 않으면 그냥 내 이야기를 들어 주면서 '오', '음', '아하', '흐음' 하고 때로 맞장구를 쳐 주든지요." (금성에 오기 전까지 화성인들은 한 번도 그런 소리를 들어 본 적이 없었다.)

이런 해석이 없다면 "아무도 내 말에 귀기울여 주지 않아요."라는 여자의 말을 남자들은 이런 식으로 받아들인다. "나는 당신에게 정성을 쏟는데 당신은 내 말을 듣지 않아요. 당신은 언제나 그래요. 당신과 함께 있는 것이 점점 더 따분하게 느껴져요. 나는 좀 재미있고 활기찬 사람을 원하는데, 당신은 그런 사람과는 거리가 멀어서 무척 실망스러워요. 당신은 이기적이고 무관심하고 형편없어요.."

"제대로 되는 일이 없어요."라는 말을 화성의 언어로 해석하면 이렇게 된다.

"오늘은 정말 기분이 언짢아요. 당신이 내 감정을 이해해 준다면 너무나 고 맙겠어요. 당신과 이야기를 하고 나면 기분이 한결 가벼워지거든요. 오늘은 제대로 되는 일이 하나도 없는 것 같아요. 물론 다 그렇지는 않다는 것을 나 도 알지만 기분이 언짢아 그런 생각이 드나 봐요. 당신이 나를 한 번 안아 주고 내가 훌륭하게 잘 해내고 있다고 말해 준다면 기분이 좋아질 것 같은 데, 그래 주겠어요?"

이런 해석이 없다면 "제대로 되는 일이 없어요."라는 여자의 말을 남자들 은 다음과 같이 받아들일 수 있다. "당신은 뭐 하나 제대로 하는 게 없군요. 도 대체 당신은 믿을 수가 없어요. 당신 말대로 하지 않았다면 내가 이 지경이 되 지는 않았을 거예요. 다른 남자라면 일을 멋지게 처리했을 텐데 당신은 오히려 일을 망쳐 놓잖아요."

"당신은 이제 더 이상 나를 사랑하지 않아요."라는 말을 화성의 표현으로 하면 이렇다. "오늘 나는 당신이 나를 사랑하지 않는 것 같다고 느꼈어요. 내가 당신을 달아나게 만드는 것이 아닌지 두려워요. 당신이 진정으로 나를 사랑 하고 있고 나를 위해 무척 애쓰고 있다는 것을 잘 알고 있지만 오늘은 왠지 좀 불안한 마음이 드네요. 내가 당신의 사랑을 느낄 수 있도록 '나는 당신을 사랑해.'라고 말해 주시겠어요? 당신이 그렇게 말하면 참 기분이 좋아져요."

이러한 해석이 없다면 "당신은 이제 더 이상 나를 사랑하지 않잖아요."라 는 여자의 말을 남자들은 이렇게 받아들이게 될는지도 모른다. "나는 당신한테 내 청춘을 다 바쳤는데 당신은 내게 해준 게 뭐 있어요? 나는 당신한테 이용당 한 거였어요. 당신은 자기밖에 모르는 냉정한 사람이에요. 당신은 뭐든지 자기 하고 싶은 대로 자기 자신을 위하는 일만 하고 다른 사람한테는 관심조차 없잖 아요. 당신을 사랑했던 내가 어리석었지. 이제 내겐 아무것도 남은 게 없어요."

"우리는 언제나 허둥대며 살아요."를 화성의 언어로 옮기면 이렇게 된다. "오늘은 하루 종일 너무 동동거리는 느낌이에요. 난 이렇게 허둥대는 게 싫어요. 우리들의 인생을 그저 급하게 몰아치듯이 보내고 싶지는 않아요. 물론 누구의 잘못도 아니고 당신이 그렇게 서두를 만하다는 걸 나도 알아요. 당신은 우리가 그곳에 제 시간에 도착할 수 있도록 최선을 다하려는 것뿐이고 당신의 염려를 진심으로 고맙게 생각하고 있어요. 하지만 그 무엇보다도 저를 중요하게 생각해 주실 수 있겠지요? 그리고 당신이 이렇게 말하는 것을 듣고 싶군요. '늘 바쁘게 서두르며 산다는 것은 정말 고단한 일이오. 나도 이렇게 동동거려야 하는 게 싫을 때가 있소.'"

이같은 해석이 없이는 "우리는 늘 허둥대며 살아요."라는 여자의 말을 남자는 다음과 같이 이해할지도 모른다. "당신은 어쩌면 그렇게 진득하질 못해요? 제발 좀 참을성을 가지고 기다리세요. 당신과 함께 있으면 언제나 마음이 불안하다구요. 우리는 노상 서두르는 게 일이잖아요. 당신이 하도 급하게 몰아쳐서 난 혼자 있는 편이 훨씬 마음이 편해요."

"나는 좀더 로맨틱한 기분을 느껴 보고 싶어요."를 화성의 표현방법으로 하면 이렇게 된다. "여보, 당신 요즘 일을 너무 열심히 하는 것 같아요. 우리 둘만의 시간을 좀 갖자구요. 일에 대한 부담이나 아이들로부터 잠시만이라도 놓여나 당신과 편안한 시간을 갖고 싶어요. 당신은 정말 로맨틱한 사람이에요. 이따금씩 불쑥 꽃다발을 내밀어 나를 깜짝 놀라게 하거나 데이트를 신청해 주지 않을래요? 그럼 나는 너무 행복할 거예요."

이러한 해석이 없다면 "나는 좀더 로맨틱한 기분을 느껴 보고 싶어요."라는 여자의 말을 남자는 이렇게 받아들일 수 있다. "당신은 더 이상 내게 만족을 주지 못해요. 나는 당신한테 별 흥미를 못 느껴요. 당신은 로맨틱한 분위기하고는 아예 담을 쌓은 사람이잖아요. 당신은 나를 만족시킨 적이 단 한 번도 없어요. 다른 사람들은 안 그렇던데, 당신은 미숙하기 짝이 없어요."

몇 년간 이 관용어 사전을 곁에 두고 사용하다 보니 이제 남자는 상대방이 자기를 비난하거나 탓하는 것 같은 느낌이 들 때마다 사전을 펼쳐 보아야 할 필요를 느끼지 않게 되었다. 그는 여자들이 어떤 식으로 생각하고 느끼는지를 점차 이해하게 되었다. 그리고 다소 연극 대사처럼 들리는 그녀의 말을 곧이곧대로 받아들여서는 안 된다는 것을 알게 되었다. 그것은 단지 여자들이 자기 감정을 충분히 전달하기 위해 흔히 사용하는 방법일 뿐이다. 그것이 금성에서의 표현방법이라는 것을 화성인들은 기억해 둘 필요가 있었다!

## 화성인들이 말을 하지 않을 때

남자들에게 있어 가장 큰 어려움 가운데 하나는, 여자가 자기 감정을 이야기할 때 그것을 어떻게 하면 정확히 이해하고 적절한 도움을 줄 수 있느냐 하는 문제이다. 반면에 여자들이 해결해야 할 가장 큰 난제는 남자가 말을 하지 않을 때 그것을 어떻게 받아들일 것이며, 어떻게 해야 그가 필요로 하는 도움을 정확히 제공할 수 있느냐 하는 것이다. 침묵이야말로 여자들이 가장 쉽게 오해하게 되는 상황이다.

〰

여자들이 해결해야 할 가장 큰 난제는 남자가 말을 하지 않을
때 그것을 어떻게 받아들일 것이며, 어떻게 해야 그가
필요로 하는 도움을 정확히 제공할 수
있느냐 하는 것이다.

꽤 종종 일어나는 일이지만 남자들이 갑자기 입을 다물고 말을 하지 않을 때가 있을 것이다. 이는 금성에서는 전혀 없었던 일이다. 처음에 여자는 그가 갑자기 귀머거리가 된 게 아닐까 생각한다. 그가 아무런 반응을 보이지 않는 것은 아마 자기 말을 못 들었기 때문일 거라고 생각한다.

알다시피 남자와 여자는 정보를 숙고하고 처리하는 방식이 매우 판이하다.

여자들은 생각을 입 밖에 내어 크게 말함으로써 홍미를 갖고 이야기를 들어 주고 있는 사람에게 사고의 흐름을 그대로 드러낸다. 그래서 그들은 말을 해 나가면서 비로소 자기가 하려는 말을 찾아 내는 경우가 종종 있다. 의식이 자유롭게 흘러가도록 내버려 두고 생각을 굴절 없이 그대로 이야기하는 과정이 그녀의 직관을 이끌어 낸다. 이러한 과정은 지극히 정상적인 것일 뿐더러 가끔 필요한 것이기도 하다.

그러나 남자들의 경우는 사뭇 다르다. 말을 하거나 어떤 반응을 보이기 이전에 그들은 우선 자기가 듣거나 경험한 것에 대해 조용히 생각하고 이리저리 궁리해 본다. 가장 적절하고 도움이 되는 반응을 머리 속으로 가만히 헤아려 보는 것이다. 그들은 우선 명확하게 모양을 잡고 나서 그 다음에 이야기를 꺼낸다. 이 과정은 몇 분이 걸릴 수도 있고 때로는 몇 시간씩 걸리기도 하며, 어떤 대답을 해야 할지 도무지 알 수 없는 경우에는 아예 아무런 반응을 보이지 않을 때도 있는데, 이것이 여자들을 몹시 당황스럽게 한다.

여자는 남자가 말을 안 할 때 그것을 "아직 무슨 말을 해야 할지 모르겠소. 지금 생각하고 있는 중이오."라고 말하는 것임을 이해할 필요가 있다. 그러나 여자들은 대체로 그 침묵을 이렇게 받아들인다. "당신이 하는 얘기에 관심도 없고 알고 싶지도 않아요. 나한테 별로 중요하지도 않은 얘기에 굳이 대꾸할 필요는 없잖소."

### 여자는 남자의 침묵에 어떤 반응을 보이는가?

여자들은 남자의 침묵을 잘못 해석한다. 그날 자신의 기분이 어떠냐에 따라서 '그는 이제 나를 사랑하지 않아. 나를 미워하고 있어. 어쩌면 영원히 내 곁을 떠나 버릴지도 모르지.'라고 아주 최악의 상상을 하기도 한다. 이런 상상은 그녀의 가슴 속 깊이 자리잡고 있던 두려움, 즉 '만일 그에게서 버림받으면 그때는 누구에게도 결코 사랑받지 못할 거야. 나는 사랑받을 만한 자격이 없어.'라는 두려움을 불러일으킨다.

남자가 말을 안 하면 여자는 최악의 상상을 하기 쉬운데, 그것은 여자들이 말을 하지 않는 경우는 자기가 하려던 말이 상대방에게 상처를 줄 우려가 있다거나, 아니면 상대를 믿지 않거나, 어울리고 싶지 않아서이기 때문이다. 그러니 남자가 갑자기 입을 다물어 버리면 불안한 마음이 드는 게 당연하지 않은가!

남자가 말을 하지 않으면
여자는 최악의 상상을 하기 쉽다.

여자가 다른 여자의 말을 들어 줄 때 그녀는 자기가 관심을 갖고 열심히 듣고 있다는 것을 상대에게 끊임없이 확인시켜 준다. 말하는 사람이 중간에 잠깐 말을 멈출 때면 "오, 어허, 흠, 아, 아하, 음."이라고 맞장구를 치면서 말이다.

이러한 반응이 일체 없는 남자의 침묵은 매우 위협적인 것으로 느껴질 수 있다. 하지만 남자의 동굴을 이해하면 그의 침묵을 제대로 해석하고 그에 적절히 대응할 수 있게 된다.

### 동굴 이해하기

서로의 관계가 진정 만족스러운 것이 되기 위해서는 여자가 남자에 대해 알아 두어야 할 점이 많다. 남자들은 기분이 좋지 않거나 스트레스를 받으면 말을 하지 않게 되고, 자기 '동굴' 속으로 들어가 문제를 해결하려는 경향이 있는데, 이때 그 동굴에는 가장 친한 친구들조차 들여 놓지 않는다. 이것이 화성의 방식이다. 따라서 여자들은 그가 이런 태도를 취한다고 해서 자기가 혹시 무슨 엄청난 잘못을 저지른 게 아닌가 겁먹을 필요가 없다. 그저 가만히 내버려 두면 얼마 있다가 스스로 동굴에서 나올 것이고, 모든 것이 다 괜찮아진다는 것을 그들은 점차 깨닫게 될 것이다.

금성에서는 친구가 우울해 있을 때 절대 모른 체 내버려 두지 않는다는 황금률이 있었기에 여자들이 이 교훈대로 행동하기란 그리 쉬운 일이 아니다. 자기가 좋아하는 화성인이 지금 기분이 몹시 언짢은데 그를 그냥 내버려 둔다는 것은 애정 어린 행동이 아니라는 생각이 드는 것이다. 그를 좋아하기 때문에 그녀는 동굴로 따라 들어가 뭐든 그에게 도움을 주고 싶어한다.

더욱이 그녀는 이것저것 자상하게 물어 그의 기분을 살펴 주고 열심히 이야기를 들어 주면 그의 기분이 한결 좋아질 거라는 착각을 한다. 그러나 그같은 행동은 그를 더욱 짜증나게 할 뿐이다. 그녀는 자기도 모르게 자꾸만 자기 식대로 그를 도우려고 하는데, 그 의도가 아무리 좋아도 이런 방식은 역효과를 초래할 뿐이다.

남자나 여자나 할 것 없이 모두 자기가 좋아하는 방식대로 사랑을 표현할 것이 아니라, 상대방이 생각하고 느끼고 반응하는 방식이 자기와 어떻게 다른지를 조금씩 터득해 가야 할 필요성이 있다.

### 남자들이 동굴을 찾는 이유

남자들이 동굴에 들어가 입을 다물어 버리는 데는 여러가지 이유가 있다.

1   어려운 문제에 대해 깊이 생각해 보고 구체적인 해결책을 모색하고자 할 때 그렇다.

2   어떤 질문이나 문제에 대한 해결책을 모를 때 그렇다. 남자들은 결코 이런 말을 하지 못한다. "아이구, 해결방안이 도무지 떠오르지 않네. 동굴 속에 들어가서 궁리를 해봐야겠는걸." 남자끼리라면 굳이 설명하지 않아도 그가 무엇을 하고 있는지 알 수가 있다.

3   기분이 언짢거나 스트레스를 받았을 때 그렇다. 이런 경우에 그는 혼자서 조용히 머리를 식히고 마음의 평정을 되찾기 위한 시간을 갖는다. 나중에 후회할 말이나 행동을 하게 되는 것을 그는 원치 않는다.

4   자기 자신을 돌이켜볼 필요를 느낄 때 그렇다. 그가 사랑에 빠져 있을 때는 이 네 번째 이유가 특히 중요해진다. 사랑을 하게 되면 때때로 그들은

자기 자신을 잊어버리고, 또 잃어 가기 시작한다. 그들은 지나친 친밀감이 자기 능력을 빼앗아 간다고 느낀다. 자기 자신을 잃어버릴 만큼 사랑하는 사람과 가까워질 때 경종이 울리고, 그러면 그들은 혼자서 동굴을 찾는다. 그러고 나면 다시금 원기를 회복하게 되고, 애정이 넘치는 힘찬 모습을 되찾게 된다.

### 여자들이 이야기를 하는 이유

여자들이 이야기를 하는 데는 여러 이유가 있다. 때로 그 이유라는 것이 남자들이 말을 하지 않는 이유와 완전히 일치하기도 한다. 일반적으로 여자들이 이야기를 하게 되는 네 가지 이유는 다음과 같다.

1  정보를 전하고 얻기 위해서 이야기를 한다. (대체로 남자들이 이야기를 하게 되는 유일한 이유다.)

2  자기가 하려는 말이 무엇인지 생각하고 알아 내기 위해 이야기를 한다. (남자는 자기가 하고자 하는 말을 머리 속으로 생각하지만 여자는 생각하고 있는 것을 크게 소리내어 말한다.)

3  기분이 언짢거나 우울할 때 그 기분을 풀어 버리려고 이야기를 한다. (남자는 기분이 상해 있으면 말을 하지 않는다. 대신에 동굴 안에서 차분히 생각해 볼 기회를 갖는다.)

4  친밀감을 만들기 위해 자신의 속마음을 함께 나눔으로써 그녀는 자기가 사랑이 깊은 사람임을 알 수 있게 된다. (자기 자신을 되찾기 위해 남자들은 말을 하지 않는다. 그는 지나친 친밀감으로 자기 자신을 잃게 될 것을 두려워한다.)

남녀의 차이와 욕구에 대한 이해가 뒷받침되지 않고서는 관계 속에서 자꾸만 갈등이 빚어지는 이유를 알 수 없다.

## 용이 뿜어 내는 불에 덴다

남자가 스스로 이야기할 준비가 되기 전에는 자꾸 말을 시키려고 애쓰지 않는게 중요하다. 이 주제를 놓고 세미나에서 토론을 벌이는데 한 아메리카 인디언이 자기 부족 이야기를 들려 준 적이 있었다. 그녀의 말에 따르면 자기네 부족에서는 어머니가 곧 시집갈 딸에게, 남자들은 기분이 나쁘거나 스트레스를 받으면 동굴에 들어간다는 사실을 명심하도록 가르친다는 것이다. 그런 일은 이따금씩 있는 일이니 공연히 예민하게 받아들일 필요가 없다. 남자가 그녀를 사랑하지 않아서 그러는 것이 아니며 그는 곧 동굴에서 나오기 때문이다.

그러나 어머니들이 가장 힘주어 강조하는 것은 절대 동굴로 따라 들어가서는 안 된다는 것이었다. 만일 그러면 동굴을 지키고 있던 용이 불을 내뿜어 타죽게 될 것이라고 했다.

<br>

남자의 동굴에는 절대 들어가지 마라. 그렇지 않으면 용이
뿜어 내는 불길에 데고 말 것이다!

<br>

동굴에 들어가는 남자를 군이 따라 들어가려는 여자 때문에 불필요한 마찰이 일어나게 되는 경우가 많다. 남자가 상심해 있을 때면 조용히 혼자 있는 시간이 정말 필요하다는 것을 여자들은 이해하지 못한다. 남자들이 도대체 왜 입을 다물고 있는지 이유를 알 수가 없어 여자들은 자꾸만 말을 시키려고 애쓴다. 만일 그에게 무슨 문제가 있다면 그녀는 동굴 밖으로 그를 나오게 해 그 문제에 대해 이야기하게 함으로써 도움을 주려고 한다.

그녀가 묻는다. "무슨 일이 있어요?" 그가 말한다. "아니." 하지만 그가 기분이 좋지 않다는 것을 그녀는 느낌으로 알 수 있다. 그녀는 그가 왜 자기 감정을 드러내지 않으려 하는지 의아해한다. 그래서 동굴 안의 그를 내버려 두지 못

하고 자기도 모르게 자꾸만 방해하게 된다. 그녀는 또 묻는다.

"무슨 골치 아픈 일이 생겼죠. 그게 뭐예요?"

"아무것도 아니오."

"아무것도 아니긴 뭐가 아니에요. 분명히 무슨 문제가 있는 것 같은데. 당신 기분이 왜 그래요?"

"이봐요. 난 아무렇지도 않다니까. 자, 이제 나를 좀 혼자 있게 내버려 둬요!"

"당신, 어떻게 나한테 이럴 수가 있어요? 말도 하고 싶지 않다 이거예요? 당신이 말을 안 하는데 당신 기분이 어떤지 내가 어떻게 알아요? 당신은 나를 사랑하지 않는 거예요. 나는 당신한테 버림받은 기분이라구요."

여기까지 오면 그는 자제력을 잃고 나중에 후회할 말을 하게 된다. 그의 용이 나와 그녀에게 불길을 뿜어 대는 것이다.


## 화성인이 말을 할 때

여자가 용의 불에 데는 것은 비단 그녀가 부지중에 남자의 성찰의 시간을 침해할 때뿐만 아니라, 지금 자기는 동굴에 있다거나 동굴에 들어가는 중이라는 경고의 표현을 그녀가 잘못 해석하는 경우에도 일어난다. "무슨 일이 있어요?"라고 물으면 화성인은 고작해야 "아무것도 아니오."라거나, "나는 괜찮아요."라고 짧게 대답할 것이다.

이 간략한 신호는 그가 자기 감정을 혼자 처리하도록 여지를 마련해 주어야 한다는 것을 금성인들이 알아챌 수 있는 유일한 단서가 된다. "나는 지금 기분이 언짢아서 혼자 있는 시간이 필요하오."라고 말하는 대신 화성인들은 그냥 입을 다물어 버린다.

다음의 비교표에는 여섯 개의 단축된 경고 표현과 아울러 그 각각의 표시에 여자들이 어떤 식으로 반응하는지를 예시해 놓았다.

# 가장 흔히 나타나는 단축된 경고 표시 6가지

**"무슨 일이 있어요?"라고 여자가 물을 경우**

| 남자의 말 | 여자의 반응 |
|---|---|
| "난 괜찮소." 혹은 "괜찮아요." | "분명히 뭔가 잘못된 것 같은데 뭐예요?" |
| "나는 아무렇지도 않아요." | "뭔가 혼란스러워하는 것 같은데, 말 좀 해요." |
| "아무 일도 아니오." | "당신을 돕고 싶어요. 당신을 괴롭히는 일이 뭔지 얘기해 주세요." |
| "괜찮으니 신경쓰지 말아요." | "정말이에요? 내가 당신을 도울 수 있다면 좋을 텐데요." |
| "대수롭지 않은 일이오." | "당신 뭔가 골치를 썩이고 있어요. 우리는 얘기해야만 해요." |
| "별 문제 아니오." | "그렇지만 분명히 문제예요. 난 당신을 도울 수 있다구요." |

위와 같은 말을 할 때 남자들은 대개 상대방이 그저 잠자코 받아들여 주거나 수긍해 주기만을 원한다. 이런 경우에 오해를 피하고 쓸데없이 전전긍긍하지 않으려면 금성인들은 화성과 금성의 관용어 사전을 참조할 필요가 있다.

"난 괜찮소."라는 남자의 말에는 다음과 같은 의미가 축약되어 있음을 알아야 한다. "괜찮아요. 이 일은 나 혼자서도 처리할 수 있어요. 도움은 일체 필요 없소. 걱정하지 않는 것이 나를 도와 주는 일이오. 나 혼자 얼마든지 해결할 수 있을 거라고 믿어 줘요."

이러한 해석이 없다면 남자가 언짢은 기분으로 "난 괜찮소."라고 말할 때 그 말은 마치 자신의 우울한 기분과 곤란한 문제들을 완전히 부인하는 것으로 들릴 수도 있다. 그러면 여자는 그에게 이것저것 물어 보거나 그 문제에 대한 자기 생각을 이야기해 어떻게든 그를 도우려고 한다. 그녀는 그가 축약어를 사용하고 있다는 것을 알지 못하기 때문이다. 다음은 화성의 관용어 사전에서 발췌한 내용이다.

### 화성과 금성의 관용어 사전

"난 괜찮아요."를 금성의 표현으로 하면 이렇다. "난 괜찮아요. 곧 아무렇지도 않게 될 테니 걱정 말아요. 고맙지만 도움은 필요 없어요."

이러한 해석이 없다면 금성인들은 그들의 말을 이렇게 받아들일지 모른다. "기분이 언짢기는커녕 나는 그 일에 관심조차 없소." 혹은 "내 기분을 당신한테 털어놓고 싶은 마음이 별로 없소. 그래 봐야 당신이 도움이 되어 줄 것 같지도 않고."

"난 아무렇지도 않아요."를 금성의 표현으로 고치면 다음과 같이 된다. "내 문제나 감정은 나 스스로 처리할 수 있소. 만일 도움이 필요하면 당신한테 말하리다."

이러한 해석이 없다면, "난 아무렇지도 않아요."라는 그의 말을 금성인은 이렇게 알아들을지도 모른다. "무슨 일이 있든 난 관심 없소. 이 문제가 나한테 중요한 것도 아니고 설령 이 일로 당신 기분이 언짢다고 해도 그건 내가 알 바 아니지."

"아무 일도 아니오."를 금성의 표현방법대로 하면 이렇게 된다. "혼자 처리할 수 없는 골치 아픈 문제 따위는 없어요. 그러니 이제 더 이상 나에게 그렇게 묻지 말아 주길 바라오."

이러한 해석이 없다면 "골치 아픈 문제는 아무것도 없소."라는 그의 말을 금성인은 이렇게 받아들일지 모른다. "도대체 뭐가 골치 아픈 문제란 말이오? 나는 모르겠으니 무슨 일이 있는지 당신이 내게 좀 알려 줘 봐요." 이 시점에 이르러서 남자는 정말로 혼자 있고 싶은데, 그녀는 자꾸만 질문을 퍼부어 슬슬 그의 화를 돋운다.

"괜찮아요. 그럴 수도 있는 일이지."라는 말은 금성의 표현으로 이렇게 된다. "문제가 생기기는 했지만 당신 탓은 아니오. 당신이 자꾸 질문을 하고 말을 걸어서 나를 방해하지 않는다면 나 스스로 해결할 수 있어요. 그냥 아무 일도 없었던 것처럼 행동하는 것이 나를 도와 주는 길이오."

이같은 해석이 없다면 "괜찮아요. 그럴 수도 있지."라는 남자의 말은 그녀에게 이렇게 받아들여질지도 모른다. "다 그렇고 그런 거지 뭐 굳이 애쓸 것도 없고, 당신이 나를 욕할 수 있듯이 나도 당신을 비난할 수 있는 거니까." 혹은 "이번에는 어쩔 수 없다고 해도 당신한테 잘못이 있다는 것은 알아 둬요. 한 번이니까 그냥 넘어가지만 다시는 그러지 말아요."

"대수롭지 않은 일이오."는 금성의 표현으로 하면 이렇게 된다. "내가 원만하게 잘 처리할 수 있으니까 염려할 것 없소. 그러니 이제 그 문제에 대해 길게 얘기하지 맙시다. 그래 봐야 속만 더 상할 뿐이오. 내가 기꺼이 책임지고 해결하도록 하겠소."

이러한 해석이 없으면 "대수롭지 않은 일이오."라는 그의 말을 여자는 다음과 같이 받아들일지도 모른다. "아무것도 아닌 걸 가지고 공연히 일을 만들고 그래. 그게 뭐 대단한 일이라고. 수선 좀 피우지 말아요."

"별 문제 아니오."는 금성의 표현법으로 이렇게 된다. "이 정도 일을 해결하는 건 나 혼자서도 얼마든지 할 수 있어요. 당신을 위한 일인데 기쁜 마음으로 하지."

이같은 해석이 없다면 "별 문제 아니오."라는 남자의 말을 그녀는 이렇게 받아들일 수 있다. "이건 문제랄 것도 없는데 당신이 공연히 문제를 삼아 도움을 요구하고 있는 거요." 그러면 여자는 왜 그것이 문제인지에 대해 그에게 설명하려고 애쓰는 실수를 범한다.

화성, 금성의 관용어 사전을 활용하면 여자는 남자가 축약된 문장으로 이야기할 때 그것의 실제 의미를 이해할 수 있게 된다. 남자가 하는 말과 여자가 받아들이는 의미가 정반대일 경우도 가끔 있다는 사실을 알아야 한다.


## 그가 동굴로 들어갈 때는 어떻게 할 것인가

내가 세미나에서 남자들의 동굴과 용에 관한 이야기를 하자, 여자들은 어떻게 하면 그들이 동굴 안에 있는 시간을 좀 줄일 수 있는지 알고 싶어했다. 그래서 남자들에게 물어 보니 그들의 대답인즉, 여자가 억지로 동굴에서 끌어 내려 한다거나 말을 시키면 시킬수록 동굴 안에서의 시간은 점점 더 길어진다고 했다.

또 그들은 이렇게도 말했다. "내가 동굴에서 보내는 시간을 아내가 불만스러워하는 것 같은 느낌이 들면 동굴에서 나오기가 힘듭니다." 동굴로 들어가는 것이 잘못된 행동인 것같이 느껴지도록 눈치를 주면 그는 동굴 밖으로 나오고 싶은 마음이 들다가도 등을 떼밀려 도로 들어가 버리게 되는 것이다.

남자가 동굴로 들어갈 때는 대개 마음이 상했거나 정신적으로 과도한 긴장을 느껴 혼자서 조용히 해결하고자 할 때이다. 그럴 때 여자가 자기 방식으로 도움을 주려고 하면 의도했던 것과는 반대의 결과를 초래할 수 있다.

동굴로 들어간 남자에게 도움을 주는 데는 기본적으로 여섯 가지 방안이 있다. (이같은 방안들은 그가 혼자 있고 싶어하는 시간을 줄이는 데 도움이 될 것이다.)

## 동굴 안에 있는 남자를 어떻게 도울 것인가

1 조용히 있고 싶어하는 그의 욕구를 나무라지 말고 인정할 것.
2 해결책을 제시함으로써 그가 문제를 해결하는 것을 도우려고 애쓰지
  말 것.
3 기분이 어떠냐고 물어 봄으로써 그를 보살피려고 노력하지 말 것.
4 동굴 문 앞에 지키고 앉아 그가 나오기만을 기다리지 말 것.
5 그를 염려하거나 딱하게 여기지 말 것.
6 당신이 즐겁게 할 수 있는 일을 찾아서 할 것.

만약에 이야기할 필요를 느끼면 그가 나중에 동굴에서 나와 읽어 볼 수 있도록 편지를 써라. 그리고 누군가에게 위로받고 싶거든 친구에게 말해 보라. 오직 그만이 당신을 만족시킬 수 있는 원천이라고 생각하지 마라.

남자는 어려운 문제를 자신이 능히 해결할 수 있으리라는 것에 대해 사랑하는 금성인으로부터 신뢰받고 싶어하는데, 그러한 신뢰는 남자의 자존심과 긍지에 매우 중요한 것이다.

그에 대해 아무 염려를 하지 않는다는 것은 그녀로서는 어려운 일이다. 누군가를 염려해 준다는 것, 그것은 여자들이 자신의 사랑과 관심을 표현하는 하나의 방식이다. 그녀는 사랑하는 사람이 우울해하는데 자기는 희희낙락한다는 것은 있을 수 없다고 여기고 분명히 그도 자기의 우울한 기분에 그녀가 동조해 주기를 바란다고 생각한다.

그러나 그렇지가 않다. 그는 한 가지 걱정이라도 덜 수 있도록 그녀가 진정 행복한 기분으로 있어 주기를 원한다. 그리고 그녀가 행복한 기분으로 있어 주어야 자기가 그녀로부터 사랑받고 있다고 생각한다. 여자가 걱정을 벗어 버리고 즐거운 마음으로 있을 때 그는 동굴에서 나오기가 한결 수월해진다.

얄궂게도 남자들은 염려하지 않는 것으로 사랑을 표현한다. 그들은 이렇게 말한다. "당신이 신뢰하고 찬탄해 마지않는 사람에 대해 어떻게 염려를 할 수 있겠습니까?" 그들은 보통 이런 말로 서로를 격려한다. "걱정하지 말게. 자네

는 해낼 수 있을 거야.", "그건 그들 문제지 자네 문제가 아니잖아. 신경쓰지 말라구.", "틀림없이 잘 될 거야." 남자들은 가능하면 상대의 걱정거리를 작게 평가하고 염려를 삼감으로써 그의 기운을 북돋워 준다.

나는 내 아내가 기분이 언짢을 때 진정으로 내가 염려해 주기를 바란다는 것을 몇 년이 걸려서야 비로소 이해할 수 있었다. 남녀의 욕구가 서로 다르다는 사실을 깨닫지 못했던 나는 남자들을 대할 때 하듯이 그녀의 걱정거리를 작게 평가하곤 했고, 이는 그녀의 기분을 더욱 엉망으로 만들 뿐이었다.

남자는 해결해야 할 문제를 가지고 동굴로 들어가는데, 이때 그의 배우자가 그만을 바라보고 있지 않고 나름대로 즐거운 시간을 보내고 있을 때 그로서는 한결 부담이 줄어든다. 그녀가 관심을 가질 수 있는 일이라면 어느 것이나 그에게 도움이 될 것이다. 여기 몇 가지 예를 들어 보았다.

- 독서
- 음악 감상
- 운동
- 마사지 받기
- 자기 수양에 관한 테이프 듣기

- 기도나 명상하기
- 맛있는 음식 먹기
- 텔레비전을 보거나 라디오 듣기
- 친구에게 전화하여 유쾌한 대화 나누기

- 정원 손질하기
- 글쓰기
- 쇼핑하기
- 산책
- 거품목욕

화성인들은 금성인들에게 즐거운 일을 하면서 그 시간을 보내도록 권했다. 친구가 마음이 상해 있는데 자기 혼자 즐거운 일을 한다는 것은 상상도 하기 힘든 일이었지만 금성인들은 실제로 방법을 찾아 냈다. 그들은 사랑하는 화성인이 동굴에 들어갈 때면 쇼핑을 하러 가거나 가벼운 마음으로 외출을 하고 돌아왔다. 금성인들은 쇼핑을 정말 좋아한다.

내 아내 바니도 가끔 이 방법을 쓴다. 내가 동굴에 들어앉은 듯하면 그녀는 쇼핑을 하러 나간다. 그렇게 되니까 나는 내 행동에 대해 사과할 필요를 느끼지 않게 된다. 그녀가 그녀의 일을 알아서 할 때 나는 동굴에 들어가 내 문제에 몰두할 수 있는 것이다. 그녀는 내가 곧 동굴에서 나올 것이고, 그러면 또다시 사랑이 깊은 자기 남편으로 돌아올 것임을 믿고 있다.

그녀는 내가 동굴로 들어갈 때는 이야기를 하기에 알맞은 시간이 아님을 알고 있다. 그러다가 내가 자기에게 관심을 나타내기 시작하면 그녀는 내가 이제 막 동굴에서 나오고 있고 지금이야말로 대화를 하기에 좋은 시간임을 알아차린다. 그녀는 때로 이렇게 말하곤 한다. "당신이 대화를 하고 싶다고 느낄 때가 언제인지 알려 주겠어요? 나는 당신과 함께하는 시간을 갖고 싶다구요." 이런 식으로 하면 나에게 무리한 것을 요구하거나 압박하지 않고도 그녀가 원하는 것을 얻어 낼 수 있었다.

## 어떻게 화성인에게 격려의 뜻을 전할 것인가

동굴 밖에 나와 있을 때도 남자들은 신뢰받기를 원한다. 청하지도 않은 조언이나 동정은 조금도 반갑지 않다. 그들은 자기 자신을 입증해 보이고 싶어한다. 다른 사람의 도움 없이 무엇인가를 성취해 냈다는 것이 그들에게는 대단한 자랑거리이다. (그러나 여자는 서로 기꺼이 도움을 주고받는 인간 관계를 자랑으로 여긴다.) 그러므로 남자들은 그가 직접 도움을 요청하지 않는 한 그 일을 해낼 수 있을 거라고 믿어 주는 상대방에게서 힘을 얻는다.

이런 식으로 그에게 용기를 북돋워 준다는 것은 처음에는 무척 어렵다. 많은 여자들은 남자가 실수를 저지르면 그때그때 비판하고 충고를 해야만 자기가 원하는 것을 얻어 낼 수 있을 거라고 느낀다. 그들은 남자로 하여금 더 많은 것을 베풀도록 하는 데는 비판이나 충고 대신 직접 도움을 요청하는 편이 훨씬 효과적이라는 사실을 깨닫지 못한다. 그리고 설령 그의 행동이 못마땅하더라도 그가 못됐다거나 틀려먹었다고 비난하기보다는 이러저러한 행동이 마음에 들지 않는다고 직접적이고 명료하게 말을 하는 편이 훨씬 도움이 된다는 것을 그들은 알지 못한다.

청하지 않은 충고와 비판을 남자들이 그토록 싫어한다면 그들이 원하고 필요로 하는 것을 어떻게 얻어 낼 수 있다는 말인지 이에 대해 대다수의 여자들은 무력감을 느낄 것이다. 관계 속에서 좌절감을 맛본 낸시는 이렇게 말했다.

"저는 남자한테 어떤 식으로 비판이나 충고를 해주어야 하는지 아직도 잘 모르겠어요. 그의 식탁 예절이 엉망이라거나 옷을 정말 지독하게 못 입을 때는 어떻게 하나요? 사람은 나쁘지 않은데 남들과의 관계에서 꼭 얼간이처럼 보이게 행동해 말썽이 생길 때는 어떻게 해야 하죠? 그런 경우 저는 어떻게 해야 하나요? 제가 아무리 잘 얘기를 해도 그는 화를 내거나 기분 나빠하지 않으면 들은 체도 하지 않을 거예요."

그가 먼저 청하지 않는 한 어떤 경우에도 충고와 비판은 금물이다. 그 대신 사랑으로 그를 인정하도록 노력해야 한다. 그에게 필요한 것은 훈계가 아니다. 그녀가 자기를 인정하고 있다는 느낌이 들어야 그녀의 생각이 어떤지 물어 볼 마음이 생기기 시작한다. 그러나 만약 그녀가 자기에게 변화를 요구하는 것 같다는 생각이 들면 그는 절대로 조언이나 제안을 구하지 않을 것이다. 특히 아주 가까운 사이에도 그들은 상대에 대해 완전한 신뢰가 있어야 비로소 마음을 열고 도움을 구할 수 있다. 자신의 배우자가 인격적으로 성장하고 변화할 것임을 참을성 있게 믿어 주는 일과 아울러 만일 자기가 원하고 필요로 하는 것을 받지 못할 때, 여자는 그에게 자기 감정을 솔직히 이야기해 알려 주고 요구할 수 있고 또 마땅히 그래야 한다. (그러나 이 역시 충고나 비난이어서는 곤란하다.) 이것은 세심한 주의와 창조성을 요구하는 하나의 예술이다. 여기 네 가지의 가능한 접근방법이 있다.

I 옷을 입는 방법에 대해 강의를 하지 않고도 그녀는 그가 옷입는 방식이 마음에 들지 않는다고 이야기할 수 있다. 그가 옷을 입으려고 할 때 지나가는 말처럼 이렇게 말해 보라. "그 셔츠를 입으면 별로 좋아 보이지 않아요. 오늘 밤엔 다른 걸 입는 게 어때요?" 만일 그가 그 말에 화를 내면

그의 기분을 존중해 주고 사과를 하는 것이 좋다. "미안해요. 당신한테 옷입는 방법을 훈계하려던 것은 아니었어요."라고 말하면 된다.

2  그가 그 정도로 예민하다면 — 그런 남자도 더러 있다 — 다른 기회에 슬쩍 그 얘기를 끄집어내 보라. "당신이 초록색 바지에 그 푸른색 셔츠를 받쳐 입었던 거 기억나요? 그렇게 입으니까 별로 좋아 보이지 않던걸요. 그 셔츠에 회색 바지를 맞춰 입어 보는 게 어때요?"

3  그녀가 직접 이렇게 물어 볼 수도 있다. "당신 언제 나랑 같이 쇼핑하러 가지 않을래요? 당신을 위해 옷을 골라 보는 일이 참 즐거울 것 같아요." 만일 그가 싫다고 하면 그녀는 그가 어머니와 같이 보살펴 주려는 아내를 원하지 않는다는 것을 분명히 알 수 있다. 만약에 그가 좋다고 하면, 쇼핑을 할 때 지나치게 많은 조언은 삼가도록 주의하라. 그가 예민한 사람이라는 것을 잊어서는 안 된다.

4  이렇게 말할 수도 있다. "하고 싶은 말이 있는데 어떻게 해야 할지 모르겠어요. (잠시 말을 멈춘다.) 당신 기분을 상하게 하고 싶지 않지만 꼭 하고 싶은 얘기라서요. 당신이 내 얘기를 한 번 들어 보고 더 나은 방법이 있으면 귀띔해 줄래요?" 이렇게 그가 미리 마음의 준비를 할 수 있도록 도와 주면 그는 나중에 이야기를 들은 후 별일이 아니었다는 것을 깨닫고 쉽게 수용하게 될 것이다.

또 다른 예를 하나 들어 보자. 만일 그의 테이블 매너가 마음에 안 든다면 둘만 있을 때 부드러운 표정으로 이렇게 말할 수 있을 것이다. "포크를 사용하지 그래요?", "당신 컵에 따라서 마시는 게 어때요?" 그러나 남들이 보는 앞에서는 그에게 아무 말도 하지 말 것이며 내색조차 하지 않는 게 현명하다. 대신에 다른 날 기회를 보아 이렇게 말하는 것이 좋다. "아이들과 함께 식사할 때는 포크와 나이프를 사용하도록 할래요?" 혹은 "당신이 손가락으로 음식을 집어

먹는 모습은 정말 보기 싫어요. 나는 그런 사소한 일이 마음에 걸리거든요. 나와 함께 식사를 할 때는 포크와 나이프를 사용해 주겠어요?"

만일 그의 행동이 당신을 당황스럽게 한다면 아무도 없을 때를 기다렸다가 당신이 느낀 바를 이야기하라. 이렇게 행동해야 한다거나 그가 틀렸다고 말하지 말고 부드러우면서도 간략하게 당신의 감정을 솔직히 전하라. 당신은 이렇게 말할 수 있다. "파티가 있던 날 밤에 말예요. 당신이 너무 큰 소리로 떠드는 것 같아서 싫었어요. 다음에는 목소리를 조금만 낮추도록 해보실래요?" 만일에 그가 불쾌해하거나 그 말에 언짢은 기색을 보이면 결점을 들춰 내서 미안하다고 순순히 사과를 하라. 이렇게 부정적인 감정을 표현하고 도움을 구하는 기술은 제9장과 제12장에서 자세히 논의될 것이다. 그리고 다음 장에서는 그런 대화를 하기에 가장 알맞은 시간이 과연 언제인지를 알아보기로 하자.

### 남자가 도움을 필요로 하지 않을 때

여자가 자꾸만 남자를 위로하려고 하거나 그가 문제를 해결하는 것을 도와 주려고 애를 쓰면 그는 숨막히는 답답함을 느끼게 되는지도 모른다. 그는 그녀가 자기를 어린애로 취급하고 있거나 변화시키고 싶어한다고 생각하고 그녀로부터 조종당하고 있는 듯한 느낌을 받게 된다.

이것은 남자가 사랑의 위안을 필요로 하지 않는다는 얘기가 아니다. 그 역시 애정 어린 격려를 원하지만 그 방법이 여자가 생각하는 것과 사뭇 다르다는 데 주의해야 한다. 섣불리 그의 잘못을 지적해 바로잡으려 하거나 그를 향상시키려 노력하지 않는 것이 바로 그를 격려하는 길이다. 조언이 도움이 되는 것은 오직 그가 먼저 청했을 경우에 한해서이다.

남자는 일단 자기가 할 수 있는 데까지 모두 해놓고 나서 그 다음에야 조언이나 도움을 구하려고 한다. 만일 누군가가 그에게 너무 많은 도움을 주거나 혹은 너무 일찍 도와 주려고 나서면 그는 자신감과 활력을 잃게 된다. 본능적으로 남자들은 상대 쪽에서 먼저 접근해 청하지 않는 한 조언이나 도움을 제공하지 않을 때 그를 존중하게 된다. 문제를 처리할 때 남자들은 우선 스스로의 힘으로 어느 정도까지는 해내야 한다고 생각하고 있고, 그런 연후에 만일 도움이 필요하다면 그때는 자존심과 자신감을 잃지 않고도 도움을 요청한다. 그렇지 않을 때에 도움을 제공하려 하는 것을 그는 모욕으로 받아들이기가 쉽다.

추수감사절 칠면조를 식탁에서 자르고 있는데 아내가 옆에서 자꾸만 이렇게 하라 저렇게 하라고 지시를 하면 그는 기분이 상한다. 아내의 조언에 거부감을 느낀 그는 자기 방식대로 해야겠다고 마음먹게 된다. 반면에 여자는 남자가 옆에서 칠면조 자르는 일을 도와 주면 그가 자상하고 다감하다고 느낀다.

여자가 자기 남편에게 전문가의 조언을 따르자고 제의하면 그는 불쾌감을 느낀다. 얼마 전에 어떤 부인이 내게 왜 자기 남편이 화를 내는 거냐고 물어 온 적이 있었다. 그녀의 말에 의하면 부부 관계를 갖기 전에 남편에게 '위대한 성의 비결'이라는 주제의 내 강연테이프를 한 번 상기해 보라고 부탁했다는 것이다. 그녀는 자신의 말이 그에게 얼마나 모욕적인 것이 될지 깨닫지 못했다. 비록 그 역시 그 테이프의 내용을 높이 평가하고 있던 터였지만 내가 시킨 대로 해보라는 말을 그녀로부터 듣고 싶지는 않았다. 그는 자기가 어떻게 해야 하는지를 알고 있으리라고 아내가 믿어 주기를 바랐다.

남자는 신뢰받기를 원하지만 여자는 관심을 원한다. "여보, 무슨 일이 있었어?"라고 걱정스러운 얼굴로 남자가 물어 주면, 여자는 그의 자상한 마음에 편안함을 느낀다. 그러나 여자가 걱정스러운 얼굴로 그렇게 물으면, 남자는 그녀가 자기를 신뢰하지 않는 것 같아 모욕감을 느낀다.

남자들은 공감과 동정을 잘 구별하지 못한다. 그들은 동정받는 것을 몹시 싫어한다. 여자가 "당신을 마음 아프게 해서 정말 미안해요."라고 말하면 남자는 "별일도 아닌 걸 가지고 뭘." 하면서 여자의 위로를 물리친다. 반면에 여자는 그에게서 그런 말을 듣는 걸 매우 좋아한다. 그녀는 그가 정말 자기에게 마음을 쓰고 있다고 느낀다. 그러므로 남자는 관심을 표현하는 방법을 배워야 하고 여자는 신뢰를 표현하는 방법을 배워야 한다.

남자들은 공감과 동정을 잘 구별하지 못한다. 그들은
동정받는 것을 몹시 싫어한다.

### 지나친 보살핌은 그를 숨막히게 한다

처음에 바니와 결혼했을 때 내가 주말 세미나에 참석하러 집을 나서기 전날 밤이면 바니는 내게 몇 시에 일어나야 하느냐고 묻곤 했다. 몇 시 비행기냐고 묻는 것도 잊지 않았다. 그리고는 비행기 출발까지 여유시간을 어림해 본 다음, 아침에 일어나서 서둘러야지 시간에 맞춰 나갈 수 있을 거라고 내게 주의를 주었다. 그럴 때마다 그녀는 자기가 나를 뒷바라지하고 있다고 생각했겠지만 내 기분은 그게 아니었다. 나는 성가시고 기분이 상했다. 나는 14년간 세계 각지를 여행하며 그 일을 해 왔지만 비행기를 놓친 적은 단 한 번도 없었다.

이튿날 아침이 되어 집을 나서려고 하면 그녀는 내게 줄줄이 질문을 퍼붓곤 했다. "비행기표 챙겼어요? 지갑은 갖고 가는 거예요? 돈은 충분히 있어요? 양말은 가방에 넣었어요? 어디에 묵을 건지 알아요?" 그녀는 나를 사랑해서 그러는 거였겠지만 나는 아내가 나를 믿지 못하는 것 같아 화가 났다. 결국 나는 아내에게 나를 생각해 주는 것은 고맙지만 이런 식으로 어린애 취급을 받는 건 사양하고 싶다고 내 생각을 밝혔다.

만일 어머니같이 나를 보살펴 주고 싶거든 무조건적으로 나를 믿어 주고 사랑해 달라고 했다. 그것이 바로 내가 원하는 보살핌이라고 했다. 나는 이렇게 말했다. "내가 설사 비행기를 놓치더라도 '내가 뭐랬어요? 그럴 거라고 했죠?'라고 내게 말하지 마오. 내 스스로 교훈을 깨닫고 적절히 맞춰 나갈 수 있을 거라고 믿어 주시오. 내가 칫솔이나 면도기를 깜빡 잊고 가져가지 않았어도 내가 알아서 해결하도록 내버려 둬요. 내가 전화를 걸었을 때 기다렸다는 듯이 그 얘기부터 꺼내지 말아 줘요." 내가 무엇을 원하는지 알게 된 그녀는 나를 돕기가 한결 쉬워진 것이다.

### 성공담

언젠가 한 번은 세미나 참석차 스웨덴으로 가는 길에 뉴욕에서 캘리포니아의 아내에게 전화를 해 집에 여권을 두고 왔음을 알렸다. 아내는 더할 나위 없이 훌륭하게 전화를 받았다. 칠칠찮다고 훈계를 늘어놓는 대신 웃으면서 이렇게 말했다. "어머나, 세상에 당신 별 경험을 다 하는군요. 어떻게 할 생각인가요?"

나는 스웨덴의 영사관으로 내 여권을 팩시밀리로 보내 달라고 아내에게 부탁했고 문제는 그것으로 해결되었다. 그녀는 무척이나 협조적이었다. 그리고 단 한 번도 내게 좀더 찬찬히 챙기라는 설교를 하지 않았다. 그리고 그녀는 내가 그 문제를 그렇게 명쾌하게 해결했다는 것을 자랑으로 여겼다.

## 조금씩 변화하기

어느 날 나는 아이들이 내게 무엇을 해달라고 부탁하면 언제나 "문제 없어."라고 말한다는 사실을 문득 깨달았다. 기꺼이 부탁을 들어 주겠다는 말을 나는 그런 식으로 해온 것이다. 하루는 내 의붓딸인 줄리가 이렇게 물었다. "아버지는 왜 항상 '문제 없어'라고 말씀하시는 거예요?" 그때는 사실 나도 그 이유를 몰랐다. 그것이 화성에서부터 깊이 뿌리박힌 습관들 가운데 하나라는 것을 나는 한참이 지나서야 깨달을 수 있었다. 이같은 새로운 인식을 갖게 되면서 나는 "기꺼이 그렇게 해줄게."라고 말하기 시작했다. 이는 내 마음을 보다 잘 표현하고 금성인 딸에게 훨씬 다정한 느낌을 주는 말임에 틀림없었다.

이 예화는 관계를 풍요롭게 하는 중요한 비법을 상징적으로 제시하고 있다. 작은 변화들은 자기 자신을 희생하지 않고서도 얼마든지 이룰 수 있다는 것이 바로 그것이다. 화성인과 금성인을 위한 성공의 열쇠가 여기에 있다. 그들은 둘 다 자신의 본래 모습을 저버리게 될까 봐 우려하지만 서로에게 조금씩 영향을 주어 작은 변화를 만들어 가는 데는 기꺼이 협력한다. 말씨의 몇 가지 간단한 변화만으로도 얼마나 관계가 향상될 수 있는지를 그들은 깨달았다.

여기서 중요한 문제는 관계를 풍요롭게 만들기 위해서는 바로 그런 작은 변화들이 필요하다는 것이다. 커다란 변화는 대개 어느 정도는 본성을 억압할 것을 요구한다.

동굴에 들어가면서 아내가 걱정하거나 불안해하지 않도록 안심시키는 것은, 남자가 자기 본성을 포기하지 않고 시도할 수 있는 작은 변화이다. 만일에 남자가 남녀간의 차이를 이해하지 못한다면 그는 자신의 돌연한 침묵이 여자에게 왜 그토록 걱정거리가 되는지 알지 못한다. 그러나 배우자를 안심시키기 위한 약간의 노력만으로도 이 상황은 얼마든지 개선될 수 있다.

한편 그가 동굴에 들어가는 것에 대해 여자가 몹시 못마땅해한다면 그는 그녀의 비위를 맞춰 주려고 동굴에 들어가는 일 자체를 아예 포기해 버릴는지도 모른다. 이것은 큰 잘못이다. 만일 그가 자신의 참된 본성을 희생하고 동굴에 들어가기를 포기한다면, 그는 신경이 극도로 예민해져 쉽게 흥분하거나 무력하고 수동적이고 방어적이고 때로는 비열한 사람이 될 수도 있다. 게다가 설상가상으로 그는 자기 기분이 왜 그렇게 불쾌한지 깨닫지 못하는 경우도 발생할 수 있다.

동굴에 들어가는 습관에 대해 여자가 못마땅해할 때 아예 그것을 포기하는 대신 작은 변화도 문제를 어느 정도 해결할 수 있다. 자신의 순수한 욕구를 부정하거나 남성적인 특성을 버릴 필요는 없다는 말이다.


## 금성인에게 어떻게 격려의 뜻을 전할 것인가

앞에서 말했듯이 남자가 동굴로 들어가기 전에, 즉 갑자기 입을 다물고 침묵을 지키게 되기 전에 그는 이렇게 말할 것이다. "이 문제에 대해 생각해 볼 시간이 필요하니까 이제부터 나한테 말 시키지 말아요." 자신의 말이 여자에게는 이렇게 들릴 수도 있다는 것을 그는 깨닫지 못한다. "나는 당신을 사랑하지 않아요. 당신 이야기 따위는 더 이상 듣고 싶지 않소. 나는 지금 떠나서 영영 돌아오지 않을 거요!" 이런 불필요한 오해를 줄이고 정확하게 의사를 전달하기 위해 그가 배워야 할 주문(呪文)이 있다. "내 곧 돌아올 거요."가 바로 그것이다.

"이 문제에 대해 생각할 시간이 좀 필요하오. 내 곧 돌아오리다."라거나, "혼자 있을 시간이 좀 필요하오. 내 곧 돌아올 거요."라고 말해 준 뒤 행동에 들어가면 여자는 그에게 무척 고마움을 느낀다. "내 곧 돌아올 거요."라는 간

화성에서 온 남자, 금성에서 온 여자
116

단한 말이 어떻게 그런 엄청난 상황의 차이를 가져올 수 있는지는 놀라운 일이다.

여자는 상대가 자기를 이렇게 안심시켜 준 데 대해 마음으로부터 고마워한다. 이것이 그녀에게 얼마나 중요한지 이해한다면 그녀를 안심시키는 이 작은 배려를 잊어버리지 않고 기억할 수 있을 것이다.

어렸을 때 아버지로부터 거절당했던 기억을 갖고 있거나 자기 어머니가 아버지로부터 외면당하며 살아 왔다면, 그녀는 버림받는 듯한 느낌에 대해 훨씬 더 예민한 반응을 보일 것이다. 어쨌든 그녀가 확신을 필요로 하는 것은 조금도 비난받을 일이 못 된다. 마찬가지로 동굴에 들어가고자 하는 남자들의 욕구 또한 비난받아서는 안 되는 것이다.

그녀가 확신을 필요로 하는 것은 조금도 비난받을 일이 못 된다.
마찬가지로 동굴에 들어가고자 하는 남자들의 욕구
또한 비난받아서는 안 되는 것이다.

과거에 상처받은 경험이 별로 없고, 남자들이 동굴에서 혼자만의 시간을 보내는 것을 이해하는 여자는 남자로부터 다짐받는 일에 그다지 조바심을 내지 않는다.

언젠가 세미나에서 내가 그런 얘기를 했더니 한 부인이 이렇게 물었다. "저는 남편이 입을 꾹 다물고 있으면 신경이 굉장히 곤두서요. 하지만 저는 어렸을 때 거부당하거나 버림받은 기억이 없고 저희 어머니도 아버지에게서 배신감을 느껴 본 적이 없으셨어요. 심지어 두 분은 이혼할 때조차 서로 다정하게 하셨죠."

그러더니 그녀는 갑자기 웃음을 터뜨렸다. 자기가 얼마나 바보였는지를 문득 깨달은 것이다. 그녀는 울기 시작했다. 그녀의 어머니는 당연히 버림받은 느낌으로 괴로워하셨을 테고 그건 자기도 마찬가지였던 것이다. 부모님은 결국 이혼을 하지 않으셨던가! 부모님이 그랬듯이 그녀도 그 고통을 한사코 인정하지 않으려 했던 것뿐이다.

이혼이 너무나도 흔한 시대이기에 남자가 여자에게 확신을 주는 자상한 마음을 갖는다는 것이 그만큼 더 중요해졌다. 남자든 여자든 서로를 위해 작은 변화를 기꺼이 시도해 보는 노력이 필요하다.


## 비난하지 않고 의사를 전달하려면

여자가 기분이 몹시 언짢아 보이거나 속상한 문제를 이야기해 올 때 남자들은 보통 그녀가 자기를 공격하고 있고 비난하고 있다는 느낌을 받게 된다. 남녀가 서로 다른 존재라는 인식이 부족한 그로서는 그녀가 단지 자기 감정을 모두 털어놓고 싶어서 그러는 것임을 쉽게 이해하지 못한다.

그는 그녀가 자기한테 그런 말을 하는 것은 자기에게 책임이 있고 비난받아 마땅하다는 생각을 갖고 있기 때문이라고 오해를 하게 된다. 그녀가 불평을 하면 그는 그것을 자기에 대한 불만으로 받아들인다. 금성인들은 속상한 일이 있으면 자기가 사랑하는 사람에게 그 마음을 털어놓고, 이해받고 싶어한다는 것을 대부분의 화성인들은 알지 못한다.

이러한 차이에 대한 인식과 실제 연습을 통해 여자들은 상대를 비난하는 것처럼 들리지 않게 감정을 표현하는 방법을 터득할 수 있다. 그녀가 자기 감정을 이야기할 때 그로 하여금 비난받고 있다는 느낌을 받지 않도록 하려면, 말을 얼마쯤 하다가 잠시 멈추고 그가 이야기를 들어 주고 있는 것에 고마운 마음을 전달해야 한다.

다음과 같이 얘기해 볼 수도 있다.

1 "이 문제에 대해 이야기할 수 있어서 정말 기뻐요."
2 "이 얘기를 하고 나니 마음이 한결 가벼워지네요."
3 "이 이야기를 할 수 있다는 게 얼마나 위로가 되는지 몰라요."
4 "이 모든 문제에 대해 하소연할 수 있어서 정말 다행이에요.. 이러고 나면 기분이 한결 밝아지거든요."

5 "전부 얘기하고 나니 기분이 좀 나아졌어요. 고마워요, 여보."

이 작은 변화로 세상이 달라질 수 있다.

이와 같은 맥락으로, 그녀가 자기 문제를 이야기하면서 그가 지금까지 자기를 위해 해주었던 일에 대해 감사를 표하는 것도 그에게는 큰 격려가 된다. 예를 들어 그녀가 자기 직장에 대한 불만을 이야기하고 있었다면, 그래도 집에 돌아와서 좋은 사람과 지낼 수 있다는 게 얼마나 다행인지 모르겠다고 이야기하는 것도 때로는 괜찮은 방법이다. 만일 집에 대해 투덜대고 있다면 지난번에 그가 망가진 울타리를 손보아 준 일을 칭찬할 수 있을 것이고, 경제적인 문제로 불만을 털어놓고 있다면 그가 정말 열심히 일하고 있어 너무나 고맙게 생각하고 있다고 말해 줄 수 있을 것이며, 부모 노릇 하기가 힘들다고 아이들에 대한 불만을 하소연하던 중이라면 그래도 그의 도움이 얼마나 힘이 되는지 모른다고 말할 수 있을 것이다.

### 책임 나누어 갖기

훌륭한 대화란 양쪽 모두의 참여를 필요로 한다. 남자는 여자가 어떤 문제에 대한 불만을 이야기하는 것이 반드시 비난을 의미하는 것은 아니며, 단지 이야기로써 자신의 좌절감을 풀어 버리려는 것일 수 있음을 기억하도록 노력해야 한다. 여자는 자기가 비록 불평을 늘어놓은 경우에라도 역시 그에 대한 고마움을 갖고 있다는 것을 밝힐 필요가 있다.

일례를 들어 내가 집필에 열중해 있을 때, 아내가 방으로 들어와 5장은 잘되어 가느냐고 물은 적이 있어 나는 이렇게 말했다.

"이제 거의 끝나 가. 그래, 당신의 하루는 어땠소?"

"어휴, 할 일이 태산 같아요. 당신과 내가 함께 보내는 시간이라곤 요만큼도 없군요."

예전의 나 같았으면 아내의 말을 비난으로 듣고 방어자세가 되어 우리가 함께 지낸 시간들을 들먹이며 반론을 펴는 한편 원고 마감 시간을 맞춰 주는 일이 얼마나 중요한지 아느냐고 말했을 게 분명하다. 그리고 이것으로 우리 둘 사이에는 팽팽한 긴장감이 돌기 시작했을 것이다.

그러나 이제 우리의 차이를 인식하게 되어 새롭게 태어난 나는, 그녀가 찾고 있는 것이 나의 변명이나 설명이 아니라 위로와 이해라는 것을 너무나 잘 알고 있었다. 내가 말했다.

"당신 말이 옳아요. 우리 요즘 너무 바빴던 것 같군. 자 이리 와서 내 무릎에 앉아 봐요. 당신을 한 번 안아 주고 싶어서 그래. 오늘은 정말 긴 하루였어."

그러자 아내는 이렇게 말했다.

"당신은 참 괜찮은 사람이에요."

유효적절한 이 찬사 한 마디는 나를 고무시켜 그녀에게 더 많은 것을 주고 싶은 마음이 생기게 했다. 바니는 자신의 하루 일과가 어떠했으며, 따라서 너무 피곤하다는 하소연을 조금 더 내게 늘어놓았다. 잠시 후 그녀가 말을 멈췄다. 나는 그녀가 좀 편안히 쉬고 저녁식사 전에 명상의 시간을 가질 수 있도록 아이를 돌봐 주는 사람을 두는 게 어떻겠느냐고 제의했다.

"그것 참 괜찮은 생각인데요. 정말 그래도 돼요? 고마워요, 여보!"

그녀는 또다시 나를 인정해 주고 칭찬해 줌으로써 나로 하여금 꽤 쓸만한 남편이라는 생각을 갖게 했다.

여자들은 그 정도는 당연히 남자들도 느끼고 있으리라고 짐작해 굳이 칭찬하는 일에 크게 관심을 두지 않는다. 그러나 그렇지가 않다. 여자가 문제를 하소연해 올 때 남자는 자기가 여전히 그녀로부터 사랑받고 인정받고 있다는 것을 확인받고 싶어한다.

남자들은 어떤 문제를 해결하는 데 자기가 조금도 도움을 주지 못하고 있다면 그로 인해 심한 좌절감을 느낀다. 여자는 그가 단지 이야기를 들어 주는 것만으로도 충분히 도움이 된다는 것을 그로 하여금 인식하게 할 필요가 있다.

여자가 자기 감정을 억눌러 삭이거나, 심지어 상대를 편하게 하기 위해 기분을 억지로 바꾸려 애쓰는 것은 바람직하지 못하다. 감정을 솔직히 표현하되 상대방이 질책당하거나 비난받고 있다는 느낌을 갖지 않도록 주의하면 된다. 몇 가지 작은 변화들이 큰 차이를 만들어 낼 수 있는 것이다.

## 용기를 주는 주문

남자에게 용기를 불어넣어 주는 마법의 주문은 다름아니라 "그건 당신 잘못이 아니에요."라는 말이다. 여자가 자신의 언짢은 심정을 이야기하면서 중간에 "내 얘기를 이렇게 들어 줘서 정말 고마워요. 내 말이 혹시라도 당신을 탓하는 것으로 들린다면 그건 본의가 아니에요. 당신 잘못이 아니에요."라고 명확히 짚어 준다면 남자는 사뭇 용기를 얻는다.

자기 배우자가 풀리지 않는 삶의 고충을 잔뜩 안고 살아간다고 하소연할 때 남자는 곧 실패자가 된 느낌에 사로잡힌다.

바로 며칠 전 누이동생이 내게 전화를 걸어 요즘 겪고 있는 어려움을 하소연했다. 나는 그 얘기를 들으면서 누이를 돕기 위해 내가 반드시 어떤 해결책을 제시해야 하는 건 아니라고 몇 번이고 속으로 되뇌었다. 그 아이는 누군가 이야기를 들어 줄 사람이 필요했을 것이다. "음, 오! 정말!" 등의 맞장구를 간간이 쳐 주며 이야기에 귀를 기울인 지 한 10분쯤 지났을까, 그애는 이렇게 말했다. "오빠, 정말 고마워. 기분이 한결 나아졌어."

그애가 나를 비난하고 있는 게 아님을 알았기에 나로서는 부담 없이 이야기를 들어 줄 수 있었다. 그애는 그때 누군가 다른 사람을 성토하고 있었으니까. 하지만 만일에 내 아내가 불행을 느낀다면 나는 그것을 곧 내 탓으로 받아들이게 되기 때문에 문제가 그리 간단하지가 않다. 이럴 때 특별한 말로 내게 고마움을 표시하고 나를 인정해 주는 아내의 배려로 나는 마음의 부담을 줄이고 한층 열심히 이야기를 들어 줄 수 있게 되는 것이다.

## 만일에 상대를 비난하고 싶다면

그의 탓이나 잘못이 아니라고 용기를 북돋워 줄 수 있는 것은 실제로 그녀가 그를 비난할 생각이 없을 경우에만 해당되는 말이다. 만일 그를 비난하려거든 그때는 그가 아닌 다른 사람과 마음을 나누는 것이 낫다. 자신의 부정적인 감정을 되돌아보고 조금은 차분한 마음으로 그와 이야기할 수 있게 될 때까지 기다릴 필요가 있다. 가까운 사람에게 자신의 불쾌한 기분을 털어놓아 적절한 이해와 위로를 얻게 되면 좀더 너그럽고 온화한 태도로 그를 대할 수 있게 된다. 제11장에서 복잡하고 괴로운 심정을 상대에게 전달하는 방법에 대해 자세히 논의해 볼 것이다.

### 비난하지 않고 들어주기

여자가 별뜻 없이 한 말을 남자는 자신에 대한 비난으로 듣고 발끈 화를 내는 경우가 왕왕 있다. 이는 두 사람 사이의 의사소통을 가로막는 걸림돌이 되며 그들의 관계에 심각한 해악을 끼친다.

여자가 이렇게 말한다고 가정해 보자.

"우리는 그저 매일 일뿐이에요. 즐거운 시간이라곤 요만큼도 갖지 못하고 있다구요. 당신은 너무 진지한 것 같아요."

남자는 상대가 자기를 비난하고 있다는 것을 쉽게 느낄 수 있을 것이고, 어떻게든 맞받아칠 궁리를 하게 될 것이다. 하지만 이렇게 말해 보면 어떻겠는가?

"내가 너무 진지하다는 말은 듣기가 거북하군. 우리가 좀더 즐거운 시간을 갖지 못하는 것이 모두 내 잘못이라는 건가?"

아니면 이렇게 말할 수도 있을 것이다.

"내가 그저 일만 아는 따분한 사람이라는 말은 섭섭한데. 당신은 그게 다 내 탓이라는 거요?"

만일 긍정적인 방향으로 대화를 이끌고자 한다면 상대에게 퇴로를 열어 줄 필요가 있다. 그럴 경우에는 이렇게 말하는 것이 좋다.

"당신은 우리가 일에 묻혀 지내는 시간이 많은 것이 모두 내 잘못이라고 생각하나 본데, 정말 그렇소?"

이런 식의 반응은 상대의 감정을 존중하면서 만일 비난이 본의 아닌 것이었다면 그것을 도로 거두어들일 수 있도록 기회를 주는 것이다. 그녀가 "아, 아니에요. 그게 모두 당신 탓이라고 생각하지는 않아요."라고 말하면 그는 아마 조금은 마음이 편안해질 것이다.

그리고 그녀에게도 자신의 언짢은 기분을 표할 권리가 있다는 것과, 일단 그렇게 속마음을 겉으로 드러내고 나면 그녀의 기분이 한결 나아질 것임을 명심하는 것도 그에게 적잖은 도움이 될 것이다. 그녀가 마음 속의 불만을 털어놓고 싶을 때 만일 과민반응을 보이지 않고 담담하게 이야기를 들어 줄 수 있다면, 그녀는 그의 그러한 태도를 실로 고맙게 생각할 것이다. 그리고 설사 그녀에게 상대를 비난할 뜻이 있었다고 해도 그의 태도가 그 마음을 돌려놓을 수 있다는 것을 깨닫게 되면서 비로소 그는 긴장을 풀 수 있을 것이다.

## 이야기 듣는 기술

남자가 여자의 이야기에 귀기울여 그녀의 감정을 정확하게 읽을 수 있게 되면 대화가 보다 용이해진다. 모든 기술이 다 그러하듯 이야기를 듣는 기술에도 연습이 필요하다. 그래서 나는 퇴근해서 집에 돌아오면 우선 아내부터 찾아 오늘 하루가 어땠는지 물어 봄으로써 이야기 듣는 실습을 하곤 한다.

만일 아내가 기분이 언짢아 보이거나 짜증나는 하루를 보냈노라고 하면 그 이야기를 듣는 순간 나는 그녀가 나를 탓하는 것 같은 느낌을 받을 것이다. 그녀의 말을 나에 대한 공격으로 받아들이지 않는 일, 그 뜻을 확대 해석하거나 곡해하지 않는 일은 내게 주어진 최고의 난제이다. 그럴 때 나는 우리가 사용하는 언어가 서로 같지 않음을 끊임없이 나 자신에게 상기시킴으로써 그 고비를 넘긴다. "그리고 다른 일은?" 나는 계속해서 그렇게 물음으로써 결국 아내의 기분을 상하게 만드는 일들이 그외에도 여럿 있음을 발견하게 된다. 그리고 그녀의 언짢은 기분이 전적으로 내 탓은 아니라는 것을 차츰 느끼게 된다. 얼마 후 그녀는 내가 진지하게 이야기를 들어 주고 있는 데 대해 고마움을 느끼게 되고, 그렇게 되면 설령 그녀의 언짢은 기분이 어느 정도는 내 탓이었다고 해도 그녀가 나를 대하는 태도는 퍽 부드럽고 관대해지게 마련이다.

그러나 이야기를 들어 준다는 것이 규칙적으로 연습해야 할 중요한 기술임에도 불구하고, 남자도 때로는 너무 피곤하거나 신경이 예민해져서 상대가 한 말의 속뜻을 헤아리기가 어려운 경우도 있다. 그럴 때는 아예 이야기를 듣지 않는 편이 낫다. 대신 부드러운 어조로 이렇게 말하라. "지금은 별로 내키지 않으니 우리 나중에 이야기하도록 합시다."

어떤 경우에는 그녀가 이야기를 시작하고 나서야 비로소 자기가 어떤 상태인지를 문득 깨닫게 되는 수도 있다. 그가 기분이 너무 저조해서 도저히 이야기에 귀를 기울일 수 있는 상태가 아니라면, 억지로 이야기를 듣는 일은 그를 점점 더 짜증스럽게 만들 뿐이다. 그건 그에게나 그녀에게 아무런 도움이 되지 않는다. 그럴 경우엔 차라리 정중하게 양해를 구하라. "나는 정말 당신 이야기를 듣고 싶지만 지금은 별로 좋은 때가 아닌 것 같소. 당신이 방금 한 말에 대해 생각해 볼 시간도 좀 필요하고."

바니와 내가 서로의 차이를 존중하고 서로의 욕구를 이해하는 방향으로 대화를 나누는 방법을 터득하면서 우리의 결혼 생활은 무척이나 순조로워졌다. 그리고 세미나에 참석했던 각 개인과 부부들에게서도 이같은 변화를 얼마든지 발견할 수 있었다. 사람들의 내면적 차이에 대한 이해와 존중이 바탕을 이룰 때 인간 관계는 눈부시게 발전한다.

오해가 생기려고 하면, 남녀는 서로 다른 언어로 이야기한다는 사실을 상기하라. 그리고 상대가 무슨 말을 하고자 하며, 그 의미가 진정 무엇인지 시간을 가지고 생각해 보라. 이 일에는 분명 시간과 노력이 필요하지만 그럴 만한 가치가 충분히 있다.

# 6 남자란 고무줄 같은 것

남자들이란 흡사 고무줄과도 같다. 그들은 도로 잡아
당겨질 때까지는 최대한 멀어지려는 특성이 있다. 고
무줄은 남자들의 친밀감 주기(週期)를 이해하는 데
도움이 되는 그야말로 완벽한 비유이다. 이 순환 주기
에는 가까워졌다가 멀어지고, 다시 가까워지는 일련
의 과정이 포함된다.

　남자는 한 여자를 사랑하고 있는 경우에라도 때로
그녀로부터 멀어지고자 하는 욕구를 느끼는데, 이것
은 여자들에게 있어 무척 당혹스러운 일이다. 남자들
의 이러한 충동은 본능적인 것일 뿐 인위적인 결단이
나 선택에 의한 행동이 아니다. 그냥 저절로 일어나는
일이다. 그의 탓도 아니고 여자 쪽에 잘못이 있는 것
도 아니다.

　　　　　　　　　　〜

　　남자는 한 여자를 사랑하고 있는 경우에라도 때로 그녀로부터
　　　　　　멀어지고자 하는 욕구를 느낀다.

여자들은 자신의 행동에 비추어 상대의 그같은 행동을 자칫 곡해하기 쉽다. 여자가 상대로부터 멀어지는 데는 그럴 만한 이유가 있기 때문이다. 그녀들은 상대가 자기를 이해하지 못한다든가 전에 상처받은 경험이 있어서 또다시 상처받게 될까 봐 두려워하는 경우, 아니면 상대가 자기를 실망시켰거나 무슨 잘못을 저질렀을 때 그를 멀리하고 싶어진다.

이같은 이유는 물론 남자들에게 있어서도 똑같이 적용될 수 있는 것이겠지만, 문제는 상대방에게 아무런 문제가 없더라도 남자는 그런 충동을 느낀다는 데 있다. 한 여자를 믿고 사랑하던 남자가 어느 날 갑자기 그녀로부터 멀어지기 시작하는 것이다. 팽팽히 당겨진 고무줄처럼 최대한 멀어졌다가 그는 스스로 다시 돌아온다.

남자들의 이러한 행동은 독립과 자율에 대한 욕구를 충족시키기 위한 것이다. 그러나 상대로부터 충분한 거리까지 떨어지고 나면 그는 불현듯 사랑과 친밀감을 느끼게 된다. 도로 제 자리로 돌아올 때 그는 멀어지기 이전의 친밀감을 자연스럽게 회복한다. 그는 예전의 관계로 돌아가기 위한 시간 따위는 필요하지 않다고 느낀다.


## 여자들이 알아 두어야 할 남자의 속성

남자들의 속성을 이해하면 이러한 친밀감 주기가 관계 발전에 도움이 되지만, 그렇지 못할 때는 불필요한 문제를 야기시킨다. 하나의 예를 살펴보자.

매기는 슬픔과 불안, 그리고 혼란스러움에 빠져 있었다. 그녀와 그녀의 남자친구 제프는 6개월간 교제를 해온 사이였다. 모든 것이 너무나 로맨틱했다. 그런데 뚜렷한 이유도 없이 제프가 감정적으로 멀게 느껴지기 시작했다. 매기는 그가 왜 갑자기 그렇게 나오는지 이해할 수가 없었다. 그녀가 내게 말했다. "한때는 그렇게 다정하더니 어느 순간 저와 말도 하지 않으려고 하더군요. 그의 마음을 돌려 보려고 애써 봤지만 상황은 점점 더 나빠질 뿐이었어요. 그는 아주 멀리 있는 사람 같아요. 저는 제가 무얼 잘못했는지 모르겠어요. 제가 그렇게 보기 흉한가요?"

제프가 저만치 멀어져 가는 것을 매기는 자기 탓으로 여겼다. 그럴 경우 대부분의 여자들이 그같은 반응을 보일 것이다. 그녀는 자기한테 무슨 문제가 있었을 거라고 생각하며 괴로워했다. 그녀는 다시 예전으로 돌아가고 싶었지만, 그에게 가까이 다가가려고 하면 할수록 그는 점점 더 멀어져 갔다.

내 세미나에 참여하게 되면서 매기는 마음을 편히 가질 수 있었다. 불안하고 혼란스러운 마음이 말끔히 걷힌 것이다. 무엇보다 중요한 것은 그녀가 자책감으로 괴로워하지 않게 된 것이다. 그녀는 제프가 멀어져 간 것이 자기 탓이 아님을 깨달았다. 그가 왜 그런 행동을 했으며, 그럴 때 자기는 어떻게 대처해야 하는지도 알게 되었다. 몇 달 후 제프는 내게 고마움을 표했다. 두 사람이 결혼하기로 했노라는 말을 전하면서.

매기는 제프가 감정적으로 거리를 두려고 할 때 자꾸만 그에게 다가가는 것은 그로 하여금 원하는 거리만큼 가지 못하게 하는 것이며, 결과적으로 그가 다시 돌아오는 것을 방해하는 일임을 깨달았다. 그의 뒤를 졸졸 따라다님으로써 그녀는 그의 마음 속에 그리움과 갈망이 싹틀 여지를 주지 않은 것이다. 그녀는 비단 제프와의 관계뿐만 아니라 모든 인간 관계에서 자신이 그런 식의 행동양식을 보여 왔다는 것을 깨달았다. 그것은 친밀감의 순환 주기에 자기도 모르게 장애물을 놓은 것이었고, 친해지려고 애쓰다가 오히려 더 멀어지게 만드는 것이었다.

### 어떻게 남자들은 갑자기 변화하는가

만일 상대로부터 어느 정도 멀어질 기회를 얻지 못한다면 그는 상대에게 가까이 다가가고 싶은 강렬한 욕구 또한 느끼지 못한다. 여자가 한사코 늘 똑같은 수준의 친밀감을 고집하거나 거리를 두고자 하는 상대의 욕구를 무시하고 자꾸만 그에게 따라붙는다면, 그는 언제까지나 그녀로부터 도망치고 싶어한다는 것을 여자들은 잊지 말아야 한다.

세미나에서 나는 고무줄을 들고 실험을 해 보이면서 이같은 원리를 설명하곤 한다. 여기 고무줄이 하나 있다고 가정해 보자. 이제 그 고무줄을 오른쪽으로 잡아당겨 보자. 최고 12인치까지 늘어날 수 있는 고무줄이라고 할 때 만일 고무줄의 길이가 12인치가 되었다면 더 이상 늘어날 수는 없으며 다시 오므라들 수밖에 없다. 그리고 다시 수축될 때 고무줄은 상당한 힘과 탄력을 보인다.

이와 마찬가지로 남자들 또한 충분히 멀어졌다가는 상당한 힘과 탄력으로 다시 되돌아온다. 일단 최대한의 거리까지 잡아당겨졌던 남자는 변화를 보이기 시작한다. 그의 전체적인 태도가 달라지기 시작한다. 상대에게 별로 관심과 애정을 보이지 않던 남자가 (멀어져 있는 동안) 갑자기 그녀 없이는 못살 것처럼 행동한다. 이제 다시 친밀감에의 욕구를 느끼고 있는 것이다. 사랑하고 사랑받고 싶다는 갈망이 되살아나고 활력이 다시금 솟구친다.

남자의 이러한 태도 변화는 여자들에게 당혹감을 안겨 주는 게 보통이다. 그녀들은 감정적으로 누군가와 멀어졌다가 다시 가까워지는 데는 어느 정도 시간이 필요하기 때문이다. 이런 점에 있어 남녀가 서로 다르다는 것을 이해하지 못하면, 여자들은 친밀감에 대한 그의 느닷없는 욕구를 불신한 나머지 그를 밀어내려 할 수도 있다.

남자들 역시 이같은 차이를 이해할 필요가 있다. 멀어졌다가 제 자리로 돌아온 남자에게 여자가 다시금 마음을 열기까지는 시간이 필요하고 관계 회복을 위한 대화가 필요하다. 여자가 예전만큼의 친밀감을 되찾으려면 시간이 걸린다는 것, 특히 그의 행동으로 인해 마음에 상처를 받았을 경우는 더더욱 그렇다는 것을 이해한다면 그러한 변화과정을 부드럽게 넘길 수 있을 것이다. 상대의 기질적 특성에 대한 이해가 없다면 감정적으로 다소 멀리 떠났다가도 언제 그랬냐는 듯 태연히 되돌아올 수 있는 남자들이 볼 때 그렇지 못한 여자들을 답답하게 여길지도 모른다.

## 멀어지는 남자

친밀감에의 욕구가 어느 정도 채워지고 나면 남자들은 자율과 독립을 갈망하기 시작한다. 자연히 그는 감정적으로 멀어지게 되고, 이러한 변화는 여자를 혼란

속으로 몰아 넣는다. 얼마만큼의 거리를 둠으로써 자율에 대한 욕구가 충족되면 그는 또다시 친밀한 관계를 그리워하게 된다는 것을 그녀는 알지 못한다. 남자들에게 있어 친밀감과 자율성에 대한 욕구는 번갈아 일어난다.

남자들에게 있어 친밀감과 자율성에 대한 욕구는
번갈아 일어난다.

예를 들어 매기와 제프가 처음 만나 서로를 알기 시작할 무렵, 제프는 그때 무척이나 열렬했고 욕망이 넘쳤다. 그의 고무줄이 한껏 팽팽하게 당겨진 상태였다. 그는 매기에게 기쁨과 만족과 감동을 안겨 주고 싶어했고 조금이라도 더 가까이 있고 싶어했다. 그의 진심을 통해 매기 역시 그와 함께 있고 싶어졌고, 그녀가 마음을 열자 그는 점점 더 가까운 사람이 되었다. 제프는 무척 황홀했다. 그러나 오래지 않아 어떤 변화가 일어났다. 고무줄은 느슨해지고 그 팽팽한 힘은 온데간데없어졌다. 거기에는 어떤 움직임도 없었다. 어느 정도 친밀감이 확보된 후, 상대에게 더 가까이 다가가고 싶은 남자의 욕구는 마치 고무줄처럼 탄력을 잃어버렸다.

설령 매기와의 관계가 그에게 만족을 안겨 주는 것이었다고 해도 이 변화에의 내밀한 욕구는 필연적인 것이다. 그는 상대로부터 조금 떨어져 있고 싶은 충동에 휩싸이기 시작했다. 독립에 대한 갈증, 혼자 있고 싶은 갈망이 그를 사로잡게 된 것이다. 이러한 변화는 그가 상대에 대한 자신의 예속성을 감지한 결과일 수도 있다. 그리고 그는 자신의 이러한 변화에 대해 전혀 의식하지 못하는 수도 있다.

### 왜 여자들이 당황하는가

제프가 아무런 설명 없이 돌연히 자기에게서 멀어져 가면 매기는 어쩔 줄 모르게 된다. 그녀는 불안한 심정으로 더욱 그에게 매달린다. 그리고 자기한테 뭔가 문제가 있어서 그로 하여금 등을 돌리게 만든 것이라고 생각하고, 그가 다시 돌아오지 않을까 봐 두려워한다.

게다가 자기가 무얼 잘못해서 그가 멀어진 것인지도 모르는 그녀로서는 어떻게 해야 그가 돌아오게 할 수 있는지 알 길이 없어 한없는 무력감을 느낀다. 만일 그에게 그 연유를 물으면 그 역시 명확한 해답을 갖고 있지 못하므로 그 문제에 대해 이야기하기를 거부한다. 오히려 그는 그녀를 더 멀리할 뿐이다.

## 왜 사랑을 의심하게 되는가

이러한 주기를 이해하지 못하면 그들은 자신의 사랑을 의심하게 될 수밖에 없다. 자기가 제프의 열정을 아예 봉쇄해 버리고 있다는 것을 깨닫지 못하는 매기는 제프가 자기를 사랑하지 않는 거라고 쉽사리 단정짓는다. 또 자기가 원하는 거리만큼 떨어져 있어 보지 못한 제프는 가까이 있고 싶은 욕망과 열정을 잃어버리고는, 더 이상 매기를 사랑하지 않는 것 같다는 생각을 하게 된다.

제프에게 그가 원하는 거리, '간격'을 가질 수 있게 해주면서 매기는 그가 정말 다시 돌아온다는 것을 확인하게 되었다. 그녀는 제프를 바싹 쫓아다니지 않으려 노력했고, 모든 것이 다 잘 되리라 믿고 마음을 느긋하게 가졌다. 아닌 게아니라 제프는 그녀에게로 다시 돌아왔다.

이러한 과정에 조금씩 익숙해지고 믿음이 생겨나게 되자 매기는 제프의 변화에 당황하지 않고 여유 있게 행동할 수 있었다. 이제는 제프가 자기에게서 멀어져도 무엇이 잘못된 게 아닌가 하는 생각을 하지 않았고 제프의 그런 상태를 있는 그대로 받아들였다. 그녀가 제프를 편하게 대하고 그를 이해하게 되면서, 그가 매기에게로 돌아오는 데 걸리는 시간은 갈수록 단축되었다.

제프 역시 자신의 감정과 욕구의 변화를 인식하기 시작한 후 자신의 사랑에 대해 확신할 수 있었다. 그는 비로소 자기 입장을 분명히 할 수 있게 되었다. 매기와 제프의 성공담은 남자에게 고무줄과 같은 속성이 있음을 그 두 사람이 이해할 수 있었던 데서 얻어진 결과였다.

## 여자들은 남자들을 어떻게 오해하는가

만일 남자들에게 고무줄 같은 속성이 있다는 것을 이해하지 못하면 여자는 남자가 보이는 반응에 대해 오해를 하기가 십상이다. 여자가 "이야기 좀 해요." 라고 했을 때 그가 감정적으로 거리감을 두려는 눈치면 그녀는 혼란에 휩싸이게 된다. 그녀는 마음을 터놓고 가까이 다가가고 싶은데 그는 그녀로부터 떨어져 있기를 원하기 때문이다. 여자들이 종종 호소해 오는 불만은 이런 것이다. "내가 대화를 원할 때마다 그는 저만큼 멀어져 가요. 그럴 땐 그가 내게 관심조차 없는 게 아닌가 하는 생각이 들어요." 그녀는 그가 애당초 대화를 할 마음이 없다는 그릇된 결론에 도달하게 된다.

이 고무줄 이론은 남자들이 자기 파트너를 좋아하면서도 얼마든지 그런 반응을 보일 수 있음을 분명히 해준다. 그가 감정적으로 약간의 거리를 원한다는 것이 곧 그녀와 말도 하고 싶지 않다는 뜻은 아니다. 단지 그는 누군가 다른 사람에 대한 의무감에서 잠시 놓여나 자기 자신을 돌아볼 수 있는 혼자만의 시간을 필요로 하고 있는 것뿐이다. 그 욕구가 충족되면 그는 곧 다시 돌아와 얼마든지 대화에 응할 자세가 된다.

사실 남자들은 이성 파트너와의 관계 속에서 자기 자신을 어느 정도 잃어버리게 된다. 그녀의 욕구와 그녀의 감정, 그녀의 욕망과 고민 등을 함께 느끼면서 정작 그의 자아의식은 희미해져 갈 수 있다. 상대로부터 잠시 거리를 두고 떨어져 있음으로써, 그는 자기만의 영역을 재확립하고 자율에 대한 욕구를 충족시킬 수 있는 것이다.

꿍

남자들은 이성 파트너와의 관계 속에서 자기자신을
어느 정도 잃어버리게 된다.

배고픔이 우리의 의식적인 결정에 의해 찾아오는 것이 아니듯 남자들의 그 같은 욕구도 그들이 원한 것은 아니다. 그것은 본능적인 충동일 뿐이다. 남자가 상대에게 너무 밀착해 버린 나머지 자기 자신을 상실하게 되면 자율성에의 욕구가 되살아나 그로 하여금 거리를 두도록 하는 것이다.

*여자가 가까이 다가올 때 왜 남자는 멀어지고자 하는가*

여자들은 어쩌다가 자기가 대화를 좀 하자고 하거나 그와 친밀한 시간을 갖고 싶어질 때면 그가 꼭 그런 반응을 보인다고 생각한다. 거기에는 두 가지 이유가 있을 수 있다.

1 남자가 멀어지고 있음을 육감으로 느낀 여자가 자신들의 친밀한 관계를 확고히 하기 위해 그 순간을 놓치지 않고 대화를 제의할 수도 있다. 그가 계속해서 거리를 고집하면 그녀는 그가 대화를 원치 않으며 자기를 사랑하지 않는 거라고 성급한 결론을 내린다.

2 여자가 가슴을 열고 보다 깊숙한 친밀감을 표시해 오면 그것이 남자를 부담스럽게 해 멀리 떨어져 있고 싶은 욕구를 촉발시킬 수도 있다. 남자에게 있어서 친밀감은 자아의식의 균형을 찾아야 할 시간임을 알리는 경종이 울리기 전까지는 유용하다. 친밀감이 절정에 다다른 순간 남자는 자기도 모르게 불현듯 자율에 대한 욕구를 느끼게 된다.

자신의 어떤 말이나 행동이 남자를 떠나게 만드는 경우도 종종 있기에, 남자가 멀어져 갈 때 여자는 몹시 당황하게 된다. 일반적으로 여자가 어떤 문제에 대해 열의를 갖고 감동적으로 이야기해 오면 남자들은 그녀로부터 거리를 두고 싶은 충동을 느끼기 시작한다. 이것은 그녀의 적나라한 감정이 그를 더욱 가까이 끌어당기고 친밀감을 깊게 하기 때문이며, 상대와 지나치게 밀착되었다고 느껴지면 남자는 자동적으로 뒤로 물러나게 되기 때문이다.

이는 그가 그녀의 감정 따위에 귀를 기울이고 싶지 않아서가 아니다. 그가 친밀감에의 갈망을 느낄 때면, 그의 이탈을 촉발시켰던 바로 그 감정이 이번에는 그를 더욱 가까이 끌어당기는 수도 있다. 그러므로 그의 행동을 촉발시키는 것은 그녀가 말을 하는 '내용'이 아니라 그 말을 하는 '시기'인 것이다.


## 언제 대화할 것인가

남자가 감정적으로 거리를 두고자 할 때는 대화를 하거나 친밀감을 보이려 애쓰지 않는 것이 좋다. 그를 그냥 내버려 두라. 어느 정도 시간이 흐르면 그는 돌아올 것이다. 그는 자상하고 사랑이 넘치는 사람이 되어 언제 그랬느냐는 얼굴로 돌아온다. 이때가 바로 대화하기에 알맞은 시간이다.

남자가 친밀감을 느끼고 싶어하고 대화에 응할 자세가 되어 있는 이 황금 같은 시간에, 여자들은 막상 대화를 시작하지 못하는 경우가 많다. 그 이유는 대략 세 가지로 나누어 볼 수 있다.

1  지난번 그녀가 대화를 하고 싶어했을 때 그가 보였던 냉담한 반응이 그녀로 하여금 대화에 대한 두려움을 갖게 하는 경우이다. 그녀는 그가 자기 이야기에 관심이 없고 듣고 싶어하지 않을 것이라고 잘못 생각한다.

2  그가 자기 때문에 기분이 상한 것이 아닐까 지레 짐작하고는 그가 먼저 말문을 열어 자기 기분이 왜 그런지 이야기하기를 기다리는 경우도 있을 수 있다. 만일 자기가 그에게서 갑자기 멀어져야 했다면 그 소원했던 사이를 원래대로 되돌리기에 앞서 대화할 필요를 느꼈을 터이기 때문이다. 그녀는 그가 먼저 말문을 열어 무엇 때문에 기분이 상했는지 이야기해 주기를 기다린다. 그러나 그는 기분이 상했던 것이 아니므로 굳이 이야기할 필요를 느끼지 않는다.

3  자기는 할 말이 너무 많지만 예의를 차린답시고 먼저 얘기를 시작하지 않는 경우도 있을 것이다. 그녀는 자기 기분과 생각을 이야기하는 대신 그의 감정과 생각에 대해 묻는 우를 범한다. 그가 아무 할 말이 없다고

하면 그녀는 그가 대화를 원치 않는 거라고 단정짓는다.

남자가 말을 하지 않는 이유에 대해 이같은 오해가 있는 이상 여자가 남자에 대해 좌절감을 느끼는 것은 너무나 당연한 일이다.

## 어떻게 대화를 이끌어 낼 것인가

여자가 남자와 대화를 하려 하거나 그와 가까워지고 싶다면 그가 먼저 말을 걸어 오기를 기대하지 말고 자기 쪽에서 먼저 대화를 열 수 있어야 한다. 대화를 시작하기 위해서는 설령 상대방이 별로 할 말이 없더라도 일단 분위기를 조성해 나가면서 그에게 역할을 줄 필요가 있다. 그녀가 이야기를 경청해 주는 상대의 역할을 인정해 주고 고맙게 여기는 사이에 그는 할 말이 조금씩 생겨날 수 있다.

남자도 여자와의 대화에 상당히 허심탄회한 마음으로 임할 수 있지만 그들은 처음엔 아무 할 말이 없는 것처럼 보인다. 여자들이 화성인에 대해 반드시 알아 두어야 할 사실은, 그들은 대화를 하는 데 있어 반드시 동기를 필요로 한다는 것이다. 그들은 나눔 그 자체를 위해 이야기하지는 않는다. 하지만 여자가 어느 정도 대화를 이끌어 나가다 보면 그는 조금씩 마음을 열고, 그녀가 한 말 중에 자기와 관련된 내용에 대해 이야기하기 시작할 것이다.

예를 들어 만일 그녀가 하루 동안 있었던 어려운 일들에 대해 이야기할 때 그 역시 자기가 겪은 어려움을 함께 나눔으로써, 두 사람 사이에 서로에 대한 이해가 생겨날 수 있다. 또 그녀가 아이들 문제를 의논해 오면 그는 아이들에 대한 자기 생각을 말할 수 있을 것이다. 그에게 대화에 대한 압력을 가하거나 비난하지 않으면서 그녀 쪽에서 먼저 마음을 열고 대화를 시작하면, 그는 그때 비로소 조금씩 마음을 열고 대화에 참여하게 되는 것이다.

자기 생각을 이야기하는 여자는 자연히 남자를 대화로 유도하게 된다. 그러나 대화가 강요되는 듯한 느낌이면 그는 아무 생각이 없어진다. 할 말이 전혀 떠오르지 않는 것이다. 설령 무엇인가 할 말이 있었더라도 대화가 강요되는 상황은 그로 하여금 거부감을 갖게 한다.

여자가 남자에게 말을 하라고 요구하면 그는 말을 하기가 어려워진다. 심문을 하는 듯한 그녀의 태도는 그를 외면하게 만든다. 그가 이야기할 필요성을 느끼지 않을 때는 더욱 그렇다. 여자는 남자가 '이야기할 필요가 있고' 따라서 '해야만 한다'고 자기 뜻대로 단정짓는다. 그가 화성에서 온 사람이며 화성인들은 이야기해야 할 필요성을 그다지 느끼지 않는다는 사실을 그녀는 잊고 있는 것이다.

여자는 남자가 이야기하지 않으면 심지어 그가 자기를 사랑하지 않는 것 같다는 느낌을 받는다. 말을 하지 않는다는 이유로 남자를 압박하면 그는 점점 더 할 말을 잃어 간다. 그는 있는 그대로의 자기 모습을 인정받고 싶어한다. 여자가 혼자만의 시간을 갖고자 하는 그를 원망하거나 좀더 많은 말을 하도록 강요할 때 그는 인정받고 있다는 느낌을 갖지 못한다. 일단 그가 이야기를 들어 주고 있다는 사실을 인정하고 고맙게 여기면, 그는 조금씩 마음을 열고 얘기를 시작할 것이다.

### 남자와의 대화를 어떻게 시작할 것인가

남자에게 억지로 많은 말을 시키면 시킬수록 그는 반발심만 갖게 된다. 특히 그가 회피하려는 듯한 태도를 보일 때 자꾸만 말을 시키려고 애쓰는 것은 좋은 방법이 못 된다. 그러므로 어떻게 하면 그에게 말을 하도록 할 것인가를 궁리하기보다는, 자기 파트너와 보다 원활한 의사소통을 하고 보다 친숙한 관계로 나아갈 수 있는 방법이 무엇인지 생각해 보아야 할 것이다.

만일에 여자가 관계 속에서 보다 많은 대화의 필요성을 느낀다면, 대부분의 여자들이 그렇게 하듯 자기 쪽에서 먼저 대화의 양을 늘려 볼 수도 있을 것이다. 그러나 거기에는, 남자가 대화에 즐거이 응할 때도 있지만 가끔은 왠지 모르게 회피하고 싶을 때가 있다는 것을 이해하고 받아들이는 성숙한 인식이 꼭 수반되어야 한다.

그가 기꺼이 대화에 응할 자세가 되었을 때도 20가지 질문을 한꺼번에 퍼붓거나 말을 해보라고 요구할 것이 아니라, 우선 이야기를 들어 주려는 그를 고맙게 생각하고 있다는 뜻을 그에게 전하는 것이 좋다. 처음부터 그를 질리게 하면 그를 대화로 이끌어 내지 못할지도 모른다.

실례로 매기는 이렇게 말할 수 있을 것이다.

"제프, 내 얘기 잠깐만 들어 볼래요? 오늘은 정말 내게 힘겨운 하루였어요. 오늘 있었던 일에 대해 이야기하고 싶어요. 그럼 기분이 한결 나아질 것 같거든요."

그녀는 이야기하다가 잠시 말을 멈추고 이렇게 말할 수 있으리라.

"당신이 내 얘기에 귀를 기울여 줘서 얼마나 고마운지 몰라요. 그건 내게 큰 의미를 지녀요."

이러한 칭찬은 더 열심히 이야기를 듣도록 그를 고무시킨다. 이러한 표현을 아끼면 남자는 이야기를 들어 주는 것만으로 무슨 도움이 될까 싶어 흥미를 잃어버리게 된다. 그는 이야기를 들어 주는 것이 그녀에게 얼마나 보탬이 되는지 알지 못한다. 반면에 여자들은 이야기를 들어 주는 일의 가치를 본능적으로 알고 있다. 그러므로 남자가 아무런 훈련 없이 처음부터 그같은 사실을 알고 있기를 기대하는 것은 그가 여자가 되기를 바라는 것과 조금도 다를 바 없다. 다행히 이야기를 들어 주는 행위에 대해 칭찬을 받고 나면 남자는 대화의 중요성을 차츰 인식하게 된다.


## 남자가 말을 하지 않으려 할 때

산드라와 래리는 결혼한 지 20년이 된 부부다. 산드라는 이혼을 원했고 래리는

남자란 고무줄 같은 것

어떻게든 파경을 막고자 했다.

산드라가 말했다.

"어떻게 그런 말을 하는지 모르겠어요. 그 사람은 나를 사랑하지 않아요. 도대체 감정이라곤 없는 사람이죠. 내가 이야기를 좀 하자고 하면 그는 저리 도 망가 버려요. 냉정하고 쌀쌀맞기가 이를 데 없고 20년이 넘도록 자기 속마음을 털어놓은 적이 없어요. 난 용서하지 않을 거예요. 이 결혼 생활에 요만큼도 미 련이 없어요. 그 사람의 가슴을 열고 마음을 나누려고 애쓰는 일에 나는 이제 지쳤어요."

산드라는 일이 이렇게 된 데는 자기에게도 일단의 책임이 있다는 것을 알지 못했다. 모두가 남편의 잘못이라고 생각했다. 자기는 남편과 대화를 해 그의 마 음을 알고 친밀감을 가져 보려고 갖은 노력을 했지만, 그는 20년 동안 줄곧 그 녀를 거부해 왔다는 것이다.

세미나에 참여해 남자와 고무줄에 대한 이야기를 듣고 산드라는 갑자기 울 음을 터뜨렸다. 그녀는 '그의' 문제가 곧 '자신들의' 문제임을 깨달았고, 자기 에게도 잘못이 있었다는 것을 깨달았다.

산드라는 이렇게 말했다.

"우리가 결혼을 한 첫해였어요. 저는 가슴을 열고 제 감정을 그에게 전하려 했는데 그럴 때마다 그는 피하기만 했죠. 저는 그가 저를 사랑하지 않는 거라고 생각했어요. 그런 일이 몇 번 반복되자 저는 포기해 버렸던 거예요. 또다시 마 음에 상처를 받기가 싫었거든요. 그가 제 이야기에 귀를 기울일 수 있는 때도 있다는 것을 저는 몰랐고, 그 후 그에게 기회를 주지 않았어요. 그리고는 저 스 스로 마음을 닫아 버렸어요. 저는 마음에 빗장을 굳게 걸어 놓고 그쪽에서 먼저 마음을 열기를 바랐던 거예요."


## 일방적인 대화

산드라가 해 왔던 대화는 거의 일방적인 것이었다. 그녀는 질문을 잇따라 던져 그가 먼저 말을 하게끔 만들려고 애를 쓰곤 했었다. 그러면 그녀는 정작 자기가 하려고 마음먹었던 말을 꺼내기도 전에 그의 짤막한 대꾸에 기분이 상하게 되었다. 그래서 결국 그녀가 하게 되는 말은 늘 똑같았다. 그녀는 그가 마음을 털어놓지 않고 사랑할 줄도 모르고 감정을 함께 나누려 하지 않는다는 데 화를 내는 것으로 대화를 끝맺게 되었다.

일방적인 대화는 대체로 이렇게 진행된다.

산드라   당신 오늘 어땠어요?
래리      좋았어.
산드라   무슨 일이 있었어요?
래리      늘 똑같지 뭐.
산드라   이번 주말에 당신은 뭘 했으면 좋겠어요?
래리      난 아무래도 좋아. 당신은 뭘 하고 싶은데?
산드라   친구들을 집으로 초대하면 어때요?
래리      모르겠어…… 텔레비전 프로그램 예정표 어디 있는지 못 봤소?
산드라   (기분이 언짢아져서) 당신은 왜 나와 이야기를 안 하려는 거예요?
래리      (당황한 나머지 잠자코 있는다.)
산드라   당신 나를 사랑해요?
래리      물론 당신을 사랑하오. 그러니까 당신하고 결혼한 거고.
산드라   어떻게 나를 사랑한다고 말할 수가 있어요? 우리 사이에는 전혀
          대화가 없어요. 당신은 거기 그러고 앉아서 내게 한 마디도 말을
          걸지 않잖아요? 이젠 나에게 아무 관심도 없나요?

이쯤 됐을 때 래리는 자리에서 일어나 바람을 쐬러 바깥으로 나가 버리곤 했었다. 그리고 그는 마치 아무 일도 없었다는 듯 집으로 돌아왔다. 산드라 역시 별일 아닌 듯 태연하게 행동하곤 했지만 그녀의 가슴 속에서는 따뜻함과 애정이 조금씩 식어 갔다. 겉으로는 사랑을 가장했어도 속으로는 원망이 쌓여 갔다. 때로는 그 원망이 부글부글 끓어 넘쳐 남편을 일방적으로 닦달하기도 했다.

남자란 고무줄 같은 것

20년간 그렇게 살아 오면서 산드라는 남편이 자기를 사랑하지 않는다는 사실을 거듭 확인할 수 있었을 뿐이고, 이제는 더 이상 그 사랑에 연연해하지 않을 작정이었다.

### 변화시키지 않고 도움 주고받기

세미나에서 산드라는 이렇게 말했다.

"저는 20년이라는 세월을 래리에게 말을 시켜 보려고 애를 쓰면서 보냈어요. 그가 좀 허심탄회하게 마음을 터놓기를 바랐죠. 제가 그리워한 것은 저로 하여금 속마음을 털어놓고 이야기할 수 있도록 도와 주는 사람이라는 것을 제가 미처 깨닫지 못했던 겁니다. 제게 정말로 필요했던 것은 바로 그거예요. 이번 주말에 저는 지난 20년을 합친 것보다 더 많은 이야기를 나누었고 서로의 느낌을 함께했어요. 남편이 저를 무척 사랑하고 있다는 것도 느꼈습니다. 제가 얼마나 그런 느낌을 갖고 싶어했었는지요. 지금까지 저는 남편이 달라져야 한다고 생각했는데, 이제는 저희 두 사람 모두 아무 잘못이 없다는 것을 알게 되었어요. 단지 우리는 서로를 돕는 방법에 어두웠던 것뿐이었어요."

래리가 말을 잘 하지 않는 것이 그녀에겐 늘 불만이었다. 그녀는 남편의 과묵함 때문에 부부 사이가 더 이상 가까워질 수 없다고 믿었었다. 세미나에서 산드라는 상대에게 말할 것을 요구하거나 기대하지 않고도 얼마든지 자기 감정을 전할 수 있다는 것을 알게 되었다. 그가 말수가 적다는 사실에 거부감을 갖는 대신 있는 그대로의 그를 받아들이고 인정하는 방법을 터득하게 된 것이었다.

래리는 이야기를 경청하는 기술을 익혔다. 그는 이야기를 들으면서 그녀가 안고 있는 문제를 해결하려 한다거나 기분을 돌려 보려고 애쓰지 않고 그저 경청하는 연습을 했다. 자기가 좋아하는 사람의 이야기를 들어 주고, 상대로부터 칭찬을 듣게 되자 그는 점차 마음을 열고 상대와 보다 많은 것을 나눌 수 있게 되었다.

이야기를 들어 주는 그에게 고무적인 말을 하면서 대화에 대한 강박관념을 갖지 않도록 하면 그는 자연스럽게 말수를 늘려 갈 것이다. 그러기 위해 우선은 그의 과묵함을 받아들일 수 있어야 한다. 어쩌겠는가. 남자들은 애초에 화성에서 온 존재들인걸!


## 남자가 거리를 두려 하지 않을 때

리자와 짐은 결혼한 지 2년째 되는 부부였다. 그들은 잠시도 떨어져 있어 본 적이 없었다. 어느 정도 시간이 지나자 짐은 조금씩 신경질적인 사람이 되어 갔고 점점 우울해했다.

개인 상담시간에 리자가 내게 말했다.

"이제 그와 함께 있는 것이 조금도 즐겁지가 않아요. 그의 기분을 북돋워 보려고 온갖 노력을 다 해보았지만 허사였어요. 저는 외식을 하러 가거나 쇼핑을 하거나 여행을 떠나거나, 연극·파티·무도회에 가는 것 같은 즐거움을 그와 함께 누리고 싶은데 그는 그렇지가 않아요. 우리는 더 이상 아무것도 함께하지 않아요. 그저 텔레비전 앞에 앉아 있거나 식사를 하거나 잠을 자거나 일을 할 뿐이에요. 그를 사랑하려고 애를 써 보지만 저는 화가 나요. 예전의 그는 참 매력 있고 낭만적인 사람이었어요. 이제는 그와 함께 사는 것이 마치 괄태충과 함께 사는 것 같은 느낌이라구요. 저는 무엇을 어떻게 해야 할지 모르겠어요. 그는 손가락 하나 까딱하기도 싫은가 봐요!"

남성의 친밀감 주기, 즉 고무줄 이론에 대해 알게 된 후 리자와 짐은 비로소 그들 사이에 무엇이 문제였는지를 깨닫게 되었다. 그들은 너무 많은 시간을 붙어 지냈던 것이다. 짐과 리자에겐 따로 떨어져 있는 시간이 필요했다.

상대와 아주 가깝게 밀착했던 남자가 일정한 거리를 두고 멀어지지 못하고 그대로 있을 경우 우울증, 신경질, 무기력 등의 공통된 증상이 나타난다. 짐은 리자로부터 떨어지는 방법을 알지 못했고, 혼자서 보내는 시간에 대해 죄책감을 느꼈다. 그는 매사에 아내와 함께해야 한다고 생각했다.

리자 역시 무엇이든 남편과 함께해야 한다고 생각했다. 상담을 하면서 나는 왜 그렇게 많은 시간을 함께 보냈느냐고 물었다.

그녀가 말했다.

"그를 놔두고 저 혼자서 뭔가 즐거운 일을 하면 그가 언짢아할 것 같았어요. 언젠가 한 번은 쇼핑을 하러 갔다왔더니 정말로 제게 화가 났더라구요."

짐이 말했다.

"그날은 나도 기억나요. 하지만 그날 나는 당신한테 화가 난 게 아니었어요. 사업상 거래에서 손해를 좀 보게 되어 기분이 나빴던 거지. 내가 특별히 그날을 기억하는 이유는 집에 혼자 있다는 게 참 좋은 느낌이라는 생각을 했었기 때문이에요. 당신 기분을 상하게 할까 봐 감히 말은 못했지만 말이야."

리자가 말했다.

"나는 당신을 놔두고 나 혼자 외출했던 게 싫어서 당신이 화가 난 거라고 생각했어요. 당신 표정이 아주 뾰로통해 보였거든요."

## 독립심키우기

이러한 새로운 인식으로 리자는 짐에 대해 그렇게 걱정할 필요가 없다는 것을 알게 되었다. 짐이 그녀로부터 거리를 두고 떨어지려는 것은 실제로 그녀가 보다 독립적이고 자주적인 인간이 되는 데 보탬이 되었다. 이제 그녀는 자기 자신에게 좀더 신경을 쓰기 시작했다. 자기가 하고 싶었던 일을 하고 여자친구들과 여러가지 도움을 주고받으면서 리자는 훨씬 더 행복해졌다.

남편에 대한 원망도 털어 버렸다. 그녀는 지금까지 자기가 그에게 너무 많은 것을 바랐음을 깨달았고, 자신에게도 문제가 있었다는 것을 인정하게 되었다. 남편에게는 혼자만의 시간이 필요했던 것이다. 사랑이라는 이름의 굴레가 그를 꼼짝달싹 못 하게 가두어 두고 있었고 자신의 의존적인 태도 역시 그의 숨통을 죄어 온 것이다.

리자는 남편 없이도 즐거운 시간을 갖기 시작했고 그 동안 하고 싶었던 일들을 했다. 어느 날은 친구들과 밖에서 저녁식사를 하기도 했고 연극을 보러 가는 날도 있었다. 또 어떤 때는 생일축하 볼링파티에 다녀오기도 했다.

리자는 자신들의 관계가 그렇게까지 빠르게 변화하는 데 대해 실로 놀라움을 금할 수가 없었다. 짐은 눈에 띄게 친절해졌고 그녀에게 적극적인 관심을 갖게 되었다. 불과 2주일도 못 되어 짐은 예전의 모습을 되찾을 수 있었다. 그는 아내와 함께 즐거운 시간을 보내고 싶어했고 데이트 계획을 세우기 시작했다. 의욕이 되살아난 것이다.

상담에서 그는 이렇게 말했다.

"마음이 편안합니다. 리자가 집에 돌아와 저를 보고 행복해할 때 저는 아내로부터 사랑받고 있다는 것을 느껴요. 아내가 집에 없을 때 그녀를 그리워해 보는 것도 좋던데요. 그런 '느낌'을 다시 가질 수 있다는 게 좋았어요. 오래도록 잊고 있었거든요."

리자가 말했다.

"지금껏 내 불행을 남편 탓으로만 돌려 왔다는 걸 알았어요. 나의 행복을 내 스스로 책임지게 되자, 짐도 한결 활기차고 의욕적인 사람으로 보이더군요. 마치 기적 같아요.."

## 친밀감주기를 훼방하는 것

자연적으로 일어나는 남자의 친밀감 순환 주기를 가로막는 두 가지 장애물은 다음과 같다. 하나는 거리를 두려는 남자를 끝까지 쫓아다니는 것이고, 다른 하나는 가혹하게 대하는 것이다.

여기에, 남자가 거리를 두지 못하도록 쫓아다니는 가장 흔한 양상이 어떤 것인지 열거해 보았다.

*쫓아다니기*

I  육체적으로

남자가 거리를 두려고 할 때, 물리적으로 거리를 허용하지 않는다. 그가 이 방으로 가면 이 방으로 따라가고, 저 방으로 가면 저 방으로 따라간다. 리자와 짐의 경우에서의 리자처럼 자기가 하고 싶은 일이 있어도 남자와 떨어지기 싫어서 그 일을 포기한다.

2  감정적으로

남자가 거리를 두려고 할 때 감정적으로 그에게 더 밀착한다. 그를 염려하고 또 그의 기분을 좋게 하기 위해 애를 쓴다. 그의 아픔을 곧 자신의 아픔으로 받아들인다. 그녀의 관심과 찬미로 그는 숨이 막힌다.

또 다른 양상은 혼자 있고자 하는 그의 욕구를 인정하지 않는 것이다. 이렇게 함으로써 그녀는 감정적으로 멀어지려는 그를 다시 틀어 잡는다.

또 하나는 남자가 멀어지려고 할 때 처량하고 외로운 표정을 짓거나 고통스럽게 보이는 것이다. 이런 식으로 그녀는 계속적인 친밀감을 호소하고, 남자는 조종당하고 있는 듯한 느낌을 갖는다.

3  정신적으로

"당신이 어떻게 내게 이럴 수가 있어요?" 또는 "당신 어떻게 된 거 아니에요?", "당신의 그런 행동이 내게 얼마나 상처가 되는지 모르세요?" 등 죄책감을 갖도록 유도하는 질문을 통해 그를 비끄러매려고 한다.

다른 방법으로는 상대의 비위를 맞추려고 노력하는 것이다. 그의 수족처럼 시중을 들어 주고 완벽하게 행동함으로써 그가 멀어질 하등의 구실이 없게 하는 것이다. 자아의식은 내팽개치고 그가 원하는 스타일이 되려고 노력한다.

혹시라도 남자가 멀어져 버릴까 두려워 그가 싫어할 것 같은 행동을 삼가고 자기 감정을 숨긴다.

그 다음으로 흔히 볼 수 있는 것은 남자가 거리를 두려고 할 때 그를 가혹하게 대하고 징계함으로써 친밀감 순환 주기를 방해하는 행동이다. 그것이 대체로 어떤 양상으로 나타나는지 아래에 예시해 보았다.

*가혹하게 대하기*

1  육체적으로

남자가 다시 그녀를 원할 때 그를 거부한다. 그의 육체적인 요구를 받아주지 않는다. 그가 가까이 다가오거나 자기 몸에 손을 대는 것을 허락하지 않는다. 그녀는 자기의 불쾌함을 표시하기 위해 남자를 때리거나 물건을 던져 깨뜨리기도 한다.

이런 식으로 징계를 받으면 남자는 두려움을 갖게 되어 다시는 그런 행동을 할 엄두를 내지 못하게 된다. 그는 그녀로부터 거리를 둘 생각을 아예 버리게 되고, 따라서 친밀감의 주기는 깨진다. 그러나 이것은 그의 가슴 속에 울분을 심고, 이로써 친밀감에 대한 그의 자발적인 욕구도 사그라든다. 일단 그녀로부터 멀어졌다면 그러한 보복이 두렵고 싫어 다시 돌아오고 싶지 않을지도 모른다.

2  감정적으로

그가 다시 돌아오면 몹시 불행한 얼굴로 그를 힐난한다. 자신에게 소홀히 대한 그를 절대로 용서하지 않는다. 그녀를 기쁘게 하거나 행복하게 해주기 위해 그가 할 수 있는 일이란 아무것도 없다. 그는 곧 무력감을 느끼고 포기해 버린다.

그가 돌아왔을 때 그녀는 상처받은 듯한 표정과 목소리와 말로 그에 대한 거부감을 나타낸다.

3  정신적으로

그가 다시 돌아올 경우, 마음을 굳게 닫아 걸고 자기 감정을 드러내지 않는다. 그녀 자신이 냉정해져서 그의 침묵에 보복을 가한다.

사실은 그가 그녀를 염려하고 있다는 것을 더 이상 믿지 않는다. 그가 그녀의 이야기를 들어 주고, '좋은' 남자가 될 기회를 아예 말살시킴으로써 그를 응징한다. 행복한 마음으로 그녀에게 돌아왔던 남자는 더할 나위 없이 비참해진다.

자신의 행동을 상대가 몹시 불쾌하게 생각해 응징하고 있다고 느끼면 남자는 그 사랑을 잃게 될까 봐 두려워진다. 그는 자기가 그녀의 사랑을 받을 자격이 없다고 생각하거나, 아니면 그녀로부터 거부당하게 될 것 같아 감히 그녀에게 손을 내밀지 못하는지도 모른다. 거부당할지 모른다는 두려움은 그로 하여금 동굴에서 나와 그녀에게 돌아오지 못하게 만든다.


## 남자의 과거는 그의 친밀감 주기에 어떤 영향을 미치는가

남자에게 있어 자연스러운 것이라 할 수 있는 그 친밀감 순환 주기가 어린시절에 이미 차단된 경우도 있을 수 있다. 감정적으로 멀어진 아버지에 대해 어머니가 극심한 거부감을 나타내는 것을 보고 자랐다면 그는 멀어진다는 것에 대해 두려움을 갖고 있을지도 모른다. 그는 자기한테 그런 욕구가 있다는 것조차 모르거나 그 욕구를 정당화할 구실을 무의식적으로 만들어 내려 할지 모른다.

이런 남자는 자연히 자기 내부의 여성적인 측면을 보다 발달시키게 되는데, 여기에는 필연적으로 남성적인 힘의 억압이라는 희생이 뒤따른다. 그는 예민한 남자다. 그가 상대를 기쁘게 하고 사랑해 주려고 열심히 노력하는 가운데 그의 남성적 자아는 일부 소실되고 만다. 상대로부터 거리를 두게 되고 행동에 대해 죄의식을 갖는다. 자기에게 무슨 일이 일어났는지 모르는 채. 그는 욕망과 힘과 열정을 잃어버리고 매우 수동적이고 의존적인 인간이 된다.

그는 혼자 있거나 동굴에 들어가기를 두려워할 수도 있다. 가슴 속 깊이 사랑을 잃는 데 대한 두려움이 자리하고 있기에 그는 혼자 있기 싫다고 생각할지도 모른다. 어렸을 때 그는 이미 어머니가 아버지를 거부하거나, 혹은 어머니로부터 직접 거부당해 본 경험이 있기 때문이다.

상대로부터 멀어지는 방법을 모르는 사람이 있는가 하면, 가까이 다가가는 방법을 모르는 사람들도 있다. 일단 멀어지는 데는 아무런 문제가 없는데 다시 돌아가서 마음을 여는 데 그들은 어려움을 느낀다. 그런 사람의 가슴 밑바닥에는 자기가 사랑받을 자격이 없다는 생각이 깔려 있어서 상대에게 가까이 다가가거나 애정을 표시하기가 두려운 것이다. 만일 자기가 상대에게 더욱 가까이 다가가면 얼마만큼 환영받을지 그는 상상하지 못한다. 그래서 예민한 남자들은 적극적이고 긍정적인 심상을 그리지 못하고 자연스러운 친밀감을 주기를 경험하지 못한다.

남자의 친밀감 순환 주기를 이해하는 것은 여자에게 있어서만 중요한 게 아니라 남자들 자신에게도 무척 중요한 일이다. 어떤 이들은 동굴에서 혼자 시간을 보내는 데 대해 죄의식을 갖고 있고, 동굴로 들어가거나 동굴에서 다시 나올 때 당황해서 어쩔 줄을 모른다. 그들은 자기한테 뭔가 잘못이 있다고 생각하고 있을지도 모른다. 남자에 대한 이같은 비밀을 이해하는 것은 남녀 모두에게 큰 위안이 될 것이다.


## 슬기로운 남자, 그리고 여자

남자들은 대체로 자신들이 돌연 멀어졌다가 다시 돌아오는 행동이 여자에게 어떤 영향을 미칠지 깨닫지 못한다. 남자들의 친밀감 순환에 의해 여자가 어떤 영향을 받는지에 대한 새로운 인식은, 여자가 이야기할 때 진지하게 들어 주는 것이 얼마나 중요한지 그로 하여금 깨닫게 만든다. 그가 자기에게 관심을 갖고 있고 진심으로 염려하고 있다는 것을 재확인하고자 하는 그녀의 욕구를 이해하고 존중하게 된다. 그리고 그녀로부터 거리를 둘 필요를 느끼지 않을 때, 현명한 남자라면 상대의 기분이 어떤지 묻고 헤아려 줌으로써 먼저 대화를 시작할 수 있을 것이다.

나아가 자신의 주기를 파악하게 되면 그녀로부터 멀어지려는 순간에 언제쯤 돌아올지를 미리 알려 줄 수도 있게 된다. 그는 이렇게 말할 수 있을 것이다.

"나 혼자 있는 시간이 좀 필요해요. 그러고 나서 우리 아무런 방해도 받지 않고 둘만의 특별한 시간을 가지도록 합시다."

그녀가 말을 하고 있는 중이었다면 이렇게 말할 수 있으리라.

"이 문제에 대해 생각해 볼 시간이 좀 필요한걸. 우리 나중에 다시 얘기하는 게 좋겠어."

✳

> 남자가 자신의 친밀감 주기를 이해하고 나면 그녀로부터
> 멀어지려는 순간에 언제쯤 돌아올지를 미리
> 알려 줄 수도 있게 된다.

그가 다시 대화로 돌아왔을 때 여자가 그 행동의 연유를 캐물을지도 모른다. 대부분의 경우 그렇듯이 만일 그 이유가 확실하지 않다면 이렇게 말하면 된다.

"나도 잘 모르겠어. 그저 혼자만의 시간이 좀 필요했을 뿐이야. 아까 하던 얘기 다시 계속합시다."

그가 거리를 두고자 할 때가 아니라면 서로 많은 대화를 주고받을 필요가 있다는 것을 그는 잘 이해하고 있다.

현명한 여자라면 대화를 시작하기 위해 남자에게 말할 것을 요구하지 않고 그가 진정으로 이야기에 귀를 기울일 수 있도록 한다. 상대를 압박하지 않고도 자기 진심을 털어놓고 이야기할 수 있는 것이다.

그녀의 감정에 귀를 기울이고 이야기를 듣는 자신의 역할을 인정받게 되면 그는 차츰 마음을 열어 보이기 시작할 것임을 그녀는 믿는다. 그녀는 그의 뒤를 따라다니지도 그를 벌하려 하지도 않는다. 자신의 친밀감의 표현이 때로는 그를 멀어지게 만드는 때도 있지만, 그가 다시 돌아오면 자기 감정을 얼마든지 받아 줄 수 있으리라는 것을 그녀는 이해한다. 슬기로운 여자는 포기하지 않는다.

# 7 여자는 파도와 같다

여자는 파도와 같다. 사랑받고 있다고 느낄 때 여자의 자부심은 마치 파도처럼 오르내린다. 정말 기분이 좋아서 최고조에 이르렀다가도 갑자기 기분이 바뀌면 그녀의 파도는 사정 없이 곤두박질친다. 그러나 이러한 추락은 매우 일시적인 것이다. 맨 밑바닥에 도달했다고 느끼는 순간 그녀의 기분은 어느 새 바뀌어 자기 자신에 대해 다시 좋은 감정을 갖게 된다. 그녀의 파도는 저절로 위를 향해 솟아오르기 시작한다.

물결이 솟아오를 때 그녀의 가슴엔 사랑이 충만하지만, 파도가 꺼지면 그녀는 마음의 공허를 느껴 사랑을 갈구하게 된다. 이렇게 밑바닥이 드러나는 때가 바로 그녀가 감정의 대청소를 하는 시간이다.

만일 그녀가 부정적인 감정을 억압하고 있었거나, 파도가 올라갈 때 보다 많은 사랑을 베풀기 위해 자기 자신을 부인해 왔다면 파도가 내려갈 때는 그 부정적인 감정들과 충족되지 못한 욕구가 제 모습을 드러낸다. 이러한 퇴조기에 그녀는 그 어느 때보다 더욱 자기 문제를 이야기하고 상대로부터 이해와 공감을 얻고 싶은 욕구를 느낀다.

내 아내 바니는 '밑으로 내려가는' 이 느낌이 마치 캄캄한 우물 속으로 들어가는 듯한 느낌이라고 말한 적이 있다. 여자가 자신의 우물 속으로 들어갈 때 그녀는 무의식의 세계와 어둡고 혼란스러운 감정 속에 스스로 침잠한다. 거기서 그녀는 설명할 수 없는 감정과 분명치 않은 느낌들이 떼지어 몰려드는 것을 경험할지도 모른다. 그리고 어쩌면 아무도 없는 곳에 혼자 내팽개쳐진 듯한 외로움과 절망을 느낄지도 모른다. 그러나 우물의 맨 밑바닥에 닿는 순간 만일 자신이 사랑받고 있다는 것을 느낄 수 있다면 그녀의 기분은 이내 회복되기 시작한다. 추락이 급작스러운 것이었던 만큼 그녀는 빠르게 위로 솟아올라 자기가 맺은 관계 속에서 다시금 사랑을 발산할 수 있게 될 것이다.

여자의 자부심은 파도처럼 오르내린다. 그녀가 맨 밑바닥에 다다랐을 때
그때가 바로 감정의 대청소를 위한 시간이다.

관계 속에서 사랑을 주고받는 여자의 능력은 일반적으로 그녀의 자아상을 반영한다. 만일 자기 자신에 대해 그다지 좋은 느낌을 갖고 있지 못하다면 그녀는 상대방을 이해하고 받아들이는 것에도 그만큼 어려움을 느낀다. 파도가 꺼지는 시기에 그녀는 풀이 죽거나 감정적으로 보다 예민하게 반응하는 경향을 보인다. 그 파도가 맨 밑바닥을 칠 때, 그녀는 마음에 상처를 받기 쉬운 상태가 되고 사랑을 더욱 필요로 한다. 그러므로 이러한 시기에 그녀에게 필요한 것이 무엇인지에 대한 배우자의 이해가 중요하다고 하겠다. 만일 그같은 이해가 없다면 그는 실로 터무니없는 요구를 하게 될는지도 모르는 일이므로.


## 이 파도에 남자들은 어떤 반응을 보이는가

한 남자가 여자를 사랑하면 그녀는 사랑과 충족감으로 빛을 발하기 시작한다.

대다수의 남자들은 순진하게도 그 빛이 영원히 계속되리라고 생각한다. 하지만 그녀가 지닌 사랑의 본성이 언제까지나 한결같으리라 기대하는 것은 날씨가 절대 변하지 않고 언제까지나 햇살이 가득하기를 바라는 것과 마찬가지이다. 삶이란 밤과 낮, 열기와 냉기, 여름과 겨울, 봄과 가을, 흐린 날과 갠 날과 같이 리듬으로 가득 찬 것이다. 그렇듯이 관계 속에서 살아가는 남자와 여자도 제각기의 리듬과 주기를 갖고 있다. 남자들은 멀어졌다가 또 가까이 다가오고, 여자들은 자신과 남들에 대한 사랑의 오르내림을 반복한다.

～

관계 속에서 남자들은 멀어졌다가 또 가까워지곤 하는가 하면
여자들은 자신과 남들에 대한 사랑의
오르내림을 반복한다.


남자는 여자의 돌연한 기분 변화가 오로지 자신의 행동에서 비롯된 것이라고 짐작한다. 그녀가 행복해하면 그것이 자기 공이라 생각하고, 그녀가 불행해하면 거기에 대해 책임감을 느낀다. 만일 상황을 개선시킬 방법을 모른다면 그는 극도의 좌절감에 빠질 수도 있다. 어느 순간 여자가 행복해하기에 자기가 잘하고 있다고 믿었는데, 그 다음 순간 그녀가 갑자기 불행해한다면 자기가 매우 잘하고 있다고 믿어 왔던 남자는 충격을 받게 된다.

### 고치려고 애쓰지 마라

빌과 메리는 6년째 결혼 생활을 해왔다. 빌은 메리에게서 이 파도를 발견했지만 그것을 제대로 이해하지 못했기에 어떻게든 '고쳐 보려고' 했다. 그러나 상황은 점점 악화될 뿐이었다. 그는 오르내림이 심한 메리의 성격에 뭔가 문제가 있는 거라고 생각했다. 그는 아내에게 그렇게 우울해할 필요가 없다고 설명하려 애썼지만, 그녀는 그럴수록 남편이 자기를 이해하지 못한다고 느껴 더욱 비참해졌다.

빌은 자기가 문제를 해결하고 있다고 생각했겠지만, 실은 메리의 기분이 좋

아지는 것을 방해하고 있었던 것이다. 그는 여자가 자신의 우물 속으로 들어가는 바로 그 순간이 그를 가장 필요로 하는 때이며, 이것은 해결하거나 고쳐야 할 문제가 아니라 그녀에게 무조건적인 사랑을 보여 줄 기회임을 알아야 한다.

빌이 말했다.

"저는 아내를 이해할 수 없습니다. 몇 주일 동안은 더할 나위 없이 좋은 여자죠. 저한테나 모든 이에게 무조건적인 사랑을 베풀어요. 그러다가 갑자기 기분이 가라앉아 자기는 늘 사람들한테 베풀기만 한다고 제게 짜증을 내는 겁니다. 그녀가 불행해하는 건 제 잘못이 아니에요. 아내한테 그렇게 말했다가 대판 싸웠습니다."

많은 남자들이 그렇듯이 빌 역시 아내가 기분이 가라앉아 밑바닥으로 떨어지지 않게 하려고 애쓰는 실수를 거듭했다. 그녀의 손을 잡아당겨 끌어올리려고 안간힘을 썼다. 그는 아내의 기분이 가라앉았다가 다시 올라오려면 반드시 맨 밑바닥까지 내려가야만 한다는 사실을 몰랐던 것이다.

아내 메리의 기분이 곤두박질치기 시작할 때 첫번째로 발견되는 증세는 기가 꺾이는 것이다. 따뜻한 보살핌과 공감으로 그녀의 이야기를 들어 주는 대신, 빌은 그녀에게 기분 상해 있을 필요가 없다고 강조해 그녀의 기분을 끌어올리려고 노력하곤 했다.

기분이 가라앉을 때 그러면 안 된다고, 왜 그러느냐고 말하는 사람은 그녀에게 전혀 도움이 안 된다. 그녀가 필요로 하는 사람은 그럴 때 함께 있어 주고, 그녀의 이야기를 들어 주고, 그녀가 겪고 있는 일에 대해 함께 느낄 수 있는 그런 사람이다. 설령 여자의 기분이 가라앉은 이유를 이해할 수 없더라도 남자는 자신의 사랑과 관심과 지지를 그녀에게 보여 줄 수는 있을 것이다.

### 남자들은 왜 혼란을 느끼는가

여자는 마치 파도와 같다는 것을 알게 되었는데도 빌은 여전히 혼란스러웠다. 메리가 우물 안으로 들어가려는 것처럼 보였을 때 그는 열심히 이야기를 들어 주는 연습을 했다. 아내가 고민하는 문제에 대해 이야기를 해도 그것을 '해결하려고' 하거나 그녀의 기분을 좋게 만들려고 애쓰지 않았다. 그렇게 한 20분쯤 지나자 그는 몹시 당황스러웠다. 아내의 기분이 전혀 나아질 것 같지 않았기 때문이다.

그가 말했다.

"처음에 제가 이야기에 귀기울였을 때는 아내가 마음을 열고 자기 감정을 털어놓는 것처럼 보였어요. 그런데 그녀는 오히려 점점 더 기분이 나빠지는 것이었어요. 제게 말을 하면 할수록 좋아지기는커녕 사태가 더 악화되는 것 같았습니다. 저는 그녀에게 점점 더 기분이 나빠지면 어쩌란 말이냐고 했고, 결국 우리는 언쟁을 벌이고 말았죠."

비록 그가 메리의 얘기를 들어 주기는 했지만 그는 여전히 그녀의 문제를 해결하려 하고 있었다. 그는 아내의 기분이 당장 좋아지기를 기대했다. 여자가 우물 속으로 들어갈 때 누가 옆에서 도와 준다고 해서 반드시 금방 기분이 전환되는 것이 아님을 빌은 알지 못했던 것이다. 오히려 기분이 더 나빠질 수도 있다. 그러나 그것은 그의 도움이 먹혀들고 있다는 증거다. 실제로 그의 도움이 그녀가 맨 밑바닥까지 빨리 도달하게 만들 수 있고, 그러고 나면 그녀는 곧 기분이 회복될 수 있기 때문이다. 진정으로 일어서려면 맨 밑바닥에 다다라야 하는 것이다.

빌은 자기 노력에도 불구하고 그녀가 조금도 나아지지 않자 혼란을 느꼈다. 그녀는 오히려 점점 더 밑으로 내려가는 것처럼 보였다. 이런 혼란을 피하려면 남자는 자기가 아무리 적절한 도움을 주어도 여자의 기분이 호전되지 않을 수도 있다는 것을 기억할 필요가 있다. 다시 솟아오르려면 반드시 맨 밑바닥에 이르러야 하는 파도의 속성을 이해하고 나면 그는 조급함에서 벗어날 수 있다.

〰

남자가 설령 적절한 도움을 준다고 해도 그녀의 기분이
오히려 더 나빠지는 수도 있다.

이러한 새로운 인식으로 빌은 메리에 대해 참을성을 갖게 되었고, 그녀를 보다 깊이 이해할 수 있게 되었다. 그리고 우물 속의 그녀를 훨씬 더 성공적으로 보필하게 되면서, 그녀의 저조한 기분이 언제까지 계속될지 알기란 불가능하며, 어떤 때는 다른 때에 비해 우물이 훨씬 깊다는 것 또한 알게 되었다.


## 대화와 논쟁 되풀이하기

우물 밖으로 나온 여자는 사랑이 충만되어 있는 평소의 자기 모습으로 되돌아온다. 남자들은 그녀의 확실한 변화를 보고 곧잘 오해를 한다. 그들은 그녀를 괴롭히던 문제가 무엇이었든지 이제는 그 문제가 말끔히 해결되어 사라진 것으로 생각하는 게 보통이다. 그러나 사실은 그렇지 않다. 그것은 남성들의 착각이다.

그녀의 파도가 다시 곤두박질치면 또 그와 유사한 문제들이 드러난다. 이미 해결된 줄 알았던 문제가 또다시 고개를 들면 남자들은 참을성을 잃고 짜증을 낸다. 파도를 이해하지 못하기에 그는 '우물' 안에 있는 여자의 기분을 맞추어 주기가 너무 힘들다고 생각한다.

해결되지 않는 감정 문제가 자꾸만 되풀이되면 남자는 다음과 같은 부적절한 반응을 보일 수 있다.

1  "도대체 우리는 이 일을 몇 번이나 되풀이해야 되는 거요?"
2  "전에 다 들은 얘기잖아."
3  "그 문제는 해결된 줄 알았는데."
4  "당신 언제쯤 그 문제에서 벗어날 거요?"
5  "또다시 이 일로 실랑이하고 싶지 않아요."
6  "이건 미친 짓이라구. 맨날 똑같은 입씨름을 반복하고 있잖아."
7  "당신한테는 왜 그렇게 문제가 많아?"

여자가 자기 우물 속으로 들어가면 가장 깊숙이 파묻혀 있던 그녀의 문제가 표면으로 떠오르는 경향이 있다. 그 문제란 인간 관계와 관련된 것일 수도 있지만 대부분 그녀의 과거나 어린시절의 기억과 깊이 연루되어 있는 것들이다. 과거에 치유되거나 해결되지 못하고 남아 있던 문제들이, 그녀가 원하든 원하지 않든 겉으로 나타나는 것이다. 우물 속으로 들어가면서 그녀가 흔히 느낄 수 있는 감정들을 열거해 보았다.

*그녀가 지금 우물 속으로 들어가고 있다. 즉 지금이 그의 사랑이*
*가장 많이 필요한 때임을 남자들에게 알리는 전조이다.*

| 그녀가 느끼는 감정 | 그녀는 이렇게 말할지 모른다 |
|---|---|
| 의기소침 | "할 일이 너무 많아요." |
| 불안 | "난 더 많은 것을 원해요." |
| 원망 | "내가 모든 것을 다 하잖아요." |
| 염려 | "하지만 그것은……." |
| 당황 | "그 이유를 이해하지 못하겠어요." |
| 피곤 | "나는 더 이상 아무것도 할 수 없어요." |
| 무기력 | "어찌할 바를 모르겠어요." |
| 수동성 | "나는 상관 없으니까 당신 하고 싶은 대로 해요." |
| 요구 | "당신은 이러이러하게 해야 해요." |
| 억압 | "아뇨, 난 그것을 원하지 않아요." |
| 불신 | "당신 그 말이 무슨 뜻이에요?" |
| 조종 | "그런데 당신 그거 했어요?" |
| 비난 | "당신 어떻게 그걸 잊을 수 있어요?" |

이런 힘든 시기에 자기가 점점 더 많은 도움을 받고 있음을 느끼면 그녀는 관계에 대한 믿음을 갖기 시작하고, 관계 속에서의 충돌이나 삶에 대한 갈등을 겪지 않고도 우물 속으로 들어갔다 나왔다 하는 여행을 할 수 있게 된다. 이것이 애정 어린 관계의 축복이다. 우물 속의 여자를 도와 주는 것은 그녀가 굉장히 고맙게 생각할 특별한 선물이다. 그녀는 차츰 자신을 붙잡고 있던 과거의 손

아귀로부터 자유롭게 놓여나게 될 것이다. 감정의 오르내림은 그대로 이어지겠지만 그것으로 인해 그녀가 지닌 사랑의 본성에 음영이 드리워질 만큼 극단으로 흐르지는 않을 것이다.


## 결핍감 이해하기

인간 관계 세미나에 참여했던 톰이 이런 불만을 털어놓았다.

"수잔과 제가 처음 만났을 때 그녀는 무척 강인해 보였습니다. 그러던 그녀가 어느 날부터인가 심한 결핍감에 시달리게 된 거예요. 저는 그녀가 제게 얼마나 소중한 존재이며 제가 얼마나 그녀를 사랑하고 있는지 말해 주어 그녀가 안심할 수 있도록 했죠. 한참 이야기를 하고 나자 그녀는 제 진심을 이해했고, 그 문제는 잘 넘어갔습니다. 그런데 한 한 달쯤 지나자 그녀가 또 불안해하기 시작하더군요. 전에 제가 한 말은 애초에 들은 적도 없다는 듯이 말입니다. 저는 그녀에 대한 실망이 이만저만이 아니었고, 우리는 크게 다투고야 말았습니다."

톰은 다른 남자들에게도 그런 경험이 있다는 것을 알고는 몹시 놀랐다. 그가 수잔을 만났을 때 그녀는 이제 막 파도가 솟아오르는 시기였다. 두 사람의 관계가 무르익으면서 톰에 대한 수잔의 사랑은 더욱 깊어 갔다. 그런데 그녀의 파도가 절정에 이른 후 그녀는 갑자기 과도한 소유욕을 보이며 그의 애정을 거듭 확인하고 싶어했다. 그녀는 몹시 불안해했고 자기에게 보다 많은 관심을 기울여 줄 것을 요구했다.

이것이 바로 그녀가 우물 속으로 들어가고 있음을 알리는 신호였다. 갑자기 그녀가 왜 그렇게 달라져 버렸는지 톰은 그 이유를 알지 못했지만, 몇 시간 동안 계속된 진지하고 열띤 대화로 수잔의 기분은 한결 좋아졌다. 톰은 자신의 사랑과 관심에 대해 그녀가 확신을 가질 수 있도록 도와 주었고, 수잔의 파도는 다시금 위를 향해 솟아올랐다. 그는 적이 안심이 되었다.

이 일이 있은 후 톰은 자기가 성공적으로 문제를 해결했다고 생각했다. 그러나 한 달쯤 지나자 수잔의 파도가 다시 급강하해 전과 똑같은 양상을 보이는 것이었다. 그는 이번에는 더더욱 그녀를 이해할 수 없었고 짜증이 났다. 불과 한 달 전에 그렇게 알아듣도록 얘기를 했는데 또 그의 사랑을 믿지 못하는 데 대해 그는 모욕당한 기분이었다. 그런 방어심리가 작용해 톰은 사랑을 확인하고자 하는 그녀의 욕구가 되풀이되는 것이 몹시 못마땅했고 두 사람은 결국 다투고야 말았다.

### 비로소 얻은 통찰

여자는 파도와 같다는 것을 이해함으로써 톰은 수잔의 불안과, 확신에 대한 욕구가 지극히 자연스러운 것이며, 그녀로서도 어쩔 수 없는 일시적인 현상임을 깨닫게 되었다. 아울러 그녀의 가슴 속 깊이 자리한 근본 문제에 대해 자기가 보여 준 애정 어린 반응으로 그녀가 영구히 치유되었으리라 믿었던 자신이 얼마나 천진난만했는지도 깨달았다. 톰이 우물 안의 그녀를 돕는 방법을 성공적으로 익혀 나가게 되면서 수잔은 조금씩 마음의 평화를 얻을 수 있었고, 둘 사이의 다툼도 눈에 띄게 줄어들었다. 톰이 용기를 얻을 수 있었던 것은 다음의 세 가지 깨달음을 통해서였다.

1  남자의 사랑과 배려가 여자의 근본 문제를 즉각 해결하지는 못한다. 그러나 그의 사랑은 그녀가 우물 안으로 더 깊이 들어가도 안전하도록 그녀를 지켜 줄 수는 있다. 여자가 늘 완벽한 모습으로 사랑을 줄 수 있으리라고 기대하는 것은 어리석은 일이다. 이러한 문제는 분명 자꾸만 되풀이될 것이다. 하지만 그녀를 돕는 그의 능력은 그때마다 점점 향상될 것이다.

2  여자가 우물 속으로 들어가는 것이 남자의 잘못은 아니며, 그가 실패자임을 보여 주는 것도 아니다. 그가 아무리 잘해도 이런 일이 일어나지 않도록 예방할 수는 없다. 단지 그는 이런 일이 일어났을 때 그녀를 곁에서 지켜 주며 보살펴 줄 뿐이다.

3  여자는 우물의 맨 밑바닥에 다다랐다가 스스로 다시 솟아오르는 능력을
   갖고 있다. 남자는 그녀의 그런 성격을 고치려고 할 필요가 없다. 그녀는
   고장난 것이 아니라 단지 그의 사랑과 관용, 이해를 필요로 하고 있을 뿐
   이다.


## 여자가 우물 안에 마음놓고 들어가 있지 못할 때

파도와 같은 오르내림을 반복하는 경향은 친밀한 관계일 때 더욱 강화된다. 여
자는 이런 주기를 편안한 마음으로 받아들일 수 있어야 한다. 만일 그렇지 못하
다면 그녀는 늘 화평한 것처럼 보이려 애쓰게 되고 자신의 부정적인 감정들을
억압하게 된다.

여자가 마음놓고 우물 안으로 들어가지 못할 때 그녀가 선택할 수 있는 유
일한 대안이 있다면, 그것은 상대와의 접촉이나 섹스를 회피하는 것, 혹은 술을
마시거나 음식을 마구 먹거나 닥치는 대로 일을 하거나 식구들에 대한 지나친
보살핌 등의 탐닉을 통해 자신의 부정적 감정을 억눌러 잠재우는 것뿐이다. 그
러나 이러한 억압에도 불구하고 그녀는 이따금 한 번씩 우물 속에 빠지게 될 것
이고, 그럴 때면 그녀의 감정은 절제되지 않은 그대로의 모습을 드러내게 된다.

아마 여러분은 몇 년 동안 싸움은커녕 큰 소리 한 번 내본 적도 없는 부부가
돌연 이혼을 결정해 사람들을 놀라게 하는 경우를 본 적이 있을 것이다. 이런
경우는 대부분 싸움을 피하려고 여자 쪽에서 자신의 부정적인 감정들을 삭이며
살아온 것이기 쉽다. 그 결과 그녀는 사랑을 느끼는 능력을 잃은 무감각한 사람
이 된다.

부정적인 감정이 억압될 때는 긍정적인 감정도 함께 억눌리게 되고 사랑도
희미하게 빛을 잃는다. 논쟁과 싸움은 물론 피하는 것이 좋겠지만 감정을 억압
해야 한다면 곤란하다. 제9장에서 감정을 억압하지 않고 논쟁을 피할 수 있는
방법을 알게 될 것이다.

부정적인 감정이 억압될 때는 긍정적인 감정도 함께 억눌리게
되고 사랑도 희미하게 빛을 잃는다.

## 감정의 대청소

여자의 파도가 아래로 부서져 내릴 때는 감정의 정리, 감정의 대청소가 필요한
시간이다. 이러한 감정의 정화가 이루어지지 않는다면 누군가를 사랑하고 그
사랑 속에서 성장할 그녀의 능력은 서서히 소실되어 버린다. 감정에 대한 마구
잡이 통제와 억압은 그녀의 파도가 오르내리는 것을 방해하여, 그녀는 점차 느
낌도 열정도 없는 사람이 되어 간다.

자신의 부정적인 감정을 애써 회피하고 감정의 자연스러운 기복에 저항하
는 여자들 중 상당수는 월경전 증세(PMS)에 시달리고 있다. 부정적인 감정을
긍정적인 방법으로 해결하는 능력과 월경전 증후군 사이에는 밀접한 관련이 있
다. 자기 감정에 대처하는 방법을 비로소 알게 된 여자들이 월경전 증후군이 말
끔히 사라지는 경험을 하는 예가 더러 있다. 제11장에서 부정적인 감정을 처리
하는 방법을 보다 자세히 배우게 될 것이다.

강인하고 자신감에 차 있고 성공한 여자라 할지라도 때로는 자기 우물을 찾
을 필요가 있을 것이다. 남자들은 만일 자기 배우자가 직업 세계에서 성공을 거
둔 사람이라면, 그녀는 이런 감정의 소용돌이를 겪지 않으리라고 생각하는 실
수를 흔히 저지른다. 그러나 천만의 말씀이다.

직장 생활을 하는 여자는 스트레스에 늘 노출되어 있고 감정이 오염될 소지
도 많아 대청소의 필요성이 오히려 크다. 마찬가지로 고무줄처럼 멀어지려고
하는 남자의 욕구도 그가 일터에서 받는 스트레스가 많을수록 늘어나게 마련이
다.

여성의 자부심은 21일 내지 35일 주기로 오르내림을 반복한다는 것이 한
연구에서 밝혀졌다. 남성이 고무줄처럼 다가왔다 멀어지는 주기가 얼마인지는
아직 연구결과가 나온 바 없지만 내 경험에 비추어 그와 거의 비슷하지 않을까

생각된다. 여성의 자부심이 오르내리는 주기가 그녀의 월경 주기와 반드시 일치하는 것은 아니지만 공교롭게도 평균 28일을 한 단위로 반복되는 양상을 보인다.

여자가 정장을 차려 입고 일터에 있을 때는 감정의 소용돌이에서 조금은 비켜나게 되지만, 퇴근해서 집에 돌아오면 그녀는 다른 여자들과 마찬가지로 배우자의 부드럽고 애정 어린 원조를 필요로 한다.

우물 속으로 들어가는 습성이 그녀들의 업무 수행능력에 영향을 미치지는 않지만, 자기가 사랑하고 필요로 하는 사람들과의 교제에는 실로 지대한 영향을 미친다.

### 남자가 우물 속의 여자를 도울 수 있는 방법

현명한 남자는 여자가 감정의 기복을 억누르지 않고 표출할 수 있도록 나름대로의 돕는 방법을 터득해 나간다. 비판이나 요구는 가능한 한 줄이고, 어떻게 하면 그녀가 원하는 도움을 줄 수 있을까를 생각하는 그는 세월이 흐를수록 사랑이 깊어지고 열정이 더해지는 그런 관계를 즐길 수 있다.

때로는 감정의 폭풍우나 가뭄이 그를 찾아올지 모르지만 그렇기에 보람은 더욱 크다. 비결을 터득하지 못한 사람은 똑같이 폭풍우와 가뭄으로 고통을 당하더라도, 우물 안의 여자를 사랑하는 기술을 알지 못해 그들의 사랑이 더 이상의 성장을 멈추고 점점 위축되어 가는 것을 보게 될 뿐이다.


## 여자는 우물 안에 있고 남자는 동굴 안에 있을 때

해리스가 말했다.

"저는 세미나에서 배운 대로 다 해보았습니다. 정말 효과가 괜찮더군요. 저희 부부는 덕분에 아주 사이가 좋아졌죠. 집에 있는 것이 마치 천국에 온 느낌이었어요. 그랬는데 갑자기 제 아내 캐시가 불평을 하기 시작했어요. 제가 텔레비전을 너무 많이 본다나요? 그러면서 저를 어린애 취급하더군요. 저희는 크게 싸웠습니다. 저는 아직도 영문을 모르겠어요. 그전까지는 그렇게 잘 해왔었는데 말입니다."

이것은 파도와 고무줄 주기가 엇비슷하게 겹치면 어떤 일이 일어나는지 보여 주는 한 예이다. 세미나에 참여한 후부터 해리스는 아내와 가족들에게 전보다 많은 것을 베풀 수 있었다. 캐시는 매우 기뻤다. 도저히 실감이 나지 않을 정도였다. 두 사람은 그 어느 때보다 가까웠고 캐시의 파도는 절정에 이르러 있었다. 이런 시기가 한 2주일 정도 지속되었는데, 그러던 어느 날 해리스는 밤 늦도록 자지 않고 텔레비전을 보려고 마음먹었다. 그의 고무줄에 힘이 빠지기 시작한 것이다. 그는 동굴 속으로 들어가고 싶은 욕구를 느꼈다.

그가 감정적으로 거리를 두려 하자 캐시는 크게 충격을 받았다. 그녀의 파도가 급강하기 시작했다. 캐시는 그의 태도에서 자기가 새롭게 경험했던 친밀감이 허무하게 무너지는 실망감을 느꼈다. 지난 2주일은 그야말로 더 바랄게 없었는데 이제 그 모든 것이 수포로 돌아가 버릴 것 같았다. 아주 어린시절부터 그런 식의 친밀감은 그녀의 꿈이었다. 이제 또다시 그가 멀어진다면 견딜 수 없을 것이라 생각했다. 그것은 그녀 내부의 어린 소녀에게 사탕을 주었다가 도로 빼앗는 것과 다름없는 경험이었다. 그녀는 몹시 기분이 언짢았다.

## 화성의 논리와 금성의 논리

버림받는 것에 대한 캐시의 경험은 화성인들로서는 이해하기 힘든 것이다. 화성인들은 이런 논리를 편다.

"지난 2주일간 나는 정말로 최선을 다해 왔는데 잠깐 휴식을 취하는 것도 안 된단 말이오? 그 동안 열심히 베풀었으니 이제는 내 차례요. 당신도 내 사랑에 대해 그 어느 때보다 확실한 믿음을 갖게 되었을 게 아니오."

금성인들의 논리는 이 문제에 사뭇 판이하게 접근한다.

"지난 2주일은 정말 근사했어요. 저는 이제야 당신에게 마음을 활짝 열어놓을 수 있게 됐어요. 그렇기 때문에 당신의 애정 어린 관심을 잃는다는 것이 전보다 몇 배 더 고통스러워요. 내가 마음을 열고 다가가려니까 당신은 벌써 멀어지는군요."

## 어떻게 과거의 감정이 다시 떠오르는가

상대를 전적으로 믿고 마음을 열어 놓지 못하는 상태에서 캐시는 상처받지 않으려고 스스로를 방어하며 살아 왔다. 그러나 지난 2주일간 사랑 속에서 보낸 삶은 성인이 된 후 그 어느 때보다 만족스러운 것이어서 그녀는 비로소 마음을 터놓기 시작했다. 그녀는 해리스의 도움으로 오래 전의 감정들을 편안하게 반추해 볼 수 있었다.

갑자기 그녀는 아버지가 늘 바쁘기만 했던 어린시절의 기억이 그대로 되살아나는 듯한 느낌에 사로잡혔다. 풀리지 않는 울분과 무력감은 해리스의 텔레비전 시청을 그 투사 대상으로 삼았다. 만일 과거의 감정이 되살아나지 않았더라면 그녀는 텔레비전을 보고 싶어하는 해리스를 너그럽게 받아 줄 수 있었을 것이다.

과거의 감정이 되살아났기에 그녀는 해리스가 텔레비전을 보겠다고 했을 때 마음에 상처를 입었다. 만약 그가 그녀의 상처를 살펴보고 그 아픔을 함께 나눌 수 있었다면 가슴 속 깊이 묻혀 있던 감정들이 모두 끄집어 올려질 수 있었을 것이고, 그랬다면 캐시의 파도가 이내 맨 밑바닥을 드러내 좀더 빠르게 상승으로 돌아섰을 것이다. 그리고 캐시는 간혹 그가 어쩔 수 없이 멀어지려 할 때 그것이 고통을 안겨 주는 일임을 알지만, 그렇더라도 둘 사이의 친밀감에 금이 가는 것은 아니라는 믿음을 다시 한 번 확인할 수 있었을 것이다.

## 기분이 상할 때

그러나 해리스는 그녀가 왜 상처를 받았는지 이해할 수 없었다. 그래서 그녀에게 그럴 이유가 없다고 말해 주었고, 두 사람은 언쟁을 벌이기 시작했다. 기분이 상해 있는 여자에게 그런 마음을 가져서는 안 된다고 말하는 것은 무엇보다 삼가야 할 일이다. 그것은 벌어진 상처를 꼬챙이로 찌르는 것처럼 아픔을 더할 뿐이다.

여자가 기분이 상해 있을 때는 그녀의 모든 게 마치 상대방을 비난하는 것처럼 보인다. 하지만 그 기분을 이해하고 살펴 주기만 하면 비난은 자취를 감출 것이다. 기분이 나쁠 하등의 이유가 없다고 아무리 설명해 봐야 사태는 점점 더 악화될 뿐이다.

기분 상할 이유가 없다는 데 대해 이성적으로는 그녀도 동의하는 경우가 있을지 모른다. 하지만 그렇더라도 기분이 나쁜 것은 어쩔 도리가 없으며, 그녀는 그의 설명이나 훈계를 듣고 싶어하지 않는다. 그녀가 필요로 하는 것은 오직 자기의 상한 기분을 알아 주는 그의 이해이다.

### 왜 남자와 여자는 서로 다투는가

해리스는 캐시의 말을 완전히 오해했다. 그는 아내가 앞으로 영원히 텔레비전을 보지 말라는 줄 알았다. 그러나 캐시는 텔레비전을 포기하기를 요구한 게 아니었다. 그녀는 단지 자기 기분이 어떠한지 그가 헤아려 주기를 바랐던 것뿐이다.

여자들은 만일 자신의 아픔에 상대가 귀를 기울여 준다면 설사 그가 어떻게 변화하더라도 그를 신뢰하리라는 것을 본능적으로 알고 있다. 캐시는 자기가 상처를 받았노라고 할 때 그가 진지하게 이야기를 들어 주기를 바랐을 뿐이며, 텔레비전에 푹 빠져 있고 좀처럼 감정을 표현하지 않는 옛날의 해리스로 아주 되돌아가는 것이 아니라는 확신을 그에게서 얻고 싶었을 뿐이다.

물론 해리스에게는 텔레비전을 볼 권리가 있다. 그러나 캐시에게도 감정이 상할 권리가 있다. 그녀는 자기 심정을 이야기할 수 있고 이해와 확신을 구할 권리가 있다. 해리스가 텔레비전을 보는 게 잘못이 아니듯 캐시가 마음이 상했다고 그녀를 나무랄 수는 없는 일이다.

~~~

남자는 자유로울 권리를 주장하고 여자는 기분 상할 권리를
주장한다. 여자는 이해받고 싶어하는데 남자는 혼자 있고 싶어한다.

화성에서 온 남자, 금성에서 온 여자

캐시의 파도를 이해하지 못한 해리스는 그녀가 보인 반응이 부당하다고 느꼈다. 그는 자기가 텔레비전을 볼 시간을 갖고 싶었고 아내의 생각이 틀렸음을 보여 주어야 한다고 생각했다. 그는 짜증이 나기 시작했고, 어떻게 맨날 사랑이 넘치는 똑같은 모습으로 있으라는 거냐고 생각했다.

해리스는 아내의 감정이 부당하다는 것을 입증해야만 자기가 텔레비전을 볼 수 있고 또 삶을 보장받을 수 있으리라고 믿었다. 캐시는 그저 자기 얘기를 들어 주기를 바랐을 뿐인데 그는 텔레비전 볼 권리를 주장했다. 캐시는 자기에게도 기분이 상할 권리는 있다고 맞섰다.


## 이해를 통해 갈등 해소하기

12년 동안 굴절된 삶을 살아 오면서 그녀가 느꼈던 무력감과 원망과 분노가 단 2주간의 사랑으로 말끔히 씻겼으리라고 생각했다면 그것은 해리스의 오산이었다.

마찬가지로 해리스가 앞으로는 자기 자신에게 신경을 쓰거나 혼자만의 시간을 갖는 일 없이 모든 관심을 아내와 가족에게 언제까지나 집중할 것이라고 믿었던 캐시의 기대 역시 무리한 것이었다.

해리스가 거리를 두려 했을 때 캐시의 파도도 급강하하기 시작했다. 과거에 해결되지 않고 남아 있던 감정들이 다시 솟아올랐다. 캐시가 예민한 반응을 보였던 대상은 꼭 그날 밤 텔레비전 앞에 앉아 있던 해리스라기보다는 무시당하며 살아 온 지난 세월이었다고 해야 옳을 것이다. 그들의 논쟁은 급기야 고함으로 번졌고, 무려 두 시간을 서로에게 소리지르고 나서야 그들은 잠잠해졌다.

도대체 어쩌다가 일이 이렇게 되었는지 곰곰 생각해 본 두 사람은 그제서야 상황을 넓게 되돌아보게 되었고, 그 결과 갈등을 풀고 화해에 도달하게 되었다.

해리스는 자기가 감정적으로 거리를 두려 한 것이 캐시의 감정이 급강하하도록 부추겼음을 이해하게 되었다. 캐시에게는 감정의 정화가 필요했고, 그래서 그녀는 자기 마음을 털어놓고 싶었던 것뿐이었는데 그가 오해한 것이었다. 그녀는 이야기하고 싶었고, 자기는 자유로운 시간이 필요해서 벌어진 싸움이었음을 깨달은 해리스는 용기를 얻었다. 그는 자기가 아내의 요구를 들어 주면 아내 역시 자기 욕구를 충족시켜 주리라는 것을 깨달은 것이다.

〰

이야기하고자 하는 그녀의 욕구가 충족되면, 그녀는 자유롭고자<br>하는 그의 욕구를 채워 줄 수 있을 것이다.

캐시는 해리스가 자기의 상한 감정을 일부러 백안시하려던 것이 아니었음을 알게 되었다. 그리고 일시적으로 그가 조금 멀어지더라도 곧바로 돌아올 것이며, 다시 친밀감을 나눌 수 있게 되리라는 것을 이해했다. 그녀는 두 사람이 전에 없이 밀착되었던 것이, 멀어지고자 하는 그의 욕구를 촉발시켰다는 것을 깨달았다. 해리스는 그녀의 심리 상태에 자기가 이끌려 다니는 듯한 느낌을 받았고, 매사 그녀에게 조종당하고 있는 것 같은 느낌에서 벗어나고 싶었던 것이다.

### 이야기를 들을 기분이 아닐 때 남자가 취할 수 있는 행동은

해리스가 물었다.

"그럼 이야기를 들을 수 없을 때는 어떻게 합니까? 제가 동굴에 들어가고 싶을 때는요? 어떤 때는 이야기를 듣다가 벌컥 화가 치밀기도 하거든요."

나는 그것이 정상이라고 그에게 말해 주었다. 여자의 파도가 급강하해 그녀가 어느 때보다 더 이야기를 나눌 상대를 필요로 할 때 공교롭게도 그의 고무줄이 힘을 잃어 멀리 떨어지고자 할 경우가 더러 있다. 그녀가 원하는 것을 줄 수 없는 것이다. 그는 바로 그것이라는 듯 힘주어 말했다.

"맞아요. 정말 그래요. 저는 혼자 있고 싶은데, 그녀는 이야기를 하자고 하죠."

남자가 감정적으로 거리를 두고자 할 때 그녀가 원한다고 해서 억지로 이야기에 귀기울이는 것은 문제를 악화시킬 뿐이다. 그는 필시 얼마 못 가서 그녀를 비난하게 되거나 벌컥 화를 내게 될 것이고, 또 그렇지 않으면 너무나 피곤하고 성가신 나머지 저절로 태도가 무성의해져 오히려 그녀의 화를 더 돋우어 놓게 될 것이다. 성의와 관심과 이해심을 가지고 진지하게 상대의 이야기를 들어 줄 수 없을 때는 다음의 세 가지 행동이 문제 해결에 도움이 될 수 있다.

## 거리를 두고 싶어질 때 그녀를 돕는 3단계

I  자신의 한계를 인정하라

맨 처음으로 당신이 할 일은 조용히 혼자 있고 싶다는 자신의 욕구를 인정하고, 자기에겐 아무것도 줄 것이 없음을 받아들이는 것이다. 아무리 애정 깊은 사람이 되기를 원해도 당신은 상대의 이야기에 주의를 집중할 수가 없다. 할 수 없는 일을 하려고 애쓰지 마라.

2  그녀의 고통을 이해하라

다음으로는, 지금 이 순간 그녀는 당신이 줄 수 있는 것보다 더 많은 것을 원한다는 사실을 이해할 필요가 있다. 그녀의 욕구는 타당한 것이다. 더 많은 것을 원하거나 마음에 상처를 받는 것이 그녀의 잘못인 양 매도하지 마라. 당신의 사랑이 필요할 때 버려진 듯한 느낌이 든다면 분명 그것은 그녀에게 아픔을 주는 일이다. 거리를 갖고자 하는 당신의 욕구가 잘못된 것이 아니듯 가까이 있고 싶다는 그녀의 욕구 또한 부당한 것이 아니다. 당신은 아마도 그녀로부터 용서와 신뢰를 얻지 못할까 봐 두려울지 모른다. 그러나 그녀는 당신이 자신의 상처를 이해하고 염려해 주기만 한다면 얼마든지 당신을 신뢰하고 용서할 수 있다.

3  논쟁을 피하고 확신을 갖게 하라

그녀의 아픔을 이해하면 당신은 기분이 상해 괴로워하는 그녀를 나쁘게 생각하지는 않을 것이다. 당신이 비록 그녀가 원하고 필요로 하는 것을 줄 수는 없더라도 논쟁으로 쓸데없이 문제를 악화시키지 않을 수는 있다. 당신은 곧 돌아올 것이며, 그때는 그녀가 마땅히 받아야 할 도움을 줄 수 있음을 그녀로 하여금 믿게 하라.

### 논쟁 대신에 그는 어떤 말을 할 수 있는가

혼자 있고 싶고, 텔레비전을 보고 싶은 해리스의 욕구가 잘못된 것이 아니듯 캐
시의 언짢은 기분도 하등 잘못이 없다. 자기에게는 텔레비전을 볼 권리가 있다
고 주장하는 대신, 그는 이렇게 말하는 게 좋다.

"당신 기분이 언짢다는 건 이해하오. 하지만 나는 지금 텔레비전을 보면서
좀 쉬고 싶은 게 사실이오. 내가 기분이 좀 나아지면 우리 그때 이야기하도록
합시다."

이렇게 함으로써 그는 텔레비전을 볼 시간을 가질 수 있을 뿐만 아니라 마
음을 차분히 가라앉히고 그녀의 이야기를 들어 줄 준비를 할 수 있게 될 것이다.

그녀는 아마 그의 이러한 반응을 반기지는 않겠지만 적어도 그의 의사를 존
중하기는 할 것이다. 물론 그녀는 그가 언제나 사랑이 넘치는 사람이기를 바란
다. 하지만 그의 혼자 있고 싶어하는 욕구는 타당한 것이며, 그가 갖고 있지 않
은 것을 줄 수는 없기 때문이다. 이 시점에서 그가 할 수 있는 것은 사태의 악화
를 피하는 일이다. 해결의 열쇠는 두 사람의 욕구를 모두 충족시키는 데 있다.
그는 자기가 필요한 시간을 가져야만 하고, 그런 다음 돌아가서 그녀가 필요로
하는 것을 주어야 한다.

지금 당장 여자의 이야기에 귀기울일 수 없다면 그는 이렇게 말할 수 있다.

"당신 기분이 상한 건 이해해요. 거기에 대해 생각할 시간이 좀 필요한데,
우리 '타임 아웃'을 선언합시다."

남자가 이런 식으로 자신의 입장을 설명하는 것이 그녀의 감정을 무시해 버
리려는 것보다는 훨씬 낫다.

### 논쟁 대신 그녀가 할 수 있는 일은

이같은 제안을 듣고 있던 캐시가 말했다.

"그는 자기가 원하던 대로 동굴에 들어갈 시간을 얻는데 그럼 저는요? 그에게 혼자만의 시간을 주는 대가로 저는 무얼 얻죠?"

캐시가 얻는 것은 그 상황에서 해리스가 줄 수 있는 최선의 것이다. 당장 이야기를 들어 줄 것을 요구하지 않음으로써 그녀는 말다툼이 커져 사태가 악화되는 것을 피할 수 있다. 둘째로, 그가 다시 돌아왔을 때 자기가 필요로 하는 도움을 받을 수 있다.

기억해 둘 것이 있다면, 남자가 고무줄처럼 멀어졌다가 다시 돌아올 때는 전보다 더욱 많은 사랑을 품고 온다는 사실이다. 이때가 대화를 시작하기에 가장 좋은 시간이다.

동굴 속으로 들어가고자 하는 남자의 욕구를 들어 준다는 것이 곧 대화를 원하는 자신의 욕구를 포기하라는 말은 아니다. 단지 그녀는 언제든지 자기가 원하기만 하면 그가 들어 주리라는 기대를 버려야 하는 것이다. 캐시는 가끔은 남자들이 아무 말도 하고 싶지 않거나 듣고 싶지 않은 때가 있으며, 또 그와 정반대일 때도 있다는 것을 받아들이게 되었다. 실로 타이밍이 중요하다는 것을 깨달았다. 그녀는 친밀한 대화를 포기하지 않고, 그가 이야기를 들어 줄 수 있는 시간을 선택할 수 있다는 데 용기를 얻었다.

남자가 멀어질 때는 친구들로부터 보다 많은 도움을 얻을 수 있다. 자기는 이야기를 하고 싶은데 해리스가 들어 줄 수 없다면 그녀는 친구들과 좀더 많은 대화를 나눌 수 있다. 자기가 원하는 사랑과 위안을 오로지 그에게서만 얻으려 한다면 그는 상당한 부담을 느끼게 된다. 여자의 파도가 급강하할 때 만일 남자가 동굴 안에 있다면 그녀는 다른 곳에서 위안을 찾을 수 있어야 한다. 만일 그럴 대상이 전혀 없다면 그녀는 무력감에 빠져 배우자를 원망할 수밖에 없을 것이다.

〰

자기가 원하는 사랑과 위안을 오로지 배우자에게서만 얻으려
한다면 그는 상당한 부담을 느끼게 된다.

## 돈이 어떻게 문제를 야기시킬 수 있는가

크리스가 말했다.

"저는 지금 너무나 혼란스러워요. 저희 부부는 결혼초에는 정말이지 가난했습니다. 둘이 죽어라고 일을 해야 겨우 집세를 낼 정도였으니까요. 제 아내 팜은 살아가기가 왜 이렇게 힘이 드느냐고 이따금 불평을 했죠. 저는 아내의 심정을 이해할 수 있었습니다. 하지만 우린 이제 부자가 됐고, 둘 다 사회에서도 성공했다고 볼 수 있죠. 그런데 그녀는 왜 여전히 불평을 하고 불행을 느끼는 걸까요? 다른 여자들이 지금의 자기를 얼마나 부러워하는데요. 우리는 늘 싸우는 게 일입니다. 전에는 비록 가난했지만 이보다는 행복했는데, 이제 우리는 이혼을 고려하게 됐습니다."

크리스는 여자에게 파도와 같은 속성이 있다는 것을 알지 못했다. 그가 팜과 결혼을 때 이따금씩 그녀의 파도가 곤두박질치곤 했다. 그럴 때 그는 아내의 하소연을 열심히 들어 주었고 그녀를 이해했다. 아내의 불행은 자기도 함께 느끼는 것이어서 그녀의 부정적인 감정에 쉽게 공감할 수 있었다. 그들이 가난하다는 사실만으로도 그녀가 불행을 느낄 이유가 충분하다는 것이 그의 생각이었다.

### 돈이 마음의 욕구를 채워 주지는 못한다

화성인들은 돈이면 모든 문제가 해결된다고 생각하는 경향이 있다. 크리스와 팜이 생활고와 싸우며 목표를 이루기 위해 애쓰던 시절, 크리스는 아내의 고통에 진정으로 귀를 기울였고 함께 느끼려 애썼다. 그는 얼른 돈을 벌어 아내가 행복해하는 모습을 보고 싶었다. 팜은 남편의 깊은 마음을 가슴 깊이 느꼈다.

그러나 그들의 생활이 물질적으로 꽤 풍족해졌는데도 그녀가 이따금씩 불행을 느끼기는 매한가지였다. 크리스는 그녀가 불행해하는 이유를 도저히 알 수 없었다. 이제 남부럽지 않은 부를 누리게 되었으니 그녀는 당연히 늘 행복한 얼굴이어야 했다. 팜은 남편이 자기한테 관심이 없다고 느꼈다.

크리스는 돈이 많다는 것이 아내의 파도가 내려가는 것을 막을 수는 없음을 깨닫지 못했다. 팜의 파도가 급강하할 때 그는 아내의 감정에 이의를 제기하곤 했고, 이것이 결국 싸움이 되었다. 돈이 많아지면 많아질수록 그들의 싸움도 늘어 갔다.

형편이 어려웠을 때 그녀의 고통은 주로 경제적인 것에 원인이 있었지만, 물질이 충족되고 나니 전에 보이지 않던 감정의 빈곤이 눈에 띄게 된 것이다. 이러한 진행은 극히 자연스럽고 정상적이며 예측 가능한 것이다.

물질적인 욕구가 충족되고 나면 여자들은 정서적인 욕구를
강하게 느끼게 된다.

### 부유한 여자가 더 많은 마음의 혼란을 느낀다

어떤 기사에선가 이런 문장을 본 기억이 난다.

"돈 많은 여자의 마음을 완전히 이해해 줄 상대가 있다면 그것은 오직 돈 많은 정신과 의사뿐이다."

여자가 돈이 많으면 사람들은 (특히 그녀의 남편은) 그녀에게 속상해할 권리를 주지 않는다. 그녀는 인생의 어느 항목에서든 더 많은 것을 요구할 권리가 없고, 파도와 같은 오르내림을 가지는 것도 허락되지 않는다.

경제적인 풍족함이 없었다면 그녀의 삶이 지금보다 훨씬 조악했을 것이기에 돈 있는 여자는 늘 만족감에 차 있을 것이라고 사람들은 생각한다. 그러나 그런 생각은 실제와 거리가 있을 뿐 아니라 개인의 인격을 무시하는 것이기도 하다. 부와 지위, 명예나 배경과 상관 없이 여자에게는 감정이 있고, 따라서 감정의 기복이 있는 것은 당연하다.

크리스는 자기가 아내를 행복하게 해줄 수 있음을 알고 힘을 냈다. 가난했을 때 아내의 마음을 이해할 수 있었듯이 생활이 윤택해진 지금도 그녀를 이해할 수 있으리라는 자신감을 가졌다. 그는 비로소 무력감에서 벗어났다. 아내가 진정 원한 것은 그의 이해와 관심이었음에도, 돈이 그녀를 행복하게 해줄 것이

여자는 파도와 같다

171

라 믿음으로써 지금까지 엉뚱한 길로 달려온 것이었다.

## 감정이란 중요한 것이다

만일 여자가 때로 불행한 느낌에 젖어 보지 못한다면 그녀는 참된 행복을 느낄 수 없다. 진정한 행복을 경험하려면 우물 속에 깊이 가라앉아 마음을 정화하고 치유하고 비울 필요가 있다. 이것은 자연스럽고도 건강한 과정이다.

만일 사랑과 행복, 믿음과 감사 같은 긍정적인 감정을 느껴 보고 싶다면 가끔 한 번씩은 분노와 슬픔, 두려움과 비애 따위의 부정적인 감정들도 경험해 보아야 한다. 여자가 우물 속으로 들어갈 때, 그때가 바로 그녀가 이런 부정적인 감정들을 정화할 수 있는 시간이다.

남자들 역시 긍정적인 감정을 경험하려면 부정적인 감정을 처리할 필요가 있는데, 이같이 부정적인 감정을 조용히 되새겨보고 처리하는 작업은 동굴에 있을 때 이루어진다. 제11장에서는 부정적인 감정을 처리함에 있어 남자와 여자 모두가 똑같이 좋은 효과를 볼 수 있는 방법을 알아보게 될 것이다.

여자의 파도가 위로 솟구칠 때 그녀는 자기가 가진 것에 만족감을 느낄 수 있다. 그러나 파도가 꺼지면 그녀는 자기가 갖지 못한 것, 놓쳐 버린 것을 생각하게 된다. 기분이 좋을 때는 인생의 좋은 면을 보고 감응할 수 있지만, 기분이 저조해지면 지금까지 사랑으로 바라보던 세상에 구름이 끼고 자기 인생에서 소유하지 못한 것에 더욱더 마음이 쏠리게 된다.

컵에 담긴 물을 보고 반 컵이나 있다고 할 수도 있고 반 컵밖에 없다고 할 수도 있듯이, 여자는 파도의 오르내림에 따라 자기 삶을 충만하다고 볼 수도 있고 공허하다고 볼 수도 있다. 파도가 상승할 때는 모르고 지나쳤던 삶의 빈자리들이 우물 안으로 들어갈 때는 유난히 두드러져 보이는 것이다.

여자가 어떻게 파도와 같은지 모르고서는 남자들은 자기 아내를 이해할 수도 도와 줄 수도 없다.

겉으로 드러난 상황이나 형편은 많이 좋아졌는데, 웬일인지 관계는 오히려 더 악화된다면 남자들은 당황스러움을 느낀다. 남자는 이러한 차이를 잊지 않음으로써 자기 배우자가 마땅히 받아야 할 사랑을, 그녀가 가장 필요로 할 때 줄 수 있는 열쇠를 갖게 되는 것이다.

# 8
## 서로 다른 정서적 욕구 발견하기

우리는 남자와 여자가 서로 다른 정서적 욕구를 가지고 있다는 사실을 별반 느끼지 못한다. 따라서 우리는 이성인 상대방을 잘 보필하는 방법을 본능적으로 알지 못한다. 관계 속에서 남자들은 자기들이 받고자 하는 것을 여자들에게 주는 것이 보통이고, 이는 여자들도 다를 바 없다. 그들은 상대방이 자기와 똑같은 욕구와 갈망을 갖고 있을 것이라 착각한다. 그 결과 두 사람 모두 상대로부터 만족을 얻지 못하고 원망하게 된다.

남자 여자 할 것 없이 그들은 자기가 상대에게 아무리 베풀어도 돌아오는 게 없다고 느낀다. 상대가 자기 사랑을 알아 주지도 않고 받아들이지도 않는다는 생각이 드는 것이다. 사실 그들은 둘 다 사랑을 주고 있다. 그러나 그 방법이 바람직하지 않다는 데 문제가 있다. 예를 들어, 여자는 상대를 보살피고 챙겨 주기 위해 이것저것 많이 물어 보고 그에 대해 염려하는 마음을 표현하면서 그것이 사랑이라고 생각한다. 앞서 얘기했듯이 이런 태도는 남자를 짜증스럽게 할 뿐이다. 그는 여자로부터 조종당하고 있다고 느끼고 벗어나고 싶어할지 모른다. 여자는 만일 누군가가 자기에게 그런 염려를 해주고 보살펴 준다면 정말 고마울 터이기에 남자의 그런 거부반응에 혼란을 느낀다. 사랑을 베풀고자 하는 그녀의 노력이 상대로부터 무시당하는 것으로 끝나면 그나마 다행이고, 최악의 경우에는 상대를 짜증스럽고 화나게 만들기도 한다.

　마찬가지로 남자들도 자기들은 사랑을 표현하는 것이라고 생각하겠지만 그들이 사랑을 표현하는 방법은 여자의 감정을 무시하고 묵살할 뿐인 경우가 많다. 예를 들면 여자가 상심해 있을 때 남자는 그녀가 느끼는 문제의 중요성을 극소화하는 말을 함으로써 그녀를 위로하려고 한다. "걱정하지 마. 뭐 대수롭지도 않은 일을 가지고 그래."라고 말할지도 모르고, 혹은 그녀 혼자서 조용히 머리를 식히고 생각할 시간을 갖도록 철저히 그녀를 방치할 수도 있다. 그는 도움이라고 생각하지만 그녀로 하여금 무시당하고 사랑받지 못하고 있다고 생각하게 만든다.

　앞서 말했듯이 기분이 상했을 때 여자들은 자기 이야기를 들어 주고 자기를 이해해 주는 사람을 필요로 한다. 남녀의 욕구 차이에 대한 통찰이 없다면, 남자들은 상대를 도우려는 그들의 시도가 왜 번번이 실패로 끝나는 것인지 이해하지 못한다.


## 12가지 사랑의 종류

우리가 느끼는 감정의 욕구는 거의 사랑에 대한 욕구라고 보아도 좋을 것이다. 남자와 여자에게는 제각기 그 중요성에 있어 더하지도 덜하지도 않고 똑같은 여섯 가지의 독특한 사랑에의 욕구가 있다. 남자는 근본적으로 신뢰·인정(認定)·감사·찬미·찬성·격려를 필요로 하고, 여자는 관심·이해·존중·헌신·공감·확신을 얻고 싶어한다. 배우자가 무엇을 원하는지 알아 내는 대대적인 작업은 이 12가지 상이한 사랑의 종류를 이해하고 나면 무척이나 간단해진다.

　이 항목들을 살펴보면 당신의 배우자가 왜 사랑받지 못하고 있다고 느끼는지 그 이유를 발견할 수 있을 것이다. 그리고 무엇보다도 중요한 것은 이 항목들이 갈팡질팡하는 당신에게 이성과의 관계를 향상시키는 방법을 제시해 줄 거라는 사실이다.

### 남자와 여자의 주된 사랑의 욕구

여기 서로 다른 사랑의 욕구가 나란히 제시되어 있다.

| 여자가 받고자 하는 것 | 남자가 받고자 하는 것 |
|---|---|
| 1 관심 | 1 신뢰 |
| 2 이해 | 2 인정 |
| 3 존중 | 3 감사 |
| 4 헌신 | 4 찬미 |
| 5 공감 | 5 찬성 |
| 6 확신 | 6 격려 |

### 자신의 근본적인 욕구를 이해하기

분명 모든 남녀에게는 위의 12가지 사랑에의 욕구가 있다. 그 중 여섯 가지는 여자들에게 우선적으로 필요한 것인데, 그렇다고 해서 남자들에게 그같은 사랑이 없어도 좋다는 뜻은 아니다. 남자들 역시 관심과 이해, 존중과 헌신, 공감과 확신을 필요로 한다. '주된 욕구'라는 것은 그 나머지의 사랑을 충분히 받고 음미하기에 앞서 우선적으로 충족되어야 하는 욕구를 말한다.

✧

주된 욕구가 충족되고 나서야 비로소 나머지의 사랑을
충분히 받고 음미할 수 있게 된다.

남자들은 자신의 주된 욕구가 충족되고 나면 여자들이 우선적으로 필요로 하는 관심, 이해, 존중, 헌신, 공감, 확신의 여섯 가지 사랑을 받아들일 자세가 된다. 마찬가지로 여자들에게도 신뢰와 인정, 감사와 찬미, 찬성과 격려가 필요하다. 그러나 그녀가 이러한 종류의 사랑을 진정으로 고맙게 받아들이기 위해서는 자신의 주된 욕구 여섯 가지가 먼저 충족되어야 하는 것이다.

당신의 배우자가 원하는 사랑이 어떤 것인지 이해하는 것은 이 세상에서의 관계를 보다 낫게 만드는 중요한 비법이다. 남자들이란 화성에서 온 존재들임을 기억함으로써 그들이 당신과 다른 욕구를 가졌음을 이해하고 인정하는 데 도움이 될 것이다.

여자들은 자기가 좋아하는 화성인에게 자기가 필요로 하는 것을 주면서 자칫 그들이 무언가 다른 것을 원하리라는 것을 생각하지 못한다. 남자들 역시 그들이 필요로 하는 사랑이, 그들이 사랑하는 금성인에게 반드시 도움이 되거나 적절한 것이 아님을 잊은 채 자기 욕구에 초점을 맞추는 경향이 있다.

사랑에 대한 이같은 새로운 이해가 가지고 있는 가장 강력하고 유용한 국면은 그것이 호혜적이라는 데 있다. 예를 들어 화성인이 배려와 이해를 보여 주면 금성인은 자동적으로 이에 보답하게 되어, 그가 주로 필요로 하는 신뢰와 인정을 되돌려 주게 된다. 금성인이 신뢰감을 표시할 때도 마찬가지여서 화성인은 그녀가 필요로 하는 관심으로 보답한다.

우리는 다음에서 12가지 사랑의 종류를 구체적으로 알아보고 그 호혜적인 특성을 자세히 살펴보게 될 것이다.

### 1 그녀는 관심을, 그는 신뢰를 필요로 한다

남자가 여자의 감정에 관심을 보이고 그녀의 행복을 진심으로 염려해 주면, 여자는 그가 자기를 사랑하고 소중히 생각하고 있다는 느낌을 받는다. 이렇게 관심을 가져 줌으로써 남자는 그녀의 첫번째 주된 욕구를 충족시키는 데 성공한다. 그녀는 자연히 그를 더욱 신뢰하기 시작할 것이며, 상대를 믿을 때 그녀는 마음을 열고 그의 사랑을 받아들일 수 있게 된다.

여자가 자기를 향해 마음을 열고 사랑을 받아들이는 태도를 보이면, 남자는 그녀로부터 신뢰받고 있음을 느낀다. 남자를 신뢰한다는 것은 그가 최선을 다하고 있고 노력하고 있음을 믿는 것이다. 여자의 반응에서 그의 능력과 진심에 대한 긍정적인 믿음을 읽을 수 있다면 그의 첫번째 주된 욕구가 충족된 것이다. 자동적으로 그는 그녀의 감정과 욕구에 한층 더 귀기울이고 마음을 쓰게 된다.

## 2 그녀는 이해를, 그는 인정을 필요로 한다

여자가 자기 감정을 표현할 때 남자가 이를 비판하지 않고 공감과 호응을 나타내며 들어 주면, 그녀는 그가 자기를 이해하고 있다고 느낀다. 여기서 이해한다는 것은 상대가 어떤 생각을 하고 어떤 느낌을 갖고 있는지 벌써 다 알고 있는 듯한 태도를 취하는 것이 아니다. 그것은 상대로부터 들은 내용을 토대로 대화를 풀어 나가는 것을 의미한다. 누군가에게 이야기하고 싶고 이해받고 싶다는 그녀의 욕구가 충족되면 될수록 그녀는 그가 필요로 하는 것, 즉 인정받고 싶다는 그의 욕구를 채워 주기가 수월해진다.

여자가 남자를 변화시키려 하지 않고 있는 그대로의 그를 사랑으로 받아들일 때, 그는 그녀로부터 인정받고 있다고 느낀다. 그러나 그를 호의적으로 받아들이는 것이 그가 완벽하다고 생각한다는 뜻은 아니며, 단지 그가 자신의 향상을 스스로 이룩할 것이므로 그를 개선하려들지 않을 것임을 분명히 하는 것이다. 그녀가 자기를 인정하고 있다고 느낄 때, 남자는 그녀의 이야기에 귀를 기울여 주거나 그녀가 필요로 하고 또 받아 마땅한 이해를 그녀에게 보여 주기가 한결 쉬워진다.

## 3 그녀는 존중을, 그는 감사를 필요로 한다

남자가 여자의 권리와 욕구와 바람을 인정하고 그 해결을 우선적으로 배려하는 태도를 보일 때, 그녀는 상대로부터 존중받고 있다는 느낌을 받는다. 그의 행동이 그녀의 생각과 감정을 고려한 것일 때, 그녀는 그가 자기를 존중하고 있다는 확신을 얻는다. 꽃다발이나 기념일을 기억하는 등의 구체적이고 물질적인 표현은 여자들의 세 번째 사랑의 욕구를 충족시키는 데 필수적인 것이다. 여자가 존중받고 있음을 느낄 때 그녀가 그에게 감사를 표현하기가 훨씬 용이해진다.

여자가 남자가 애를 쓴 덕분에 개인적으로 도움을 받고 있고 이익을 얻었음을 인정할 때, 남자는 그녀가 자신의 가치를 제대로 평가하고 고마움을 느끼고 있다고 생각하게 된다. 감사란 도움을 받았을 때 보이는 자연스러운 반응이다. 상대가 자기에게 감사를 표해 오면 남자는 자기 노력이 헛되지 않았음을 알고 더욱 분발하게 마련이다. 남자에게 고마움을 표시하면 그는 저절로 힘을 얻어 자기 배우자를 보다 존중할 의욕을 갖게 된다.

## 4  그녀는 헌신을, 그는 찬미를 필요로 한다

남자가 여자의 욕구에 우선순위를 두고 그녀를 돕는 일에 긍지를 느끼면, 그녀의 네 번째 사랑의 욕구는 충족된 셈이다. 여자는 자기가 특별한 존재로 숭배되고 있음을 느낄 때 눈부시게 피어난다. 남자가 그녀의 감정과 욕구를 중요시해 일이나 공부, 취미생활과 같은 자신의 관심사보다 우위에 둘 때, 숭배의 대상이 되고 싶어하는 여자의 욕구는 충족된다. 자기가 그의 인생에서 가장 중요한 존재임을 느끼면 여자는 자연히 그를 찬미하게 된다.

여자에게는 남자의 헌신을 받고 싶은 욕구가 있듯, 남자는 여자로부터 찬미의 대상이 되고 싶어한다. 남자를 찬미한다는 것은 경이와 기쁨, 그리고 즐거움으로 그를 바라보고 인정해 주는 것이다. 그의 유머와 힘, 강한 의지, 정직성과 성실성, 로맨틱함, 친절, 애정과 이해심, 그외의 케케묵은 미덕이라도 여자가 그것을 독특한 특성으로 받아들이고 재능으로 생각해 기뻐하면, 남자는 그녀가 자기를 찬미하고 있다고 느낀다. 남자는 자기를 찬미하는 상대에게 마음놓고 모든 것을 바치며 숭배해 마지않는다.

### 5 그녀는 공감을, 그는 찬성을 필요로 한다

남자가 여자의 감정에 이의를 제기하거나 시비를 걸지 않고 그 타당성을 기꺼이 인정해 주면, 여자는 다섯 번째의 주된 욕구가 충족된 것이기에 그로부터 사랑받고 있다는 느낌을 갖는다. 공감하는 태도란 여자에게 그렇게 느낄 권리가 있음을 인정하는 것이다. (자기는 비록 다른 견해를 가지고 있더라도 그녀의 관점을 인정할 수 있다는 것을 기억하는 것이 중요하다.) 여자로 하여금 자기의 이런 태도를 느끼게 할 수 있다면, 그는 자신의 주된 욕구 중 하나인 찬성을 보장받을 수 있다.

모든 남자들은 마음 속 깊은 곳에 자기 여자의 영웅이 되거나 빛나는 갑옷을 입은 멋진 기사가 되고 싶은 욕망을 지니고 있다. 그가 그녀의 시험에 통과했음을 보여 주는 신호는 바로 그녀의 찬성이다. 여자가 상대를 승인하는 태도를 보인다는 것은 그의 좋은 점을 인정하고 그에게 전반적으로 만족하고 있음을 표현하는 것이다. (남자에게 찬성을 표한다는 것이 반드시 둘 사이에 견해차이 없이 일치한다는 의미는 아니다.) 승인하는 태도란 그가 어떤 행동을 했다면 거기에는 충분히 그럴 만한 이유가 있었으리라고 생각하고 믿어 주는 것이며, 여자가 이런 태도를 보일 때 남자 역시 그녀의 감정을 쉽게 인정할 수 있게 된다.

### 6 그녀는 확신을, 그는 격려를 필요로 한다

남자가 자기 배우자에게 지속적으로 관심과 이해, 존중과 공감을 보여 주고 기꺼이 헌신할 때, 확신을 얻고 싶다는 그녀의 기본 욕구가 충족된다. 남자의 이런 태도에서 여자는 그로부터 사랑받고 있다는 것을 느낀다.

남자가 흔히 저지르게 되는 실수는, 일단 그가 상대의 주된 사랑의 욕구를 모두 충족시켜 주면 그녀가 마음을 놓고 행복감에 젖을 것이며 그 순간부터는 마땅히 자기가 사랑받고 있음을 알고 있으리라 생각하는 것이다. 그러나 실은 그렇지가 않다. 그녀의 여섯 번째 사랑의 욕구를 충족시키려면 몇 번이고 되풀

이해서 확신을 주어야 한다는 사실을 그는 명심할 필요가 있다.

남자가 흔히 저지르게 되는 실수는 일단 그가 상대의 주된 사랑의
욕구를 모두 충족시켜 주면 그녀가 마음놓고 행복감에 젖을
것이며 그 순간 이후부터는 마땅히 자기가 사랑받고
있음을 알고 있으리라 생각하는 것이다.

그와 마찬가지로 남자들은 여자로부터 격려받고자 하는 주된 욕구를 지닌
다. 상대를 격려하는 태도란 그의 능력과 인격에 신뢰를 표함으로써 그에게 희
망과 용기를 불어넣어 준다. 여자가 남자에게 신뢰와 인정, 감사와 찬미, 찬성
을 보여 줄 때 그는 무엇이든 할 수 있는 힘을 얻는다. 상대로부터 격려받고 있
음을 느낀 남자는 그녀가 필요로 하는 사랑의 확신을 줄 마음을 갖게 된다.

여섯 번째 사랑의 욕구가 충족될 때 남자는 상대를 위해 전력을 질주한다.
그러나 여자가 남자의 주된 욕구에 대해 알지 못하고 신뢰하는 사랑보다 염려
하는 사랑을 준다면, 그녀는 자기도 모르는 사이에 그들의 관계를 망가뜨리고
있는 것이다.


## 빛나는 갑옷을 입은 기사

남자라면 누구나 가슴 속 깊은 곳에 영웅이나 빛나는 갑옷을 입은 기사가 자리
하고 있다. 무엇보다도 그는 자기가 사랑하는 여자를 섬기고 지켜 주는 일을 여
봐란 듯이 멋지게 해내고 싶어한다. 상대의 신뢰를 느끼면 그는 자기 자신의 숭
고한 일면을 이끌어 낼 수 있게 되고 훨씬 헌신적인 사람이 된다. 그러나 상대
로부터 신뢰를 얻지 못한다고 느끼면, 그는 혈기와 활력을 상당 부분 잃어버리
고 얼마 후엔 아예 관심조차 없어진다.

빛나는 갑옷을 입고 시골을 여행하고 있는 기사가 있다고 상상해 보자. 말
을 타고 길을 가던 그는 갑자기 여인의 고통스러운 비명을 듣게 된다. 순간 그

는 온몸에 혈기가 솟는 것을 느낀다. 전속력으로 말을 달려 여인의 목소리가 들리는 성에 이른 기사는 용이 그녀를 가두고 있는 것을 보게 된다. 그는 당장 검을 빼어 그 용을 처치한다. 공주는 자기를 구해 준 기사를 마음으로부터 받아들인다.

성문이 열리고, 그는 공주의 가족과 마을 사람들로부터 뜨거운 환영을 받는다. 사람들은 그에게 마을에서 함께 살기를 청하고 그를 영웅으로 떠받든다. 공주와 그는 사랑에 빠진다.

한 달 후, 그 훌륭한 기사는 다시 여행길에 오른다. 여행에서 돌아오는 길에 그는 자기의 사랑하는 공주가 도와 달라고 외치는 소리를 듣게 된다. 또 다른 용이 성을 공격한 것이다. 기사는 용을 죽이려고 검을 뺀다.

그가 막 칼을 휘두르려는데 공주가 성루에서 그를 내려다보며 이렇게 소리친다.

"검보다는 올가미를 쓰세요. 그게 더 나을 거예요."

그녀는 그에게 올가미를 던져 주며 몸짓으로 그 사용법을 일러 준다. 기사는 주저하면서 그녀의 지시에 따른다. 그는 용의 목에 올가미를 던져 힘껏 잡아당긴다. 용은 죽고 마을 사람들은 환호성을 지른다.

축하 파티에서 그 기사는 사실 자기가 한 일은 별로 없다는 생각을 하게 된다. 어찌 됐건 그녀의 지시대로 검을 쓰지 않고 올가미를 사용해 용을 잡았기에 그는 마을 사람들의 신뢰와 찬미의 대상이 될 자격이 없다는 생각을 한다. 그 일이 있은 후 그는 조금씩 활기를 잃어 가고 갑옷에 윤을 내는 일도 그만 시들해진다.

한 달쯤 있다가 그는 또 여행을 떠난다. 그가 검을 챙기려는데 공주가 그것보다는 올가미를 가지고 가라며 조심하라고 당부한다. 여행을 끝내고 마을로 돌아오는 길에 그는 성을 공격하고 있는 또 한 마리의 용을 만난다. 그는 검을 들고 돌진하려다가 올가미를 써야 하는 게 아닌가 생각하느라 잠시 머뭇거리는 사이 용이 불을 뿜어 오른쪽 팔에 화상을 입는다. 당황한 그는 성루 위를 올려다보고, 공주는 그에게 손을 흔들며 이렇게 외친다.

"독약을 쓰세요. 올가미는 소용없어요."

그녀가 독약을 아래로 던지자 그것을 받아 용의 입 속에 쏟아붓자 마침내 용이 쓰러진다. 모든 이들이 기뻐하고 축하해도 그는 그저 부끄러울 따름이다.

한 달 후 그는 또다시 여행을 나선다. 검을 가지고 가려는 그에게 공주는 조심하라고 이르며 그것보다는 올가미와 독약을 가지고 가라고 한다. 그는 그녀의 지시에 기분이 언짢았지만 만일의 경우에 대비해서 그것들을 챙긴다.

여행길에서 이번에는 다른 여자의 비명소리를 듣게 된 그는 예전처럼 자신감이 솟아오르고 기운이 샘솟는 것을 느낀다. 그러나 용을 죽이려고 칼을 빼려다가 그는 다시 망설인다. 그는 생각한다. 칼을 써야 할 것인가, 아니면 올가미를 쓸 것인가? 그것도 아니라면 독약을? 공주가 있다면 뭐라고 했을까?

잠시 그는 혼란에 빠졌다. 하지만 곧 그는 공주를 알기 전, 오직 검만을 지니고 다니던 때라면 자기가 어떻게 했을까 생각해 본다. 그는 새로이 자신감이 용솟음치는 것을 느끼며 올가미고 독약이고 다 던져 버리고 검을 택한다. 마을 사람들은 환호성을 올리며 용의 죽음을 기뻐한다.

빛나는 갑옷의 기사는 다시는 공주에게로 돌아가지 않았다. 그는 그 새로운 마을에 정착해 그 어느 때보다 행복하게 살았다. 마침내 그는 결혼을 했지만, 상대는 올가미나 독약 따위에 대해 전혀 모른다는 것을 확인하고 난 후였다.

남자들에게는 누구나 빛나는 갑옷의 기사가 가슴 속에 자리하고 있음을 기억하는 것은, 남자의 주된 욕구가 무엇인지 헤아려 보는 데 도움이 되는 효과적인 비유이다. 물론 남자들도 때로는 보살핌과 도움을 고마워하지만, 지나친 배려와 관심은 그의 자신감을 약화시키고 여자로부터 결국 등을 돌리게 한다.


## 당신은 지금 무의식중에 상대가 등을 돌리게 만들고 있는지 모른다

이성인 상대방이 무엇을 중요하게 여기는지 모른다면 당신은 배우자에게 숱한 마음의 상처를 입혀 놓고도 그것을 깨닫지 못한다. 우리는 남녀 모두가 아주 비생산적일 뿐만 아니라 심지어 상대가 정떨어지게 만드는 대화를 주고받는 것을 볼 수 있다.

　남자나 여자 모두 그들이 필요로 하는 사랑을 받지 못할 때 가장 마음의 상처를 받기 쉽다. 대개의 경우 여자들은 자기가 얼마나 남자의 마음에 상처가 되는 말을 하는지 느끼지 못한다. 그녀는 남자의 감정을 헤아리려고 애쓸지 모르지만, 그의 사랑의 욕구가 근본적으로 그녀와 다르기 때문에 그의 욕구를 본능적으로 알고 있지는 못하다.

　남자들이 주로 느끼는 사랑의 욕구를 이해하면 여자는 그의 불만이 어디에서 연유하는지 알 수 있게 되고, 그에 대해 좀더 민감해질 수 있다. 남자의 주된 사랑의 욕구와 관련해 여자들이 흔히 하게 되는 말의 실수를 다음에 열거해 보았다.

| 여자들이 흔히 저지르게 되는 실수 | 남자들이 사랑받지 못하고 있다고 느끼는 이유 |
|---|---|
| 1 그의 행동을 개선하려 하거나 그가 청하지도 않은 조언을 해 그를 도우려 한다. | 1 그녀가 자기를 더 이상 신뢰하지 않기 때문에 그는 사랑받지 못하고 있다고 느낀다. |
| 2 자신의 부정적인 감정이나 속상한 마음을 이야기해 그의 행동을 제어하거나 바꾸려고 한다. (감정을 이야기하는 것까지는 좋지만 상대를 조종하거나 징계하려고 해서는 안 된다.) | 2 그녀가 있는 그대로의 자기를 인정하지 않기 때문에 그는 사랑받지 못하고 있다고 느낀다. |
| 3 그가 자기를 위해서 해준 일을 인정하지 않고, 지금껏 그가 해온 일에 대해 불평한다. | 3 자기가 해준 일에 대해 그녀가 고마워하지 않고 당연하게 여기기 때문에 그는 사랑받지 못하고 있다고 느낀다. |

4 그의 행동을 수정해 주고 마치 어린아이에게 하듯 그가 할 일을 지시한다.

4 그녀가 자기를 찬미하지 않기 때문에 그는 사랑받지 못하고 있다고 느낀다.

5 다음과 같이 간접적이고 수사학적인 표현으로 자신의 상한 기분을 이야기한다. "당신 어떻게 그런 행동을 할 수가 있어요?"

5 그녀가 자기 행동에 찬성하지 않기 때문에 그는 사랑받지 못하고 있다고 느낀다.

6 그가 어떤 일을 결정하거나 주도적으로 일을 처리하면 그녀는 사사건건 이를 고치려들고 비판한다.

6 그 스스로 일을 해결할 수 있도록 격려하지 않는 그녀의 행동에서 그는 자기가 사랑받지 못하고 있음을 느낀다.

남자들의 기본적인 욕구를 이해하지 못할 때 여자가 실수하기 쉽듯 남자들 역시 여자의 욕구를 이해하지 못해 실수를 저지른다. 그들은 자기들이 여자를 무시하거나 그녀에게 하등 위안이 되지 않는 말투를 사용하고 있음을 인식하지 못한다.

설령 그녀가 자기로 인해 불행을 느낀다는 것을 알고 있다고 하더라도, 그녀가 왜 사랑을 못 받고 있다고 느끼는지, 또 그녀가 원하는 것이 무엇인지 모른다면 그는 좀처럼 접근방법을 바꿀 수가 없다.

여자들이 어떤 사랑을 원하는지 이해함으로써 그는 그녀의 욕구에 보다 민감해질 수 있고 그것을 존중할 수 있다. 여자의 주된 사랑의 욕구와 관련해 남자들이 저지르는 말의 실수를 다음에 열거해 보았다.

| 남자들이 저지르게 되는 실수 | 여자들이 사랑받지 못하고 있다고 느끼는 이유 |
|---|---|
| 1 이야기에 귀를 기울이지 않는다. | 1 그가 이야기를 주의 깊게 듣지 않 |

듣더라도 건성으로 듣다가 이내 관심을 다른 데로 돌려 버리기 일쑤이고 질문을 해서 관심을 표명하는 일도 없다.

고 관심을 보이지도 않으므로 그녀는 사랑받지 못하고 있다고 느낀다.

2 그녀의 감정을 곧이곧대로 받아들이고 그녀의 틀린 생각을 바로잡아 주려고 한다. 그녀가 해결책을 구하는 것으로 생각해 조언을 해준다.

2 그가 자기를 이해하지 못하기 때문에 그녀는 사랑받지 못하고 있다고 느낀다.

3 이야기를 듣다가 화를 내거나 혹은 그녀가 자기 기분을 뒤집어 놓았다고 불평을 한다.

3 그가 자기 기분을 존중하지 않기 때문에 그녀는 사랑받지 못하고 있다고 느낀다.

4 그녀의 감정과 욕구를 중요하게 생각하지 않는다. 그에게는 아이들이나 일이 더 소중하다.

4 그가 자기에게 헌신하거나 자기를 특별한 존재로 여기지 않기에 그녀는 사랑받지 못하고 있다고 느낀다.

5 기분이 언짢은 그녀에게 화를 내는 것이 왜 부당한지, 어째서 자기가 옳은지를 설명하려 한다.

5 그가 자기 감정에 수긍하지 않고 오히려 부당함을 증명하려 애쓰기 때문에 그녀는 사랑받지 못하고 있다고 느낀다.

6 이야기를 듣고 나서 아무 말도 하지 않거나 혹은 그냥 다른 데로 가 버린다.

6 자기에게 필요한 확신을 얻지 못한 그녀는 불안을 느낀다.

## 사랑을 그르칠 때

사람들은 부지불식간에 자기가 원하는 것을 상대에게 주기 때문에 종종 사랑을 그르친다. 여자의 주된 사랑의 욕구는 관심을 받고 이해받는 것이기에 그녀는 자연히 자기 남자에게도 많은 관심을 기울이게 된다. 이같은 보살핌은 남자로 하여금 그녀가 자기를 믿지 못하고 있다고 느끼게 만든다. 남자가 받고 싶어하는 것은 신뢰이지 보살핌이 아니다.

그녀의 보살핌에 그가 달갑지 않아 하는 반응을 보이면 그녀는 그를 이해하지 못한다. 그 역시 자기 고유상표가 붙은 사랑을 그녀에게 주지만 그것은 그녀가 원하는 사랑이 아니다. 이렇게 해서 그들은 번번이 서로의 욕구를 충족시키지 못하는 악순환을 되풀이한다.

베스는 이렇게 자기 불만을 털어놓았다.

"저도 이제는 받지도 못하면서 무작정 베풀기만 할 수는 없어요. 아서는 제 마음을 달갑게 받아들이지 않아요. 저는 그이를 사랑하는데 그는 저를 사랑하지 않아요."

아서는 이렇게 불만을 토로했다.

"제가 하는 일 가운데 쓸 만한 일이라곤 하나도 없어요. 저는 어찌할 바를 모르겠습니다. 저는 모든 노력을 다 해보았지만 아내는 여전히 저를 사랑하지 않아요. 저는 그녀를 사랑합니다만 그 사실이 전혀 도움이 되지 않더군요."

베스와 아서는 결혼한 지 8년째 되는 부부였다. 그들은 둘 다 상대방으로부터 사랑받지 못한다고 느꼈기에 이제 포기하고 싶은 마음이 들었다. 아이러니컬하게도 그들은 서로 자기가 상대에게 더 많은 것을 베풀었지만 하나도 받은 것은 없다고 우겼다. 그들이 서로에게 사랑을 베푼 것은 사실이었지만 둘 중 어느 쪽도 자기가 원하고 필요로 하는 사랑은 받아 보지 못한 것이었다.

그들은 상대방의 욕구를 제대로 인식하지 못했고, 그랬기에 사랑이 먹혀들지 못했다. 베스는 베스대로 아서는 아서대로 자기가 받고 싶은 유형의 사랑을 상대에게 베풀고 있었다.

관계가 지나치게 힘들어지면 많은 사람들이 포기한다. 상대방이 무엇을 원

하는지 이해한다면 관계를 풀어 가기가 한결 수월해진다. 더 많은 것을 주는 것
보다 꼭 필요한 것을 주는 게 훨씬 효율적이다. 12가지 서로 다른 사랑의 종류
를 이해하고 나면, 우리의 진지한 사랑의 시도가 왜 실패를 겪게 되는지 비로소
분명해진다. 당신의 파트너를 만족시키고 싶다면 당신은 그 사람이 필요로 하
는 사랑을 주는 방법을 터득해야만 할 것이다.

## 화내지 않고 들어주기

남자가 여자의 근본적인 사랑의 욕구를 충족시킬 수 있는 최고의 방법은 대화
다. 앞서 말했지만 금성에서는 대화가 무엇보다 중요시된다. 여자의 감정에 귀
를 기울이는 방법을 익힘으로써, 그는 관심과 이해, 존중과 헌신, 공감과 확신
을 그녀에게 효과적으로 퍼부을 수 있다.

여자의 이야기를 들어 줌에 있어 남자들이 느끼는 가장 큰 어려움 가운데
하나는, 여자들은 금성에서 온 존재들이므로 의사 전달방식이 자기들과 다르다
는 사실을 잊어버리고는 그들의 이야기에 불만을 갖거나 화를 내게 된다는 것
이다. 아래에서는 이러한 차이를 기억하고 대화에 임하는 방법 등을 개략적으
로 설명하고 있다.

### 화내지 않고 이야기를 들어 주려면

| 기억하고 있어야 할 것 | 해야 할 것과 해서는 안 되는 것 |
|---|---|
| 1 그녀의 관점을 이해하지 못하기 때문에 화가 나는 것임을 기억하라. 이것이 그녀의 잘못은 아니다. | 1 이해는 당신의 몫이며, 당신의 기분이 상했다고 그녀를 비난하지 마라. 이해해 보려고 노력하면서 다시 시작하라. |
| 2 감정이 꼭 사리에 맞으란 법은 | 2 호흡을 길게 하면서 아무 말도 |

없으며, 이치에 닿지 않는 감정도 얼마든지 존재할 수 있고 공감될 수 있음을 기억하라.

하지 마라! 마음을 느긋하게 갖고 상황을 다잡겠다는 생각을 버려라.

3 당신이 화내는 것은 문제를 해결할 방법을 모르기 때문일 수도 있음을 기억하라. 설령 당장은 그녀의 기분이 나아지지 않더라도 당신이 이야기를 들어 주고 이해해 주는 것이 그녀에게 도움이 될 것이다.

3 해결책을 일러 주었는데도 왜 기분이 회복되지 않느냐고 그녀를 다그치지 마라. 그녀에게 필요한 것은 해결책이 아닌데 어떻게 기분이 좋아질 수 있겠는가? 해결책을 제시해야 한다는 강박관념을 떨쳐 버려라.

4 당신의 관점이 꼭 그녀의 관점과 일치해야만 그녀의 이야기에 귀기울일 수 있다거나 그녀를 이해할 수 있는 것은 아님을 기억하라.

4 만일 당신의 관점이 그녀와 다르다면 그녀의 말이 끝날 때까지 기다렸다가 그녀의 관점을 한 번 되짚어 주고 나서 자기 생각은 이러이러하다고 이야기하라. 목소리를 높이지는 마라.

5 훌륭한 대화 상대자가 되려면 그녀의 관점을 완벽하게 이해해야 한다는 생각은 오해임을 기억하라.

5 당신이 지금 이해할 수는 없지만 이해하려고 노력하고 있다는 것을 그녀가 알게 하라. 당신이 이해하지 못하는 것이 그녀의 책임은 아니므로 그녀를 비난하거나 탓하지 마라.

6 그녀의 감정 상태를 일일이 당신이 책임질 필요는 없다는 것을 기억하라. 얼핏 그녀의 말이 당신을 비난

6 자기방어를 자제하면서 당신이 그녀를 이해하고 염려하고 있다는 것을 그녀가 느낄 때까지 기다려라.

서로 다른 정서적 욕구 발견하기

하는 것처럼 들릴지도 모르지만 그녀가 진정으로 원하는 것은 당신의 이해다.

그러고 나서 조용히 자기 자신을 설명하거나 변명해도 늦지 않다.

7  만일 그녀가 정말로 당신을 화나게 한다면, 그것은 그녀가 당신을 믿지 못하기 때문이라는 사실을 기억하라. 그녀의 가슴 속 깊은 곳에는 마음을 활짝 열었다가 상처받게 될까 봐 두려워하고, 당신의 친절하고 다정한 배려를 필요로 하는, 겁먹은 어린 소녀가 자리하고 있는 것이다.

7  그녀의 느낌이나 생각에 대해 시시비비를 따지려 하지 마라. 잠시 타임아웃을 선언했다가 감정의 소용돌이가 좀 가라앉으면 그때 다시 이야기를 시작해 보라. 제11장에서 설명하고 있는 사랑의 편지방식을 활용해 보는 것도 좋을 것이다.

남자가 실망하거나 화내지 않고 여자의 감정에 귀기울여 주는 것만큼 더 이상 그녀에게 근사한 선물이 없다. 그것은 그녀로 하여금 마음놓고 자기 자신을 표현하도록 도와 주는 것이며, 그가 자기 이야기를 들어 주고 자기를 이해해 주고 있다는 느낌이 들면 들수록 그녀 역시 그가 원하는 신뢰 · 인정 · 감사 · 찬미 · 찬성 · 격려의 사랑을 더욱 풍부하게 줄 수 있을 것이다.

## 남자의 기운을 북돋우는 기술

남자들이 여자의 기본적인 사랑의 욕구를 충족시키기 위해서 이야기를 듣는 기술을 터득할 필요가 있듯이, 여자들은 남자들의 기운을 북돋워 주는 기술을 익힐 필요가 있다. 남자는 상대가 자기를 신뢰하고 인정하며, 감사하고 찬미하며, 찬성과 격려를 보낼 때 힘을 얻는다.

빛나는 갑옷을 입은 기사의 이야기에서처럼, 많은 여자들이 남자의 진보를 도우려고 애를 쓰지만, 실은 자기도 모르게 그를 우유부단하게 만들거나 그에게 상처를 주고 있는 것이다. 그를 변화시키려는 어떠한 시도도 그의 기본적인 욕구인 신뢰와 인정, 찬미와 감사, 찬성과 격려에 위배되는 것이다.

남자의 기운을 북돋워 주는 비결은 그를 변화시키거나 개선하려고 절대 노력하지 않는 것이다. 그에게 변화되기를 바라는 부분이 틀림없이 있겠지만 그렇더라도 그 바람에 따라 행동하지는 마라. 그가 변화를 위한 조언에 마음을 여는 것은 오로지 그 자신이 직접 조언을 요청했을 때뿐이기 때문이다.

〜

남자의 기운을 북돋워 주는 비결은 그를 변화시키거나 개선<br/>하려고 절대 노력하지 않는 것이다.

### 충고보다는 신뢰를 보여 줘라

금성에서는 조언해 주는 것이 사랑의 표현으로 받아들여진다. 하지만 화성에서는 그렇지 않다. 화성인들은 직접적인 요청 없이는 조언을 하지 않는다는 것을 여자들은 기억할 필요가 있다. 화성에서는 자기 문제는 스스로 해결할 수 있으리라고 믿어 주는 것이 사랑을 표현하는 방식이다.

이것은 여자가 자신의 감정을 억압해야 한다는 의미는 아니다. 기분이 상하거나 심지어 화를 내는 것도 좋지만, 단 그를 변화시키려고 하지는 말아야 한다. 그를 변화시켜 보려는 시도는 어떤 것이든 도움이 되지 않을 뿐더러 비생산적이다.

여자가 한 남자를 사랑하면 그녀는 두 사람의 관계를 어떻게든 향상시키려고 애쓰기 시작한다. 그녀는 일단 남자를 향상의 목표물로 삼고는 의욕에 넘쳐 그를 변화시키기 위한 단계적인 작업에 착수한다.

### 왜 남자들은 변화를 거부하는가

여자는 남자의 갖가지 습관과 버릇들을 뜯어고치고 개선시키려고 노력한다. 그녀는 그를 변화시키려는 노력이 곧 사랑이라고 생각하지만, 그는 그녀로부터 조종당하고 통제되고 거부당하고 사랑받지 못하고 있다는 느낌에 사로잡힌다. 그녀가 자기를 거부하고 있다고 느끼기 때문에 그는 그녀에게 완강히 거부한다. 여자가 남자를 변화시키려 애쓸 때 그는 그녀가 자기를 신뢰하지도 인정하지도 않는다고 느끼는데, 이 신뢰와 인정이야말로 그가 변화하고 성장하기 위해서 꼭 필요한 것들이다.

수백 명의 남자와 여자에게 그러한 질문을 해본 결과 그들 모두가 똑같은 경험을 갖고 있음을 알 수 있었는데, 그것은 여자가 남자를 변화시키려고 하면 할수록 그는 더 거센 저항을 보인다는 사실이다.

문제는 그가 자기를 변화시키려는 그녀의 시도를 거부할 때, 그녀가 그의 반응을 잘못 해석한다는 데 있다. 그녀는 그가 자기 뜻에 따라 주지 않는 것은 그만큼 자기를 사랑하지 않기 때문이라고 생각한다. 그러나 사실 그가 변화를 거부하는 것은 그녀가 자기를 별로 사랑하고 있지 않다고 믿기 때문이다. 남자는 상대로부터 사랑과 신뢰, 인정과 감사를 느끼면 누가 시키지 않아도 저절로 변화하고 향상하고 진보하기 시작한다.

### 두 부류의 남자, 행동은 한 가지

남자의 유형에는 두 가지가 있다. 하나는 여자가 그를 변화시키려 할 때 믿을 수 없을 만큼 고집스럽고 완강하게 저항하는 스타일이고, 다른 하나는 너무나 순순히 이를 받아들이지만 곧 잊어버리고 예전의 행동으로 되돌아가곤 하는 스타일이다. 적극적 저항이든 소극적 저항이든 결국 저항이기는 매일반이다. 자신의 있는 그대로의 모습이 상대로부터 사랑받지 못한다고 느끼면, 남자는 상대가 용인하지 않는 행동을 의식적이든 무의식적이든 자꾸만 되풀이한다. 그는 상대가 자기를 인정하고 사랑할 때까지 그 행동을 계속해야 할 것 같은 강박관념에 사로잡히게 된다.

남자가 스스로를 향상시키기 위해서는 상대가 그를 받아들이고 사랑하고 있다는 느낌이 있어야 한다. 그렇지 않다면 그는 자신을 방어하려 하고 같은 모습을 고수하려 할 뿐이다. 있는 그대로의 모습으로 받아들여지고 있다고 느끼면 그때는 남자 스스로 개선책을 모색하게 될 것이다.

### 남자들은 향상되기를 원치 않는다

남자들은 왜 여자들이 언짢아해서는 안 되는가를 설명하고 싶어하고, 여자들은 왜 남자들이 예전처럼 행동해서는 안 되는지 설명하고 싶어한다. 남자가 여자의 감정을 '고쳐 주려고' 하는 것이 잘못이듯, 여자가 남자를 '향상시키려고' 노력하는 것 역시 오산이다.

남자들은 화성인의 눈으로 세상을 바라본다. 그들의 모토는 '고장나지 않은 한 고치지 마라.'는 것이다. 여자가 남자를 자꾸만 변화시키려들면, 그는 그녀가 자기를 고장난 물건 취급을 하고 있다고 생각한다. 이것은 남자에게 상처가 될 뿐 아니라 남자를 지극히 방어적인 사람으로 만드는 일이다.

> 남자의 성장을 돕는 최상의 방법은 어떤 식으로든 그를 변화
> 시키겠다는 생각을 버리는 것이다.

남자에게는 자신의 불완전함과 관계 없이 인정받고 싶다는 욕구가 있다. 어떤 사람의 결점을 있는 그대로 수용하기란 쉬운 일이 아니며, 그가 그 결점을 고치고 더 나은 사람이 될 수 있는 길이 명확히 보일 때는 더욱더 그렇다. 그러나 그의 성장을 돕는 최상의 방법은 어떤 식으로든 그를 변화시키겠다는 생각을 버리는 것임을 이해한다면 사실 그리 어려울 것도 없는 일이다.

아래에 제시한 것은 여자가 어떤 식으로든 남자를 변화시키겠다는 생각을 버림으로써 그의 성장과 변화를 돕는 방법들이다.

## 남자를 변화시키려는 노력 그만두기

| 여자가 기억해야 할 것 | 그녀가 취할 수 있는 행동 |
|---|---|
| 1  그가 기분이 상해 있을 때 너무 많은 것을 묻지 마라. 그는 당신이 자기를 변화시키려 한다고 느낄 것이다. | 1  그 스스로 당신에게 이야기하고 싶어하지 않는 한 그의 기분을 모른 체하라. 대화에의 초대로서 당신이 먼저 약간의 관심을 보여 줄 수는 있지만 그 관심이 지나치지 않도록 주의하라. |
| 2  어떤 식으로든 그를 향상시키겠다는 생각은 버려라. 그가 성장하기 위해 필요한 것은 당신의 사랑이지 거부가 아니다. | 2  그가 자기 힘으로 성장해 나갈 수 있음을 믿어라. 감정은 솔직하게 표현하되 그의 변화를 요구하지는 마라. |
| 3  청하지도 않은 조언을 하면 그는 당신이 자기의 능력을 의심하고 거부하고 조종하려 한다고 느낄지 모른다. | 3  자기에게 필요한 것이라면 그 스스로 터득할 것이라는 믿음과 인내심을 가져라. 그가 조언을 구할 때까지 기다려라. |
| 4  남자가 완강한 태도로 변화를 거부할 때는 상대의 사랑을 느끼지 못하는 때이다. 그는 사랑받지 못하게될까 봐 자기 잘못을 인정하기를 두려워한다. | 4  그가 완벽한 사람이어야만 당신의 사랑을 받을 수 있는 것이 아님을 그가 알게 하라. 사소한 일부터 용서하는 것을 익혀라. |
| 5  만일 당신이 스스로를 희생하면서 그도 그러하기를 기대한다면, 그는 | 5  당신 자신을 위해서 무언가를 해보라. 그에게만 매달려 행복을 |

당신이 변화를 강요하고 있다고
느낄 것이다.

구하지 마라.

6  그를 변화시키려 하지 않고도
얼마든지 자기 감정을 이야기할 수
있다. 당신이 있는 그대로의 그를
인정할 때 그는 보다 기꺼이 이야기를
들어 줄 수 있게 된다.

6  당신의 감정을 이야기할 때
그것은 그에게 이러이러하게 하라고
지시하려는 게 아니라 당신의
감정을 고려해 달라는 뜻임을
분명히 하라.

7  만일 당신이 그에게 지시하거나 그
대신 결정을 내리면, 그는 당신에게
좌지우지되고 있다고 느낀다.

7  마음을 편히 갖고 순리에 따르라.
그의 결점을 받아들이는 연습을
하라. 완전무결함보다 그의 감정을
중시하고 그에게 훈계하거나 그를
힐난하지 마라.

　상대방의 독특한 욕구를 충족시키는 가장 효과적인 방법을 터득해 서로를
돕는다면 변화와 성장은 저절로 따라온다. 배우자의 기본 욕구 여섯 가지를 정
확히 알고 나면 당신은 그의 욕구에 부응하는 사랑을 줄 수 있게 될 것이고, 그
와의 관계를 보다 편안하고 만족스러운 것으로 가꿔 갈 수 있게 될 것이다.

# 9
어떻게 논쟁을 피할 것인가

애정 관계에서 부딪치게 되는 가장 어려운 문제들 가운데 하나는 의견의 차이와 불일치를 어떻게 다루느냐 하는 것이다.

두 사람이 어떤 문제에 대해 생각을 달리할 때 의논이 논쟁이 되고, 논쟁이 급기야는 싸움으로 번지는 예가 시시때때로 있다. 싸움이 시작되면 그들은 자연히 상대방을 비난하고 불평하고 나무라고 요구하고 원망하고 의심하며 서로에게 거친 말로 상처를 입히기 시작한다.

이러한 입씨름은 그들의 감정을 상하게 할 뿐만 아니라 그들의 관계에도 손상을 입힌다. 대화는 인간 관계에 있어 가장 중요한 요소지만 논쟁은 가장 파괴적인 요소이며, 우리가 누군가와 가까우면 가까울수록 그로 인해 상처를 받고 상처를 주기가 점점 더 쉬워진다.

대화는 인간 관계에 있어 가장 중요한 요소고, 논쟁은
가장 파괴적인 요소다.

　그러므로 나는 어떻게든 논쟁은 피해야 한다고 강력히 주장한다. 두 사람이
성적으로 아무런 관계가 아닐 때는, 설령 토론을 하거나 논쟁을 벌여도 객관적
이고 이성적인 태도를 유지하기가 쉽다. 그러나 감정적으로, 특히 성적으로 결
합된 두 남녀가 논쟁을 벌이게 되면 모든 상황을 지나치게 개인적으로 받아들
이려는 경향을 보인다.

　논쟁은 절대로 삼갈 것, 이것이 하나의 기본 지침이다. 논쟁하는 대신 문제
의 이해득실을 따져 보라. 당신이 원하는 것을 얻기 위해 협상하되 논쟁하지는
마라. 논쟁하거나 싸우지 않고도 얼마든지 정직하고 솔직하게 자기의 부정적인
감정을 이야기할 수 있다.

　어떤 부부는 눈만 뜨면 싸운다. 그들의 사랑은 조금씩 조금씩 사그라든다.
그 정반대의 경우로, 부딪치기 싫어 싸움을 피하려고 속마음을 감추고 자기 감
정을 억압하는 사람들도 더러 있다. 진심을 감추다가 결국 그들은 사랑의 감정
까지 잃어버리게 된다. 전자가 전쟁을 치르고 있는 것이라면 후자는 냉전중인
셈이다.

　위의 양 극단 사이에서 균형을 유지하는 부부가 가장 이상적이다. 남녀가
서로 다른 행성에서 왔음을 기억하고 효과적인 대화술을 개발함으로써, 우리는
부정적인 감정을 억누르지 않고도 논쟁을 피해 갈 수 있을 것이다.


## 논쟁이 불러 오는 것

상대방에게뿐만 아니라 두 사람 모두에게 상처를 남기는 논쟁은 남자와 여자가
서로 어떻게 다른지를 이해하지 못하는 데서 비롯된다. 논쟁을 피하는 비결은
예의 바르고 애정이 깃들인 대화다.

의견의 차이와 불일치는 사실 우리가 말하는 것처럼 그렇게 해로운 것은 아니다. 이론적으로는 논쟁이 그리 나쁠 것도 없다. 오히려 논쟁이란 서로간의 생각의 차이를 표현하는 매력적인 대화일 수 있다. (어떤 부부에게도 서로의 차이점은 있게 마련이고 때로 생각이 다른 것도 당연한 일이다.) 그러나 사실상 그들이 어떤 문제를 놓고 논쟁하기 시작하면 십중팔구는 5분도 채 못 가서 서로의 말꼬리를 잡고 늘어지게 된다.

그들은 모르는 사이에 상대에게 상처를 입히기 시작하고, 서로 이해하고 차이를 수용하는 자세만 있으면 쉽게 풀렸을 대화가 논쟁으로, 논쟁이 싸움으로 점차 확대되어 나간다. 접근방식 자체에 문제가 있었으니 상대의 관점을 이해하고 수용하기란 애초에 불가능한 일이다.

논쟁을 해결하려면 다른 견해를 포용하고 통합할 수 있도록 자기 관점의 폭을 넓히고 유연성을 가질 필요가 있다. 그런데 이같이 자기 관점을 확대하기 위해서는 상대방이 자기를 인정해 주고 존중하고 있다는 느낌이 전제되어야 한다. 만일 상대방의 태도에서 애정을 느낄 수 없다면 그의 관점을 받아들이는 일은 우리의 자존심에 상처를 주게 된다.

어떤 문제를 놓고 논쟁하기 시작하면 대부분의 부부들이 5분도
채 못 가서 서로의 말꼬리를 잡고 늘어지게 된다.

우리가 누군가와 가까우면 가까울수록 그가 이야기할 때 그의 부정적인 감정에 아무런 반응을 보이지 않고 객관적인 입장에서 듣기가 어려워진다. 그의 불만이나 비판의 대상이 되는 것이 당연하다는 생각으로부터 스스로를 지키기 위해 자동적으로 방어기제가 작용해 그의 관점에 저항하게 되고, 속으로는 그의 관점이 옳다고 인정하면서도 끝까지 우리의 주장을 굽히지 않고 맞서게 되는 것이다.

## 왜 논쟁은 해로운가

마음에 상처를 주는 것은 우리가 무엇을 말하느냐가 아니라 어떻게 말하느냐 하는 것이다. 상대방으로부터 도전받고 있다고 느끼면 남자들은 자기가 옳다는 데에 신경을 집중한 나머지 사랑하는 마음 따위는 잊어버리는 것이 보통이다. 그러니 자연히 상대를 안심시키는 부드러운 목소리로 예의바르게 이야기하는 그의 능력은 감퇴한다. 그는 자신의 이런 말투가 얼마나 무정하게 들리는지, 여자에게 얼마나 큰 상처가 되는지 인식하지 못한다.

그럴 때는 사소한 의견의 차이가 여자들에게는 공격으로 받아들여질 수 있고, 요청이 명령으로 들릴지도 모른다. 그러면 그녀는 다른 때 같으면 충분히 받아들일 수 있었을 내용이라도 이런 식의 애정 없는 접근방식으로 인해 그의 말에 거부감을 갖게 된다.

상대를 배려하지 않는 무정한 말투로 자기도 모르게 그녀에게 상처를 입힌 남자들은 한술 더 떠서 그녀가 왜 기분 나빠해서는 안 되는지 조목조목 설명한다. 그는 자기가 한 말을 그녀가 못마땅하게 여기고 있다고 생각하겠지만, 사실 그녀가 언짢아하는 것은 그의 애정 없는 말투이다. 그녀의 반응을 이해하지 못하는 그는 말투를 고칠 생각은 꿈에도 못 하고 자기 말이 왜 옳은지 기를 쓰고 설명하려 한다.

그는 논쟁을 시작하는 것이 자기라는 것을 모르고 그녀의 탓이라고 생각한다. 그는 자신의 관점을 옹호하고 그녀는 그의 날카로운 말투로부터 상처받지 않기 위해 자기 자신을 옹호한다.

남자가 여자의 감정을 고려하거나 존중하지 않을 때 그는 그 감정의 부당함을 지적함으로써 그녀를 더욱 불쾌하게 한다. 자기 같으면 무정한 말투에 그렇게까지 마음이 상하지 않을 것이기에 그는 그녀의 반응을 이해하지 못한다. 그 결과 남자는 자기가 상대에게 얼마나 깊은 상처를 주었는지조차 느끼지 못하고, 이는 그녀를 화나게 해 더욱 도발적으로 만든다.

마찬가지로 여자들 역시 남자에게 상처를 주면서도 그것을 깨닫지 못한다. 남자들과 달리 그들은 상대로부터의 도전을 느끼면 자기도 모르게 거부하고 불신하는 말투를 쓰게 된다. 그가 감정적으로 그녀와 밀접한 관계일 때는 특히 그런 말투에 상처받기 쉽다.

여자들은 상대의 행동에 대한 자신의 부정적인 느낌을 이야기하고 그가 청하지 않은 조언을 함으로써 논쟁에 불을 당긴다. 만일 그녀가 그를 인정하고 신뢰하고 있다는 뜻을 전해 자신의 부정적인 느낌이 주는 충격을 부드럽게 하지 않는다면 그는 거부적인 태도로 나올 것이고 그녀를 당혹스럽게 할 것이다. 하지만 그녀는 자신의 불신이 그에게 얼마나 상처가 되는지 여전히 깨닫지 못한다.

논쟁을 피하기 위해 우리가 기억해야 할 것은 상대방이 못마땅해하는 것은 말하는 내용이 아니라 말을 하는 방법, 즉 태도라는 사실이다. 논쟁은 두 사람이 하지만 그 논쟁을 멈추는 일은 한 사람이면 된다. 논쟁을 그만두는 최선의 길은 그것을 미연에 방지하는 것이다. 의견의 차이가 논쟁으로 발전하는 상황에 대해 자신의 책임을 인정하라. 잠시 말을 멈추고 타임 아웃을 선언하라. 당신이 상대방을 어떻게 대했는지, 그가 또는 그녀가 필요로 하는 것을 주지 못하지는 않았는지 다시 한 번 생각해 보라. 그리고 얼마간의 시간이 흐른 뒤 처음부터 다시 시작하되 예의 바르고 애정 어린 말투로 이야기하라. 대화를 다시 열기에 앞서 가진 잠시 동안의 휴식이 우리의 마음을 가라앉혀 주고 상처를 어루만져, 여유를 갖고 상대방을 대할 수 있게 될 것이다.


## 상처받지 않기 위한 네 가지 자세

논쟁으로 상처받는 것을 피하기 위해 사람들이 취하는 자세에는 기본적으로 네 가지가 있는데 싸우고(fight), 도피하고(flight), 가장하고(fake), 접어 두는(fold) '4F'가 그것이다. 이 각각의 자세는 단기적으로는 도움이 될지 모르지만 긴 안목으로 보면 모두 역효과를 초래하는 것들이다. 그럼 하나하나의 자세를 살펴보기로 하자.

## 1 싸우기

이것은 화성에서 온 태도이다. 어떤 사람들은 대화가 조금이라도 빗나가거나 상대가 자기 생각에 동조하지 않으면 본능적으로 싸울 태세를 갖추고 공격을 개시한다. "강한 공격이 최상의 수비다." 이것이 그들의 좌우명이다. 그들은 자기가 아닌 상대방이 잘못한 것으로 보이게 하려고 비난하고 힐책하고 비판하는 등 닥치는 대로 휘둘러 친다. 그들은 있는 대로 소리를 지르기 시작하고 화난 감정을 마구 쏟아 낸다. 그들이 그런 행동을 하는 내적인 동기는 자기 배우자를 협박해 고분고분하게 자기를 사랑하도록 만들기 위함이다. 상대방이 잘못을 시인하고 항복하면 그들은 자기가 이겼다고 생각하지만 사실 그들은 패배한 것이다.

## 위협은 항상 관계에 대한 신뢰를 약하게 만든다

위협은 항상 관계에 대한 신뢰를 약화시킨다. 다른 사람을 부당하게 대함으로써 자기가 원하는 것을 우격다짐으로 얻어 내는 것은 관계를 실패로 이끄는 지름길이다. 부부가 서로 싸우게 되면 상처받지 않으려고 점점 더 마음의 문을 굳게 닫게 되고 그만큼 상대를 염려하는 마음도 생기지 않는다. 점차 그들은 처음에 가졌던 친밀감을 잃어버리고 감정적으로 멀어져 간다.

## 2 도피하기

이 자세 역시 화성에서 유래한 것이다. 정면대결을 피하기 위해 화성인들은 동굴 속으로 들어가 절대 나오지 않는다. 이것은 일종의 냉전이다. 그들은 대화를 거부하고 그런 만큼 해결되는 것은 아무것도 없다. 이같은 소극적 공격양상은 중간에 휴식시간을 가졌다가 다시 나와, 보다 애정 깊은 태도로 문제를 해결하는 것과는 근본적으로 다르다.

이런 화성인들은 정면대결이 귀찮고 두려운 나머지 논쟁을 불러일으킬 소지가 있는 어떤 화제도 회피하려고 납작 엎드려 있으려 한다. 그들의 관계는 살얼음판을 걷는 것과 같아서 언제 깨질지도 모른다. 여자들이 그들의 이런 태도에 불만을 터뜨려도 그들은 쉽사리 고치려 하지 않는다. 이것은 남자들 속에 깊이 뿌리박힌 것이어서 그들 자신은 심각성을 느끼지 못한다.

말다툼을 하기보다는 차라리 입을 다물어 버리려는 부부들이 있다. 그들은 상대에 대한 사랑을 철회함으로써 자기가 원하는 것을 얻어 내고자 한다. 그들은 싸움을 해서 상대방에게 직접적인 타격을 가하지는 않지만 상대가 마땅히 받아야 할 사랑을 주지 않음으로써 암암리에 그에게 상처를 입힌다. 가는 것이 적으면 당연히 오는 것도 적어진다. 이렇게 해서 당장은 평온이 찾아오고 화합이 이루어진 듯 보일지 모르지만 문제를 그대로 덮어 두고 불쾌한 감정을 방치하면 원망이 점차 쌓여 간다. 그 결과 두 사람을 가까이 끌어당기던 사랑과 열정 또한 어디론가 사라지고, 그들은 풀리지 않은 마음의 고통을 잠재우기 위해 무리하게 일에 매달리거나 폭식을 하는 등 다른 것에 과도하게 집착하게 된다.

## 3 가장하기

이러한 자세는 금성의 것이다. 이런 사람은 정면대결이 가져올 상처가 두려워 마치 아무런 문제가 없는 척 행동한다. 그녀는 얼굴에 웃음을 띠고 만사가 순조롭다는 듯 행복하고 유쾌한 표정을 연출한다. 그러나 시간이 흐르면 이런 여자들의 가슴 속에는 원망이 쌓이게 된다. 자기는 늘 베풀기만 하고 상대로부터 받지 못했다는 생각이 드는 것이다. 이러한 원망은 자연스러운 사랑의 표현을 가로막는다.

그들은 자기 감정을 솔직히 표현하기가 두려워 만사가 '순조롭고 아무런 문제도 없고 기분 좋은' 것처럼 보이려고 애쓴다. 남자들도 그런 표현을 할 때가 종종 있지만 그들의 경우는 사뭇 다르다. 그들은 "별일 아니니 나 혼자서도 처리할 수 있어요."라든가 "내가 해결방법을 아니까 아무런 문제가 안 돼요." 또는 "내가 해결할 테니 걱정 말아요. 도움은 필요 없어요."라는 의미로 그런 표현을 사용한다. 이와 달리 여자들이 그런 말을 할 때는 논쟁이나 마찰을 피해 보려는 신호로 보아도 좋을 것이다.

자기 감정이 파도처럼 오르내리는 것을 막아 보려고, 실제로는 그렇지 않은데 아무 문제도 없고 다 괜찮다고 자기 자신까지 속이는 여자들도 있다. 그들은 혹 있을 수 있는 마찰이 두려워서 자신의 감정과 욕구와 바람을 부인하고 희생물로 삼는다.

## 4 접어두기

이 역시 금성에 뿌리를 두고 있는 자세이다. 시시콜콜 시비를 따지느니 차라리 양보하고 마는 것이 이런 사람들의 행동양식이다. 상대방을 언짢게 하는 것이 무엇이든 그들은 스스로 책임을 뒤집어쓴다. 언뜻 보면 그들은 매우 애정이 깊고 상대를 배려하는 바람직한 관계를 가꿔 가는 듯해도 결국에 가서는 자기 자신을 잃어버리게 된다.

한 번은 어떤 남자가 자기 아내에 대해 이런 불만을 호소해 왔다.

"저는 아내를 무척 사랑하고 있습니다. 그녀는 제가 원하는 것이라면 무엇이든 들어 주는 여자예요. 제게 오직 하나 불만이 있다면 그것은 제 아내가 행복하지 않다는 것입니다."

그의 아내는 남편을 위해 20여 년간 자신을 부인하며 살아 온 여자였다. 그들은 단 한 번도 싸움이라는 걸 해본 적이 없었다. 만일 그들 부부의 관계에 대해 묻는다면 그녀는 이렇게 대답할 것이다.

"저희는 금실이 썩 좋은 부부예요. 남편은 정말 애정이 깊은 사람이죠. 문제는 저예요. 까닭 없이 자꾸만 우울해지거든요."

그것은 그녀가 20여 년간 감정을 삭이며 살아 온 결과다.

이런 사람들은 상대방을 기쁘게 해주기 위해 그가 무엇을 바라는지 직관으로 헤아려 자기 자신을 그 틀에 끼워 맞춘다. 결국 그들에게는 사랑을 위해 자신을 포기한 데 대한 원망이 남게 된다.

지금껏 스스로를 거부하며 살아 왔기에 그들은 아주 사소한 거절도 몹시 고통스러워한다. 그들은 어떤 희생을 감수하고서라도 거부당하는 것만큼은 피하려 하며, 모든 이들로부터 사랑받고 싶어한다. 이런 과정에서 그들은 본래의 자기 모습을 저버리게 된다.

당신은 이 네 가지 자세 중 어느 한 가지를 보다 가깝게 느낄 수도 있고, 혹은 그 중 대부분을 경험해 보았을지도 모른다. 사람들은 흔히 하나의 태도에서 다른 태도로 옮겨 가기도 한다. 그 중 어느 것이든 그것을 선택하는 우리의 목적은 자신을 상처로부터 보호하려는 것이다. 그러나 불행히도 그 어느 쪽도 효과는 없다. 도움이 되는 길이 있다면, 그것은 잠시 논쟁과 제휴하고 마음을 가라앉힌 다음 다시 차분히 이야기를 시작하는 것이다. 이성인 상대방을 보다 깊이 이해하고 존중하는 마음으로 대화에 임하는 연습을 하면 논쟁과 싸움을 피하는 방법을 차츰 깨닫게 될 것이다.


## 왜 우리는 언쟁을 벌이는가

남자와 여자는 흔히 돈, 섹스, 결정권, 스케줄 작성, 가치관의 차이, 자녀 양육, 가사 분담 등의 문제로 논쟁을 벌인다. 그러나 이러한 문제들에 대한 의논이나 타협이 논쟁으로 발전하는 이유는 오직 한 가지, 우리가 상대방으로부터 사랑받지 못하고 있다는 느낌 때문이다. 감정적인 고통은 사랑받지 못하는 데서 오며, 마음이 괴로우면 누군가를 사랑하기가 어렵다.

화성 출신이 아닌 탓에 여자들은 의견 차이를 성공적으로 조정하기 위해 남자들이 필요로 하는 것이 무엇인지 본래부터 알고 있지는 못하다. 서로 상충되는 생각이나 감정, 욕망 등은 남자에게 있어 매우 다루기 힘든 문제다. 그와 여자가 가까운 사이일수록 이러한 차이와 불일치를 처리하기가 더욱 어렵다. 만일 그가 해놓은 일을 그녀가 좋아하지 않으면, 그는 그것을 지극히 사사롭게 받아들이기 쉽고 그녀가 자기를 사랑하지 않는다고 느낀다.

남자들은 차이와 이견을 훌륭하게 처리하기 위해서는 그의 감정적인 욕구가 충족되어야 한다. 그러나 사랑받지 못하고 있다는 느낌은 그로 하여금 방어 자세를 갖추게 하고, 인간성의 어두운 측면이 고개를 들어 본능적으로 검을 **빼**게 된다.

표면적으로는 그가 돈이나 책임감 등의 문제로 인해 언쟁을 벌이는 것처럼 보일는지 모르지만, 그가 검을 뺀 진짜 이유는 사랑받지 못하고 있다는 느낌 때문이다. 남자가 돈이나 스케줄 작성, 아이들 문제 등으로 말다툼할 때 그의 마음 속에는 아래와 같은 이유가 몰래 도사리고 있는 것이다.

## 남자들이 언쟁을 하는 숨겨진 이유

| 남자가 논쟁하는 숨겨진 이유 | 논쟁 않기 위해 그에게 필요한 것 |
|---|---|
| I "제가 이러이러한 일을 했다거나 하지 않았다는 별것도 아닌 이유로 그녀가 언짢아하는 건 싫어요." | I 그는 있는 그대로의 모습으로 받아들여지기를 원한다. 그런데 그녀가 자기를 조종하려 한다는 느낌이 든다. |
| 2 "그녀가 제게 일을 처리하는 요령을 일러 줄 때는 정말 싫습니다. 제가 마치 어린애가 된 기분이고 별 볼일 없는 남자로 취급되는 것 같거든요." | 2 그는 칭찬받고 싶어한다. 그런데 그녀가 자기를 과소평가하는 것 같은 생각이 든다. |
| 3 "그녀가 자신의 불행에 대해 저를 탓하는 건 싫습니다. 빛나는 갑옷을 입은 그녀의 기사가 될 용기를 잃어버리거든요." | 3 그는 격려받기를 원한다. 그런데 그녀가 그렇게 나오면 포기하고 싶어진다. |
| 4 "자기가 얼마나 많은 일을 하고 있는지 알아 주는 사람이 없다고 | 4 그는 인정받고 싶어한다. 그러나 그녀의 이런 태도는 그를 |

그녀가 불평하는 소리는 듣기가
싫어요. 그럼 제가 그녀를 위해 하는
일들은 아무것도 아닌 것으로
느껴지거든요."

무력감에 빠뜨린다.

5  "자기가 바라는 대로 말하고
바라는 대로 행동하기를 제게
요구하는 것은 참을 수 없습니다.
그녀가 저를 존중하지 않는다는
생각이 드니까요."

5  그는 있는 그대로의 자기 모습을
인정받기를 원한다. 그녀가 자기를
조종하려 한다거나 말을 하도록
강요하고 있다고 느껴지면
그는 아무 할 말이 없어진다.
그는 영원히 그녀를 만족시킬
수 없을 거라고 생각한다.

6  "무슨 일이든 잘못될까 봐 그녀가
전전긍긍하는 것이 싫어요. 저를
믿지 못하는 것 같아서요."

6  그는 신뢰받고 싶어하고 그녀가 안
심할 수 있도록 해준 것에 대해 평가
받고 싶어한다. 그녀가 마음을 졸이
는 데 대해 그는 책임을 느낀다.

7  "제가 하는 말로 인해서 그녀가 상
처받는 것이 싫습니다. 그녀가 저를
믿지 못하고 오해하고 멀리하려는
것처럼 느껴지거든요."

7  그는 신뢰받고 인정받기를 원한다.
그런데 그녀가 상처를 받으면 그는
그녀로부터 용서받지 못하고 거부
당한 듯한 느낌을 받게 된다.

8  "그녀가 말을 하지 않아도 제가
그녀의 마음을 알고 있으리라고
기대하는 것이 싫어요. 저는 할 수가
없어요. 그런 기대는 제가 부족하고
서투른 사람처럼 느껴지게 하죠."

8  그는 그녀로부터 좋게 받아
들여지고 싶고, 인정받고 싶어한다.
그러나 그는 실패자가 된 것 같은
느낌을 받는다.

남자의 기본적인 욕구들이 충족되면 서로에게 상처를 주는 논쟁이 훨씬 줄
어든다. 자연히 그는 상대에 대해 보다 깊은 이해와 애정, 그리고 예의를 갖고
대화에 임할 수 있게 된다. 이런 식으로 어떠한 의견 차이나 부정적인 감정들도
가시돋친 논쟁으로 비화되는 일 없이 대화와 타협과 양보로 얼마든지 해결될
수 있다.

　　여자들도 논쟁을 부추기는 데 한몫하지만 그 원인은 남자들의 경우와 사뭇
다르다. 겉으로 보기에는 경제적인 문제나 책임감 같은 것 때문에 다투고 있는
것 같아도 속을 들여다보면 그녀는 다음과 같은 이유로 논쟁하고 있는 것이다.

## 여자들이 언쟁을 하는 숨겨진 이유

여자가 논쟁하는 숨겨진 이유
1 "그가 제 감정이나 요구를 별로
중요하게 여기지 않는 것이 싫어요.
하찮은 존재로 무시당하는 것
같거든요."

2 "제가 해달라고 부탁한 것을 그가
잊어버리는 건 싫어요. 자꾸 얘기
하면 바가지나 긁는 여자가 된 기분
이고, 그의 도움을 구걸하고 있다는
생각이 들거든요."

3 "제가 기분 상해한다고 그가 나무
라는 것이 싫습니다. 그의 사랑을
받으려면 완벽한 여자가 되어야 할
것같이 생각되니까요. 하지만

논쟁 않기 위해 그녀에게 필요한 것
1 그녀는 자신의 감정이 정당하며,
그가 자기를 소중하게 여기고 있다는
느낌을 필요로 한다. 그러나 그녀는
비난받고 무시당하고 있다고 느낀다.

2 그녀는 그가 자기 말을 기억하고
존중해 주기를 바란다. 그러나 그의
우선 순위에서 맨 마지막에나 자리한
하찮은 존재로 취급되고 있다고
느낀다.

3 그녀는 그가 자기의 속상한 마음을
이해해 주길 바란다. 자기가 완벽한
사람이 아니어도 그로부터 변함없이
사랑받고 있다는 확신을 얻고자 한다.

저는 완벽하지 못해요.”

그러나 본래 모습대로 행동하는 데
대해 불안감을 갖고 있다.

4 "그가 목소리를 높여서 자기가 왜
옳은지 조목조목 열거하기 시작할
때는 정말 싫어요. 제가 형편없는
여자처럼 느껴지고 또 그가 제
관점을 전혀 고려하지 않는 것
같아서 불쾌해요.”

4 그녀는 이해받고 존중되기를 원한
다. 그러나 그는 이야기에 귀를 기울
이지도 않고 자기가 옳다고 으스대며
그녀를 깎아 내리려고 한다.

5 "우리가 내려야 할 결정사항에
대해 제가 그에게 의견을 물을 때
그 생색을 내는 듯한 태도가 싫어요.
제가 그에게 짐이 될 뿐이고 그의
시간을 낭비하게 하는 존재에 불과
하다는 생각이 들거든요.”

5 그녀는 그가 자기 기분을 배려하고
정보를 얻고자 하는 욕구를 존중해
성의 있게 대답해 주기를 바란다.
그러나 그녀는 그가 자기를 존중하지
않고 무례하게 대하고 있다는
느낌을 받는다.

6 "제가 하는 말이나 질문에 그가
아무런 대꾸도 하지 않을 때는 정말
화가 나요. 저는 아예 존재조차 없는
것처럼 느껴지거든요.”

6 그녀는 그가 자기 이야기에 관심을
갖고 듣고 있었다는 믿음을 갖고 싶
어한다. 그러나 그의 이러한 반응은 그
녀가 무시당하고 있다고 느끼게 한다.

7 "제가 걱정을 하거나 화를 내거나
언짢아할 때 그럴 이유가 없다고
저를 설득하려 하는 게 싫어요. 저는
늘 쓸데없는 생각만 하는 사람인
것처럼 느껴지고 그가 제 마음을
몰라 주는 것 같아 속상해요.”

7 그녀는 그의 공감과 이해를 얻고
싶어한다. 하지만 그녀는 그에게서
사랑받지 못하고 내버려진 듯한
느낌을 받게 된다.

8 "그가 제게 좀 초연해져 보라고 말할 때가 전 싫어요. 제가 어떤 감정을 갖는다는 것이 잘못인 양 느껴지거든요."

8 특히 그녀가 자기 감정을 이야기할 때, 그녀는 그가 자기를 소중하게 생각하고 존중하고 있다는 느낌을 갖고 싶어한다. 그러나 그녀는 지켜 주는 사람이 없다는 불안함을 느낀다.

이 모든 고통스러운 느낌과 욕구들이 타당한 것임에도 불구하고 대화의 주제로 직접 다루어지지 않는 것이 보통이다. 대신에 그것들은 가슴 속에 차곡차곡 쌓여 있다가 논쟁할 때 감정이 격해지면 걷잡을 수 없이 터져 나온다. 어떤 때는 직접 말로 표현되기도 하지만 대개의 경우에는 얼굴 표정과 몸짓, 목소리의 톤으로 나타나게 된다.

우리는 이성의 독특한 감수성을 이해하고 서로 도울 일이지 그것에 대해 성을 내서는 안 된다. 상대방의 감정적인 욕구를 충족시킬 수 있는 방법으로 이야기하도록 노력함으로써 당신은 말투 때문에 기분 상하는 일 없이 본질적인 문제에 접근할 수 있을 것이다. 그렇게 되면 논쟁은 비로소 의견 차이와 불일치를 절충하고 해결하는 데 도움이 되는 대화로 탈바꿈할 수 있을 것이다.

## 논쟁의 해부학적 구조

서로에게 상처가 되는 논쟁은 해부학적으로 하나의 기본적인 틀을 가지고 있는 것이 상례이다. 다음의 예화를 살펴보자.

아내와 나는 멋진 산책도 즐길 겸 피크닉을 나섰다. 가져간 음식을 먹고 난 후 내가 투자에 관한 이야기를 꺼내기 전까지는 모든 것이 좋았다. 그런데 내가 그 이야기를 꺼내자마자 아내는 우리의 저축액 중 일부로 내가 주식에 투자할 생각을 하고 있다는 데 대해 별안간 화를 냈다. 나는 그저 그래 볼까 생각중이라고 말했을 뿐이었는데, 아내는 내가 자기 의견을 묻지도 않고 벌써 다 계획을 세워 놓은 것으로 받아들였다. 그녀는 내가 어떻게 그럴 수 있는지 황당해했고 나 역시 그녀의 지나친 거부반응에 기분이 상했으므로 둘 사이에 말다툼이 벌어졌다. 아내가 증권이라는 투자 대상을 못마땅해하는 것이라고 생각한 나는 주식투자의 안정성과 타당성을 역설했다. 그녀는 위험부담이 크다고 맞섰다. 그러나 사실 그녀는 내가 자기 생각을 알아보지도 않고 혼자서 그런 문제를 고려하고 있었다는 점이 기분 나빴던 것이다. 게다가 그녀는 기분 나쁜 것을 나쁘다고 할 권리도 없느냐고 화를 냈다. 결국 나는 극도로 기분이 상했고 나를 믿지 못하고 오해를 해서 미안하다는 그녀의 사과를 받아 내고서야 기분이 좀 나아졌다.

나중에 서로 화해를 한 후 그녀가 이런 의문을 제기했다.

"우리가 논쟁을 할 때 내가 어떤 문제에 대해 기분이 상하면 당신은 내가 기분 상해한다고 언짢아하고, 그럼 나는 당신을 기분 상하게 해서 미안하다고 사과를 하게 되더군요. 내 생각엔 왠지 뭔가 빠진 것 같아요. 당신도 가끔은 나를 언짢게 해서 미안하다고 사과해야 되는 게 아닌가요?"

나는 곧 그녀의 말에 일리가 있다는 것을 깨달았다. 내가 먼저 그녀의 기분을 상하게 해놓고 그녀의 사과를 기대한다는 것은 다소 부당한 처사로 보였다. 이 새로운 깨달음이 우리 관계에 변화를 가져왔다. 내가 세미나에서 이 이야기를 하자 수천 명의 여자들이 자기도 그런 걸 느낀 적이 있다고 이구동성으로 말을 했다. 이것은 남녀 사이에 보이는 하나의 공통된 유형이다. 그 기본형을 다시 자세히 살펴보기로 하자.

1  여자가 'XYZ'에 대해 자신의
    언짢은 감정을 표현한다.

2  남자는 그녀가 XYZ에 대해 기분나
    빠해서는 안 되는 이유를 설명한다.

3  공감을 얻지 못했다고 느낀 그녀는
기분이 더욱 언짢아진다. (이제는 'XYZ'
    보다도 그가 자기 기분을 알아 주지
        않는 것이 더 화가 난다.)

4  그녀가 자기 말에 수긍하지 않는다

고 느낀 그는 기분이 상한다. 그는 자기
속을 뒤집어놓은 그녀를 나무라고, 화해
하기에 앞서 그녀의 사과를 기대한다.

5  그녀가 사과를 하고 일이 왜 이렇게
   됐는지 생각해 보거나, 또는 그녀도
   더욱 기분이 나빠져 언쟁이 결국
            싸움으로 번진다.


논쟁의 해부학적 구조를 명확히 인식하게 되자 나는 이 문제를 보다 공명정
대하게 해결할 수 있었다. 여자란 금성에서 온 존재임을 염두에 두면서 나는 그
녀가 기분 상해하는 것을 나무라지 않는 연습을 했다. 그리고 내가 그 동안 어
떻게 그녀를 기분 나쁘게 했던가를 이해하도록 힘쓰는 한편, 내가 관심을 갖고
염려하고 있다는 것을 그녀에게 보여 주었다. 설령 그녀가 나를 오해하고 있어
서 빚어진 일이라고 해도 만일 그녀가 나로 인해 상처를 받았다면, 나는 그녀에
게 미안하게 생각한다는 뜻을 전할 필요가 있었다.

그녀가 언짢아하는 듯 보이면 우선 그녀의 이야기를 들어 본 다음 그녀가
언짢아하는 것에 대해 진심으로 이해해 보려고 노력했고, 그러고는 이렇게 말
했다. "내 말에 기분이 상했다면 미안해요……." 효과는 즉각 나타났고 언쟁은
눈에 띄게 줄었다.

하지만 가끔은 사과한다는 것이 아주 힘들 때가 있다. 그럴 때는 숨을 깊이
쉬면서 아무 말도 하지 않는다. 그러면서 속으로 가만히 그녀의 기분을 헤아려
보고 그녀의 입장에서 생각해 본다. 그런 다음 나는 이렇게 말한다. "당신이 그
렇게 기분 나빴다니 나도 마음이 무거워." 비록 이것이 명백한 사과는 아니라
도 염려하는 뜻은 충분히 전달되고, 그것만으로도 크게 도움이 되는 것 같았다.

남자들은 좀처럼 "미안해."라고 말하지 않는다. 왜냐하면
화성에서는 그 말이, 무엇인가를 잘못해서 사과하고
있다는 뜻으로 받아들여지기 때문이다.

어떻게 논쟁을 피할 것인가

남자들은 좀처럼 "미안해."라는 말을 하지 않는다. 왜냐하면 화성에서는 그 말이 무엇인가를 잘못해서 사과하고 있다는 뜻으로 받아들여지기 때문이다. 하지만 여자들은 '당신 기분이 그렇다니 마음이 쓰여'라는 뜻으로 '미안하다'는 말을 사용한다. 그것은 그들이 잘못을 저지른 데 대한 사과의 의미가 아니다. 좀처럼 '미안하다'는 말을 하지 않는 남자들이 이 글을 읽으면 금성 언어의 색다른 측면을 발견하고 놀라움을 금치 못할 것이다. 논쟁으로 치닫지 않는 가장 쉬운 방법은 "미안해."라고 말하는 것이다.

대부분의 경우 논쟁은 남자가 여자의 감정에 이의를 제기하기 시작하면서 비롯되어, 그녀가 그에게 불만스러운 듯한 반응을 보이면서 점차 가속화된다. 남자로서 나는 상대의 감정을 존중하는 연습을 해야만 했다. 내 아내는 비난하듯 말하지 않고 자기 감정을 바르게 표현하는 방법을 익혔다. 그 결과 싸움이 줄면서 신뢰와 사랑이 두터워졌다. 이런 깨달음이 없었다면, 우리는 지금도 아마 똑같은 입씨름을 되풀이하고 있었을 것이다.

〰️

대부분의 논쟁은 남자가 여자의 감정에 이의를 제기하기
시작하면서 비롯되어 그녀가 그에게 불만스러운 듯한 반응을
보이면서 가속화된다.

피차 고통스러운 논쟁을 피하기 위해서는 남자가 자기도 모르게 얼마나 여자의 감정을 무시했는지, 여자는 또 얼마나 그에게 불만을 표시했던가를 깨닫는 일이 중요하다.

**어떻게 남자들이 부지불식간에 논쟁을 야기시키는가**

남자들이 흔히 논쟁을 야기시키게 되는 이유는 여자의 감정이나 관점의 타당성을 인정하려 하지 않기 때문이다. 남자들 자신은 이를 깨닫지 못한다.

예를 들어, 남자는 여자의 부정적인 느낌을 대수롭지 않은 것으로 경시한다. 그는 이렇게 말한다. "아, 걱정하지 마." 같은 남자에게는 이 말이 우호적

으로 들릴 수 있다. 그러나 그와 가까운 사이의 여자가 그 말을 들으면 그가 자기 마음을 몰라 주는 무심한 사람인 것 같아 기분이 상한다.

또 한 예로 남자는 "대수롭지도 않은 일을 가지고 뭘 그래."라고 말해 여자의 언짢은 기분을 풀어 보려고 할지 모른다. 그는 그녀가 마음을 놓고 행복해하리라는 기대를 가지고 이것저것 해결책을 제시하기도 한다. 그러나 여자는 그가 자신의 언짢은 기분을 알아 주기 전에는 해결책 따위는 달갑지 않다. 아주 흔한 예로서 남자가 뭔가 그녀의 기분을 상하게 할 만한 행동을 했을 때를 상상해 보자. 그는 그녀가 기분 상해할 필요가 없는 까닭을 설명함으로써 그녀의 기분을 돌려 보려고 애쓴다. 그는 자기 행동이 지극히 정당한 것이었으며, 사리에 맞을 뿐더러 합리적인 것이었다고 자신만만하게 설명한다. 그의 이런 태도가 그녀로 하여금 마치 자기에게는 기분 나쁠 권리도 없는 것처럼 느껴지게 한다는 것을 그는 생각지도 못한다. 그가 자기 변명에만 급급할 때 그녀는 그의 말에서 그가 자기 감정 따위는 전혀 개의치 않는다는 느낌을 받을 뿐이다.

자기가 그런 행동을 한 타당한 이유에 대해 그녀에게 말하고 싶다면, 그는 먼저 그녀가 기분 상해할 충분한 이유에 귀를 기울일 필요가 있다. 변명은 잠시 접어 두고 그녀의 감정을 이해해 보라. 그가 그녀의 감정에 관심을 가져 주기만 해도 그녀는 마음에 위안을 느끼기 시작할 것이다.

이같은 접근방식의 변화는 연습을 요하지만 얼마든지 이룩할 수 있는 것이다. 일반적으로 여자가 좌절감과 실망과 근심을 이야기하면, 남자는 어떻게든지 그녀가 우울한 감정을 떨쳐 버리게 하려고 머리 속에 온갖 설명과 설득과 변명의 말이 가득 차게 된다. 그는 사태를 더 악화시킬 생각은 꿈에도 없다. 설득으로 감정을 돌려 놓으려는 것은 그저 화성인으로서의 본능일 뿐이다.

저절로 우러나서 한 행동이, 이런 경우 오히려 역효과를 초래한다는 것을 이해하고 나면 남자는 스스로 변화를 시도할 수 있다. 인식의 진보와 축적된 경험이 그의 변화를 가능하게 하는 것이다.

## *어떻게 여자들이 부지불식간에 논쟁을 야기시키는가*

여자들이 논쟁에 불을 당기게 되는 것은 그들이 자기 감정을 곧이곧대로 표현하지 않기 때문인 경우가 가장 많다. 싫은 감정이나 실망을 직접적으로 표현하는 대신 그들은 수사학적인 질문을 하거나, 의식적이든 무의식적이든 비난의 뜻이 담긴 말을 하게 된다. 그녀는 그를 비난할 뜻이 아니었는데 남자 쪽에서 그렇게 느끼는 경우도 가끔은 있다.

◆

여자들이 논쟁을 야기시키는 것은 그들이 자기 감정을 직접<br>적으로 표현하지 않기 때문인 경우가 가장 흔하다.

예를 들어 남자가 늦게 들어올 때 그녀의 감정은 "늦게 들어오는 당신을 기다리는 건 싫어요." 혹은 "당신한테 무슨 일이 생긴 것이 아닌가 걱정했어요."라고 표현될 수 있을 것이다. 그런데 그가 막상 집에 들어오면 그녀는 그 감정을 직접적으로 이야기하지 않고 "당신 어떻게 이렇게 늦을 수가 있어요?"라든가, "당신이 이렇게 늦으면 어떤 생각이 들겠어요?", "당신 왜 전화 안 했어요?"라는 등의 수사학적인 질문을 던진다.

만일 당신이 진심으로 그 이유를 알고 싶어서 묻는다면 "왜 전화를 안 했어요?"라는 질문은 분명 문제될 것이 없다. 하지만 여자가 기분이 상해 있을 때 던지는 질문은 대답을 듣기 위한 것이 아니라, 그럴 만한 이유도 없이 늦었을 게 분명하다고 하는 힐난의 뜻이 담겨 있다.

"당신 어떻게 이렇게 늦게 들어올 수가 있어요?"라든가, "당신 왜 전화 안 했어요?"라는 질문을 받으면 남자는 그녀가 자기를 비난하고 있다고 느낀다. 그리고 가정에 보다 충실할 것을 강요하는 듯한 느낌을 받는다. 그녀로부터 공격받고 있다고 느낀 그는 곧 방어태세에 돌입한다. 여자는 자기가 한 비난의 말이 남자에게 얼마나 언짢게 들릴지 알지 못한다.

여자가 공감을 필요로 하듯 남자는 승인받기를 원한다. 남자가 한 여자를 사랑하면 할수록 그는 그녀로부터 칭찬받고 싶어한다. 관계 초기에는 그것이

가능하다. 여자는 남자에게 늘 지지를 표명하고 남자는 그녀의 지지를 받을 수 있다는 자신감에 차 있다.

다른 남자나 아버지로부터 상처를 받은 경험이 있는 여자라 할지라도 관계 초기에는 그럴 수 있다. 그녀는 이렇게 생각할는지 모른다. '그는 특별한 사람이야. 지금까지 내가 알았던 사람들과는 달라.'

여자가 그와 같은 지지를 철회하는 것은 남자에게는 더할 나위 없는 고통이 된다. 대체로 여자들은 어떻게 해서 그를 믿지 않게 되었는지 명확히 알고 있다. 자신의 행동이 아주 정당하다고 생각한다. 여자들이 아무렇지도 않게 그렇게 말할 수 있는 것은 실제로 남자들에게 있어 승인받는다는 것이 얼마나 중요한 일인지 깨닫지 못하기 때문이다.

하지만 여자가 그의 행동에 동조하지 않는 경우라도 인간으로서의 그를 받아들일 수는 있다. 남자가 사랑받고 있다는 것을 느끼려면 그녀가 자기 행동을 좋아하지는 않더라도 있는 그대로의 자신을 인정하고 있다는 확신이 필요하다. 대개의 경우 여자들은 남자의 행동이 못마땅하면 그를 변화시키고 싶어하고, 있는 그대로의 그를 받아들이게 되지 않는다. 그녀가 그의 행동에 찬성을 보내는 정도는 물론 더할 때도 있고 덜할 때도 있겠지만, 비난받는다는 것은 그에게 아주 고통스러운 일이며 상처가 된다.

남자들은 대부분 자기에게 칭찬받고 싶은 마음이 있다는 것을 부끄럽게 여겨 인정하지 않으려 한다. 그런 것에는 신경쓰지 않는다는 것을 보여 주기 위해서라면 그들은 아마 무엇이든 하려 할 것이다.

하지만 그것이 사실이라면 여자에게서 비난받았다고 해서 왜 금방 방어태세를 갖추고 거리감을 가지며 냉정해지겠는가? 그것은 자기가 원하는 것을 얻지 못한 데서 고통을 느끼기 때문이다.

초기의 남녀 관계가 성공적일 수 있는 이유 가운데 하나는 그때까지는 남자가 여자의 총애를 받고 있기 때문이다. 그는 빛나는 갑옷을 입은 그녀의 기사이다. 그는 그녀의 승인을 받는 은총을 누리고 있고, 세상이 자기 것인 양 신이 나서 말을 달린다. 하지만 그가 그녀를 실망시키기 시작하면 당장에 그녀의 총애를 잃고 외면당한다. 갑자기 그는 개밥에 도토리 신세가 된다.

여자의 실망에 남자는 그런 대로 잘 대처할 수 있지만 비난이나 거부의 표시에는 상처를 받게 된다. 여자들은 흔히 남자의 행동에 대해 비난하는 듯한 어조로 심문한다. 그들은 그렇게 하면 남자들이 뭔가 깨닫는 게 있을 거라고 생각한다. 하지만 그렇지가 않다. 그런 태도는 두려움과 원망을 야기시킬 뿐이다. 그리고 그는 점점 더 의욕을 잃어 간다.

남자를 이해한다는 것은 그의 행동 이면에는 그럴 수밖에 없었던 이유가 있었음을 알아 주는 것이다. 설령 그 남자가 책임감이 없고, 게으르고 무례하다고 해도 그를 사랑하는 여자라면 그의 속에 감추어진 장점들을 찾아낼 수 있다. 남자에게 지지를 보낸다는 것, 그것은 겉으로 드러난 행동 뒤에 가리어진 그의 선한 마음과 사랑을 발견하는 것이다.

그의 행동에 변명의 여지가 없다는 듯 몰아붙이는 것은 관계 초기에 그녀가 아낌없이 보냈던 지지를 무자비하게 거두어들이는 것이다. 여자는 그의 행동이 마음에 들지 않는 부분이 있어도 그를 받아들일 수 있다는 것을 기억할 필요가 있다.

논쟁을 야기시키는 두 가지 중요한 이유
1 남자는 여자가 자기 관점을 비난하고 있다고 느낀다.
2 여자는 남자가 말하는 방식에 불만을 느낀다.

### 남자가 여자의 지지를 가장 얻고 싶어할 때

대부분의 논쟁은 두 사람의 의견이 일치하지 않기 때문에 일어난다기보다는, 남자는 여자가 자기 관점을 비난하고 있다고 느끼고 여자는 남자가 말을 하는 방식에 불만을 느끼기 때문에 일어난다. 또 가끔은 남자가 여자의 견해를 무시하거나 관심 없다는 듯 아무렇게나 말을 해서 그녀의 비난을 사기도 한다. 그들이 서로 상대방의 정당함을 인정하고 받아들이게 되면 싸울 일이 없다. 단지 서로의 차이점에 대해 충분히 논의해서 절충하면 그뿐이다.

남자가 실수를 저질렀거나 깜빡 잊고 할 일을 하지 않았거나 책임을 다하지 못했을 때 그가 얼마나 소심해지는지를 여자들은 알지 못한다. 사실은 이럴 때가 그녀의 사랑이 가장 필요한 때이다.

이 시점에서 여자가 매몰차게 지지를 철회하는 것은 그에게 견디기 힘든 고통을 안겨 준다. 이것은 그녀가 의식하지 못하고 하는 행동일 수도 있고, 자기는 그저 실망했을 뿐이라고 생각할지 모르지만, 남자는 그녀가 자기에게 불만을 갖고 비난하고 있다는 느낌을 받는다.

<br>

남자들은 자기가 사랑하는 여자를 언짢게 했다거나 실수를
저질렀을 때 가장 논쟁을 벌이기 쉽다.

<br>

그가 사랑하는 여자를 언짢게 했다거나 실수를 저질렀을 때가 남자가 가장 언쟁을 벌이기 쉬운 때이다. 여자에게 실망을 안겨 주고서 그는 기분 상해할 필요가 없다고 항변한다. 자기 변명이 그녀가 기분을 돌리는 데 도움이 되리라고 그는 믿는다.

하지만 그는 여자가 기분이 언짢을 때 가장 필요로 하는 것은, 그가 이야기를 들어 주고 감정에 공감해 주는 것임을 모르고 있는 것이다.


## 논쟁하지 않고 의견 이야기하기

바람직한 역할의 모델이 제시되어 있지 않다면 서로간의 의견 차이와 불일치는 사실 다루기가 여간 까다로운 게 아니다. 대부분의 우리 부모들은 논쟁을 아예 모르고 사셨거나, 아니면 의견 차이를 얘기하기만 하면 어느 새 언성을 높이고 싸우거나 둘 중 어느 한쪽에 속할 것이다. 다음의 도표에는 남녀가 자기도 모르게 논쟁을 야기시키게 되는 과정이 드러나 있고 그에 따른 바람직한 대안이 제시되어 있다.

다음에 열거된 각각의 논쟁에서 우선은 여자가 던질 수 있는 수사학적 질문들을 설정해 놓고 남자가 그것을 어떻게 해석하는지 보여 준 다음, 남자가 자기

자신을 어떻게 변명하려 하며 여자는 또 그의 말에서 무엇을 느낄지 생각해 보았다. 그리고는 마지막에 가서 남녀가 논쟁을 벌이지 않고 좀더 상대방을 생각하면서 자기를 표현할 수 있는 방안을 제시해 놓았다.

## 논쟁의 해부학적 구조

### 1 남자가 집에 늦게 들어올 때

| 여자의 수사학적 질문 | 남자가 받아들이는 의미 |
|---|---|
| • 남자가 집에 늦게 들어오면 여자는 "당신 어떻게 이렇게 늦을 수가 있어요?"라거나, "왜 전화 안 했어요?" 혹은 "내가 무슨 생각을 하는지 알아요?"라고 묻는다. | • 남자는 그녀의 말을 "당신이 이렇게 늦게 들어오는 데는 이유가 있을 수 없어요! 당신은 무책임한 사람이에요. 나 같으면 절대 그러지 않아요. 당신은 나만 못해요."라는 의미로 듣는다. |

| 그의 변명 | 여자가 받아들이는 의미 |
|---|---|
| • 늦게 들어온 데 대해 그녀가 언짢아하면 그는 "다리를 건너오는데 차들이 꽉 막혀 있어서 그랬소." 혹은 "세상 사는 일이란 게 생각대로 안 될 때도 더러는 있는 법이오.", "나라고 어떻게 허구헌 날 꼭 제 시간에 들어올 수가 있겠소?"라고 말한다. | • 여자는 그의 말을 "그럴 만한 이유가 있어서 늦은 건데 당신이 그러면 안 되지. 어쨌거나 내겐 당신보다 일이 더 중요해. 당신은 너무 지나친 요구를 하고 있다구!"라는 의미로 받아들인다. |

| 조금 덜 비난하기 | 조금 더 이해하기 |
|---|---|
| • 그녀는 이렇게 말할 수 있으리라. | • 그는 "늦었소. 걱정하게 해서 미안 |

"당신이 늦게 들어오는 건 정말 싫어요. 걱정도 되구요. 다음에 늦을 땐 미리 전화해 준다면 참 고맙겠네요.."

하오."라고 말한다. 자꾸 변명하려 하지 말고 그냥 이야기를 들어 주는 것이 가장 중요하다. 사랑받고 싶어하는 그녀의 마음을 이해해 보려고 힘써라.

### 2 남자가 무엇인가를 잊었을 때

여자의 수사학적 질문

• 남자가 깜빡 잊고 무언가를 하지 않았을 때 여자는, "당신 어떻게 그걸 잊을 수가 있어요?" 혹은 "언제쯤이면 제대로 기억할 거예요?", "내가 어떻게 당신을 믿겠어요?"라고 말한다.

남자가 받아들이는 의미

• 남자는 그녀의 말을, "잊어버리다니 말도 안 돼요. 당신이 너무 멍청해서 난 당신을 믿을 수 없단 말예요. 맨날 나 혼자서 잘 해보려고 노력하면 뭐해요? 돌아오는 게 없는데."라는 의미로 받아들인다.

그의 변명

• 그가 무엇을 잊었다고 여자가 화를 내면 그는 이렇게 말한다. "정말 바빠서 깜빡 잊은 거라구.", "얼마든지 있을 수 있는 일이지 뭘 그래?", "대수롭지도 않은 일을 가지고……. 관심이 없어서 그런 건 아니라구."

여자가 받아들이는 의미

• 여자는 그의 말을 이렇게 받아들인다. "별일도 아닌 걸 가지고 그렇게 기분 나빠할 거 뭐 있어? 당신은 요구사항이 너무 많고 어떤 때 보면 반응이 좀 지나쳐요. 좀 현실에 눈을 떠요. 공상의 세계 속에서만 살지 말고."

조금 덜 비난하기

• 기분이 언짢다면 그녀는 이렇게 말할 수 있을 것이다. "당신이 잊었다니 섭섭한데요." 또는 보다 효과적인

조금 더 이해하기

• 그가 이렇게 말한다. "잊어버렸네. 당신 화났어?" 화내는 그녀가 잘못인양 얘기하지 말고 그냥 그녀의 말을

접근방법으로, 그가 잊어버렸다는 데 대해 아무 말도 하지 않고 "당신 그 것 좀 해주면 고맙겠어요."라고 다시 한 번 부탁한다. (그럼 그 스스로 깨달을 것이다.)

들어 주어라. 이야기를 하던 그녀는 그가 열심히 들어 주고 있음을 알고는 곧 고마운 마음을 가질 것이다.

### 3 남자가 동굴에서 나왔을 때

여자의 수사학적 질문

• 남자가 동굴에 들어가 있다가 밖으로 나오면 그녀는 이렇게 말한다. "어쩜 당신 그렇게 무심하고 쌀쌀할 수가 있어요?", "내가 어떤 반응을 보일 거라고 기대하나요?" 혹은 "당신이 속으로 무슨 생각을 하는지 내가 알게 뭐예요?"

남자가 받아들이는 의미

• 남자는 그녀의 말을 이렇게 받아들인다. "당신이 내게서 멀어지는 건 이유 여하를 막론하고 용납할 수 없어요. 당신은 사랑을 줄 줄 모르는 매정한 사람이에요. 당신은 내게 어울리지 않아요. 내가 당신에게 준 상처보다 당신이 내게 준 상처가 몇 곱절은 될 거예요."

그의 변명

• 동굴에서 나온 그를 그녀가 언짢게 대하면 그는 이렇게 말한다. "혼자만의 시간이 좀 필요했어. 겨우 이틀이었잖아. 그런데 왜 난리야? 내가 당신을 뭐 어떻게 한 것도 아닌데 뭐가 그렇게 기분이 나빠?"

여자가 받아들이는 의미

• 그녀는 이렇게 받아들인다. "버림받았다고 느끼거나 속상해할 필요가 없어. 그리고 설사 그렇다고 해도 나로서도 어쩔 도리가 없군. 당신은 도대체 만족을 모르고 나를 지배하려고 하잖아. 난 내가 하고 싶은 대로 할 거고 당신 기분 따위는 내 알 바 아니야."

| 조금 덜 비난하기 | 조금 더 이해하기 |
|---|---|
| • 그의 행동이 언짢다면 이렇게 이야기할 수 있을 것이다. "때로는 당신에게도 그런 시간이 필요하리라는 건 알아요. 그런데도 막상 당신이 멀어진 것 같으면 기분이 우울해져요. 그게 당신 잘못이라는 말은 아니지만 당신이 내 기분을 이해해 주는 것이 내겐 무척 중요하거든요." | • 그는 이렇게 말한다. "당신 기분은 이해하오. 내가 멀어진 듯 느껴지면 당신이 많이 속상할 거야. 자, 우리 그 문제에 대해 얘기해 봅시다." (그러면 그녀는 때때로 그에게도 멀어질 필요가 있다는 것을 좀더 쉽게 받아들일 수 있을 것이다.) |

## 4 남자가 여자를 실망시킬 때

| 여자의 수사학적 질문 | 남자가 받아들이는 의미 |
|---|---|
| • 남자가 자기를 실망시키면 여자는 이렇게 말한다. "당신 어떻게 이럴 수가 있죠? 당신이 하겠다고 말해 놓고 왜 안 했어요?" 또는 "당신이 그렇게 말하지 않았던가요?" 또는 "당신 언제쯤이면 철이 들래요?" | • 남자는 그녀의 말을 이렇게 받아들인다. "나를 실망시킨 데는 변명의 여지가 있을 수 없어요. 당신은 바보예요. 뭐 하나 제대로 하는 게 없잖아요? 당신이 달라지지 않는 한 난 행복할 수 없을 거예요." |

| 그의 변명 | 여자가 받아들이는 의미 |
|---|---|
| • 여자가 느낀 실망에 대해 남자는 이렇게 변명한다. "이봐, 다음엔 제대로 하면 되잖아.", "그게 뭐 대단한 일이라고 그래?", "하지만 난 당신이 그런 뜻으로 한 말인지 몰랐다구." | • 여자는 그의 말을 이런 의미로 해석한다. "당신이 기분 나쁜 게 내 잘못이 아냐. 당신은 너무 융통성이 없고 고지식하다구. 그만한 일로 그렇게 기분 상하면 어떡해? 도저히 당신을 이해할 수 없군." |

| 조금 덜 비난하기 | 조금 더 이해하기 |
|---|---|
| • 만일 기분이 언짢다면 그녀는 이렇게 말할 수 있을 것이다. "당신한테 실망하게 되는 건 싫어요. 당신은 아마 전화를 하려고 했을 거예요. 괜찮아요. 난 그저 당신이 내 기분을 알아 줬으면 하는 거예요." | • 그는 이렇게 말한다. "내가 당신을 실망시켰다는 걸 알고 있소. 자, 우리 얘기를 좀 합시다. 많이 속상했었소?" 그리고는 그녀에게 말할 기회를 주고 진지하게 귀기울여 주면 그녀의 기분이 곧 나아질 것이다. 그런 다음 이렇게 말하라. "자, 이제 내가 어떻게 해야 당신이 힘이 좀 날까?" |

### 5 남자가 여자의 감정을 존중하지 않을 때

| 여자의 수사학적 질문 | 남자가 받아들이는 의미 |
|---|---|
| • 남자가 자기 감정을 존중해 주지 않아 자존심이 상하면 여자는 이렇게 말한다. "당신 어떻게 그렇게 말을 해요? 나를 이런 식으로 대해도 되는 거예요?", "당신 나한테 조금이라도 신경을 쓰는 사람이에요? 내가 당신을 이런 식으로 무시하던가요?" | • 남자는 그녀의 말을 이렇게 해석한다. "당신은 고약한 사람이고 나를 아무렇게나 취급해요. 그런 당신을 나 혼자만 속도 없이 사랑하고 베푸는 꼴이라구요. 난 도저히 용서 못 해요. 당신이 한 대로 갚아 주겠어요. 당신은 내게 버림받아도 싸요. 일을 이 지경으로 만든 건 바로 당신이니까요." |

| 그의 변명 | 여자가 받아들이는 의미 |
|---|---|
| • 그가 그녀의 기분을 고려하지 않아 그녀가 화를 내면 그는 이렇게 변명한다. "이봐, 그런 뜻이 아니었어." | • 그녀는 그 말을 이렇게 받아들인다. "당신은 기분 나빠할 권리가 없어. 말도 안 되는 소리만 골라 |

또는 "내가 얼마나 당신 말을 잘 듣는데 그래. 이것 보라구, 지금도 그러고 있잖아?" 또는 "내가 언제나 당신을 무시하는 건 아니야. 당신을 비웃고 있는 것도 아니고." 하면서. 당신은 신경이 지나치게 예민하다구. 정말 문제가 있어. 당신 때문에 난 골치가 아프단 말야."

### 조금 덜 비난하기

• 그녀는 이렇게 말할 수가 있다. "당신 말하는 방식이 마음에 안 들어요. 그만하세요." 또는 "당신 말이 언짢게 들리네요. 이런 식의 대화를 원했던 것이 아닌데. 우리 다시 얘기해 봐요." 또는 "나는 이런 식으로 취급받기 싫어요. 우리 생각할 시간을 좀 갖고 다시 얘기하죠.", "내 말을 중간에 가로막지 말고 끝까지 들어 줄래요?", "내 말을 잘 들어 보시겠어요?" (남자는 직접적이고 간략한 표현을 가장 잘 받아들인다. 질문이나 설교는 역효과를 초래할 뿐이다.)

### 조금 더 이해하기

• 그는 이렇게 말한다. "미안해. 당신을 그렇게 대하는 게 아닌데." 그리고는 숨을 깊게 쉬면서 그녀의 반응에 귀를 기울여 보라. "당신은 내 말을 전혀 듣고 있지 않아요." 그녀는 이렇게 말할는지 모른다. 그녀의 말이 끝나기를 기다렸다가 이렇게 말하라. "당신 말이 맞아. 가끔은 건성으로 들을 때도 있어. 미안하오, 그래서는 안 되는 건데. 우리 다시 얘기를 시작해 봅시다. 이번에는 잘될 거야." 대화를 처음부터 다시 시작하는 것은 논쟁이 점점 가속화되는 데 제동을 거는 훌륭한 방법이다. 하지만 그녀가 다시 시작하기를 원치 않는다고 그녀를 비난하지는 마라. 당신이 그녀의 기분을 이해해 준다면 그녀도 한결 부드럽고 관대해질 것임을 잊지 마라.

여자의 수사학적 질문

• 그녀는 불만스러운 듯 이렇게 말한
다. "우리는 왜 늘 허둥대야 하는
건가요?" 또는 "당신은 왜 그렇게
서두르고 재촉하는 거예요?"

남자가 받아들이는 의미

• 남자는 그 말을 이렇게 받아
들인다. "아무리 생각해도 이렇게까지
서두를 이유가 없어요! 당신 때문에
나는 늘 불안하다구요. 당신은
정말 못 말리는 성격의 소유자예요.
능력도 없고 내 기분 따위는 생각도
안 할 게 틀림없어요."

그의 변명

• 그는 이렇게 변명한다. "서둘러서
나쁠 게 뭐야? 늘 그래왔잖소." 또는
"이제 와서는 어쩔 수 없는 일이야.",
"그렇게 성가스러워할 것 없어.
빨리 가는 게 좋다니까."

여자가 받아들이는 의미

• 그녀는 그 말을 이렇게 해석한다.
"당신은 불평할 자격이 없어. 이 정도
누리는 것만 해도 감지덕지할
일이지, 뭐가 부족해서 맨날 불만
이야? 당신 불평에 주위 사람도 맥이
빠진다는 걸 알아야지."

조금 덜 비난하기

• 그가 재촉하는 게 언짢다면 그녀는
이렇게 말할 수 있을 것이다.
"서두르는 건 좋은데 마음이 너무
불안해요. 우리는 뭐든지 좀
서두르는 것 같아요.", "시간 여유를
가지고 움직일 수 있었으면 참
좋겠어요. 이렇게 정신없이
몰아치는 건 정말 싫어요.

조금 더 이해하기

• 그는 이렇게 말한다. "나 역시
그래요. 부리나케 서두르다 보면
정신이 다 없다니까." 이로써 그는
그녀의 기분을 알아 주는 셈이다.
설령 그에게 서두르고 싶은 마음이
일부 있다고 해도 그녀의 기분에
공감을 표시함으로써 그녀가 가장
필요로 할 때 적절한 위안을

다음 외출 때는 15분 정도 여유를 두는 게 어때요?"　줄 수 있는 것이다.

## 7 대화 도중에 그가 면박을 줄 때

여자의 수사학적 질문

• 남자가 자기 말을 무시하거나 면박을 주면 여자는 이렇게 말한다. "당신 어쩌면 그렇게 말을 해요?", "당신 꼭 나한테 그런 식으로 말을 해야 되겠어요?", "당신 내 말이 그렇게 우습게 들려요?"

남자가 받아들이는 의미

• 남자는 그 말을 이렇게 받아들인다. "당신이 날 이런 식으로 취급하는 건 언어도단이에요. 나를 사랑하지 않는 거예요. 내게 관심도 없잖아요. 나는 당신한테 그토록 많은 것을 베풀었는데 당신은 은혜도 모르는 사람이에요!"

그의 변명

• 여자가 무시당한 데 대해 불쾌해하면 그는 이렇게 변명한다. "하지만 이치에 맞는 말을 해야지." 또는 "내가 뭘 어쨌다고 그래?" 또는 "또 그 얘기군."

여자가 받아들이는 의미

• 여자는 그의 말을 이렇게 받아들인다. "당신한테는 기분 나쁘고 자시고 할 자격이 없어. 사리 판단도 못 하고 엉뚱한 소리만 하면서 뭘 그래? 나야 어떤 게 옳은지 알지만 당신은 아니야. 당신은 나보다 열등해. 그러니 공연히 시비 걸지 마."

조금 덜 비난하기

• 그녀는 이렇게 언짢은 기분을 표시할 수 있다. "당신이 그렇게 말하는 건 마음에 안 들어요. 당신이 날 비난하는 것 같아서 싫어요. 난 그런

조금 더 이해하기

• 그는 이렇게 말한다. "당신이 불쾌하다면 미안해. 내 말중에 어떤 부분이 기분 나쁘게 들렸소?" 그녀로 하여금 기분 나빴던 말을 다시 한 번

대접을 원치 않아요. 내 기분을 좀 이해해 줘요." 또는 "오늘은 너무 힘든 하루였어요. 그것이 당신 탓이라는 말은 아니에요. 하지만 당신이 내 기분을 알아 주었으면 해요. 좋아요?" 남자의 말을 일일이 문제삼지 않고 자신이 원하는 것을 얻어 낼 수가 있다. "난 지금 너무나 우울해요. 잠깐만 내 얘기를 좀 들어 줄 수 있겠어요? 그럼 곧 기분이 나아질 것 같아요. (남자로 하여금 이야기에 귀를 기울이게 하려면 이런 식의 격려가 많은 도움이 된다.)

반추해 보도록 시간을 주고 이야기를 들어 준 다음 이렇게 말하라. "미안하오. 당신이 왜 기분이 상했는지 알겠구려." 그러고는 잠시 말을 멈추고 상대의 이야기를 들어 주라. 당신이 한 말을 그녀가 오해한 것이라고 변명하고 싶은 마음이 굴뚝 같더라도 꾹 참아라. 상처가 났으면 우선 그것을 치유할 일이다. 따뜻한 관심을 갖고 이야기에 귀를 기울여 주고 이해해 주어 그녀의 상처가 치유되거든 그때 가서 당신의 입장을 설명해도 늦지 않다.

## 힘들 때 위안 되어주기

어떤 관계든 위기가 있다. 그 위기는 실직이나 질병, 죽음, 또는 쉼없는 고단한 일상사 등 갖가지 경로로 올 수 있다. 이런 어려운 시기에 무엇보다도 중요한 것은 상대를 이해하고 인정해 주는 애정 깊은 태도로 대화를 나누도록 노력하는 것이다. 덧붙여, 우리는 너 나 할 것 없이 늘 완벽한 모습일 수는 없는 존재들임을 인정하고 이해하는 자세를 가질 필요가 있다. 생활 속에서 일어나는 사소한 마찰을 슬기롭게 처리하는 방법을 알고 실천하다 보면 돌발적으로 찾아오는 위기에 보다 의연히 대처할 수 있게 된다.

앞에서 예시한 내용에서는 남자가 어떤 행동을 했을 때 여자가 이를 언짢아하는 것으로 그 역할이 고정되어 있다. 그러나 여자의 행동이나 말투에 남자가 기분 상하는 경우도 물론 있으며, 그럴 때는 앞에서 제시하고 있는 해결방안들이 똑같이 적용될 수 있다. 만일 당신이 결혼생활을 하고 있다면, 그 해결책에 대해 어떻게 생각하는지 배우자의 의견을 한 번 물어 보라. 그리고 서로에 대해 좋은 느낌일 때 미리 짬을 내서, 그 중 어떤 표현이 마음에 들고 효과적이라고 생각하는지 의논해 보라. 미리 화해의 표현을 마련해 두는 것도 나중에 갈등이 생겼을 때 큰 도움이 될 수 있다.

또, 당신이 아무리 적절한 단어를 골라서 표현한다고 하더라도 중요한 것은 그 말 뒤에 숨은 당신의 감정임을 잊지 말아야 한다. 설령 앞에서 모범답안으로 제시하고 있는 문장을 그대로 상대방에게 들려 주더라도 당신의 사랑과 공감, 이해가 전해지지 않는다면 긴장은 계속 고조될 수도 있다. 앞서 얘기한 바 있지만 논쟁을 피하는 최선의 방법은 그것이 다가오는 모습이 보일 때 낮게 엎드리는 것이다. 서로 잠시 이야기를 멈추고 마음을 진정시킨 다음 다시 마주 앉으면 훨씬 나은 대화를 가질 수 있다.

이러한 변화를 시도한다는 것이 처음에는 조금 어색하고 작위적으로까지 보일지 모른다. 많은 사람들이 '사랑은 있는 그대로 말하는 것'이라는 생각을 갖고 있다. 그러나 이렇듯 너무 직접적이고 단도직입적인 접근방식은 듣는 사람의 마음을 고려하지 않는 것이다. 우리는 상대방의 기분을 상하게 하거나 마음을 아프게 하지 않고도 얼마든지 솔직하고 정직하게 자기 감정을 표현할 수 있다. 앞에 제시된 문장들을 연습해 봄으로써, 상대에게 신뢰감과 관심을 표명하면서 대화를 이끌어 가는 당신의 능력이 향상될 수 있을 것이다. 그리고 얼마간 시간이 흐르면 그러한 대화가 보다 자연스럽게 이루어질 수 있게 된다.

당신이 현재 결혼생활을 하고 있고 만일 당신의 배우자가 앞에서의 제안들을 수용해 보려고 시도한다면, 그가 상당히 협조적인 사람이 되기 위해 노력하고 있다는 것을 마음에 새겨 두라. 처음에는 그들의 표현방식이 부자연스러울 뿐 아니라 진지함이 결여된 듯 보일 수도 있다. 지금껏 굳어진 언어습관이 단 몇 주일 만에 바뀐다는 것은 불가능한 일이다. 하지만 그들의 걸음마에 아낌없는 격려를 보내라. 그렇지 않으면 곧 포기해 버릴지도 모르는 일이므로.

## 사랑 있는 대화로 논쟁 피해 가기

만일 우리가 상대방의 욕구를 이해하고 그가 필요로 하는 것을 주려고 힘쓴다면 감정이 개입된 언쟁이나 입씨름은 피해 갈 수 있다. 다음의 예화는 여자가 자기 감정을 직접적으로 표현할 때 남자가 그 감정에 동조해 줌으로써 논쟁으로 발전하지 않고 부드럽게 넘어가는 상황을 보여 주고 있다.

언젠가 아내와 내가 휴가여행을 떠나던 때의 일로 기억된다. 우리가 탄 차가 미끄러지듯 출발하면서 우리는 비로소 눈코 뜰 새 없이 바빴던 지난 한 주일간의 고단함에서 놓여나고 있었다. 그런 만큼 나는 이런 멋진 여행을 떠나게 된 데 대해 아내가 몹시 즐거워하리라는 기대를 갖고 있었다. 그러나 그녀는 한숨을 푹 내쉬며 이렇게 말했다.

"내 인생은 마치 길고 지루하게 계속되는 고문같이 느껴져요."

나는 잠깐 그대로 있다가 숨을 길게 내쉬며 이렇게 말했다.

"당신 말이 무슨 뜻인지 알아. 나도 마지막 남은 한 방울의 진까지 모조리 쥐어짜인 듯한 기분인걸."

손으로 걸레를 비틀어 짜는 시늉을 해 보이면서 내가 말했다.

아내는 고개를 끄덕여 공감을 표하더니 놀랍게도 이내 환하게 미소를 지어 보이며 화제를 돌렸다. 그녀는 이렇게 여행을 떠나게 되어 얼마나 기쁜지 모르겠다고 말했다. 사실 6년 전 같았으면 어림도 없을 일이었다. 우리는 분명 말다툼을 벌였을 것이고, 나는 모처럼의 기분을 망쳐 놓았다고 아내를 비난했을 게 뻔했다.

나는 자기 인생이 길고 지루한 고문과도 같다는 아내의 말을 나에 대한 비난이나 불평으로 받아들여 몹시 언짢아졌을 것이다. 그래서 얼른 방어태세를 갖추어 우리 삶은 절대 고문일 수 없으며, 이렇게 멋진 여행을 하게 된 데 대해 감사할 줄 알아야 한다고 그녀에게 설교했을 것이다. 급기야는 둘 사이에 말다툼이 벌어져 우리는 결국 괴롭고 지루한 여행을 했을 것이다.

하지만 이번에 나는 그녀가 단지 스쳐 지나가는 말로 자기 느낌을 표현한 것뿐임을 이해했다. 그것은 나에 대한 사사로운 비난이 아니었으므로 방어태세로 돌입할 필요가 없었다. 내가 자기 기분을 너무나 잘 알아 준다고 느낀 아내는 내게 전폭적인 지지를 보냈고, 나는 아내의 사랑을 느꼈다. 우리는 말다툼을 하지 않았다.

# 10
## 이성으로부터 점수따기

남자들은 여자로부터 높은 점수를 따려면 새 차를 사 준다거나 휴가여행을 데리고 가는 등 아주 굉장한 것을 안겨 주어야 하리라고 생각한다. 그는 그녀를 위해 자동차 문을 열어 주거나 꽃다발을 건네거나 안아 주거나 하는 따위의 작은 일로는 별로 점수를 얻지 못할 것으로 생각한다. 이런 점수 계산방식에 의거해서, 그는 자기 시간과 정력과 관심을 쏟아부어 여자에게 큼지막한 선물을 한다면 그녀가 굉장히 만족해할 것이라 믿는다. 하지만 여자들이 점수를 매기는 방식은 남자들과는 다르기 때문에 위의 논리대로 되지 않는다.

여자가 채점할 때, 사랑의 선물은 크고 작음에 관계 없이 같은 점수로 처리된다. 어떤 선물이든 동일한 가치를 지닌다. 그런데 남자는 자그마한 선물이 1점이라면 큰 선물은 한 30점쯤 될 걸로 생각한다. 여자들의 계산방식을 모르는 그는 자연히 큼직한 선물 한두 가지에 있는 힘을 다 기울이게 된다.

여자가 채점할 때, 사랑의 선물은 크고 작음에 관계 없이
같은 점수로 처리된다. 어떤 선물이든 똑같은
가치를 지닌다.

여자들에게는 사소한 것들도 큰 것 못지않게 중요하다는 것을 남자들은 알지 못한다. 다시 말해서 단 한 송이의 장미꽃만으로도, 집세를 제때에 지불하는 것과 맞먹는 점수를 얻을 수 있는 것이다. 점수를 매기는 방식이 이처럼 서로 다르다는 사실을 알지 못한다면 남녀 사이에는 자꾸만 좌절과 실망이 되풀이된다.

개인 상담시간에 있었던 다음의 예는 그것을 잘 보여 주고 있다.

팜  저는 남편을 위해 온갖 일을 마다하지 않는데 그 사람은 저를 무시해요. 그가 관심을 갖고 있는 건 오로지 자기 일뿐이에요.

처크  하지만 제가 일을 한 덕분에 우리가 그런 근사한 집에서 살고 휴가 때 여행도 떠나고 그럴 수 있는 것 아닙니까? 그녀는 행복하게 생각해야 한다구요.

팜  우리가 서로 사랑하지 않는다면 근사한 집이나 휴가여행이 무슨 소용이 있겠어요? 나는 당신으로부터 그 이상의 것을 원해요.

처크  당신이 나보다 몇 배나 더 베풀고 있다는 소리로 들리는군.

팜  사실이에요. 나는 당신을 위해서 많은 일을 하고 있잖아요. 빨래를 해주고 식사를 준비하고 집안 청소를 하고 온갖 일을 도맡아 해요. 그런데 당신은요? 당신은 오직 한 가지, 직장에 나가는 일뿐이죠. 물론 그 일로 돈이 생기는 건 사실이지만 돈 벌어다 준다는 이유로 당신은 그 나머지 일은 나 몰라라 하잖아요.

처크는 성공한 의사였다. 전문직에 종사하는 사람들이 대개 그렇듯이 소득 수준은 매우 높지만 시간적인 여유는 별로 없었다. 그는 아내가 불만을 느끼는 이유를 이해할 수 없었다. 그는 열심히 돈을 벌어 아내와 가족들에게 여유 있고

윤택한 생활을 누리게끔 해주었는데 집에 들어오면 아내는 불만스러운 얼굴을 하고 있었다.

그의 생각에는 자기가 바깥에서 돈을 많이 벌어다 주면 줄수록 집에서 아내를 만족시키기 위해 따로 노력할 필요는 없을 것 같았다. 월말에 가져다 주는 두둑한 월급봉투가 족히 30점은 될 거라고 생각했고, 병원을 개업해 수입이 예전의 두 배로 늘어났을 때는 점수도 따라서 두 배가 되어 60점은 될 걸로 믿었다. 자신의 두둑한 월급봉투에 매달 고작 1점의 점수가 매겨지리라고는 꿈에도 생각지 못했다.

팜의 관점에서 보면 그가 많은 돈을 벌어다 주면 줄수록 그녀에게 돌아오는 것은 점점 더 줄어들었다. 새로 개업한 병원은 더욱 많은 시간과 노력의 투자를 요했다. 자꾸만 침해되어 가는 사생활과 늘어지는 관계를 추슬러 보려고 그녀는 한층 안간힘을 썼지만, 남편의 1점에 비해 자기는 60점의 노력을 하고 있다는 생각이 그녀로 하여금 불행을 느끼게 했고 남편을 원망하게 했다.

팜은 남편보다 자기가 훨씬 더 많은 것을 베풀고 있다고 느꼈다. 그러나 처크는 오히려 자기가 아내에게서 더 많은 것을 받아야 마땅하다고 생각했다. 그는 아내와의 관계에 대해 대체로 만족하고 있었는데 단 한 가지 마음에 안 드는 점이 있다면 그것은 그녀가 행복을 느끼지 못한다는 것이었다. 그는 아내가 너무 많은 것을 바란다고 못마땅해했다. 월급을 그렇게 많이 갖다 주는데 여자가 그 정도 하는 건 당연하다는 생각이었고, 그의 이런 태도가 팜을 더욱 화나게 했다.

인간 관계 세미나에 대한 내 강연테이프를 듣고 나서 그들은 서로를 탓하던 태도를 버리고 사랑을 통해 문제를 해결할 수 있었다. 이혼으로 치닫던 그들이 비로소 전환점을 찾은 것이다.

처크는 아내를 위해 작은 일들을 해주는 것이 큰 변화를 가져온다는 것을 깨달았다. 그가 조금 더 많은 시간을 아내를 위해 할애하기 시작하면서 어찌나 빠르게 관계가 변화하는지 그 자신 놀라지 않을 수 없었다. 그는 여자들에게는 작은 일이 큰일 못지않은 가치를 지닌다는 사실을 인식하게 되었고, 자신의 넉넉한 수입이 왜 1점밖에는 얻지 못했는지 그제서야 이해할 수 있었다.

사실 팜이 행복을 느끼지 못한 것은 어찌 보면 당연한 일이었다. 그녀가 진정으로 원했던 것은 물질적으로 풍족한 삶이라기보다는 남편이 개인적으로 낼 수 있는 시간과 가정에 대한 관심이었다. 처크는 돈 버는 일에 그 동안 들였던 에너지를 조금 아껴 가정으로 돌리자 아내가 무척 행복해한다는 것을 깨달았다. 그녀의 점수 계산방식을 일단 파악하고 난 처크는 이제 아내를 행복하게 해줄 수 있다는 자신감으로 퇴근길의 발걸음이 한결 가벼워졌다.

## 사소한 것들이 큰 변화를 만들어 낸다

남자가 큰 힘을 들이지 않고도 배우자에게 후한 점수를 얻을 수 있는 방법은 그야말로 도처에 널려 있다. 그는 단지 현재 쏟아붓고 있는 에너지와 관심의 방향을 재조정하기만 하면 되는 것이다. 사실 대부분의 남자들이 이미 그 방법들에 관해 알고 있기는 하지만 이런 작은 일들이 여자에게 얼마나 중요한지를 미처 깨닫지 못하기 때문에 굳이 이것들을 실행하려고 애쓰지는 않는다. 남자는 자기가 지금 배우자를 위해 해주고 있는 커다란 일에 비하면 그런 사소한 일들은 아무것도 아닌 것으로 믿고 있다.

관계 속에서 작은 일부터 실행에 옮겨 보려고 마음먹은 사람들도 한두 번 해보다가 이내 그만둬 버리기 일쑤다. 설명할 수 없는 본능의 힘 때문인지 그들은 또다시 한 가지 큼지막한 일을 도모하기 시작한다. 그러면 그들은 여자가 관계 속에서 만족을 느끼는 데 꼭 필요한 작은 일들은 자연히 소홀히 하게 된다. 여자를 만족시키려면 어떻게 해야 그들이 사랑받고 있다고 느끼는지를 이해할 필요가 있다.

여자들은 자기가 특히 더 좋아하는 것에 점수를 주기보다는 자기가 진정으로 필요로 하는 것을 받았을 때 감동한다. 그들은 생활 속에서 많은 사랑의 표현을 원한다. 그 표현방식이 아무리 유력한 것이었다고 해도 한두 차례의 표현으로는 그들에게 충족감을 줄 수가 없다.

남자들이 이러한 것을 이해한다는 것은 실로 어려운 일일지 모른다. 그러나 아래의 항목들을 한 번 죽 훑어 봄으로써 그들은 여자들의 사랑의 탱크가 어쩌면 자동차의 연료탱크와 비슷하리라는 상상을 할 수 있게 될 것이다. 그것은 자꾸자꾸 채워 넣어야 할 필요가 있다. 작은 일들을 중히 여겨 많은 점수를 따는 것, 그것이 여자가 지닌 사랑의 탱크를 가득 채우는 비결이다. 탱크가 가득 차게 되면 여자는 사랑받고 있다고 느낀다. 그러면 그녀는 보다 많은 신뢰와 사랑, 칭찬과 찬미, 승인과 격려를 그에게 되돌려 줄 수 있다.

남자가 배우자의 사랑의 탱크를 늘 가득 차게 할 수 있는 작은 실천방안 101가지가 여기 있다.


## 여자에게 점수 따는 101가지 방법

1  집에 돌아오면 우선 아내부터 찾아 가볍게 포옹하라.
2  오늘 그녀의 계획이 무엇이었는지 당신이 알고 있었음을 보여 주는 특별한 질문을 하라. (예를 들면, "병원에 갔던 일은 어떻게 됐소?")
3  그녀의 말을 들어 주고 적절한 질문을 하라.
4  그녀의 문제를 해결하겠다는 생각은 버리고, 대신 그녀의 편에서 이해해 주어라.
5  20분 정도는 아내에게 적극적이고 순도 높은 관심을 기울여라. (그 동안에는 신문을 보거나 다른 일을 하지 마라.)
6  꼭 무슨 날이 아니더라도 때로는 불쑥 꽃다발을 건네 아내를 놀래 주어라.
7  금요일 밤이 되어서야 그녀에게 주말에 뭘 하고 싶냐고 묻지 말고 며칠 전부터 미리 데이트 계획을 세워 두라.
8  보통 때 저녁준비를 아내가 하거나, 아니면 오늘 그녀가 할 차례인데 바쁘고 피곤해 보이거든 당신이 하겠노라고 자청해 보라.
9  아내의 외모에 대해 찬사를 보내라.
10  그녀가 언짢아할 때 그 기분을 이해해 주어라.
11  아내가 피곤해 보이면 뭐든 거들어 주려고 애쓰라.

12 여행할 때는 그녀가 급히 서두르지 않아도 되도록 시간 계획을 여유 있게 짜라.

13 귀가가 늦어질 것 같으면 아내에게 미리 전화로 알려라.

14 아내가 도움을 요청해 올 때는 그것이 잘못된 행동인 것처럼 생각되게 하지 말고 단지 당신이 할 수 있는지 없는지만 분명하게 말하라.

15 그녀가 기분이 언짢아 보이면 "당신이 그렇게 우울해하니 내 마음이 안 됐군." 이렇게 말하고 공감을 표시하라. 너무 많은 말을 하지는 말되 당신이 그녀의 기분을 이해하고 있다는 것을 그녀로 하여금 느끼게 하라. 공연히 해결책을 제시하려 하거나, 그녀가 언짢아하는 것이 당신 탓은 아니라고 애써 변명하려 하지 마라.

16 혼자 있고 싶은 마음이 들거든 어떤 문제에 대해 생각해 볼 시간이 좀 필요하며, 대충 어느 정도 걸릴 것 같다고 미리 아내에게 귀띔해 주어라.

17 생각을 정리하고 나오면, 아내가 최악의 상상으로 마음 졸이지 않도록 당신이 고민하던 문제가 무엇이었는지 친절하게 이야기해 줘라.

18 겨울철에는 화로나 벽난로에 불을 피우는 일을 하라.

19 아내가 당신한테 이야기할 때는 잡지를 덮고 텔레비전을 끈 다음 온전히 관심을 기울여라.

20 보통 때 설거지가 아내의 몫이거나 특히 그녀가 피곤해 보이는 날엔 당신이 설거지를 하겠다고 하라.

21 아내가 우울해하거나 지쳐 보이면 지금 그녀가 해야 할 일이 무엇무엇이냐고 물어, 그 중에서 몇 가지를 기꺼이 해주어라.

22 밖에 나갈 때는 들어오는 길에 가게에서 뭐 사올 것이 없느냐고 묻고, 반드시 그것을 사 가지고 와라.

23 낮잠을 자거나 외출할 계획이라면 아내에게 미리 알려 주어라.

24 하루에 네 번은 아내를 안아 주어라.

25 직장에서 집으로 가끔 전화를 해서 어떻게 지내고 있는지 묻고 즐거운 일이 있다면 함께 나눠라. 그리고 사랑한다고 말하라.

26 적어도 하루에 두 번은 "당신을 사랑해."라고 말하라.

27 이불을 펴고 개는 일은 당신이 하라.

28 아내가 빨래를 한다면 양말을 벗을 때 뒤집어 벗지 마라.

29 휴지통이 가득 찼으면 알아서 비워라.

30 집을 떠나 멀리 가게 되었을 때는 아내에게 전화를 걸어 당신이 무사히 도착했음을 알리고, 그녀가 당신에게 연락할 수 있는 전화번호를 일러 주어라.

31 아내의 차를 대신 세차해 주어라.

32 아내와 외출할 때는 미리 세차하고 차 안을 말끔히 정돈하라.

33 부부관계 전에 샤워하고, 그녀가 좋아한다면 향수를 사용하라.

34 아내가 누군가와 다투고 감정이 상해 있으면 아내 편을 들어 주어라.

35 아내의 등이나 목, 혹은 발을(아니면 세 군데 모두) 안마해 주어라.

36 꼭 성행위가 아니더라도 가끔은 아내를 꼭 껴안아 주고 애정표현을 하라.

37 그녀가 얘기할 때는 참을성을 갖고 들어라. 도중에 자꾸만 시계를 들여다보지 마라.

38 아내와 함께 텔레비전을 보면서 리모컨으로 자꾸 이리저리 채널을 바꾸지 마라.

39 남들 앞에서도 애정을 표현하라.

40 아내와 손을 잡고 걸을 때는 마지못해 잡고 있는 것처럼 흐느적거리지 말고 손을 꼭 쥐어라.

41 아내가 좋아하는 술이나 칵테일을 기억해 두어라.

42 외식하러 나갈 때는 몇 군데 괜찮은 식당을 제안하라. (어디로 갈 것인지 생각해 내야 하는 짐을 그녀에게 지우지 마라.)

43 연극이나 교향악단 연주회, 오페라, 발레, 그리고 그외에 그녀가 좋아하는 공연을 기간중 내내 관람할 수 있는 정기 입장권을 구해 놓아라.

44 가끔은 두 사람이 잘 차려 입고 외출하는 기회를 만들어라.

45 외출 준비가 오래 걸리거나 다른 옷으로 바꿔 입어야겠다고 해도 이해하는 마음을 가져라.

46 남들 앞에서는 다른 누구보다 아내에게 더 다정하고 상냥하게 하라.

47 아이들보다 아내를 먼저 생각하고 당신이 최우선으로 관심을 쏟는 대상은 아내임을 아이들에게도 알게 하라.

48 앙증맞은 상자에 든 초콜릿이나 향수와 같은 작은 선물을 아내에게 건네라.

49 아내에게 정장 한 벌을 선물하라. (아내의 사이즈를 알아 두고, 그녀의 사진을 한 장 가지고 가 옷을 고를 때 점원에게 조언을 구하라.)

50 특별한 날에는 아내의 사진을 찍어 주어라.

51 짧고 로맨틱한 여행을 즐겨라.

52 당신이 지갑 속에 아내의 사진을 지니고 다니며 이따금 한 번씩 최근 사진으로 바꾸어 넣는다는 것을 그녀가 알게 하라.

53 아내와 함께 호텔에 투숙하게 될 때는 한 병의 샴페인이라든가 거품이 이는 사과주스, 꽃장식 등 뭔가 특별한 것을 준비해 두도록 호텔측에 미리 부탁하라.

54 결혼기념일이나 생일 같은 특별한 날을 잊지 않도록 메모해 두어라.

55 긴 여행길에서는 당신이 운전하겠다고 하라.

56 운전석 옆에 앉은 아내를 배려하면서 천천히 안전하게 차를 몰아라.

57 아내의 기분을 살펴 관심을 보여 주어라. "당신 오늘 기분이 좋아 보이는걸." 혹은 "당신 피곤한 기색이야. 오늘 하루 어떻게 보냈소?"

58 아내와 함께 외출할 때는 미리 방향을 생각해 두어 그녀가 부담을 느끼지 않도록 하라.

59 댄스 파티에 같이 가거나 함께 댄스 강습을 받으러 다녀라.

60 사랑의 편지나 시로 그녀를 깜짝 놀라게 해주어라.

61 처음 만났을 때의 기분으로 아내를 대하라.

62 망가진 것이 있으면 고쳐 주겠다고 말하라. "여긴 뭐 손봐야 할 것 없나? 시간 있을 때 고쳐 줄게." 단, 자기 능력 밖의 일을 떠맡지는 마라.

63 주방용 칼이 무뎌졌으면 갈아 주어라.

64 초강력 접착제를 사다가 깨지거나 떨어진 것을 새 것처럼 고쳐 주어라.

65 전구가 다되었으면 제때에 갈아 끼워라.

66 쓰레기 분리수거를 도와 주어라.

67 그녀가 흥미로워할 신문 기사를 오려 두거나 큰 소리로 읽어 주어라.

68 아내에게 걸려 온 전화는 단정한 글씨로 메모를 남겨 놓아라.

69 욕실 바닥을 더럽혀 놓지 말고 샤워 후에는 반드시 물기가 없도록 해놓아라.

70 아내를 위해 문을 열어 주어라.

71 쇼핑한 식료품은 당신이 들고 오라.

72 무거운 상자 등은 당신이 들어 주어라.

73 여행할 때는 여행가방을 당신이 책임지고, 가방을 자동차 트렁크에 싣는 일도 당신이 맡아서 하라.

74 아내가 설거지를 하면, 냄비를 솔로 박박 문지르는 일 같은 힘든 일을 거들어 주어라.

75 '고쳐야 할 것들'의 리스트를 작성해 주방에 두고 시간이 날 때마다 하나씩 손봐 주어라. 단, 시간이 너무 길어지지 않도록 하라.

76 아내의 요리 솜씨를 칭찬해 주어라.

77 그녀의 이야기를 들을 때는 눈을 쳐다보아라.

78 아내에게 이야기할 때는 가끔 그녀의 몸에 다정하게 손을 올려놓아라.

79 그녀가 하루 동안 무엇을 하며 지내는지, 어떤 책을 읽고 있으며 어떤 사람들과 이야기를 나누는지 관심을 가져라.

80 그녀의 이야기를 들을 때는 아하, 어허, 오, 음 등의 소리로 간간이 호응을 보여라.

81 그녀의 기분이 어떤지 물어 보아라.

82 그녀가 얼마 전부터 몸이 좋지 않았다면 요즘은 상태가 어떻고 기분이 어떤지 늘 살펴 주어라.

83 아내가 피곤해 보이면 차를 끓여다 주겠다고 말하라.

84 잠자리에는 가능하면 함께 들어라.

85 집을 나설 때는 키스를 해주면서 다녀오겠다고 말하라.

86 아내가 재미있는 이야기나 농담을 하면 유쾌하게 웃어 주어라.

87 아내가 당신을 위해 무언가를 해주었을 때는 고마움을 말로 표현하라.

88 그녀가 머리를 새로 하고 오면 아는 체를 해주고 보기 좋다고 안심시켜 주어라.

89 가끔은 둘만의 특별한 시간을 마련하라.

90 둘만의 은밀한 시간이나, 그녀가 속상한 마음을 하소연하고 있는데 전화벨이 울리면 받지 마라.

91 비록 짧은 거리라도 함께 자전거를 타고 달려 보라.

92 피크닉을 계획하고 함께 준비하라.

93 세탁물 처리가 아내의 책임이거든 옷가지들을 세탁소까지 갖다 주거나 세탁기를 돌려 주어라.

94 아이들을 동반하지 말고 아내와 둘이서만 산책을 나서라.

95 당신은 그녀가 원하는 것을 들어 주고 싶어하며 자신이 원하는 것도 갖고 싶어한다는 것을 그녀가 알게 하라. 아내에게 자상하게 마음을 써 주되 자신이 희생자가 되지는 마라.

96 집을 떠나 있을 때면 아내가 보고 싶어진다고 말하라.

97 집에 들어올 때 아내가 좋아하는 파이나 디저트를 사 들고 와라.

98 장보기가 늘 아내의 책임이거든 가끔은 장보기를 자청하라.

99 로맨틱한 날에는 가볍게 먹어라. 너무 배가 부르면 곧 식곤증이 찾아오므로.

100 이 항목에 더 추가할 것이 있느냐고 그녀에게 물어 보라.

101 소변을 본 후엔 변기의 앉는 부분을 도로 내려놓아라.


## 작은 일들이 갖는 신비로운 힘

남자가 그가 사랑하는 여자를 위해 작은 일들을 할 때 그것은 마법과도 같은 힘을 지닌다. 그것은 그녀의 사랑의 탱크를 가득 채워 주며 남자의 점수를 그녀와 비슷한 수준으로 끌어올린다. 두 사람의 점수가 엇비슷할 때 여자는 자기가 사랑받고 있다고 느끼게 되고 답례로 그를 더욱 믿고 사랑하게 된다. 사랑받고 있다는 확신이 있는 여자는 계산하지 않고 성내지 않고 사랑을 베풀 수 있다.

작은 일을 한다는 것은 사실 남자에게도 치유책이 된다. 그것은 여자의 원망뿐만 아니라 남자의 가슴 속에 있던 원망까지 씻어 내리는 치유 능력을 갖는다. 여자가 원하는 것을 주고 있다는 생각이 그로 하여금 자신감과 긍지를 갖게 하는 것이다.

### 남자가 필요로 하는 것

여자를 위해서는 남자가 작은 일을 소홀히 하지 말아야 하듯, 여자는 그가 자기를 위해 해주는 사소한 일들을 감지하고 그 호의를 고맙게 여길 필요가 있다. 미소띤 얼굴로 건네는 고맙다는 말 한 마디는 그가 점수를 땄음을 알리는 표시로 충분하다. 남자에게는 그와 같은 격려와 칭찬이 무엇보다도 효과적이다. 자신의 노력이 당연한 것으로 받아들여질 때 그는 베풀기를 중지한다. 그러므로 여자는 그가 하고 있는 행동이 높은 평가를 받고 있다는 것을 그에게 인식시킬 필요가 있다.

이 말은 그가 휴지통을 대신 비워 주었으니 이제는 더 바랄 게 없다는 듯이 행동하라는 뜻이 아니다. 그저 그가 휴지통을 비워 놓았을 때 이를 알아보고 "고마워요."라고 말하면 된다. 두 사람 사이엔 자연히 따뜻한 사랑의 기류가 흐르게 될 것이다.

### 남자가 여자에게 기대하는 것

한 가지 큼직한 일에 자신의 모든 정력을 기울이려 하고 작은 일들은 얕잡아보는, 남자의 본능적 습성을 여자들은 어느 정도 이해할 필요가 있다. 일단 그것을 어쩔 수 없는 경향으로 이해하고 나면 그의 행동으로 인해 마음 상하는 일도 그만큼 줄어든다. 자기를 위해 해주는 일이 별로 없다고 그를 원망하는 대신,

문제를 해결하려는 건설적인 노력을 그와 더불어 해 나갈 수 있다.

　남자가 작은 일을 소홀히 여기는 것이 그녀를 사랑하지 않는 증거일 수는 없으며, 관심의 초점이 자기도 모르는 사이에 자꾸만 큰 쪽으로 옮겨 가기 때문이다. 하지만 그렇다고 그와 싸우거나 원망하기보다는 적극적으로 도움을 요청하고 부탁함으로써 그의 참여를 이끌어 내는 것이 더 바람직하다. 사소한 행동 하나라도 인정해 주고 격려해 주는 가운데 그는 점차 작은 일에 가치를 두게 될 것이다. 그리고 성공을 향해 정신 없이 치닫던 걸음을 조금 늦추고, 긴장을 풀고 아내와 가족과 더불어 편안한 시간을 보낼 수 있게 될 것이다.


## 관심과 정열의 제 방향 찾기

내가 맨 처음으로 작은 일에 관심을 갖기 시작했을 때가 생각난다. 결혼초 나는 거의 일벌레에 가까웠다. 틈틈이 저술을 하고 세미나를 개최하고 거기다가 주당 50시간 정도는 상담에 임해야 했다. 결혼하던 그해 아내는 나와 좀더 많은 시간 동안 함께 있고 싶다고 누차 이야기했다. 그녀는 마치 버림받은 듯한 기분이어서 마음이 언짢다고 늘 말하곤 했다.

　어떤 때는 아내가 자기 마음을 편지에 담아 보내기도 했다. 소위 사랑의 편지라고나 할까. 그 편지 내용에는 분노와 슬픔, 두려움과 비애의 감정이 실려 있었지만 끝은 언제나 사랑이었다. 제11장에서는 사랑의 편지를 쓴다는 것이 얼마나 중요하며 어떻게 써야 하는지 보다 철저히 알아보기로 하자. 아내는 내가 너무 많은 시간을 일에 빼앗기는 것에 대해 다음과 같은 내용의 사랑의 편지를 썼다.

　사랑하는 존

　내 마음을 당신과 나누고 싶어 이 편지를 씁니다. 당신이 어떻게 해야 하는지를 말하려는 것은 아닙니다. 다만 당신이 내 기분을 이해해 주었으면 하는 것뿐이에요.

당신이 그렇게 많은 시간을 일에 매달려 있다는 것이 나는 화가 나요. 집에 돌아올 때의 당신에게는 나를 위한 것이 아무것도 남아 있지 않아요. 나는 당신과 좀더 많은 시간을 함께 있고 싶어요. 당신이 나보다 상담 의뢰인들에게 더 신경을 쓰는 것 같아 속상할 때가 많아요. 당신의 지친 모습은 나를 슬프게 합니다. 당신이 그리워요.

당신이 혹 나와 함께 시간을 보내기를 원치 않는 것은 아닌지, 내가 당신의 인생에 또 하나의 짐을 지게 하는 것은 아닌지 은근히 걱정이 됩니다. 내 이야기가 당신에게 쓸데없는 투정처럼 들릴까 봐 마음이 쓰이는군요.

이 편지가 당신에게 괴로움을 주지 않기를 바랍니다. 당신이 최선을 다하고 있다는 것을 난 알아요. 늘 감사하는 마음이에요.

당신을 사랑하는 바니가

그녀의 편지를 읽고 나서 나는 사실 아내보다 상담 의뢰인들에게 더 신경을 써 왔음을 깨달았다. 그들 개개인에게 온 정성을 기울여 상담을 해주다 보니 집에 돌아올 무렵에는 파김치가 되었고, 자연히 아내를 소홀히 대하게 되었던 것이다.

## 남자가 과로하게 되면

내가 아내를 소홀히 대한 것은 그녀를 사랑하지 않아서가 아니라 그녀에게 줄 것이 아무것도 남아 있지 않았기 때문이다. 나는 열심히 일함으로써 아내와 가족에게 더 나은 삶을 누리게 해주려고 최선을 다하고 있다는 어리석은 생각을 하고 있었다. 그녀가 어떤 심정이었는지를 이해한 나는 우리의 관계 속에서 이 문제를 해결하기 위해 차근차근 계획을 세워 갔다.

나는 우선 하루에 만나는 상담 의뢰인을 여덟 명에서 일곱 명으로 줄이고, 아내를 여덟 번째 고객인 것처럼 생각하기 시작했다. 매일 저녁 귀가가 한 시간 앞당겨졌다. 마음 속으로 나는 아내를 가장 중요한 고객이라고 생각해, 그들에게 하듯 헌신적이고 진지한 관심을 아내에게 쏟았다. 집에 와서는 그녀를 위해 작은 일들을 하기 시작했다. 효과는 금세 나타났다. 전보다 행복해진 것은 비단 그녀뿐이 아니었고 나 역시 마찬가지였다.

그런 방법으로 아내와 가족들에게 만족감을 줄 수 있고 나도 그들로부터 사랑받을 수 있음을 조금씩 깨우치게 되면서, 나는 출세를 향해 정신 없이 질주하던 자신을 돌아보았다. 나는 질주의 속력을 조금 늦추었고, 그랬더니 놀랍게도 우리 부부 관계뿐 아니라 내 일에도 더욱 활기가 넘치게 되었다. 일에 매달리는 시간은 줄었는데, 능률은 오히려 향상되었다.

나는 가정 생활이 잘 되면 그 영향이 일터에까지 미친다는 것을 발견했다. 직업 세계에서의 성공은 무턱대고 열심히 일한다고 해서 얻어지는 것만은 아니며, 남들에게 신뢰감을 주는 내 능력에 좌우되는 바가 크다는 사실 역시 깨닫게 되었다. 가족으로부터 사랑받고 있음을 느낄 때 내가 더욱 자신감을 갖게 되는 것은 물론이고 남들 역시 보다 더 나를 신뢰하고 인정하게 되는 것이다.

### 여자가 도울 수 있는 길은

이 변화가 가능하기까지 바니의 역할은 참으로 컸다. 자기 감정과 사랑을 솔직히 표현한데다가 자기가 원하는 것들을 내게 요구하는 일을 끝까지 포기하지 않았고, 내가 그것을 했을 때 격려와 감사를 아끼지 않았던 것이다. 그런 작은 일들을 함으로써 사랑받을 수 있다는 것이 얼마나 경이로운지, 그 비법을 조금씩 터득해 가기 시작하면서 나는 사랑받기 위해서는 뭔가 대단한 일을 해야 할 것 같은 압박감에서 벗어날 수 있었다. 그것은 정녕 구원이었다.

### 여자가 점수를 줄 때

여자들에게는 인생에 있어서 커다란 일들 못지않게 작은 일들을 음미하고 그 진가를 알아보는 특별한 능력이 있다. 이는 남자들에게 하나의 축복이 아닐 수 없다. 남자들은 대부분 한층 더 성공하고 출세하기 위해 노력하고, 그래야 자기가 사랑받을 자격이 있는 거라고 믿는다. 그들의 가슴 속 깊은 곳에는 사랑받고 싶고 동경의 대상이 되고 싶다는 열망이 자리하고 있다. 하지만 그들은 출세를 향해 매진하지 않아도 그 사랑과 찬미를 자기에게 끌어당길 수 있다는 것을 모르고 있다.

남자들은 대부분 보다 더 성공하기 위해 노력하고 그래야
사랑받을 자격이 있다고 믿는다.

여자는 남자가 하는 작은 일들을 높이 평가하고 인정해 줌으로써 성공에 대한 그의 과도한 집착을 치유할 수 있는 능력을 갖고 있다. 하지만 인정받는다는 것이 남자에게 얼마나 중요한지 모른다면 그녀는 그런 표현을 소홀히 할지 모른다. 그리고 그녀가 품고 있는 원망이 그런 표현을 가로막고 훼방하는 경우도 있다.


## 원망 치유하기

여자들은 본능적으로 작은 일들을 감지해 낸다. 그러나 남자가 그녀의 칭찬을 듣고 싶어한다는 것을 깨닫지 못하거나, 혹은 점수가 너무 기운다고 생각되는 경우는 예외이다. 사랑받지 못하거나 방치되고 있다고 느끼는 여자는 자연히 남자가 자기를 위해 하는 일에 대해 고마운 마음을 갖기 어려워진다. 오히려 자기가 그를 위해서 해주는 것에 비하면 그가 해주는 것은 아무것도 아니라는 생각에 그녀의 가슴 속에는 분한 마음이 싹튼다. 그리고 이러한 원망은 감사의 표현을 훼방한다.

원망이란 감기나 독감에 걸리는 것과 마찬가지로 건강한 것이 못 된다. 그녀의 채점방식에 의하면 남자 쪽의 점수가 형편없이 기울기 때문에 그녀는 차츰 남자를 원망하게 되고, 이렇게 되면 남자가 지금까지 자기를 위해 해온 일에

대해서도 부인하려는 경향을 보인다.

40대 10 정도로 여자 쪽의 점수가 우세하면 그녀는 상대에 대해 원망하는 마음을 갖기 시작한다. 받는 것에 비해 너무 많이 주고 있다고 느낄 때 그녀에게는 뭔가 이상한 일이 일어난다. 그녀는 다분히 무의식적으로 자기 점수 40에서 그의 점수 10점을 빼, 그들의 관계에 30대 0이라는 점수를 내게 된다. 수학적으로는 맞는 얘기이고 이치에 닿지만 이것이 사실은 아니다.

그녀가 자기 점수에서 그의 점수를 빼면 그의 점수는 0점이 되는데 사실 그의 점수가 0점은 아니다. 그가 그녀에게 아무것도 해준 게 없다는 것은 사실이 아니며, 엄연히 10점의 점수만큼은 그도 한 일이 있다. 퇴근해서 집에 돌아온 그에게 보내는 그녀의 차가운 눈길과 쌀쌀한 목소리는 0점 남편에 대한 그녀의 항의다. 그녀는 그가 해준 일까지 부인하고 있는 것이다.

그녀가 이처럼 남자의 점수를 깎아 내리게 되는 것은 그로부터 사랑받지 못하고 있다고 느끼기 때문이다. 한쪽으로 너무 기우는 점수는 그녀로 하여금 하찮은 존재로 취급받고 있다는 생각을 하게 만들고, 그가 합법적으로 요구할 수 있는 10점까지 인정하지 않게 한다. 물론 그녀의 태도가 정당한 것은 아니지만 그녀로서도 어쩔 수 없는 일이다.

두 사람의 관계가 여기에 이르면 남자는 상대가 자기를 전혀 인정하지 않는다고 느껴 잘해 보겠다는 의욕을 완전히 상실한다. 그는 원망이라는 독감에 걸린다. 그러면 여자의 원망도 날이 갈수록 깊어지고 상태는 점점 더 악화되어 간다. 그녀의 독감도 점차 위독해진다.

### 여자는 무엇을 할 수 있는가

이 문제를 해결하는 길은 서로 상대의 입장을 참작하고 이해하는 것이다. 남자는 인정받기를 원하고 여자는 그의 배려를 필요로 한다. 이것이 충족되지 못하면 그들의 병세는 점점 악화되어 간다.

이 원망을 치유하기 위해 그녀가 할 일은 자기에게도 책임이 있음을 느끼는 일이다. 그녀는 자기가 상대적으로 너무 많이 주어 점수 차이를 크게 벌려 놓는 바람에 일이 이 지경에 이른 데 대해 책임을 통감해야 한다. 이제부터 그녀는 자기가 독감에 걸렸다고 생각하고, 그를 위해 해오던 그 많은 일들을 잠시 멈추고는 편안하게 휴식을 취할 필요가 있다. 마음놓고 쉬고 응석도 부리면서 그에게 만회할 기회를 주어야 하는 것이다.

가슴에 원망이 쌓이면 여자는 보통 상대에게 기회조차 주지 않으려 하고, 설사 그가 노력을 해보려고 해도 그것을 평가절하해 점수를 주지 않으려는 경향을 보인다. 그녀는 그의 도움을 받아들이는 문을 아예 닫아 버린다. 지나치게 많은 것을 베푼 데 대해 책임을 느낌으로써 그녀는 이 문제를 그의 잘못으로만 여기던 지금까지의 태도를 버리고 성적표를 다시 쓰기 시작한다. 보다 새로워지고 한층 깊어진 이해로 그녀가 다시 한 번 그에게 기회를 주어 보면 상황은 눈에 띄게 호전될 수 있다.

### 남자는 무엇을 할 수 있는가

자기 행동이 그녀로부터 점수를 받지 못하고 있다고 느끼면 남자는 더 이상은 아무것도 베풀지 않게 된다. 그가 이 문제를 책임 있게 처리하는 길은, 그녀의 마음에 원망이 자리하고 있을 때 그의 배려를 인정하고 고맙게 받아들이기 어려우리라는 것을 이해하는 것이다. 그리고 그가 다시금 베풀 수 있게 되려면, 얼마 동안 받기만 함으로써 점수를 고르게 만들 필요가 있음을 이해하고 나서야 가능하다. 즉 그는 인정받지 못한 데서 오는 원망을 풀어 버린 후에야 다시 베풀 수 있다. 그는 자신의 사랑과 애정을 아주 작은 일들에 조심스레 기울이면서 이것을 명심해야만 한다. 그는 자기가 마땅히 받아야 하며 받을 필요가 있는 그녀로부터의 인정을 당분간 기대해서는 안 된다. 그녀가 필요로 하는 작은 일들을 소홀히 취급함으로써 그녀를 원망이라는 독감에 걸리게 한 책임을 느끼는 것이 문제해결에 도움이 된다.

그녀가 독감에서 완전히 회복될 때까지 그는 자기 행동에 대한 그녀의 보답을 바라지 말아야 한다. 그는 계속해서 주고 그녀는 주기만 하던 것을 잠시 멈추고 편히 쉬면서 그의 애정 어린 도움을 받는 데만 신경쓰면 곧 균형이 회복될 수 있을 것이다.

## 왜 남자가 적게 주는가

사실 적게 주고 많이 받겠다고 처음부터 작정하는 남자는 극히 드물다. 그런데
도 남자들은 관계 속에서 비교적 적게 베푸는 것으로 평판이 나 있다. 당신도
아마 그것을 느낀 적이 있을 것이다. 여자들은 흔히 자기 남편이 처음에는 안
그랬는데 점점 갈수록 받기만 하려 한다고 불평한다. 부당한 대접을 받고 있다
고 느끼기는 남자들도 마찬가지다. 처음 만났을 때는 그토록 상냥하고 사랑스
럽던 여자가 툭하면 화를 내고 잔소리나 늘어놓으려 한다고 그들은 불평한다.
이같은 불가사의는 남녀의 점수 계산방식이 어떻게 다른지 깨닫고 나면 곧 풀
릴 수 있다.

　　남자가 주는 행위를 멈춰 버리는 데는 크게 다섯 가지 이유가 있다. 그것은
다음과 같다.

### 1 화성인들은 공평함을 이상으로 삼는다

남자들은 직장에서 맡은 일에 자신의 모든 에너지를 쏟아붓고, 그것으로 족히
50점은 벌어 놓은 것으로 생각한다. 그래서 그는 집에 돌아와서는 의자에 깊숙
이 몸을 파묻고 앉아 이번에는 아내 쪽에서 그 50점만큼 보답해 주기를 기다린
다. 그가 한 일은 그녀가 알기로는 고작 1점에 불과하다는 것을 모르는 그는 이
미 할 만큼 했다는 생각에 집 안에서 더 이상 아무것도 하려들지 않는다.

　　그가 생각하기에는 그러는 것이 공평하며 당연한 일이다. 가족을 부양하기
위해 그가 기울인 노력에 걸맞게 그녀도 50점 정도의 노력을 보여야 점수가 공
평해진다고 생각한다. 일터에서 힘들여 일한 것이 고작 1점으로 계산되었으리
라고는 꿈에도 생각을 못 한다. 그의 공평한 계산방식은, 여자들에게 있어 사랑
의 선물은 그 크기에 관계 없이 똑같이 1점으로 처리된다는 것을 이해하고 고

려에 넣은 연후에야 제대로 적용될 수 있는 것이다. 이같은 일차적 통찰은 남녀 모두에게 있어 실제 응용이 가능하다.

남자에게 : 여자들에게는 큰일이나 작은 일이나 똑같이 1점으로 처리된다는 것을 명심하라. 모든 사랑의 선물은 동등하며 크든 작든 그 필요성은 똑같다. 원망을 사지 않으려거든 작은 일들을 하는 습관을 길러라. 그것이 큰 차이를 만들어 낸다. 큰 선물뿐 아니라 작은 사랑의 표현에 인색하다면 그녀가 만족감을 느끼리라고 기대하지 마라.

여자에게 : 남자들이 화성에서 온 존재임을 기억하라. 그들은 본래 작은 일에 의욕을 느끼지 못한다. 그들이 적게 주는 것은 당신을 사랑하지 않아서가 아니라 큰일에서 이미 자기 몫을 다했다고 믿기 때문이다. 거기에 무슨 다른 이유가 있으리라 생각하거나 과민해지지 마라. 대신 보다 많은 것을 요청함으로써 그의 도움을 이끌어 내고 끊임없이 격려하라. 필사적으로 그의 배려를 갈망하게 되거나 점수가 너무 기울어 회복이 불가능해질 때까지 무작정 기다려서는 안 된다. 그에게 명령하거나 지시하지는 마라. 비록 그가 당신의 격려를 다소 필요로 하는 건 사실이지만 그에게는 당신을 도와 주고픈 마음이 있다는 것을 믿으라.

## 2 금성인들은 조건 없는 사랑을 이상으로 삼는다

여자는 될 수 있는 한 많이 베풀려고 한다. 그들은 자기 자신이 완전히 고갈되고 소진되기 전까지는 상대로부터 적게 받았다는 것을 알아차리지 못한다. 그들은 남자들처럼 처음부터 점수를 계산하지 않는다. 그들은 아낌없이 모두 주고 남자도 그래 주리라고 믿는다.

앞에서 살펴보았듯이 남자들은 그렇지 못하다. 그들이 아낌없이 준다면 그것은 두 사람의 점수가 엇비슷할 경우에 한해서이며, 얼핏 점수가 기우는 눈치면 그는 행동을 중지한다. 일반적으로 남자는 자기가 상대보다 조금 많이 주었다고 느껴지면 그때부터는 두 손 놓고 앉아서 자기가 준 만큼 돌려 받아야 직성이 풀린다.

여자가 즐거운 마음으로 기꺼이 남자에게 베풀어 주면 남자는 그녀 역시 점수를 매기고 있고, 그 결과 자기 점수가 상회하는 것임에 틀림없을 거라고 추정한다. 자기가 더 적게 주고 있으리라는 생각은 좀처럼 하지 못한다. 점수가 자기 쪽으로 우세하다고 생각하는 이상 그는 절대로 계속해서 베풀지 않는다.

그는 만일 자기가 이미 넘치도록 주었다고 느끼는데 상대가 더 달라고 요구한다면 설사 주더라도 분명 웃는 얼굴은 아닐 것임을 알고 있다. 이 점을 명심하라. 여자가 얼굴 가득 미소를 띤 채 언제까지나 베풀고 있으면 남자는 어찌됐건 점수가 엇비슷하리라고 믿게 된다. 금성인들은 점수가 무려 30대 0으로 벌어질 때까지도 행복한 얼굴로 베풀 수 있는 초인적인 능력의 소유자라는 것을 그들은 깨닫지 못한다. 이같은 통찰은 남녀에게 각각 이렇게 응용될 수 있다.

남자에게 : 여자가 웃는 얼굴로 베풀어 주는 것이 반드시 점수가 엇비슷하다는 뜻이 아님을 명심하라.

여자에게 : 당신이 남자에게 아낌없이 주는 한 그는 그것을 점수가 대등하다는 의미로 받아들인다는 것을 잊지 마라. 만일 그로 하여금 더 많이 베풀도록 하고 싶다면 아낌없이 주던 손을 가만히 거두어라. 그가 당신을 위해 작은 일들을 하도록 해주어라. 사소한 도움을 그에게 요청한 다음 결과에 대해 고마움을 표시함으로써 그를 북돋워 주어라.

### 3 화성인들은 상대방이 요청해야 준다

화성인들은 자기 혼자서도 충분히 해낼 수 있다는 것에 자부심을 느낀다. 정말로 필요한 경우가 아니라면 그들은 남의 도움을 청하지 않는다. 화성에서는 상대가 먼저 청하지 않았을 때 도움을 주겠다고 제의하는 것이 큰 결례다.

그와 정반대로 금성에서는 요청이 있을 때까지 기다리지 않는다. 누군가를 사랑하면 그들은 자기가 줄 수 있는 모든 것을 준다. 상대가 도와 달라고 할 때까지 기다리고 있지 않으며, 누군가를 사랑하는 마음이 클수록 그들은 많은 것을 주고 싶어한다.

남자가 자기를 도와 줄 마음이 없어 보이면 그녀는 그가 자기를 사랑하지 않는 거라고 오해한다. 심지어는 절대로 자기 쪽에서 먼저 도움을 요청하지 않고 그가 알아서 할 때까지 기다림으로써 그의 사랑을 시험해 보려 할지도 모른다. 그가 아는 체하지 않으면 그녀는 그를 원망하게 된다. 그녀는 그가 요청이 있을 때까지 기다린다는 것을 이해하지 못한다.

앞에서 얘기했듯이 점수를 공평하게 유지하는 것이 남자들에게는 무척 중요한 일이다. 자기가 상대보다 더 많이 주었다고 느끼면 남자는 자기도 모르게 더 많은 것을 요구하기 시작한다. 자기에게는 당연히 그럴 자격이 있다고 믿는 것이다. 반면에 그들의 관계에서 자기가 주는 것이 더 적다고 느껴지면 그는 절대로 상대에게 요구하지 않는다. 그뿐 아니라 상대에게 좀더 많이 베풀 수 있는 방법을 본능적으로 찾아보려 할 것이다.

여자가 요청하지 않으면 남자는 두 사람의 점수가 엇비슷하거나 자기 쪽에서 훨씬 잘해 주고 있는 것이 분명하다는 착각을 하게 된다. 여자는 자기가 굳이 요청하지 않아도 그가 알아서 헤아려 주기를 바란다는 것을 그는 깨닫지 못한다. 이 세 번째 통찰의 남녀별 적용은 다음과 같다.

여자에게 : 남자는 언제 어떻게 해달라는 신호가 떨어지기를 기다리고 있다는 것을 잊지 마라. 그는 요청이 있을 때까지 기다린다. 게다가 그는 상대가 요구를 해야 비로소 자기가 무엇을 해야 할지 알게 된다. 대부분의 남자들은 무엇을 어떻게 해야 하는지 감을 잡지 못한다. 설사 자기가 적게 주고 있음을 감지했다고 해도 여자가 구체적으로 이러저러한 도움을 요청하지 않으면, 그는 출세나 돈이 도움이 될 거라는 생각에 직장 일같이 큰 것에 한층 더 정열을 쏟을지도 모른다.

남자에게 : 여자는 도움이 필요할 때도 그것을 노골적으로 요청하지 않는다는 점을 명심하라. 그 대신 그녀는 당신에게 만일 사랑하는 마음이 있다면 그 정도는 알아서 할 수 있으리라고 기대한다. 사소한 일이라도 도와 주겠다고 말하는 연습을 하라.

### 4 점수가 기울어 있을 때도 금성인들은 거절하지 못한다

남자들은 자기들이 무엇인가를 요청하면 아무리 점수가 기울어 있어도 금성인들은 그것을 거절하지 않는다는 사실을 알지 못한다. 자기가 사랑하는 남자에게 도움을 줄 수만 있다면 그들은 기꺼이 그렇게 한다. 점수 계산 따위를 염두에 두지는 않는다. 그러므로 남자들은 너무 많은 것을 그녀에게 요구하지 않도록 주의할 필요가 있다. 만일 자기가 많은 것을 주고 있는 데 비해, 그가 자기에게 주는 것이 별로 없다고 느껴지고 그런 상황이 얼마간 지속되면 여자는 그를 원망하기 시작한다.

남자들은 여자가 자기 욕구나 요청을 거절하지 않는 한 그녀도 만족하고 있는 것으로 오해하기 쉽다.

결혼하고 처음 2년 동안 나는 거의 일주일에 한 번꼴로 아내와 영화를 보러 갔었다. 어느 날 그녀는 내게 몹시 성을 내며 말했다. "우리는 늘 당신이 하고 싶어하는 것만 해요. 내가 원하는 건 한 번도 한 적이 없잖아요."

나는 적이 충격을 받았다. 나는 그녀가 좋다고 했고 계속 좋다고 하는 한 그녀도 그 상황에 똑같이 만족을 느끼고 있는 거라고 생각했다. 나는 그녀도 나만큼이나 영화를 좋아한다고 생각했다.

가끔 그녀가 오페라 공연이 있다는 말을 넌지시 비추거나 교향악단 연주회에 가고 싶다고 말한 적이 있기는 했다. 연극 공연중인 극장 옆을 차를 타고 우연히 지나가게 되면 그녀는 이렇게 말하곤 했다. "재미있어 보이는데요. 우리 저 연극 보러 가요." 하지만 주말이 다가오면 나는 이렇게 말했다. "이번엔 이 영화를 보기로 합시다. 영화평이 아주 기가 막힌걸." 그러면 그녀는 흔쾌히 말했다. "좋아요."

나는 그 말을, 그녀가 나만큼이나 영화 구경을 좋아한다는 뜻으로 받아들였다. 사실 그녀는 나와 함께 있을 수 있다는 게 좋고 영화 구경도 나쁘진 않았지만 그녀가 진정으로 원했던 것은 지역 문화행사에 참여해 보는 것이었다. 그녀가 몇 번이나 그런 희망을 내비쳤던 것은 바로 그래서였다. 나는 아내가 나를 기쁘게 해주려고 자기가 원하는 것을 희생하고 있는 줄은 꿈에도 몰랐던 것이다. 이같은 통찰은 남녀에게 각각 다음과 같이 적용될 수 있다.

남자에게 : 설사 그녀가 당신의 요청을 들어 주더라도 그것이 반드시 점수가 엇비슷하다는 의미는 아님을 잊지 마라. "내가 세탁소에 가서 당신 양복을 찾

아 가지고 올게요." 혹은 "좋아요, 당신 대신 내가 전화를 걸어 볼게요." 그녀가 미소띤 얼굴로 흔쾌히 그렇게 말하는 경우에도 그녀의 마음 속에는 두 사람의 점수가 20대 0으로 자리하고 있을지 모른다.

당신이 원하는 일을 하는 데 그녀가 동의한다고 해서 그녀도 그것을 원하는 것은 아니다. 그러므로 무엇을 하고 싶냐고 그녀의 의견을 물어 보라. 그녀가 무엇을 좋아하는지 미리미리 정보를 수집해 두었다가 그런 곳으로 그녀를 안내해 보라.

여자에게 : 남자가 무엇을 요청했을 때 당신이 이를 즉각적으로 수용하면, 그는 자기가 좋은 점수를 얻고 있거나 적어도 점수가 균형을 이루고 있는 거라고 생각한다는 것을 잊지 마라. 그에 비해 당신이 너무 많이 베풀고 있다고 느껴지거든 더 이상 그의 요청을 무작정 들어 주지 마라. 대신 당신을 위해 좀더 많은 것을 해달라고 부드럽게 그에게 요청해 보라.

### 5 화성인들은 벌점을 활용한다

남자들은 상대로부터 사랑받지 못한다거나 적절한 도움을 받지 못하고 있다고 여겨지면 벌점을 부과한다는 사실을 여자들은 알지 못한다. 여자가 남자를 신뢰하지 않고 거부하고 실망시키고, 고마워할 줄 모르는 태도로 대하면 그는 마이너스 점수나 벌점을 부과한다.

예를 들어 그가 아내를 위해 한 일을 그녀가 미처 발견하지 못하고 지나쳐 버리거나 인정해 주지 않으면 그는 마음이 몹시 언짢아져서 그녀가 이미 확보해 놓은 점수까지 깎으려고 한다. 만일 그녀의 점수가 10점이었는데 그녀가 그를 실망시켰다면 그는 그 10점을 도로 빼앗으려 할지 모르며, 그 실망이 좀더 컸다면 그녀에게 마이너스 20점을 줄 수도 있다. 결과적으로 그녀는 순식간에 10점이라는 점수를 잃고 그 위에 10점의 빚을 지게 되는 것이다.

이는 여자에게 있어 실로 당황스러운 일이다. 그녀가 지금까지의 노력으로 딴 30점이라는 금쪽 같은 점수가 그가 화를 내는 한순간에 깡그리 무너져 내리는 것이다. 그는 그녀가 빚지고 있는 10점을 갚을 때까지 자기는 아무것도 주지 않아도 된다고 생각한다. 그가 생각하기에 이것은 너무나도 공평하고 지당한 처사이다. 그러나 수학적으로는 합당한 계산일지 몰라도 결코 공평한 방법이라고 할 수는 없다.

벌점은 두 사람의 관계에 몹시 해로운 영향을 미친다. 여자는 지금껏 잘 해온 것까지 도매금으로 넘어가고 있다고 느끼게 되고, 남자는 여자가 실점을 만회할 때까지 손도 까딱하지 않으려 하다 보니 결국 주는 데 인색한 사람이 되어버린다. 살다 보면 그럴 때도 있게 마련인데 여자가 때로 그에게 부정적인 태도를 보인다고 해서 그녀가 지금까지 베풀어 온 애정 어린 도움을 모두 부정한다면 그는 주는 능력을 잃어버리고 점점 수동적인 인간이 될 것이다. 이 다섯 번째 통찰은 남녀에게 각각 이렇게 적용될 수 있다.

남자에게 : 벌점은 공정하지 못하며 아무런 효과도 없다는 것을 명심하라. 그녀로 인해 기분이 언짢거나 불쾌하거나 사랑받지 못하고 있다고 느껴지는 순간, 그녀의 잘못을 응징하려고 하기보다는 지금까지 그녀가 베풀었던 좋은 일, 고마운 일들을 모두 떠올려 보라. 그녀가 지금까지 해온 것까지 전부 다 부정함으로써 그녀에게 벌주려 하지 않고, 당신이 원하는 바를 그녀에게 말하면 그녀는 아마 들어 줄 것이다. 그리고 그녀의 어떤 말이 자기에게 상처를 주었는지 이야기하고 그녀에게 사과할 기회를 주어라. 응징은 아무 도움이 되지 않는다! 당신이 필요로 하는 것을 줄 수 있도록 그녀에게 기회를 줌으로써 당신은 아마 기분이 한결 밝아질 것이다. 그녀가 금성인이라는 것을 잊지 마라. 그녀는 당신에게 무엇이 필요하며 어떤 것이 상처가 되는지 알고 있지 못하다.

여자에게 : 남자들은 이처럼 벌점을 주는 버릇이 있다는 것을 기억하라. 벌점이라는 악습으로부터 당신을 지키는 데는 두 가지 방법이 있을 수 있다.

첫번째 방법은 당신이 지금껏 쌓아 놓은 점수를 그가 모두 빼앗는 것은 옳지 못한 처사임을 인식하는 것이다. 예의를 잃지 말고 그에게 당신의 기분이 어떤지를 이야기하라. 다음의 제11장에서 우리는 부정적인 감정이나 하기 힘든 얘기를 어떤 식으로 전달하는 것이 좋은지 함께 알아보게 될 것이다.

두 번째 방법은 그가 당신 점수를 깎아 내리는 것은 자기가 사랑받지 못하고 있다거나 상처를 받았다고 느낄 때이므로 그런 감정이 치유되면 그가 곧 당신의 점수를 되돌려 준다는 사실을 인식하는 것이다. 자기가 한 작은 일들로 인해 당신으로부터 보다 많은 사랑을 받고 있다고 느끼면 느낄수록, 그가 벌점을 주는 일도 점차 줄어들게 될 것이다. 그가 원하는 사랑이 어떤 것인지 이해해 보려고 노력함으로써 그에게 상처를 주지 않도록 애써라.

당신의 어떤 행동이 그에게 상처를 주었는지 알게 되었을 때는 그에게 미안한 마음을 밝히고, 그가 받지 못했다고 느낀 그 사랑을 주어라. 인정받지 못하고 있다고 느끼거든 인정해 주고 거부당하거나 조종당하고 있다고 느끼거든 있는 그대로의 그를 받아 주려 노력하라. 신뢰받지 못한다고 느끼거든 그를 믿어 주고 무시당하고 있다고 느끼면 치켜세워 줄 것이며, 찬성을 얻지 못했다고 느끼거든 그가 옳았다고 말해 주어라. 당신의 사랑이 느껴지면 그는 벌점을 활용하던 습관을 버릴 수 있게 될 것이다.

앞서 말한 것들 중 가장 중요한 내용은 무엇이 그에게 상처가 되는지 알아야 한다는 것이다. 대부분의 경우 남자들은 동굴로 들어가면서도 무엇 때문에 자기가 기분이 상했는지 잘 모른다. 그러므로 동굴에서 나온 그는 그것에 대해 절대 이야기하지 않는다. 그를 기분 나쁘게 만든 것이 구체적으로 어떤 것인지 여자들이 어떻게 알 수 있단 말인가? 이 책을 통해서 남자들이 어떤 사랑을 원하는지 이해하는 것은 당신에게 훌륭한 첫걸음이 되고, 전에는 결코 갖지 못했던 강점을 손에 넣는 셈이 될 것이다.

남자의 마음을 알 수 있는 또 하나의 방법은 바로 대화다. 앞에서 말했듯이 여자가 먼저 마음을 열고 자기 감정을 조심스레 털어놓으면 그도 가슴을 툭 터놓고 자신의 상처와 아픔을 이야기할 수 있게 될 것이다.


## 남자들은 점수를 어떻게 주는가

남자들이 점수를 매기는 방식은 여자들과는 다르다. 남자가 여자를 위해서 하고 있는 일에 대해 그녀가 고맙게 여길 때마다 그는 자기가 사랑받고 있다고 느껴 오히려 그녀에게 점수를 준다. 두 사람의 점수가 균형을 이루는 데 있어 사실 남자들이 필요로 하는 것은 오직 사랑일 뿐 그외엔 아무것도 없다. 여자들은 그들의 사랑이 얼마나 막강한 힘을 지니는지 깨닫지 못한 채 남자에게 자꾸만 무엇인가를 해줌으로써 그의 사랑을 얻으려고 쓸데없는 노력을 하게 된다.

남자가 자기를 위해 해준 일들을 여자가 고맙게 여길 때, 그가 원하는 사랑은 이미 어느 정도 충족된 것이다. 인정받고자 하는 것이 남자들의 기본적 욕구임을 기억하라. 물론 남자들이 가정의 자질구레한 일상사들을 여자도 똑같이 나누어 하기를 바라는 것은 사실이지만, 우선 자신의 역할이 제대로 인정받지 못하면 그녀의 공헌 역시 그에겐 무의미하고 완전히 하잘것 없는 일일 뿐이다.

마찬가지로 여자는 남자가 작은 일들을 하찮게 생각해 게을리하면 그가 해주는 큰일을 그다지 고맙게 여기지 않는다. 사소한 일을 배려하고 거들어 주는 것, 그것이 관심과 이해를 바라는 그녀의 기본적인 욕구를 충족시켜 준다.

남자에게 있어 주된 사랑의 원천은 여자가 그의 행동에 대해 보여 주는 애정 어린 반응이다. 사랑의 탱크는 남자에게도 있다. 하지만 그 탱크는 여자가 그를 위해 꼭 무엇인가를 해야만 채워질 수 있는 것은 아니다. 오히려 그것은 그녀가 그를 어떻게 생각하며 어떻게 대하는지에 따라 수위가 올라가기도 하고 내려가기도 한다.

여자가 그를 위해 식사를 준비한다고 할 때 그는 그녀에게 1점을 줄 수도 있고 10점을 줄 수도 있는데, 그것은 전적으로 그녀가 어떤 느낌을 갖고 그를 대하느냐에 달려 있다. 속으로 그를 원망하고 있다면 그녀가 그를 위해 마련한 식사가 그에게는 아무런 의미가 없는 것이어서 때로는 마이너스 점수로까지 처리될 수 있다. 남자를 만족시키기 위해서는 반드시 어떤 행동이 필요한 것이 아니며, 느낌으로 당신의 사랑을 표현하는 것이 그에게 만족감을 줄 수 있는 비결이다.

철학적으로 말해서, 여자가 사랑을 느끼면 그 사랑의 감정은 저절로 행동으로 나타나게 되어 있다. 그런데 남자는 애정 어린 행동으로 자기 자신을 표현하다 보면 사랑의 감정이 뒤따르고 점점 깊어질 수 있다.

설사 어떤 여자에게 사랑의 감정이 없더라도 남자는 마음만 먹으면 그녀에게 애정 어린 행동을 할 수 있다. 그리고 만일 상대가 그의 호의를 흔쾌히 받아들이고 고맙게 여기는 듯하면 비로소 그는 사랑을 느끼기 시작할 것이다.

하지만 여자들은 전혀 다르다. 여자는 상대가 자기를 이해하고 염려하고 존중하고 있다는 것이 느껴져야만 그로부터 사랑받고 있다고 생각한다. 상대를 위해 무엇인가를 더 해주려고 마음먹는다고 해서 그녀의 사랑이 깊어지지는 않는다. 그럴 경우에는 오히려 원망이 싹틀 수도 있다. 여자가 사랑의 감정을 느끼지 못할 때는 그 부정적인 심리상태를 치유하는 데 심혈을 기울일 필요가 있으며, 자꾸만 마음에도 없이 상대에게 베풀려고 해서는 안 된다.

남자는 여자의 사랑의 욕구를 확실하게 충족시켜 줄 '애정 어린 행동'에 우선순위를 둘 필요가 있다. 이것이 그녀의 마음을 열고 그의 마음도 열어 보다 풍부한 사랑의 관계로 이끌어 간다.

여자는 남자의 사랑의 욕구를 확실하게 충족시켜 줄 '애정 어린 태도와 사랑의 느낌'에 우선순위를 두는 것이 좋다. 여자가 남자에게 사랑의 느낌을 표현하고 애정 어린 태도를 보여 줄 때, 그는 그녀를 위해 무엇이든 해주고 싶은 열의를 느끼게 된다. 그리고 이렇게 자기가 필요로 하는 도움과 배려를 그에게서 충분히 받을 수 있을 때 그녀의 마음은 보다 활짝 열릴 수 있게 될 것이다.

여자들은 남자가 정말로 사랑을 필요로 할 때가 언제인지를 간혹 모르는 수가 있다. 꼭 필요할 때 사랑을 줌으로써 그녀는 20점에서 30점까지 얻을 수 있다. 여기 몇 가지 예를 들어 보았다.


## 여자가 남자로부터 큰 점수를 딸 수 있는 길

| 실 례 | 점 수 |
|---|---|
| 1 그가 실수했을 때, "내가 그럴 거라고 했잖아요."라고 말하거나 충고하지 않는다. | 10~20 |
| 2 그가 실망시켰을 때 그를 나무라지 않는다. | 10~20 |
| 3 운전할 때 길을 잘못 찾더라도 대수롭지 않은 일로 여긴다. | 10~20 |
| 4 그가 길을 잘못 찾아 다른 길로 돌아서 갔을 때 이를 오 | |

히려 전화위복이라고 생각해 이렇게 말한다. "우리가 지름길로 왔더라면 이렇게 아름다운 일몰은 결코 보지 못했을 거예요."                                    20~30

5  집에 들어올 때 깜빡 잊고 무언가를 가져오지 않는다면 이렇게 말한다. "괜찮아요. 다음에 나갔다가 올 때는 해줄 수 있겠죠?"                              20~30

6  그가 이번에도 또 잊어버렸다고 하더라도 그를 믿는 마음을 버리지 않고 참을성 있게 말한다. "괜찮아요. 다음에는 잊지 않으실 거죠?"                       20~30

7  자기가 그를 언짢게 했다고 느껴질 때는 곧 사과하고 그가 원하는 사랑을 준다.                                                         10~40

8  그에게 도움을 요청했다가 거절당해도 기분 나빠하지 않는다. 그가 할 수 있었다면 틀림없이 해주었을 거라고 믿는다. 거절당했다고 그를 밀어 내거나 나쁘게 생각하지 않는다.                                                                 10~20

9  다음에 또 그에게 도움을 요청했다가 거절당하더라도 그로 하여금 자기가 틀려먹은 사람이라고 생각되게 만들지 말고 그것이 그의 한계임을 받아들인다.                   20~30

10  그에게 도움을 요청하되 요구하지 않는다. (그가 생각하기에 두 사람의 점수가 대등한 경우)                                              1~5

11  그에게 도움을 요청하되 요구하지 않는다. (그녀가 기분이 상해 있거나 그녀의 점수가 더 많다는 것을 그가 알고 있는 경우)                            10~30

12  동굴로 들어가는 그에게 죄책감을 갖지 않게 한다.                    10~20

13  굴에서 나올 때 반갑게 맞이하며 거부하거나 응징하지 않는다.                                                             10~20

14  그가 자기 잘못을 사과할 때 사랑으로 받아 주고 그를 용서한다. (그가 저지른 잘못이 심각한 것일수록 점수

는 높아진다.)                                                    10~50

15 그가 무엇을 부탁했을 때 그 부탁을 들어 줄 수 없는 이
   유를 장황하게 설명하지 않고 안 되면 안 된다고 간단
   히 말한다.                                                    1~10

16 그가 무엇을 부탁했을 때 알았다고 해놓고 돌아서서 기
   분 나빠하지 않는다.                                            1~10

17 부부싸움을 한 후 화해하고 싶어진 그가, 그녀를 위해
   작은 일들을 하기 시작하면 그녀도 다시금 그를 인정해
   주기 시작한다.                                                10~30

18 퇴근해서 집에 들어오는 그를 기쁘게 맞이한다.                    10~20

19 그가 못마땅하다고 느껴질 때 겉으로 내색하지 않고 다
   른 방으로 가서 마음을 가라앉히고 애정을 재충전한 다
   음에 밖으로 나온다.                                            10~20

20 특별한 날에는 그가 더러 실수를 하더라도 너그럽게 보
   아 준다.                                                      10~20

21 그와의 육체관계를 진심으로 원한다.                             10~40

22 그가 열쇠를 어디에 두었는지 잊었을 때 그를 한심하다
   는 듯이 쳐다보지 않는다.                                       10~20

23 그와 데이트할 때 식당이 마음에 들지 않거나 영화가
   좀 시시해도 그가 언짢아하지 않도록 은근하면서도 재
   치 있게 자기 생각을 표현한다.                                  10~20

24 그가 운전을 하거나 자동차 트렁크에 짐을 실을 때, 자
   꾸 이렇게 해라 저렇게 해라 충고하지 말고 목적지에
   다다랐을 때는 치하의 말을 한다.                                10~20

25 그가 전에 잘못했던 일에 대해 자꾸 생각하기보다는 다
   시 그에게 도움을 청해 본다.                                    10~20

26 비난하거나 나무라거나 거부반응을 보이지 않고 자기
   의 부정적인 느낌을 표현한다.                                   10~40

위에 열거된 예들은 하나같이 남자가 점수를 매기는 방식이 여자와 어떤 차이를 보이는지 나타내 준다. 그러나 위에 적혀 있는 것들을 여자가 모두 그대로 해야 한다는 얘기는 아니다. 단지 이것은 어떤 경우에 남자가 가장 마음이 약해지고 상처받기 쉬운지를 보여 주는 것이다.

제7장에서 살펴보았듯이 사랑을 베푸는 여자의 능력은 파도처럼 오르내림을 되풀이한다. 그 능력이 제고될 때 (그녀의 파도가 높이 위로 솟아오를 때) 그때가 바로 고득점을 올릴 수 있는 기회다. 여자는 자기 자신이 늘 그렇게 애정이 넘치는 모습일 거라고 기대해서는 안 된다.

사랑을 베푸는 여자의 능력에 오르내림이 있듯이 남자가 느끼는 사랑에의 욕구도 기복이 있다. 위에서 열거한 예를 보면 남자가 주는 점수가 딱 정해져 있지 않고 대략의 범위만이 제시되어 있는데, 그것은 그가 느끼는 사랑의 욕구가 크면 클수록 그녀에게 많은 점수를 주게 되기 때문이다.

예를 들어 만일 남자가 어떤 실수를 저질러서 몹시 당황하고 있거나 미안함을 느끼고 창피스러워하고 있을 때는, 그녀의 사랑을 더욱 필요로 하게 되므로 그녀의 협조적인 태도에 대한 점수가 다른 때보다 훨씬 높게 매겨진다. 그가 저지른 실수가 심각한 것일수록 그녀가 보여 주는 사랑도 높은 점수를 받는다. 만일 그녀로부터 사랑을 받지 못했다고 느껴지면 그가 그 사랑을 얼마나 필요로 했느냐에 따라 때로는 벌점이 부과되기도 한다. 커다란 잘못을 저지른 결과 그녀로부터 가차없이 거부당했다고 느끼면 그녀에게 아주 많은 벌점을 줄 수도 있다.

〜

만일 남자가 어떤 실수를 저질러서 몹시 당황하고 있거나 미안함을
느끼고 창피스러워하고 있을 때는, 그녀의 사랑이 더욱
필요해진다……. 그가 저지른 실수가 심각한 것일수록
그녀가 보여 주는 사랑도 높은 점수를 받는다.

## 무엇이 남자를 방어적으로 만드는가

그가 실수를 저질렀을 때 여자가 그것에 대해 몹시 언짢아하면 그는 자기 쪽에서 오히려 버럭 화를 내는 수가 있다. 그 반응의 정도는 그가 저지른 실수의 크기에 따라 달라진다. 작은 실수인 경우는 좀 덜하지만 큰 실수는 그를 다분히 방어적으로 만든다. 여자들은 남자가 그렇게 큰 실수를 저질러 놓고도 왜 미안하다고 말하지 않는지 의아해한다. 그것은 그가 용서받지 못할 것을 두려워하기 때문이다. 어떤 식으로든 자기가 그녀를 실망시켰음을 인정한다는 게 그로서는 너무나 고통스러운 일이다. 그래서 미안하다고 사과를 하기는커녕, 기분이 상해 있는 그녀에게 도리어 화를 내며 벌점을 주게 되는 것이다.

> 남자가 부정적인 심리상태에 놓여 있을 때는, ……지나가는
> 회오리바람이라 생각하고 낮게 엎드려라.

남자가 부정적인 심리 상태에 놓여 있을 때는 지나가는 회오리바람이라 생각하고 낮게 엎드려라. 곧 그 바람이 잠잠해지면, 그는 그녀가 자기 잘못을 부각하려 하거나 자기를 변화시키려고 애쓰지 않았다는 사실에 풍성한 보너스 점수를 주게 될 것이다. 만일 그 회오리바람을 억지로 잠재우려 한다면 그것은 결국 대파괴를 야기시키고 말 것이며 그는 그 탓을 그녀에게 돌릴 것이다.

금성에서는 누군가가 기분이 언짢다면 절대 모른 체하지 않으며 낮게 엎드려 있다거나 하는 것은 더욱 있을 수 없는 일이기에, 금성인들로서는 남자들의 이런 속성이 실로 새로운 발견이 아닐 수 없다. 금성에는 회오리바람이 존재하지 않는다. 그들은 누군가가 기분이 상해 있으면 모두가 함께 자기 일처럼 염려해 주고, 이것저것 열심히 물어 봄으로써 그녀가 무엇 때문에 괴로워하는지 이해하려고 애쓴다. 그러나 화성에서는 회오리바람이 휘몰아치면 너나 할 것 없이 구덩이를 파고 그 안에 납작 엎드려 있다.

## 남자들은 언제 벌점을 주는가

남자들의 점수 계산방식이 다르다는 것을 이해하는 것은 여자들에게 큰 도움이 된다. 남자들이 사용하는 벌점이란 여자들로서는 실로 황당한 것이어서 자기 감정을 마음놓고 털어놓아서는 안 될 것같이 느껴지게 만든다. 만일 벌점이라는 것이 얼마나 부당한 것인지 모든 남자들이 깨닫게 되어 하루아침에 고칠 수 있다면 물론 더할 나위 없이 좋겠지만, 무릇 모든 변화에는 시간이 걸리게 마련이다. 그나마 여자가 위안을 얻을 만한 사실은 그가 벌점을 주는 것이 순간적인 행동인 만큼 도로 거두어들이기도 잘한다는 것이다.

벌점을 주는 남자의 심리구조는, 상대에 비해 자기가 너무 많은 것을 베풀고 있다고 생각될 때 그를 원망하게 되는 여자의 심리구조와 크게 다르지 않다. 점수가 너무 기울면 여자들은 상대의 점수를 자기 점수에서 제해 버리고 그를 0점으로 만드는 경향이 있다. 그럴 때 남자는 그녀가 원망이라는 독감을 앓고 있다는 것을 이해하고 좀더 많은 사랑을 기울일 수 있어야 한다.

마찬가지로 남자가 벌점을 줄 때 여자는 그가 원망이라는 독감에 걸려 있으며, 그것이 치유되기 위해서는 특별한 사랑이 필요하다는 것을 알 수 있어야 한다.

남자로부터 높은 점수를 얻는 방법을 배움으로써 그녀는 그가 거리를 두려고 하거나 기분이 언짢아 보일 때 어떻게 대하는 것이 좋은지 새로운 비법을 터득할 수 있다. '남자에게서 점수를 따는 101가지 방법'에 나와 있는 것처럼 자질구레한 일들을 해주려고 노력하는 대신, (그것들은 자기가 원하는 도움이지 그에게 필요한 도움은 아니다.) 그가 원하는 것들을 해주는 일에 보다 효과적으로 정열을 쏟을 수 있게 될 것이다.


## 차이 기억하기

남녀가 점수를 매기는 방식이 어떻게 다른지 기억함으로써 우리는 서로간에 상당한 이득을 볼 수 있다. 관계를 향상시키는 데는 지금보다 그리 많은 노력이 필요한 것도 아니고, 사실 엄청나게 어려운 일도 아니다. 그러나 상대가 인정하고 고맙게 여기는 방식에 초점을 맞추지 못하고 엉뚱한 곳에 힘을 낭비하는 한, 관계란 사람을 지치게 하는 것일 수밖에 없다.

# II
## 복잡한 감정을 어떻게 전할 것인가

기분이 언짢거나 실망하거나 낙담하거나 화가 났을 때 그 감정을 우아하게 표현한다는 것은 쉬운 일이 아니다. 일단 부정적인 정서가 솟아오르면 우리는 순간적으로 신뢰나 관심, 이해심과 찬미, 존경과 같은 사랑의 감정을 잃어버리게 된다. 그럴 때는 아무리 좋은 의도를 가지고 대화를 시작하더라도 이내 싸움으로 번지고 만다. 순간적으로 너무나 흥분한 나머지 상대에게 의사를 표현하는 바람직한 방법 따위는 우리 머리에 떠오르지도 않는다.

이런 경우에 여자들은 자기도 모르게 남자를 비난하게 되거나 그들이 자기 행동에 대해 죄책감을 느끼도록 만들려는 경향이 있다. 그가 나름대로 최선을 다하고 있을 거라고 생각하는 대신 최악의 경우를 가정하고 비난이나 원망조의 말을 하게 되는 것이다. 부정적인 감정이 솟아오를 때 특히 여자들은 상대를 신뢰하고 인정하는 태도를 보이기가 힘들다. 그리고 그녀는 자신의 이런 태도가 그에게 얼마나 상처가 되는지 깨닫지 못한다.

남자들은 기분이 언짢으면 자기 배우자나 그녀의 감정을 비난하려는 경향이 있다. 그녀가 몹시 예민해서 상처받기 쉽다는 것을 잊고 그는 냉정하고 야비하게 들릴 수 있는 말을 거침없이 하게 된다. 부정적인 감정이 솟아오르면 남자들은 특히 상대를 배려하고 이해하고 존중하는 태도를 유지하기 어려워진다. 그리고 그들은 이런 태도가 여자에게 얼마나 상처가 되는지 깨닫지 못한다. 이럴 때는 대화가 제대로 이루어지지 않는다. 그러나 다행히 우리에겐 이럴 때 선택할 수 있는 대안이 있다. 그것은 바로 당신의 감정을 말로 표현하는 대신 글로 써 보는 것이다. 편지를 쓰는 행위는 상대가 혹시 기분 나빠하지 않을까 염려할 필요 없이 자기 느낌에 귀를 기울일 수 있게 해준다. 자신의 감정을 거리낌없이 표현하고 여기에 스스로 귀를 기울임으로써 한결 마음이 가라앉고 상대에 대한 애정이 되살아나게 된다.

자신의 부정적인 감정을 그대로 글로 옮겨 본다는 것은 그것을 말로 했을 때 상대에게 어떻게 들릴지 한 번 생각해 보게 하는 훌륭한 방법이다. 그럼으로써 상대의 기분을 헤아릴 수 있게 되면 당신은 지금까지의 접근방식을 좀 조정할 수도 있을 것이다. 뿐만 아니라 부정적인 감정을 글로 옮기는 동안 격한 마음이 어느 정도 누그러지고 긍정적인 정서가 되살아날 여지가 생긴다. 그때 다시 배우자에게 가서 이야기를 시작해 보면 훨씬 유화적이고 부드러운 태도로 대화에 임할 수 있고, 그쪽에서도 자연히 당신을 이해할 마음의 자세를 갖게 되어 대화가 잘 풀릴 수 있다.

편지를 쓰고 나면 굳이 이야기해야 할 필요가 없어질 때도 있다. 그 문제는 그쯤 해서 그냥 덮어 두고 당신은 뭔가 상대를 기쁘게 해줄 일이 없을까 찾아보고 싶은 마음이 생긴다. 상대방에게 자기 마음을 전하기 위해서 쓴 것이든, 아니면 그저 기분 전환을 위해 쓴 것이든 편지를 쓴다는 것은 중요한 수단이 된다.

✧

상대방에게 자기 마음을 전하기 위해서 쓴 것이든, 아니면
그저 기분 전환을 위해 쓴 것이든 편지를 쓴다는
것은 중요한 수단이 된다.

복잡한 감정을 어떻게 전할 것인가

감정을 글로 쓰는 대신 마음 속으로 한 번 되새겨 보는 방법도 있다. 하고 싶은 말을 조금 참고, 자기 마음을 가만히 들여다보아라. 당신이 느끼고 생각하고 원하는 것을 지금 말하고 있다고 상상해 보라. 당신 가슴 속에 자리잡고 있는 온갖 느낌들에 대해 스스로 철저히 솔직해지려 애쓰면서 무언의 대화를 진행시키다 보면 어느 순간 문득 그 부정적인 감정에서 놓여난 자신을 발견할 수 있을 것이다.

글로 옮기든 마음 속으로 정리해 보든 상관 없이, 부정적인 감정들을 하나하나 더듬어 보고 살펴보고 표현해 내는 과정을 통해 부정적인 감정들은 기세가 꺾이고 대신 긍정적인 정서들이 그 자리에 오르게 된다. 사랑의 편지기법은 이러한 과정의 효과와 강도를 놀라울 만큼 제고시킨다. 이 기법은 글로 써 보는 것을 기본으로 하고 있지만, 글로 쓰지 않고 마음 속으로 똑같은 과정을 밟더라도 상관이 없다.


## 사랑의 편지기법

부정적인 감정을 털어 버리고 다시금 애정이 깃든 대화를 할 수 있게 하는 가장 좋은 방법 가운데 하나가 바로 사랑의 편지기법이다. 독특한 양식에 따라 자신의 감정을 써 내려가는 사이에 부정적인 감정은 조금씩 힘을 잃어 가고 긍정적인 정서가 되살아난다. 그리고 이러한 작업을 통해 편지를 쓰는 능력도 눈에 띄게 향상될 수 있다. 사랑의 편지기법은 다음과 같은 세 과정으로 나뉜다.

1  당신의 가슴 속에 있는 분노, 슬픔, 두려움, 후회, 사랑의 감정을 담아 사랑의 편지를 쓴다.
2  당신이 배우자로부터 듣고 싶은 말을 직접 답장으로 써 본다.
3  사랑의 편지와 답장을 놓고 배우자와 그것에 대해 대화를 갖는다.

이 사랑의 편지기법은 상당히 융통성 있게 운용할 수 있다. 3단계를 전부

해보아도 좋고 그 중 한 가지나 두 가지만 선택적으로 실천해 볼 수도 있다. 예를 들면 당신은 1단계와 2단계를 차례로 거치면서 마음을 정리한 다음, 원망이나 비난을 털어 버리고 상대와 다시 이야기를 해볼 수도 있다. 또 어떤 경우에는 사랑의 편지와 답장을 쓴 다음 그것을 가지고 배우자와 함께 이야기해 보는 3단계까지 모두 실행에 옮겨 볼 수도 있을 것이다.

두 사람의 관계를 치유함에 있어서는 3단계 전 과정을 거치는 것이 좋은 경험이 되겠지만, 시간이 너무 소요되는 면이 있고 또 때로는 그렇게까지 할 필요가 없을 경우도 있다. 경우에 따라서는 제1단계의 사랑의 편지만 써 보는 것으로도 큰 효과를 얻을 수 있다. 몇 가지 실례를 통해 사랑의 편지를 쓰는 방법을 알아보기로 하자.


## 제1단계 : 사랑의 편지쓰기

사랑의 편지를 쓰기 위해서는 우선 편지쓰기에 알맞은 자기만의 공간을 찾는다. 그런 다음 분노, 슬픔, 두려움, 후회, 사랑의 감정을 담아 편지를 쓴다. 이같은 형식은 당신의 감정을 충분히 표현할 수 있게 하고 스스로 그것을 인식할 수 있도록 도와 준다. 자기 감정이 어떤지 제대로 파악해야 비로소 상대방에게 차분히 효과적으로 전달할 수 있을 것이다.

우리는 기분이 몹시 상해 있을 때 그야말로 만감이 교차하는 것을 느낀다. 예를 들어 당신의 배우자가 당신을 실망시켰다면 당신은 그가 무신경해 당신 기분을 몰라 주어서 화날 수 있고, 그의 입장에서는 당신이 자기 수고를 고마워하지 않는 것 같아 화날 수 있다. 당신은 그가 일에만 관심을 쏟는 것 같아서 슬프고, 그는 또 당신이 자기를 믿지 않는 것이 슬프면서 한편으로는 당신으로부터 결코 용서받지 못할 거라는 두려움을 느낀다. 당신은 그가 당신에게 별로 마음이 없는 것은 아닌지 두렵고, 두 사람 모두 자기가 상대에게 사랑을 베풀지 않고 속으로 원망하고 있다는 사실이 조금은 미안하기도 하다. 그러나 동시에 혹은 그녀에게는 당신의 배우자임을 기뻐하는 마음과, 그 사랑과 관심을 얻고 싶다는 갈망이 가슴 속에 자리하고 있다.

우리 속에 있는 사랑의 감정을 이끌어 내기 위해서는 우선 부정적인 감정들을 모두 밝은 데로 끄집어 낼 필요가 있다. 분노와 슬픔, 두려움과 후회의 네 가지 부정적 감정을 충분히 발산시키고 나면 비로소 깊은 곳에 자리하고 있던 애정을 느끼고 이를 표현할 수 있게 된다. 다음은 기본적 형태의 사랑의 편지를 쓰는 데 도움이 될 만한 몇 가지 지침이다.

1  당신의 배우자 앞으로 편지를 써라. 그쪽에서 사랑과 이해로 당신의 이야기를 들어 주고 있다고 상상하면서.
2  분노의 감정에서부터 출발해서 슬픔, 두려움, 후회, 마지막으로 사랑의 감정까지 순서대로 진행시키고, 편지마다 이 다섯 가지 감정이 빠짐없이 포함되도록 하라.
3  각각의 감정에 대해 몇 개씩 문장을 만들되 다섯 항목의 길이가 거의 비슷해지도록 하라. 문장은 되도록이면 간명하게 표현하라.
4  하나의 항목이 끝나면 잠시 사이를 두고 그 다음의 감정이 솟아오르는 것을 주목하라.
5  마지막의 사랑에까지 도달하기 전에 중간에서 편지쓰기를 포기하지 마라. 사랑의 감정이 솟아오를 때까지 참을성을 갖고 기다려라.
6  다섯 개 항목이 모두 끝나면 말미에 당신의 이름을 써라. 당신이 원하는 것이 무엇이고 필요한 것은 무엇인지 잠시 생각해 본 다음 추신란에 그것을 써라.

편지를 쓰는 작업을 보다 간소화하려면 다음에 제시되어 있는 양식을 그대로 사용할 수도 있다. 다섯 개의 항목마다 당신이 감정을 표현하는 데 도움이 되는 문장의 기본 골격이 포함되어 있는데, 이 중에서 한두 가지만 활용해도 좋고 그 골격을 그대로 유지해도 괜찮다. 대체로 '나는 화가 난다, 나는 슬프다, 나는 두렵다, 나는 미안하다, 나는 원한다, 나는 사랑한다'는 표현이 주류를 이루고 있지만, 꼭 그런 형태의 문장이 아니더라도 당신의 감정을 표현하는 데 도움이 된다면 상관 없다. 사랑의 편지 한 통을 완성하는 데 대략 20분 정도의 시간이 걸릴 것이다.

*사랑의 편지*

사랑하는 _____에게

내 마음을 당신께 전하고자 이 편지를 씁니다.

1 분노
- 나는 ……하는 것이 싫어요.
- ……해서 실망했어요.
- ……라서 화가 나요.
- ……때문에 불쾌해요.
- ……하기를 원해요.


2 슬픔
- ……에 대해 실망을 느껴요.
- ……라는 것이 슬퍼요.
- ……때문에 마음이 아파요.
- ……하기를 바랐어요.
- ……하기를 원해요.


3 두려움
- ……라서 염려스러워요.
- ……할까 봐 두려워요.
- ……가 겁이 나요.
- ……을 원하지 않아요.

- ……가 필요해요.
- ……하기를 원해요.

4  후회
- ……라서 당황스러웠어요.
- ……라서 미안해요.
- ……에 대해 부끄러움을 느껴요.
- ……를 원했던 것은 아니에요.
- ……하기를 바라고 있어요.

5  사랑
- ……을 사랑해요.
- ……하기를 원해요.
- ……을 이해할 수 있어요.
- ……를 용서해요.
- ……을 고맙게 생각하고 있어요.
- ……에 대해 당신에게 감사해요.
- ……라는 걸 잘 알아요.

____년____월____일

추신 : 당신에게서 듣고 싶은 말 : _____

다음에는 사랑의 편지기법에 대한 당신의 이해를 돕기 위해 몇 가지 대표적
인 경우를 보기로 제시해 보았다.

*건망증에 대한 사랑의 편지*

톰이 예상했던 것보다 낮잠을 오래 자는 바람에 그의 딸 헤일리를 치과에 데려

가야 하는 걸 깜빡 잊었고, 그래서 그의 아내 사만다는 몹시 화가 났다. 하지만 못마땅하고 화나는 마음을 남편에게 대놓고 얘기하는 대신 그녀는 조용히 앉아서 다음과 같은 사랑의 편지를 썼다. 편지를 쓰고 난 후 사만다는 한결 누그러진 마음으로 남편과 이야기할 수 있었다.

편지를 쓴 덕분에 그녀는 남편에게 잔소리를 하거나 설교하고 싶은 충동을 느끼지 않았다. 다른 때 같았으면 말다툼이 벌어지고 말았겠지만 그들 부부는 그날 애정이 충만한 저녁시간을 보냈다. 다음 주에 톰은 헤일리를 치과에 데리고 가는 일을 잊지 않았다.

다음은 사만다가 쓴 사랑의 편지다.

사랑하는 톰

1 분노 : 당신이 잊어버렸다는 게 화가 치밀어요. 당신이 낮잠을 너무 오래 자서 난 화가 나요. 당신은 낮잠을 자고 나면 만사를 다 잊어버리는데, 나는 그게 정말 싫어요. 하나에서 열까지 내가 챙겨야만 한다는 것이 참을 수가 없어요. 당신은 내가 그 모든 일을 다 해주기를 바라고 있어요. 난 이런 상황에 넌더리가 나요.

2 슬픔 : 헤일리가 치과 예약을 놓치게 되어서 나는 속이 상해요. 당신이 그걸 잊었다니 유감이에요. 당신을 신뢰하고 의지할 수 없을 것 같아 우울해요. 나는 당신이 그렇게 힘들게 일해야 한다는 것이 슬프고, 당신이 피곤해하는 모습이 보기 딱해요. 당신이 나를 위해서 낼 수 있는 시간이 별로 없다는 사실이 나를 우울하게 만들고, 당신이 나를 보고도 무덤덤할 때 마음이 상해요. 당신이 집안일에 도무지 신경을 쓰지 않으면 나는 섭섭해요. 당신이 내게 관심조차 없는 것 같거든요.

3 두려움 : 모든 일을 내가 알아서 처리해야 한다는 것이 싫어요. 나는 당신을 믿고 의지하고 싶은데 당신은 너무 무심한 것 같아요. 나 혼자 모든

일을 해 나가고 싶지는 않아요. 내겐 당신의 도움이 필요해요. 당신이 필요하다구요. 하지만 당신은 그 어떤 것도 책임지지 않으려는 것 같아 섭섭해요. 당신이 하고 있는 일이 너무 힘겨운 건 아닌지 걱정이 되고, 그러다가 당신이 건강을 잃을까 봐 겁이 나요.

4 후회 : 나는 당신이 약속을 해놓고 깜빡 잊어버리곤 하는 것이 당혹스러워요. 당신이 약속 시간에 늦으면 나는 짜증이 나요. 내가 너무 잔소리가 심한 것은 아닌지 걱정이 되는군요. 좀 너그럽게 이해하지 못해서 미안해요. 내 애정이 그것밖에 되지 않는 것 같다는 생각이 나를 부끄럽게 해요. 난 당신을 거부하고 싶지는 않아요.

5 사랑 : 당신을 사랑해요. 당신이 피곤하다는 걸 이해하고 당신이 정말 힘들게 일한다는 것도 알고 있어요. 나는 당신이 최선을 다하고 있다는 것을 알아요. 당신이 약속을 잊어버린 것을 용서해 줄게요. 치과 예약을 다시 해주어서 고마워요. 헤일리를 데리고 치과에 가겠다고 생각한 당신에게 고마움을 느껴요. 당신이 관심이 없어서 잊은 게 아니라는 걸 나는 잘 알아요. 당신이 나를 사랑하고 있다는 것도요. 당신을 만나 결혼한 것이 내게 얼마나 큰 행운인지 모르겠어요. 오늘 당신과 정겨운 저녁시간을 보내고 싶군요.

사랑을 전하며, 사만다

추신 : 다음 주에는 꼭 잊지 않고 헤일리를 치과에 데리고 가겠다는 말을 당신에게서 듣고 싶어요.

**무심함에 관한 사랑의 편지**

짐은 다음 날 아침에 사업상의 일로 출장을 떠나게 되어 있었다. 그의 아내 버지니아는 전날 저녁을 좀 특별하고 오붓하게 보낼 생각으로 침실로 망고를 가지고 들어가 남편에게 권했지만 그는 침대에 앉아 책을 읽는 데 열중한 나머지 배고프지 않다고 짤막하게 대꾸할 뿐이었다. 거부당했다고 느낀 버지니아는 침실을 나왔다. 그녀는 화가 났고 자존심이 상했다. 그러나 침실로 다시 들어가 어쩌면 사람이 그럴 수가 있느냐고 따지는 대신 그녀는 사랑의 편지를 썼다.

편지를 쓰고 나니 그녀는 한결 마음의 여유가 생겼고 남편의 무심함을 용서할 수 있을 것 같았다. 그녀는 다시 침실로 가서 남편에게 말했다.

"오늘은 당신이 내 곁을 떠나기 전에 우리가 함께 보내는 마지막 밤이에요. 우리 좀 특별한 시간을 갖기로 해요."

짐은 기꺼이 책을 내려놓았고 그들 두 사람은 은밀하고 행복한 시간을 보냈다. 편지를 쓴다는 일이 버지니아로 하여금 상대의 관심을 보다 직접적으로 요청해 볼 용기와 사랑을 갖게 한 것이다. 그녀는 자기가 쓴 사랑의 편지에 대해 굳이 남편과 이야기할 필요조차 느끼지 않았다.

다음은 당시 그녀가 쓴 편지이다.


사랑하는 짐

1 분노 : 오늘은 당신이 떠나기 전의 마지막날 밤인데 당신은 줄곧 책만 읽고 있군요. 나는 당신이 날 무시하는 것 같아 화가 나요. 당신은 이 시간을 나와 함께 보내고 싶어하지 않는 듯해서 실망했어요. 우리가 좀더 많은 시간을 함께 보낼 수 없다는 것이 나를 화나게 해요. 당신에게는 늘 나보다 더 중요한 일이 있는 것처럼 보여요. 나는 당신의 사랑을 느끼고 싶어요.

2 슬픔 : 당신이 나와 함께 있기를 원하지 않는 것 같아 슬퍼요. 당신이 그렇게 일만 열심히 하면 나는 섭섭해요. 당신은 내가 곁에 있는지 없는지조차 모르는 사람 같아요. 당신이 언제나 바쁘기만 하고 나와 이야기하는 시간을 아까워하는 것처럼 보일 때 나는 마음이 상해요. 당신이 내게 관

심을 보이지 않으면 난 상처를 받아요. 당신에게 나는 특별한 존재가 아닌 것 같아요.

3 두려움 : 당신은 아마 내가 왜 기분이 상했는지조차 모를 거예요. 당신이 내게 관심이 없으면 어쩌나 걱정이 돼요. 이런 마음을 당신한테 털어놓으려고 해도 거부당하게 될까 봐 두려워요. 나는 우리 사이가 서서히 멀어지는 것은 아닌지 겁이 나고, 그런 상황을 무기력하게 지켜 보고 있어야 하는 게 싫어요. 나는 당신이 나를 싫어할까 봐 초조해요.

4 후회 : 나는 당신과 함께 있고 싶은데 당신은 관심조차 없는 것 같아 당혹스러워요. 그리고 당신의 그런 반응에 이토록 마음이 상한 나 자신에 대해서도 당혹감을 느껴요. 내가 너무 많은 요구를 하는 건 아닌지 모르겠네요. 좀더 너그럽게 받아 줄 수 있다면 좋을 텐데. 당신의 말 한 마디에 쌜긋해져서 두 번 다시 기회를 주어 보지 않은 걸 후회해요. 나에 대한 당신의 사랑을 믿지 못해서 미안해요.

5 사랑 : 나는 정말로 당신을 사랑해요. 망고를 가지고 들어갔던 것도 바로 그 때문이었어요. 뭔가 당신이 기뻐할 만한 일을 하고 싶었거든요. 나는 오늘 당신과 특별한 저녁시간을 보내고 싶었어요. 지금도 그 마음엔 변함이 없어요. 당신이 즉각 내게 반응을 보여 주지 않은 것을 용서할게요. 당신이 뭔가를 읽는 도중이라서 그랬으리라는 것을 이해해요. 우리, 오늘 저녁은 서로 사랑하며 정답게 보내기로 해요.

당신을 사랑하는 버지니아

추신 : 내가 당신에게서 듣고 싶은 말은 이런 거예요. "사랑해, 여보. 나도 오늘 밤은 당신과 함께 오붓하게 보내고 싶어. 당신이 무척 보고 싶을 거야."

논쟁에 대한 사랑의 편지

마이클과 바네사는 경제적인 문제의 결정을 앞에 놓고 의견 차이를 보이다가 순식간에 논쟁으로 번졌다. 자기가 아내에게 소리를 지르고 있다는 것을 깨닫는 순간 마이클은 이야기를 멈추고 심호흡을 한 번 하고는 이렇게 말했다.

"이 문제에 대해 생각해 볼 시간이 좀 필요하니 조금 있다가 다시 얘기하기로 합시다."

편지를 쓰고 난 그는 아내에게로 가서 좀더 포용하는 자세로 다시 대화를 시작할 수 있었고, 그 결과 두 사람은 그 문제를 원만하게 해결할 수 있었다.

다음은 그가 쓴 사랑의 편지이다.

사랑하는 바네사

1 분노 : 당신이 그렇게 감정적으로 나오면 나는 화가 나요. 나를 이해해 보려고 하지 않는 당신의 태도가 나를 화나게 하고 있소. 왜 좀 차분히 이성적으로 대화를 하지 못하는지 당신한테 실망하게 돼요. 당신이 매사에 과민한 반응을 보이거나 쉽게 마음을 상하곤 하는 것이 정말 부담스럽고, 당신이 나를 믿지 못하고 거부할 때면 화가 나요.

2 슬픔 : 우리가 이렇게 말다툼을 하는 건 나를 서글프게 하오. 당신이 날 의심하고 믿지 못하는 것 같아 기분이 언짢소. 당신의 사랑을 잃는다는 것이 나를 슬프게 하고, 우리가 언쟁을 벌이거나 싸움을 하게 되는 게 싫소.

3 두려움 : 내가 잘못하고 있는 것은 아닌지 걱정스럽소. 당신 기분을 상하게 하지 않고 내가 하고자 하는 일을 할 수는 없는 건지 모르겠소. 내 감정을 당신한테 털어놓기가 두려워요. 당신이 나를 나쁘게 생각할까 봐, 그리고 나를 무능력한 사람으로 볼까 봐 그렇게 언짢아할 때는 어떻게

복잡한 감정을 어떻게 전할 것인가
275

말을 해야 하는지 잘 모르겠소. 무슨 말을 해야 좋을지.

4 후회 : 당신 마음을 아프게 해서 미안하오. 당신 의견에 동의하지 못해 미
안하고 내 생각만 옳다고 우겨서 미안하오. 성급하게 내 의견을 관철시
키려 하고 당신 기분을 고려하지 않아서 미안해요. 당신을 그런 식으로
대해서는 안 되는 건데. 일방적으로 당신을 비난한 내 행동은 잘못된 것
이었소.

5 사랑 : 나는 당신을 사랑하오. 이제는 당신의 감정에 귀를 기울일 수 있을
것 같소. 나는 당신에게 도움이 되고 싶소. 내가 당신 기분을 상하게 하
고 당신 의견을 묵살하려 했다는 것을 깨달았어요. 정말 미안하게 생각
하오. 나는 당신을 너무나 사랑하고 있고, 당신의 영웅이 되고 싶소. 당
신의 찬미를 받고 싶은 거요. 우리 서로 자기를 잃지 않고도 조화를 이룰
수 있었으면 하오. 당신을 사랑해. 이번에 다시 얘기를 할 때는 내가 좀
더 참을성을 갖고 이해심을 보여 줄 수 있도록 해보리다. 당신은 그런 대
접을 받을 자격이 충분하오.

당신을 사랑하오. 마이클

추신 : 내가 당신으로부터 듣고 싶은 말은 이런 거요. "당신을 사랑해요,
마이클. 당신은 정말 자상하고 이해심이 많은 사람이에요. 난 우리가 이
문제를 잘 해결할 수 있으리라 믿어요."

### 실망과 좌절감에 대한 사랑의 편지

진은 남편 빌 앞으로, 중요한 우편물을 좀 찾아 가지고 오라는 전갈을 남겼다.
그런데 웬일인지 빌은 그녀의 전갈을 받지 못했고, 그가 빈 손으로 집에 들어오
자 진은 실망이 이만저만이 아니었다.

빌의 잘못이 아니었는데도 진은 그 우편물이 자기한테 얼마나 중요한 것이며, 그가 우편물을 찾아 오지 않아 얼마나 낙담했는지 계속해서 이야기를 했다. 빌은 아내가 자기를 비난하고 있다고 느끼게 되었다. 진은 자신의 하소연과 실망감의 토로를 그가 비난으로 받아들인다는 것을 깨닫지 못했다. 빌은 바야흐로 감정이 폭발하기 직전이었다.

그러나 방어본능을 발동해 아내와 언쟁을 벌이고 그날 저녁시간을 완전히 망치는 대신 빌은 현명하게도 10분의 여유를 갖고 사랑의 편지를 썼다. 편지를 쓰고 나온 그는 사랑하는 마음으로 아내를 한 번 안아 주고는 이렇게 말했다.

"당신이 그 우편물을 받아 보지 못해서 나도 안타까워. 내가 그 전갈을 받았더라면 좋았을 텐데. 당신 그래도 여전히 날 사랑하지?"

진은 남편의 그런 태도에 사랑과 감사의 정을 아낌없이 보냈고, 두 사람은 싸움은커녕 실로 멋진 저녁시간을 즐겼다.

빌이 쓴 사랑의 편지를 소개한다.

사랑하는 진

1 분노 : 나는 당신이 그렇게 언짢아하는 게 정말 싫소. 당신이 나를 비난하면 화가 나요. 당신이 불행한 얼굴을 하거나 나를 보고도 좋아하는 기색이 아니면 난 몹시 서운함을 느껴요. 내가 너무 부족한 사람인 것 같은 기분이 들기 때문이지. 나는 당신이 나를 보면 행복해하길 바라고 당신으로부터 인정받고 싶소.

2 슬픔 : 당신이 그렇게 실망하는 모습을 보면 마음이 아파요. 나는 당신이 행복하기를 바라는데 당신이 행복해하지 않는 것 같아 슬퍼요. 일이 늘 우리 사랑에 장애가 되고 있는 것이 유감스럽고 우리가 인생에서 향유하고 있는 그 모든 멋진 것들을 당신이 대수롭지 않게 생각할 때는 마음이 상한다오. 내가 당신한테 중요한 그 우편물을 찾아 오지 못해 나 또한 얼마나 애석한지 모르겠소.

3 두려움 : 당신을 행복하게 해주지 못할까 봐 나는 늘 걱정이 돼요. 오늘도 당신이 저녁시간 내내 우울해하면 어쩌나 염려가 되는구려. 나는 당신 곁에 가까이 있고 싶고 당신에게 마음을 터놓고 싶은데 당신이 나를 밀어낼까 봐 두렵소. 내가 당신에게 너무 부족한 사람은 아닌지 늘 마음이 쓰인다오.

4 후회 : 우편물을 찾아 오지 못해 미안하오. 당신이 그렇게 언짢아하니 마음이 안됐소. 당신에게 전화해 볼 생각을 미처 못해서 미안하오. 당신 기분을 상하게 하고 싶지는 않았는데. 나는 당신이 나를 보면 행복해길 바랐소. 우리에게 주어진 나흘간의 휴가가 정말 특별한 시간이 되기를 기대하고 있소.

5 사랑 : 나는 당신을 사랑하고 당신이 행복해하는 모습을 보고 싶소. 당신의 언짢은 기분은 충분히 이해하오. 그저 당신 기분이 그렇다는 것뿐이지 당신이 나를 비난하거나 잘못을 느끼게 하려고 일부러 그러는 것은 아니라는 것을 나는 알아요. 당신에게 필요한 것은 오로지 내 따뜻한 가슴과 다정한 말이라는 것도 잘 안다오. 미안하오. 때로 당신이 우울해하면 어떻게 해야 할지 몰라 당신이 원하는 걸 주지 못하고 오히려 더 속상하게 만들기도 했으니 말이오. 당신이 내 아내라는 사실이 얼마나 고마운지 모르오. 당신을 진심으로 사랑하오. 당신은 늘 완벽한 모습일 필요가 없고, 우울한데 행복한 척 웃어야 할 필요도 없소. 나는 우편물 때문에 언짢아하는 당신을 이해하오.

당신을 사랑하는 남편

추신 : 내가 당신에게서 듣고 싶은 말은 이런 거요. "당신을 사랑해요, 여보. 당신이 나를 위해 얼마나 애쓰고 있는지 잘 알아요. 내 남편이 되어주어서 정말 고마워요."

## 제2 단계 : 답장쓰기

답장쓰기는 사랑의 편지기법 가운데 두 번째 단계이다. 우선 부정적인 감정과 긍정적인 감정을 모두 표현해 본 다음 3분에서 5분 정도 시간을 더 내어 답장을 써 보는 것이 치유과정이 될 수 있다. 여기에는 당신이 상대로부터 듣고 싶어하는 대답들을 쓰면 된다.

　방법은 이렇다. 당신이 사랑의 편지에 표현한 감정들에 대해 당신의 배우자가 애정 어린 응답을 하고 있다고 가정하고 직접 짤막한 답장을 써 보라. 당신이 표현한 언짢은 감정들에 대해 그가 어떤 반응을 보여 주길 바라는지 모두 그 답장에 담아 보는 것이다. 다음에 제시된 기본 골격을 참고해도 좋다.

- ……해줘서 고마워요.
- ……라는 것을 이해해요.
- ……에 대해 미안하게 생각해요.
- 당신은 ……할 만해요.
- ……하기를 원해요.
- ……를 사랑해요.

　어떤 경우에는 사랑의 편지보다 답장을 쓰는 것이 훨씬 효과적인 때가 있다. 우리가 정말 원하는 것이 무엇이며 무엇을 필요로 하는지 써 봄으로써, 막상 그것이 주어졌을 때 마음을 활짝 열고 기꺼이 받아들일 수 있게 된다.

　부정적인 감정들을 글로 옮기는 데는 일가견이 있지만 사랑의 감정을 좀처럼 이끌어 내지 못하는 사람들도 가끔은 있다. 답장을 쓰는 일은 이런 사람들한테 특히 중요하다. 당신이 그의 입장이 되어 답장을 써 봄으로써 그런 경우에 당신에게 애정 어린 반응을 보여 준다는 것이 얼마나 힘든 일인지 인식할 수 있게 될 것이다.

### 상대방의 욕구를 어떻게 알 수 있는가

여자들은 가끔 답장을 쓴다는 것에 이의를 제기한다. 그들은 무슨 말을 해야 할지 상대방이 당연히 알고 있으리라고 생각한다. 내색은 안 하지만 그들의 가슴 속에는 이런 생각이 자리잡고 있다. '내가 무엇을 원하는지 그에게 말하고 싶지는 않아. 그가 나를 진정으로 사랑한다면 내가 말하지 않아도 스스로 느낄 수 있는 것 아닐까?' 그러나 남자들은 화성에서 온 존재여서 여자들이 무엇을 원하는지 옆에서 말해 주지 않으면 모른다는 사실을 기억할 필요가 있다.

남자의 반응은 그가 얼마나 그녀를 사랑하는지 보여 주는 것이라기보다는 화성에서부터 몸에 익은 관습에 가깝다. 금성인이라면 그럴 때 어떤 말을 해줘야 하는지 알겠지만 그들은 그렇지 못하다.

남자들은 실제로 여자의 감정에 대해 자기가 어떤 반응을 보여야 하는지 알지 못한다. 대체로 우리 문화는 여자들의 욕구에 대해 남자들에게 아무것도 가르쳐 주지 않는다.

만일 남자가 어린시절에 어머니에 대한 아버지의 애정 어린 태도를 보고 들으며 성장했다면 어떻게 해야 하는지 갈피를 잡기가 비교적 수월할 것이다. 하지만 그런 경험조차 없다면 그로서는 전혀 알 수가 없다. 답장은 여자들의 욕구가 어떤 것인지 남자들에게 귀띔해 줄 수 있는 최상의 방법이다. 그것을 통해서 남자들은 서서히, 그리고 확실히 알게 될 것이다.

✍

· 답장은 남자들에게 여자들의 욕구를 귀띔해 줄 수 있는<br>최상의 방법이다.

여자들은 가끔 내게 이렇게 묻는다.

"설사 제가 듣고 싶은 말을 그에게 일러 주어 그가 그대로 하기 시작한다고 하더라도 마음에도 없이 앵무새처럼 따라하는 건지 어떻게 압니까? 진심이 아닌 것 같은 생각이 들면요?"

이것은 중요한 질문이다. 만일에 남자가 그녀를 사랑하지 않는다면 그는 그녀가 원하는 대로 해주려고 일부러 애쓰지도 않을 것이다. 그녀가 요청한 것과 비슷한 반응을 보이려고 시도하는 것은 그가 진심으로 노력하고 있다는 증거이다.

만약에 그의 말이 그다지 진지하게 들리지 않는다면 그것은 그가 새로운 것을 배우고 있기 때문이다. 지금까지의 방식을 버리고 전혀 새로운 반응방식을 배운다는 것은 그에게는 쑥스러운 일이다. 그에게는 어쩌면 소용 없는 일처럼 느껴질지도 모른다. 이때가 고비다. 그는 지금 잘하고 있다는 격려와 칭찬이 그 어느 때보다 필요로 한다.

그녀에게 도움이 되어 주려는 그의 노력이 어쩐지 진지하지 못한 것 같다면 그것은 그가 그 효과를 반신반의하고 있기 때문이다. 이럴 때 그를 적절히 고무시켜 준다면 다음 번에는 좀더 자신감을 갖고 진지한 태도를 보일 수 있을 것이다. 남자는 바보가 아니다. 자기의 어떤 행동에 대해 상대의 반응이 좋아 보이고 그로 인해 긍정적인 변화가 일어나는 것으로 판단되면, 그는 그 행동을 고착시키게 된다. 단지 시간이 걸릴 뿐이다.

여자들 역시 남자의 답장에 주의를 기울임으로써 남자에 대해, 그들이 무엇을 필요로 하는지에 대해 많은 것을 알 수 있게 된다. 여자들은 대개 남자의 반응에 당혹스러움을 느낀다. 그에게 도움이 되고 싶어하는 마음을 왜 몰라 주는지 그녀로서는 도저히 이해가 가지 않는다. 그녀는 그가 필요로 하는 것을 잘못 생각하고 있는 것이다. 어떤 때는 자기가 포기해 주기를 바라는 것 같아 그에게 저항하기도 한다. 하지만 대개의 경우 남자가 여자에게서 바라는 것은 신뢰와 인정과 감사이다.

도움을 받으려면 자기가 무엇을 원하는지 상대방에게 알려 줘야 할 뿐만 아니라 스스로도 기꺼이 도움을 받아들일 자세가 되어 있어야 한다. 답장은 도움 받을 사람이 확실한 자세를 갖도록 하는 것이다. 그런 마음가짐이 아니고서는 대화가 이루어질 수 없다.

'당신이 어떤 말을 해도 내 기분이 나아지지는 않을 것'이라는 태도로 이야기하는 것은 아무 소용이 없을 뿐더러 상대방에게 상처만을 안겨 준다. 그럴 때는 차라리 이야기하지 않는 편이 낫다.

여기 사랑의 편지와 답장이 하나의 본보기로 제시되어 있다. 답장은 추신

복잡한 감정을 어떻게 전할 것인가

다음에 쓰되 추신보다는 약간 길고 자세하게 쓴다는 점에 주목하라.

*남자의 거부감에 대한 사랑의 편지와 답장*

테레사가 남편 폴에게 도움을 요청했을 때, 그는 아내의 부탁이 성가시고 부담스럽다는 듯한 태도를 보였다.

사랑하는 폴

1 분노 : 당신이 나를 거부하면 나는 화가 나요. 당신이 나를 도와 주려고 하지 않을 땐 노여운 생각이 들어요. 왜 꼭 내가 부탁을 해야 하는 건지, 당신이 좀 알아서 도와 줄 수는 없는지 신경질이 나요. 나는 당신을 위해 많은 일을 하잖아요. 내겐 당신 도움이 필요하다구요.

2 슬픔 : 당신이 나를 도와 주고 싶어하지 않는 것 같아 섭섭해요. 완전히 혼자라는 생각이 나를 슬프게 해요. 난 당신과 함께 뭐든 나누고 싶고 당신 도움이 필요하다구요.

3 두려움 : 당신한테 도움을 청하기가 겁이 나요. 당신이 화를 낼까 무서워요. 당신이 싫다고 그러면 내 기분이 엉망이 될 것 같아 망설여져요.

4 후회 : 당신을 자꾸만 원망하게 되어 미안해요. 내가 너무 잔소리가 심하고 당신의 결점을 들추어 내는 것 같아요. 당신을 좀더 추어 주지 못해 미안해요. 내가 너무 과도하게 베풀어 놓고 당신한테도 그만큼을 요구해서 미안해요.

5 사랑 : 난 당신을 사랑해요. 당신 나름대로 최선을 다하고 있다는 거 잘 알아요. 당신이 나를 진심으로 생각하고 있다는 것도요. 다음에는 좀더 부

드럽게 도움을 요청할게요. 당신은 우리 아이들에게 더할 나위 없이 좋은 아빠예요.

당신을 사랑해요, 테레사

추신 :내가 당신에게서 듣고 싶은 말은 이런 거예요.

사랑하는 테레사

나를 그토록 사랑해 주는 당신에게 고마움을 느끼고 있소. 당신 마음을 솔직하게 얘기해 주어 고맙구려. 마치 당신이 지나친 요구를 하고 있다는 듯한 내 행동에 당신의 기분이 상했다는 것을 이해하오. 내가 당신을 거부하면 당신이 마음에 상처를 받는다는 걸 알겠소. 좀더 많이 당신을 도와 주지 못해서 미안하오. 당신은 내 도움을 받을 자격이 있는 사람이고, 나도 당신을 좀더 많이 도와 주고 싶소. 당신을 진정 사랑하고, 당신이 내 아내라는 사실에 감사하고 있소.

당신을 사랑하는 빌

### 제3단계 : 사랑의 편지와 답장을 놓고 함께 이야기해 보기

당신이 쓴 편지를 배우자와 함께 읽어 보는 일은 다음과 같은 이유에서 중요한 의미를 지닌다.

- 당신의 배우자에게 당신을 도울 수 있는 기회를 준다.
- 당신이 필요로 하는 이해를 얻을 수 있다.
- 자기 행동이 어떤 반향을 불러일으키는지에 대한 정보를 상대방에게 제공한다.

- 관계 변화에 대한 동기를 부여한다.
- 친밀감을 향상시키고 서로에 대해 열정을 갖게 한다.
- 당신이 무엇을 중요하게 여기며 당신을 성공적으로 돕는 방법이
  무엇인지 그에게 알려 준다.
- 대화가 단절된 부부에게 다시 대화를 시작할 수 있게 돕는다.
- 기분 상하지 않고 상대의 불쾌한 감정에 귀를 기울일 수 있는 방법을
  가르쳐 준다.

당신의 편지를 배우자와 함께 나누는 데는 다섯 가지 방법이 있다. 이 경우에는 여자가 편지를 쓴 것으로 설정되어 있는데, 남자가 썼을 때도 똑같은 방법을 적용할 수 있다.

1 그녀가 쓴 사랑의 편지와 답장을 그녀가 보는 앞에서 그가 큰 소리로 읽는다. 그녀가 어떤 말을 듣고 싶어하는지 보다 잘 알게 된 그가 그녀의 손을 잡고 나름대로 애정 어린 반응을 보여 준다.

2 그녀가 직접 자기가 쓴 사랑의 편지와 답장을 그에게 읽어 준다. 그녀가 어떤 말을 듣고 싶어하는지 보다 잘 알게 된 그가 그녀의 손을 잡고 나름대로 애정 어린 반응을 보여 준다.

3 먼저 그가 큰 소리로 답장을 읽고 나서 사랑의 편지를 읽어 준다. 부정적인 감정에 어떻게 대응하면 되는지 일단 그 방법을 알고 난 남자는 자신감을 갖고 사랑의 편지를 읽을 수 있게 된다. 그런 다음 그는 그녀의 손을 잡고 애정 어린 반응을 보여 준다.

4 먼저 그녀가 그에게 답장을 읽어 주고 그 다음에 사랑의 편지를 읽어 준다. 그녀가 어떤 말을 듣고 싶어하는지 보다 잘 알게 된 그가 그녀의 손을 잡고 나름대로 애정 어린 반응을 보여 준다.

5  그녀가 그에게 편지를 주고 그는 24시간 안에 혼자서 읽어 본다. 편지를
   다 읽고 나서 그런 편지를 쓴 데 대해 그녀에게 고맙다는 말을 한다. 그
   녀가 무엇을 필요로 하는지 보다 잘 알게 된 그가 그녀의 손을 잡고 자기
   나름의 애정 어린 반응을 보여 준다.

**만일 당신의 배우자가 애정 어린 반응을 보여 주지 않으면 어떻게 할 것인가**

어떤 사람들은 사랑의 편지에 귀기울이는 일을 무척 곤혹스러워한다. 어쩌면
아예 편지를 읽으려 하지 않을지도 모른다. 또 설령 당신의 배우자가 편지 내용
을 들어 보기로 마음먹었다고 해도 그 자리에서 당장 애정 어린 태도를 보여 주
지 못할 수도 있다. 폴과 테레사의 경우를 예로 들어 보자.

만일 테레사의 편지를 읽고 나서도 폴의 태도가 달라지는 것 같지 않다면,
그 이유는 그가 그 자리에서 당장 애정 어린 반응을 보여 줄 수 없기 때문이다.
하지만 그의 생각은 시간이 흐르면서 차차 바뀔 것이다.

편지를 읽으면서 그는 테레사가 느낀 분노와 상처로 인해 마음이 편치 않을
수 있고, 방어태세를 갖추게 될지도 모른다. 그럴 때는 시간을 갖고 그녀가 한
말을 곰곰이 생각해 볼 필요가 있다.

사랑의 편지에 귀를 기울일 때 유독 분노의 감정만 귀에 들어오는 경우도
있다. 그들이 편지에 담긴 사랑을 느끼는 데까지는 시간이 좀 걸린다. 만일 그
렇다면 사랑의 편지 가운데 특히 후회와 사랑의 항목을 다시 한 번 읽어 보는
것도 도움이 될 것이다. 가끔 나는 아내가 쓴 사랑의 편지를 읽어 내려가기 전
에 우선 맨 마지막 사랑의 항목부터 먼저 읽고 그 다음에 처음부터 읽기 시작하
곤 한다.

만일 남자가 사랑의 편지를 읽고 기분이 언짢다면 자기도 사랑의 편지를 써
서 응답하면 되는데, 그런 과정을 통해 그는 상대의 편지를 읽으면서 느꼈던 부
정적 감정들을 처리할 수 있다. 어떤 때는 그들 사이에 문제가 있다는 것을 전
혀 느끼지 못하다가 아내가 쓴 편지를 함께 읽어 보고 나서야 깨닫게 되는 경우
도 있다. 그런데 자기도 할 말이 있다는 생각이 불현듯 떠오르면 그 마음을 편

지에 담아 봄으로써 자신의 사랑을 재확인할 수 있게 되고, 그런 연후에 아내의 편지를 다시 읽어 보면 그녀의 상처 뒤에 숨은 사랑을 느낄 수 있을 것이다.

아내의 편지에 대해 그 자리에서 애정 어린 반응을 보여 줄 수 없더라도 그 것이 그의 잘못은 아니며, 따라서 비난받을 일도 아니라는 것을 그는 알아야 한다. 그의 배우자 쪽에서는 그 문제에 대해 그가 잠시 생각할 시간이 필요하리라는 것을 이해하고 받아들일 수 있어야 한다. 그가 그녀의 이해를 구하는 의미로 이렇게 말하는 것도 괜찮을 것이다. "이렇게 편지를 써 줘서 고맙소. 생각해 볼 시간이 필요하니 우리 잠시 후에 이야기해 보도록 합시다."

이때 그는 편지내용에 대해 비판적인 말을 삼가는 것이 좋다. 편지를 함께 읽어 보기 위해서는 마음을 놓을 수 있는 편안한 분위기가 필요하다.

남자가 쓴 사랑의 편지에 대해 여자 쪽에서 애정 어린 반응을 보여 주기가 힘든 경우도 위와 똑같은 요법이 적용될 수 있다. 대체로 나는 그들에게 편지를 소리내어 읽을 것을 권한다. 그럼으로써 편지를 쓴 사람은 상대가 자기 이야기를 들어 주고 있음을 확실히 느낄 수 있다. 여러가지 방법을 실행해 봐서 서로에게 가장 잘 맞는 방법을 선택하라.


## 편안한 분위기 만들기

사랑의 편지를 상대와 함께 읽어 본다는 것은 사실 떨리는 일일 수 있다. 속마음을 편지에 모두 드러내 보인 그는 상대의 조그만 반응에도 민감해지고 상처받기 쉬운 상태가 된다. 편지를 상대와 함께 읽어 보는 목저은 서로 마음을 열고 좀더 가까이 다가가기 위한 것이다. 그러기 위해서는 마음을 편히 가질 수 있는 분위기가 조성되어야만 한다. 편지를 받는 쪽에서는 편지를 쓴 사람의 표현을 각별히 존중할 필요가 있다. 상대를 진심으로 존중할 자세가 안 되어 있다면 아직 편지를 읽어서는 안 된다.

편지를 함께 읽어 보는 데는 정확한 목적이 있어야 한다. 편지를 쓰고 그것을 함께 읽어 보는 일은 아래와 같은 두 가지 목적에서 이루어져야 한다.

내가 이 편지를 쓴 이유는 내 안에서 긍정적인 감정들을 찾아 내고 당신이 마땅히 받아야 할 사랑을 주기 위한 것입니다. 그 하나의 과정으로서 나를 가로막고 있는 부정적 감정들도 당신과 함께 나누고자 합니다.

내가 마음을 활짝 열고 부정적인 감정들을 풀어 내는 데는 당신의 이해가 필요합니다. 나는 당신이 진지하게 관심을 기울여 주고 최선을 다해 내 마음을 헤아려 줄 것으로 믿습니다. 그리고 기꺼이 내 편지에 귀를 기울여 주는 당신에게 고마움을 느낍니다.

덧붙여서 이 편지가 나의 바람과 욕구와 소망에 대한 당신의 이해를 도울 수 있기를 바라는 마음입니다.

배우자가 쓴 사랑의 편지에 귀를 기울이는 쪽에서는 다음과 같은 자세를 가져야 한다.

## 사랑의 편지에 귀를 기울이는 취지에 관한 성명서

나는 당신의 감정이 타당함을 인정하고, 우리의 차이를 받아들이며 내 욕구를 중히 여기듯 당신의 욕구를 존중하며, 당신이 자신의 사랑과 감정을 표현하기 위해 노력하고 있다는 것을 이해하고자 최선을 다할 것을 약속합니다. 당신의 감정을 비난하거나 바로잡으려고 하지 않겠으며 순수한 마음으로 경청하겠습니다. 있는 그대로의 당신을 받아들이되 당신을 변화시키려고 시도하지 않겠습니다. 진심으로 당신을 생각하고, 또 우리가 이 문제를 잘 해결할 수 있으리라 믿기 때문에 나는 진지한 자세로 당신의 편지에 귀를 기울일 것입니다.

사랑의 편지기법을 실천하면서 처음 몇 번은 이 성명서를 크게 낭독하는 것이 한결 마음을 가라앉혀 준다. 이 성명서는 당신이 상대방의 감정을 존중하고 애정 어린 반응을 보여 주도록 상기시켜 줄 것이다.

## 짤막한 사랑의 편지

만일 기분이 언짢은데 편지를 쓰기 위해 20분이나 낼 수 없는 상황이라면 축약형 러브 레터를 써도 좋다. 시간은 3분에서 5분밖에 걸리지 않지만 정식 사랑의 편지 못지않은 효과를 발휘한다. 여기 몇 가지 실례를 들어 보았다.

사랑하는 맥스

1 당신이 늦어서 나는 굉장히 화가 나요!
2 당신이 나를 잊고 있었다는 사실이 슬퍼요.
3 당신이 내게 별로 관심이 없는 것은 아닌지 걱정이 돼요.
4 이렇게 속이 좁아서 미안해요.
5 당신을 사랑해요. 당신이 늦은 걸 용서할게요. 당신이 나를 진심으로 사랑한다는 것을 알아요. 당신의 노력에 감사드려요.

사랑을 보내며, 샌디

사랑하는 헨리

1 당신이 그렇게 녹초가 된 모습으로 텔레비전만 쳐다보고 있으면 난 화가 나요.
2 당신이 나와 이야기하고 싶어하지 않는 것 같아서 슬퍼요.
3 우리 사이가 점점 멀어지는 것은 아닌지 걱정이 돼요. 내가 당신을 짜증나게 할까 봐 두려워요.
4 저녁 식탁에서 당신한테 쌀쌀맞게 굴어서 미안해요. 우리 문제를 모두

당신 탓으로 돌려서 미안해요.

5 나는 당신의 사랑을 그리워하고 있어요. 오늘 밤엔 한 시간 정도 나와 단 둘이서 보내지 않을래요? 그렇지 않으면 가까운 시간에 우리들의 삶에 대해 나와 진지한 대화를 나눠 보는 건 어때요?

당신을 사랑하는 레슬리

추신 : 내가 당신에게서 듣고 싶은 말은 이런 거예요.

사랑하는 레슬리

당신 기분을 내게 알려 주어 고맙소. 당신이 나를 그리워하고 있다는 것을 깨달았소. 오늘 밤 8시에서 9시까지는 둘만의 특별한 시간이 되도록 합시다.

당신의 사랑 헨리

## 언제 사랑의 편지를 쓸 것인가

당신의 기분이 언짢고 그 기분에서 헤어나고 싶거든 언제든지 사랑의 편지를 써도 좋다. 사랑의 편지는 다음과 같이 다양한 내용일 수가 있다.

1 아내나 남편에게 보내는 사랑의 편지.
2 친구, 자녀, 혹은 가족 중 한 사람에게 보내는 사랑의 편지.
3 직업상의 동료나 고객에게 보내는 사랑의 편지. 이 경우에는 편지 말미에 '당신을 사랑하는'이란 말 대신 '존경을 보내며', 또는 '감사드리며' 등의 표현을 사용할 수 있다. 대개의 경우 이런 편지는 상대방과 함께 나

눌 필요가 없다.

4 당신 자신에게 보내는 사랑의 편지.

5 하나님이나 절대자에게 보내는 사랑의 편지. 당신 인생의 고단함을 그에게 털어놓고 위안을 구하라.

6 입장을 바꾼 사랑의 편지. 만일 누군가를 용서하기가 힘이 들거든 그의 입장이 되어 당신에게 편지를 써 보라. 그렇게 빨리 용서하는 마음이 든다는 데에 당신도 놀랄 것이다.

7 기괴한 사랑의 편지. 만약 당신 기분이 그야말로 엉망이거나 상대에 대해 자꾸만 분하고 야비한 마음이 들거든 그 기분을 편지에 몽땅 쏟아부어라. 그런 다음 편지를 태워 버려라. 부정적 감정이 어느 정도 정리되기 전에 편지를 상대에게 보여 주는 것은 좋지 않다. 비록 이처럼 기괴한 사랑의 편지라도 부정적인 감정을 덜어 내는 데는 큰 도움이 될 수 있다.

8 전위된 사랑의 편지. 만일 현재 당신을 몹시 불쾌하게 하는 사건이 있는데, 그것이 어린시절의 해결되지 않은 어떤 감정을 일깨운다면, 시간을 거슬러 올라간다고 가정하고 부모님 중 한 분께 편지를 써서 당신의 감정을 털어놓고 도움을 구해 보라.


## 우리는 왜 사랑의 편지를 쓰는가

이 책을 통해 살펴보았듯이 여자들에게는 자기 감정을 상대와 함께 나누고 그의 이해와 배려를 피부로 느끼는 것이 굉장히 중요하다. 마찬가지로 남자들은 상대로부터 인정받고 신뢰받고 찬미의 대상이 되는 것을 무엇보다 중요시한다. 남녀 사이의 가장 큰 문제는 여자가 언짢은 감정을 이야기하고, 그 결과 남자가 사랑받지 못하고 있다고 생각하게 되는 데서 비롯된다.

그녀는 그저 불쾌한 기분을 털어놓았을 뿐인데, 그에게는 그것이 자기를 탓하고 나무라고 요구하고 원망하는 소리로 들릴 수 있다. 그래서 그가 그녀의 기분을 받아 주지 않으면 이번에는 그녀 쪽에서 사랑받지 못하고 있다고 느낀다.

남녀 관계의 성패는 전적으로 두 가지 요인에 의해 좌우된다고 볼 수 있다. 하나는 여자가 자기 감정을 이야기할 때 애정을 갖고 존중하는 태도로 들어 줄 수 있는 남자의 능력이고, 나머지 하나는 상대를 배려하면서 애정 어린 태도로 자기 감정을 이야기할 수 있는 여자의 능력이다.

느낌이나 욕구는 고정불변의 것이 아니라 수시로 변화하는 것이며, 관계 속의 남녀는 변화하는 감정을 상대에게 알려야 할 의무를 지닌다. 그러나 상호간에 완벽한 의사소통이 이루어지리라고 기대하는 것은 지나친 이상임에 틀림없다. 다행스러운 점은 현재와 완벽의 경지 사이에는 우리가 발전할 여지가 얼마든지 있다는 사실이다.

### 현실적인 기대

대화가 언제나 술술 풀릴 거라는 기대는 다분히 비현실적인 것이다. 어떤 감정은 듣는 이의 기분을 상하게 하지 않고는 표현해 내기 힘든 것도 있다. 바람직하고 애정 어린 관계를 유지하고 있는 커플들도 가끔은 대화의 방식에는 무심하게 된다. 다른 사람의 관점을 이해한다는 것은 쉬운 일이 아니며, 특히 그가 하는 말이 당신의 관점과 상충되거나 당신의 기분을 상하게 하는 것일 때는 더욱 그러하다. 그리고 일단 기분이 상한 상태에서 남의 기분을 고려한다는 것도 어려운 일이다.

많은 부부들이 대화를 훌륭하게 이끌어 가지 못하는 것은 사랑이 부족하기 때문이라는 오해를 하고 있다. 사랑도 분명 밀접한 관련이 있기는 하다. 하지만 그보다 몇 배나 더 중요한 요인은 바로 대화의 기술이다. 그런데 다행히도 그 기술은 우리가 습득할 수 있는 것이다.

### 우리는 어떻게 대화방식을 배우는가

만일 우리가 솔직하고 애정 어린 의사표현이 이루어지는 가정에서 자랐다면 훌륭한 대화 예절이 제2의 천성으로 몸에 배어 있을 것이다. 그러나 우리 이전의 세대들에게 있어 이른바 애정 어린 의사표현이라는 것은 일반적으로 부정적 감정의 배제를 의미하는 것이었다. 부정적인 감정은 남부끄러운 질병이나 벽장 속에 가두어 놓아야 할 것처럼 취급되기 일쑤였다.

문화 수준이 좀 떨어지는 가정에서는 육체적인 벌, 고함, 쥐어박기, 매질, 갖가지 종류의 언어적 폭력과 욕설 등을 통해 부정적인 감정에 그럴 듯한 이유를 붙이고 이를 행동으로 표출하는 것, 아이들이 옳고 그른 것을 분별하도록 가르친다는 미명하에 행해지는 그 모든 것들까지 애정 어린 대화의 범주에 속하기도 했다.

만일 우리의 부모님들이 부정적인 감정을 무조건 억압하지 않고 애정 어린 표현으로 상대에게 전할 줄 아셨다면, 우리도 자신의 부정적 느낌과 반응에 지레 위축되지 않고 자연스럽게 표현하는 방법을 배웠을 것이다. 그리고 시행착오를 수차례 거듭하면서 우리는 점차 상대를 존중하면서 슬기롭게 자기 감정을 전달하는 방법을 터득할 수 있었을 것이고, 만일 그랬다면 사랑의 편지기법 따위는 필요하지 않을 것이다.

### 만일 우리의 어린시절이 그와 같지 않았다면

만일 우리의 과거가 그렇지 않았다면 우리는 어머니가 좌절감이나 실망감을 털어놓으실 때 아버지가 애정 어린 태도로 그 이야기를 들어 주시는 모습을 보며 자랐을 것이다. 또한 어머니가 받고 싶어하시던 이해와 자상한 관심을 늘 기꺼이 베푸시던 아버지를 가까이에서 지켜 볼 수 있었을 것이다.

우리는 속상한 일이 있어도 아버지를 탓하거나 비난하지 않고 신뢰하는 태도를 견지하면서 자신의 속마음을 솔직히 털어놓으시는 어머니를 보았을 것이고, 상대방을 쌀쌀맞은 태도로 대하거나 피하려 하거나 비난하거나, 자기가 한 일에 대해 생색을 내거나 그를 불신하는 듯한 느낌을 주지 않고 자기의 언짢은 감정을 표현할 수 있다는 것을 어머니를 보며 배울 수 있었을 것이다.

18년 정도를 그런 환경에서 자랐다면 우리는 걸음마다 셈을 익히듯 자신 감정을 처리하는 법을 자연스럽게 습득할 수 있었을 것이다. 그것은 걸음마를 하거나 깡총깡총 뛰거나, 노래를 부르거나 글을 읽고 돈 계산을 하는 기능과 마찬가지로 저절로 우리 몸에 배어 그 일에 전혀 어려움을 느끼지 않을 것이다.

그러나 우리의 과거는 그렇지 못한 경우가 많았다. 대부분의 우리들은 실패한 대화만을 접하면서 성장기를 보냈다. 감정을 어떻게 전달할 수 것인지 제대로 교육받지 못하고 자라난 우리들에게는, 부정적인 감정이 들 때 그것을 애정 어린 표현으로 전한다는 것이 마치 오르지 못할 나무처럼 아득하게만 여겨지게 된다.

이것이 얼마나 어려운 일인지 깨닫기 위해 다음 질문들에 대한 당신의 대답을 곰곰이 생각해 보라.

1 자라면서 늘 부모님이 말다툼을 하거나 억지로 논쟁을 회피하려고 참는 모습만을 보아 왔다면, 당신은 화가 나거나 누군가를 원망하는 마음이 들 때 어떻게 사랑을 표현할 것인가?

2 만일 당신의 부모님이 자녀들을 잘 다스려 고분고분하게 하기 위해 소리를 지르거나 벌을 가하셨다면, 당신은 언성을 높이거나 벌을 주지 않고 어떻게 아이들이 당신 말을 듣게 할 것인가?

3 어릴 적부터 이미 거부당한 심정이 어떤 것인지 익히 알았다면 당신은 더 많은 것을 원한다는 말을 어떻게 할 것인가?

4 무시당할지 모른다는 두려움이 있다면 어떻게 가슴을 터놓고 자기 감정을 이야기할 수 있겠는가?

5 당신의 마음이 '나는 당신이 정말 싫어'라고 말하고 있다면 당신은 배우자에게 어떻게 이야기를 하겠는가?

6 어린시절, 잘못을 저지른 데 대해 예외 없이 벌이 뒤따랐다면 당신이 "미안해요."라고 선선히 말하겠는가?

7 벌을 받거나 거부당할지 모른다는 두려움이 있다면 당신은 자기 잘못을 솔직히 시인할 수 있겠는가?

8 어린시절, 기분이 찌무룩하거나 소리내어 울어도 아무도 이를 받아 주지 않고 오히려 야단을 맞은 기억밖에 없다면 당신이 자기 감정을 어떻

게 드러내 보일 수 있을 것인가?

9 더 많은 것을 원하는 것이 못된 행동인 것처럼 느끼며 자랐다면 당신은 어떻게 원하는 바를 요청하겠는가?

10 만일 당신의 부모님께서 당신이 무엇을 느끼고 무엇을 고민하고 있는지 물어 볼 시간도 없고, 그럴 만한 성의도 없고, 그런 것엔 아예 신경조차 쓰시지 않았다면 당신은 자기 자신이 무엇을 느끼는지 알 수 있을 것이라 생각하는가?

11 어린시절에 완벽한 사람만이 사랑받을 자격이 있다고 배웠다면 배우자의 결점을 당신이 어떻게 받아들일 수 있겠는가?

12 아무도 당신의 고민을 아랑곳하지 않았다면 당신이 배우자의 괴로운 심정에 어떻게 귀를 기울이겠는가?

13 용서를 받아 본 기억이 없다면 당신이 어떻게 누군가를 용서할 수 있겠는가?

14 어릴 적에 당신이 어른들로부터 "울면 안 돼, 아기들이나 우는 거지."라는 말을 귀에 못이 박히도록 들었다면 당신은 슬프거나 고통스러울 때 실컷 울 수 있다고 생각하는가?

15 어린시절, 어머니의 고통이 마치 당신 때문이거나 당신 잘못인 양 느껴지는 분위기였다면, 당신은 배우자의 낙담을 부담 없이 들어 줄 수 있겠는가?

16 어릴 적에 어머니나 아버지가 속상한 일이 있을 때 당신에게 소리를 지르고 화풀이를 하셨다면, 당신은 배우자가 화를 낼 때 이것을 부드럽게 받아 줄 수 있으리라고 보는가?

17 당신이 최초로 철석같이 믿었던 사람으로부터 어떤 식으로든 배신을 당했다면, 배우자에게 마음 속을 털어놓고 전폭적인 신뢰를 보일 수 있을 것인가?

18 거부당하거나 배척당하는 데 대한 두려움 없이 자유롭게 자기 감정을 이야기해 본 적이 단 한 번도 없는 어린시절을 보냈다면 당신이 상대를 존중하는 애정 어린 대화를 할 수 있겠는가?

위의 18가지 질문에 대한 대답은 모두 같다. 애정 어린 대화는 물론 배울 수 있는 것이기는 하지만 반복적인 훈련을 필요로 하며 더욱이 우리는 18년간의 방치를 벌충해야만 한다. 우리 부모님께서 아무리 완벽한 분들이었다고 해도 사실 전혀 결점이 없는 완벽한 사람이란 있을 수 없다. 만일 당신의 의사소통에 뭔가 문제가 있더라도 그것이 전적으로 부모님의 책임은 아니며 그분들에게 따질 일도 아니다. 그것은 단지 제대로 된 훈련과 연습이 부족했음을 보여 주는 것일 뿐이다.

앞의 질문들을 읽어 내려가면서 당신은 문득 어떤 생각이 떠오름을 느꼈을 것이다. 당신 자신을 치유할 수 있는 이 특별한 기회를 절대 놓치지 마라. 지금 당장 20분을 내어 부모님 중 어느 한 분에게 사랑의 편지를 써라. 펜을 들고 종이를 꺼내 사랑의 편지 형식에 맞추어 그냥 당신의 느낌을 적어 보라. 지금 당장 해보라. 그 결과에 당신도 놀랄 것이다.


## 철저히 진실만 말하기

사랑의 편지가 효력을 나타내는 이유는 그것이 당신으로 하여금 완벽하게 진실해질 수 있도록 돕기 때문이다. 그저 감정의 일부분만을 끄집어 내어 더듬어 보는 정도로는 당신이 원하던 치유의 효과를 얻을 수 없다. 예를 들어 보자.

1 분노의 감정에 젖어 있는 것은 하등 도움이 되지 않는다. 오히려 화가 점점 더 끓어오를 뿐이다. 당신이 분노를 곱씹고 있는 한 갈수록 기분은 엉망이 된다.

2 몇 시간을 계속해서 울어도, 만일 당신이 그 슬픔의 피안에 도달하지 못한다면 그저 허무하고 허탈할 뿐이다.

3 두렵다는 생각을 떨쳐 버리지 못하면 그 생각으로 인해 시간이 흐를수록

점점 더 두려워진다.

4  미안하다는 생각이 지나치면 당신은 죄책감과 수치심에 사로잡히게 되고 스스로에 대한 긍지를 완전히 잃어버리게 된다.

5  한결같이 사랑하는 마음을 지니려고 애쓰다 보면 당신은 부정적인 감정을 억지로 참게 될 것이고, 그렇게 몇 년이 흐른 후에는 아예 감정이 없는 건조한 사람이 될 것이다.

사랑의 편지가 효과를 발휘할 수 있는 것은 당신이 자신의 모든 감정을 숨김 없이 진실되게 드러내 보일 수 있기 때문이다. 마음의 고통을 치유하고자 한다면, 우리는 네 가지 기본적인 고뇌를 고루 맛보고 이를 극복해야만 하는 것이다. 그 네 가지란 분노, 슬픔, 두려움, 그리고 후회다.

### 왜 사랑의 편지는 효과가 있는가

네 가지 감정의 고통을 하나하나 겉으로 표현하고 나면 그 고통이 한결 가벼워진다. 그 중 한두 가지만 써 보아서는 그만한 효과를 얻기 힘들다. 왜냐하면 그것은 우리의 부정적 반응이 대부분 실제의 감정이 아니라 본심을 감추기 위해 의식적으로 사용하는 방어기제이기 때문이다. 예를 들면 다음과 같은 것들이다.

1  툭하면 화를 잘 내는 사람들은 자신의 상처나 슬픔, 두려움, 후회를 그런 식으로 위장하고 있는 경우가 많다. 그들이 용기를 가지고 자신의 아픔을 드러낼 수 있다면 분노는 가시고 애정이 되살아날 것이다.

2  잘 우는 사람들은 일반적으로 화를 내지 못하는 경향이 있다. 그들이 마음 속의 분노를 표출하도록 도와 주면 기분이 한결 가벼워지고 다시 애정을 느끼게 된다.

3 소심하고 겁이 많은 사람들은, 대개 마음 속에 자리잡고 있는 울분을 찾아 내어 이를 느끼고 표출하도록 해주면 두려움이 사라진다.

4 미안함과 자책감을 자주 느끼는 사람은 대개 가슴 속에 상처나 울분이 쌓여 있는 경우가 많다. 이를 찾아 내어 겉으로 드러낼 수 있다면, 그들이 마땅히 가져야 할 자기애(自己愛)가 제자리를 찾을 수 있게 될 것이다.

5 늘 애정을 베푸는데 자기 자신은 왜 이렇게 우울하고 생기가 없는지 의아해하는 사람은 스스로에게 이렇게 물어 보라. "만일 내가 무엇인가에 대해 몹시 언짢아하거나 화를 낸다면 그것이 무엇일까?" 그리고 답을 써 보라. 그럼으로써 그 우울함과 나른함 뒤에 숨어 있는 감정의 정체를 알게 될 것이다.

### 감정을 어떻게 다른 감정으로 위장하는가

진짜 고통을 감추기 위해 어떻게 우리가 부정적 감정을 활용하는지, 다음에 몇 가지 예를 들어 보았다. 그러나 이것은 저절로 일어나는 현상임을 명심하라. 우리 자신은 감정을 위장하고 있다는 것을 깨닫지 못하는 경우가 종종 있다.
아래 질문에 대해 잠깐 생각해 보아라.

1 정말 화가 날 때 당신은 웃어 본 적이 있는가?
2 마음 속에서는 두려움을 느끼면서 화난 것처럼 행동해 본 적이 있는가?
3 정말 슬프고 가슴이 아픈데 소리내어 웃거나 실없는 농담을 한 적이 있는가?
4 마음 속으로는 자기가 잘못했다고 느끼면서 비난의 화살을 재빨리 남들에게 돌린 적이 있는가?

다음에는 남녀가 각각 자기 본심을 어떻게 부정하는지 흔히 볼 수 있는 사례들이 제시되어 있다. 분명 모든 남자들이 다 아래 사항에 부합되는 것은 아니며, 여자들 또한 마찬가지다. 그러나 이것을 통해서 우리는 어떤 형태로 본심을 감추게 되는지 이해하는 열쇠를 얻게 될 것이다.


## 본심을 숨기는 방법

남자들은 어떻게 자신의 고통을 감추는가(이 과정은 대체로 무의식적으로 일어난다.)

1 남자들은 슬픔, 상처, 비애, 죄책감, 두려움 등 고통스러운 감정을 숨기기 위해 분노를 이용한다.

2 남자들은 분노를 숨기기 위해 실망이나 태연을 가장한다.

3 남자들은 마음이 아프면, 이를 감추기 위해 성난 체한다.

4 남자들은 불안하거나 두려울 때 공연히 큰 소리를 치거나 화를 낸다.

5 남자들은 분노나 비탄의 감정을 수치심으로 덮어 가린다.

여자들은 어떻게 자신의 고통을 감추는가(이 과정은 대체로 무의식적으로 일어난다.)

1 여자들은 분노, 죄의식, 두려움, 실망을 감추기 위해 근심과 걱정을 이용한다.

2 여자들은 화가 나거나 짜증스럽거나 실망하면 이를 감추려고 공연히 허둥지둥할 때가 있다.

3 여자들은 당황스럽거나 화가 나거나 슬프거나 후회스러울 때, 이를 감추려고 기분 나쁜 척한다.

4 여자들은 화가 나거나 마음이 아프거나 슬플 때, 이를 감추기 위해 불안감과 두려움을 앞세운다.

5 여자들은 화가 나거나 두려울 때 이를 슬픔으로 위장한다.

6  남자들은 화나거나 두렵거나
실망했거나 낙담했거나 부끄러울 때
아무렇지도 않은 척 평온을 가장한다.

6  여자들은 두려움과 슬픔,
애도와 비탄을 숨기기 위해 공연히
희망적인 척한다.

7  남자들은 자기가 미숙하다고
느껴질 때 오히려 더
자신있는 척한다.

7  여자들은 슬프거나 낙담했을
때 이를 감추고 행복한 척,
고마운 척한다.

8  남자들은 두려운 마음이
들 때 이를 감추려고 더 공격적인
태도를 보인다.

8  여자들은 화가 났거나 상처를 받
았을 때, 이를 감추기 위해 사랑하고
용서하는 태도를 보인다.

## 부정적인 감정 치유하기

만일 아무도 당신의 부정적인 감정에 귀를 기울여 주거나 위안을 주지 않았다
면, 당신이 다른 사람의 부정적인 감정을 이해하고 용납하는 것은 쉬운 일이 아
니다. 어린시절부터 풀어지지 않고 이어져 내려온 부정적인 감정들을 치유할
수만 있다면, 우리는 짜증을 내거나 기분이 상하거나 낙담하거나 상처받는 일
없이 자기 감정을 상대에게 털어놓고 상대방의 감정에 귀를 기울여 줄 수 있을
것이다.

자기 마음 속의 고통을 인정하는 데 저항감을 가지면 가질수록 당신은 다른
사람의 감정에 귀를 기울이는 일에도 거부감을 느끼게 된다. 만일 누군가가 어
린애 같은 감정을 드러내 보일 때 짜증이 나서 견딜 수가 없다면, 그것은 당신
이 자기 자신을 어떻게 대하고 있는지 알 수 있는 지표가 된다.

우리가 스스로를 재교육시키려면 자기 자신에게 부모 노릇을 해야 한다. 우
리 마음의 이성적이고 어른다운 부분이 아무리 기분 나쁠 이유가 없다고 말해
도, 마음 한 구석에는 기어이 기분이 상하고야 마는 감정적인 부분이 자리하고

있다는 것을 우리는 인정할 필요가 있다. 우리는 그 감정적인 자아를 따로 떼어 내 부모님의 사랑으로 각별히 보살펴 주어야 한다. 우리는 수시로 이렇게 자문해 보아야 한다.

"무슨 일이 있니? 기분이 어떠냐? 마음이 상했니? 언짢은 일이 있었나 보구나. 왜 그렇게 화가 났어? 무엇 때문에 슬퍼하지? 무엇을 두려워하고 있니? 네가 원하는 게 무엇이니?"

우리가 스스로의 감정에 자상하게 귀를 기울일 때 부정적인 감정들은 실로 거짓말처럼 치유되고, 어떤 상황에도 따뜻하고 애정 어린 반응을 보여 줄 수 있게 된다. 자신의 어린애 같은 감정을 이해함으로써 우리는 충만한 사랑의 감정을 향해 저절로 문을 열어 놓게 된다.

만약 어린시절에 우리 속마음을 헤아려 주고 몇 번이고 귀를 기울여 준 사람이 있었다면, 성인이 된 우리가 부정적인 감정을 처리하지 못해 곤란에 처하는 일은 없을 것이다. 그러나 대부분의 우리는 그런 어린시절을 갖지 못했기에 지금 우리 스스로 그 일을 해야 하는 것이다.

### 당신의 과거가 현재에 미치는 영향

당신은 분명히 부정적인 감정의 손아귀에 꼼짝없이 사로잡힌 듯한 기분을 느껴본 경험이 있을 것이다. 어린시절부터 지금껏 풀리지 않은 감정의 응어리들이 어른답게 행동해야 한다는 압박감을 갖고 있는 지금의 우리에게 어떤 영향을 미치는지 가장 흔히 볼 수 있는 예를 몇 가지 들어 보자.

1 우리가 과거의 어떤 일에 대해 극도의 욕구 불만을 느꼈다면, 성인이 된 우리의 자아가 아무리 온화하고 자비롭고 고요한 마음을 가지라고 말해도, 우리에겐 분노와 울분이 채 가시지 않고 남아 있게 된다.

2 과거의 어떤 일이 몹시 실망스러웠다면 성인이 된 우리의 자아가 아무리 즐겁고 신나고 희망적인 마음을 가져야 한다고 말해도, 우리는 그때의

상처와 슬픔에서 쉽사리 벗어나지 못한다.

3  만일 과거의 어떤 일이 우리에게 당황스럽고 충격적인 것이었다면, 성인이 된 우리의 자아가 아무리 안심하라고, 자신감과 용기를 가지라고 말해도 그때의 두려움과 불안은 쉽사리 우리 뇌리에서 떠나지 않는다.

4  만일 과거의 어떤 일이 정말 곤혹스럽고 창피스러웠다면, 성인이 된 우리의 자아가 이제는 괜찮으니 마음을 편히 가지고 유쾌하고 좋은 기분을 가지라고 말해도, 우리는 비참하고 수치스러웠던 기억을 좀처럼 떨쳐 버리지 못한다.

### 탐닉을 통해 감정을 잠재우기

어른으로서의 우리들은 이같은 부정적 감정을 회피함으로써 이것이 표면화되는 것을 억제하려고 애쓴다. 충족되지 못한 욕구와 감정의 고통스러운 절규를 잠재우기 위해 우리는 무엇인가에 탐닉하는 경향을 보이기도 한다. 술을 한 잔 마시고 나면 그때 당장은 고통이 사라질 수도 있다. 그러나 치유되지 못한 고통은 어김없이 다시 떠오른다.

역설적인 얘기지만, 부정적인 감정들을 회피하려는 행동 자체가 바로 그것들에게 우리 삶을 장악하고 지배할 힘을 주는 것이다. 마음 속 깊이 지리한 감정들에 귀를 기울여 주고 자상한 관심을 보여 줌으로써 점차 그것들은 힘을 잃어 간다.

~

역설적인 얘기지만, 부정적인 감정들을 회피하려는 행동
자체가 바로 그것들에게 우리 삶을 장악하고 통제할
힘을 주는 것이다.

기분이 상해 있을 때 자기 마음을 효과적으로 전달한다는 것은 사실 불가능한 일이다. 그럴 때 과거로부터 해결되지 않은 감정들이 되살아난다. 그것은 마치 과거에 한 번도 성질을 부려 보지 못했던 아이가 이제 와서 가슴 속의 울화를 터뜨렸다가 또다시 벽장 속에 갇히고 마는 것과 같다.

해결되지 않은 과거의 감정이 성인이 된 우리의 의식을 지배하고 애정이 깔려 있는 의사소통을 훼방놓음으로써 여전히 우리를 손아귀에 쥐고 있다. 얼핏 보기에 불합리한 것 같은 과거의 감정들, 우리가 그 어느 때보다 정신을 바짝 차려야만 하는 순간에 반갑지 않게 우리 삶에 끼여들어 훼방을 놓는 그 감정들에, 우리가 애정 어린 관심을 기울이고 경청하지 않는 한 그것들은 점점 더 기승을 부릴 것이다.

복잡하고 난해한 감정을 전하는 비결은, 부정적인 감정들을 모두 편지에 써 봄으로써 보다 긍정적인 감정이 존재한다는 것을 스스로 인식할 수 있도록 하는 현명함과 의지를 갖는 데 있다. 우리가 배우자와의 대화에 애정을 갖고 임하면 임할수록 두 사람의 관계는 더욱 좋아질 것이다. 또한 당신이 좋지 않은 감정을 슬기롭게 표현할 수 있을 때, 상대방도 그 답례로 기꺼이 당신에게 위로와 도움을 주게 될 것이다.

## 스스로를 돕는 비결

사랑의 편지를 쓰는 일이 자기 치유의 훌륭한 수단이 되기는 하지만, 만일 지금 당장 편지 쓰는 습관을 들이지 않는다면 당신은 그것을 곧 잊어버리게 될 것이다. 나는 뭔가 언짢은 일이 있거나 하면 최소한 일주일에 한 번은 편지를 써 볼 것을 권한다.

사랑의 편지는 당신이 배우자로 인해 실망을 느꼈을 때뿐만 아니라 기분이 우울할 때 당신에게 도움이 될 수 있다. 불행하다고 느껴지거나 남을 원망하는 마음이 들 때, 우울하고 불안하고 화가 나고 스트레스를 받았을 때도 그 기분을 털어 버리고 싶거든 편지를 써라. 편지를 쓴다고 해서 금방 기분이 좋아지는 것은 아닐지라도 당신이 가고자 하는 방향으로 나아가는 데 도움이 될 것이다.

사랑의 편지를 쓰기 시작하면서 당신은 당신 마음 속의 어떤 부분이 사랑을 가장 많이 필요로 하는지 느낄 수 있을 것이다. 미숙한 상태로 마음 속에 자리 잡고 있던 감정들을 찾아 내어 관심을 기울여 줌으로써 비로소 그 감정들은 성숙한 모습으로 변화할 수 있게 된다.

자기의 감정적 본성에 원하는 만큼의 사랑과 이해를 보여 주면, 당신은 상대방과의 대화에 보다 너그러운 마음으로 임할 수 있을 것이고 자연히 대화가 잘 풀리는 것을 느낄 수 있을 것이다. 어떤 상황이 펼쳐져도 기본자세가 확실한 이상 애정 어린 태도를 견지하기가 쉽고, 설령 지금까지 계속 속마음을 숨기고 부정적이고 비뚤어진 반응만을 보여 왔다고 해도 자신에 대한 사랑과 이해로 당신은 곧 달라진 모습을 보여 줄 수 있다. 바로 여기에 희망이 있는 것이다.

사랑의 편지를 쓰는 것은 비난받거나 거부당할 염려 없이 자신의 부정적인 감정, 풀리지 않은 불만이나 욕구 등을 표현할 수 있는 안전한 방법이다. 그럼으로써 우리는 마치 부모의 자애로운 품에 안겨서 우는 어린아이처럼 자신의 감정적 자아를 능숙하게 보살펴 줄 수 있게 된다. 그리고 조금도 잘못된 것이 아닌 우리의 어린애 같은 일면을 윽박지르지 않고 사랑으로 다독거려 주는 가운데, 아물지 않은 과거의 상처들에 새 살이 조금씩 돋아오를 수 있을 것이다.

대부분의 사람들은 자기 감정을 억압하고 부정하면서 너무 일찍 어른이 되어 버리는 경향이 있다. 하지만 한 번 받은 마음의 상처는 사랑을 기울여 완전히 치유해 주기 전에는 아무리 어른이 되어도 가슴 속에 그대로 남아 있다. 그리고 상처를 근본적으로 치료하지 않고 자꾸 억누르고 덮어 놓으려고 하는 한, 그 상처는 끊임없이 욱신거리는 통증으로 우리의 삶을 지배하게 된다.

육체적인 질병 가운데 다수가 만성적인 정신적 고통과 밀접하게 연관되어 있다는 것은 오늘날 널리 인정된 사실이다. 억압된 정신적 고통은 육체적 질병으로 나타나고, 이는 때아닌 죽음을 부를 수도 있다. 뿐만 아니라 우리들이 보이는 파괴적인 충동, 강박관념, 과도한 탐닉 등도 대부분 정신적 상처의 외부적 발현이라고 봐도 틀리지 않는다.

남자는 흔히 성공에 대한 강박관념을 갖고 있는데, 이는 마음의 고통과 혼란을 좀 줄여 보겠다는 기대 속의 사랑을 얻기 위한 필사적인 시도이다. 여자들이 흔히 갖는 완벽을 향한 집착은 마음의 고통 없이 자기가 사랑을 받을 만한 자격이 충분하다는 확신을 얻으려는 눈물 겨운 노력이다. 사실 무엇이든 극단적인 집착은 우리의 풀리지 않는 감정적 고통을 다소 무디게 하는 수단이 될 수 있다.

우리 사회는 정신적 고통을 잊을 수 있도록 도와 주는 오락거리로 가득 차 있다. 그러나 사랑의 편지는 당신이 그 고통을 똑바로 쳐다보고 느껴 치유할 수 있도록 도와 준다. 편지를 쓸 때마다 당신은 마음 속 깊은 곳의 상처에 이해와 사랑과 관심을 기울여 주게 되고, 그러면서 그 상처는 조금씩 아물어 간다.

### 프라이버시의 위력

가끔 아무도 모르게 자기 감정을 글로 써 봄으로써 당신은 다른 사람과 함께 있을 때 느낄 수 없었던 가슴 속 깊숙한 곳에 자리한 감정들을 발견할 수 있을 것이다. 프라이버시가 완전히 보장되면 안심하고 속마음을 끄집어 낼 수 있다. 당신이 결혼 생활을 하고 있고, 배우자에게 할 수 없는 얘기는 아무것도 없다고 느끼는 경우라도 가끔씩 혼자 앉아서 당신의 감정을 글로 써 볼 것을 권한다. 사랑의 편지를 쓰는 일은 다른 누구에게도 구애받지 않고 온전히 당신 자신을 위한 시간을 가질 수 있도록 한다는 점에서도 건강한 일이다.

당신이 쓴 사랑의 편지는 차례대로 철을 해 두고, 좀더 쉽게 편지를 쓰고 싶다면 앞에 제시해 놓은 본보기를 참고해도 좋다.

만일 퍼스널컴퓨터를 갖고 있다면 기본문형을 입력시켜 놓아 매번 그것을 활용할 수 있다. 편지를 쓰고 싶은 생각이 들면 언제라도 파일만 찾으면 되고, 편지를 쓰고 난 다음에는 날짜대로 정리해 두어라. 만일 그 내용을 누군가와 나누고 싶다면 프린터로 출력시키면 된다.

또 한 가지, 편지를 쓰고 난 다음 그것을 개인 파일로 보관해 두고 기분이 쾌청할 때 이따금 파일에 수록된 편지들을 읽어 봄으로써 자기 자신의 감정을 객관적인 눈으로 바라볼 수 있다. 이렇게 스스로에 대한 객관성을 획득하게 되면 나중에 언짢은 마음이 들 때 훨씬 조리 있고 합리적으로 그 마음을 표현할 수 있다.

사랑의 편지를 쓰고, 또 자기 감정을 찾아 내 표현해 보고자 하는 사람들에게 도움이 되었으면 하는 마음에서 나는 'Private Session(나만의 시간)'이라는 이름의 컴퓨터 프로그램을 만들었다. 이 프로그램은 여러가지 그림, 그래픽, 질문, 그리고 다양한 편지양식을 활용해 당신이 자기 감정을 명확히 파악하고 표현하도록 도움을 줄 것이다. 독특한 감정을 표현하기에 알맞은 문장의 틀도 풍부하게 제시되어 있다. 뿐만 아니라 당신이 쓴 편지들을 모두 기억해 두었다가 필요할 때 언제든 꺼내 볼 수 있게 하여 당신이 자신의 감정을 표현하는 데 충분한 도움을 받을 수 있을 것이다.

컴퓨터를 이용하면 편지를 쓰는 일에 대해 사람들이 흔히 갖는 거부감을 상당 부분 해소할 수 있다. 특히 사랑의 편지를 쓴다는 것을 쑥스럽게 여기고 거부감을 갖게 마련인 남자들도, 컴퓨터 앞에 앉아서 하는 일이라면 해볼까 하는 마음이 생기게 될 것이다.

### 친밀함이 갖는 위력

아무도 모르게 사랑의 편지를 쓰는 것 자체가 감정을 치유하는 데 상당한 도움이 되는 것은 사실이지만, 누군가에게 자기 마음을 털어놓고 이해받고 싶은 욕구까지 채워 주지는 못한다. 사랑의 편지를 쓸 때는 자기 자신을 사랑하는 마음을 갖게 되지만, 그 편지를 누군가와 함께 나누면 당신은 그에게서 사랑을 받게 된다. 우리가 한층 더 자기 자신을 사랑할 수 있으려면 남들로부터도 사랑받을 필요가 있다. 진실을 누군가와 함께 나누다 보면 사랑이 들어설 수 있는 친밀함의 문이 열린다.

우리가 한층 더 자기 자신을 사랑할 수 있으려면
남들로부터도 사랑받을 필요가 있다.

더 많은 사랑을 받기 위해서는 우리가 인생에 있어서 속마음을 터놓을 수 있는 사람이 있어야 한다. 당신이 모든 것을 털어놓고 이야기할 수 있고, 어떤 경우에도 당신에게 등을 돌리고 비난하지 않으리라 믿어지는 사람, 당신에게 상처를 주지 않고 변함없이 사랑을 베풀 것이라 믿을 수 있는 사람, 그런 각별한 사람이 몇 명 있다면 당신에게는 실로 큰 힘이 된다.

당신이 어떤 사람이며 무슨 생각을 하고 있는지 솔직히 이야기했을 때 그가 당신에게 충분한 이해와 사랑을 줄 수 있다면, 원망과 분노와 두려움 등의 증세는 서서히 가벼워질 것이다. 이것은 당신의 느낌을 모두 낱낱이 털어놓아야 한다는 이야기가 아니다. 단지 누군가에게 털어놓기가 두렵고 망설여지는 감정이 있다면, 당신은 그같은 두려움을 점차 극복해 나가야 한다는 뜻이다.

만일 당신이 깊은 속마음을 털어놓을 수 있다면 자상한 상담인이나 가까운 친구는 사랑과 치유의 엄청난 원천이 될 수 있다. 상담인이 없다면 때때로 가까운 친구와 함께 당신의 편지를 읽어 보는 것도 큰 도움이 된다. 아무도 모르게 편지를 써 보는 일이 기분을 전환시켜 주기는 하지만, 이따금 당신을 진심으로 염려하고 이해할 수 있는 사람과 마음을 나누는 것 또한 꼭 필요한 일이다.

### 집단의 위력

집단을 통해 받는 도움의 효력은 경험해 보지 않고는 말로 설명할 수 없다. 구성원 서로간에 협조적이고 충실한 집단은 우리 각자가 자기 내면 깊숙한 곳의 감정을 보다 쉽게 이끌어 내는 데 놀라울 만큼 도움이 된다. 당신의 감정을 어떤 집단과 함께 나눈다는 것은 당신에게 사랑을 줄 수 있는 사람이 더 많아진다는 뜻이며, 집단의 크기에 따라 효과가 증대될 수 있다. 설령 당신이 많은 사람들 앞에 나가 말을 하지 않더라도, 다른 사람들이 솔직하고 허심탄회하게 자기 감정을 털어놓는 것을 들음으로써 당신의 이해와 통찰력이 증대될 수 있다.

각 지방을 순회하며 세미나를 이끌 때 나는 수도 없이 그런 느낌을 경험하곤 했다. 누군가가 자리에서 일어나 자기 감정을 털어놓을 때 문득 나는 어떤 기억을 떠올리게 되거나 어떤 느낌을 갖게 되곤 했는데, 그것은 나 자신과 다른 사람들에 대해 새롭고 귀중한 통찰력을 갖게 하는 것이었다. 그래서 매번 세미나를 끝내고 나면 기분이 홀가분해지고 사랑이 깊어지는 것을 느끼게 되었다.

매주 주제를 바꿔 가면서 자유롭게 이야기해 보는 소규모 그룹을 통해 우리는 그런 도움을 주고받을 수 있다. 어린시절 남들 앞에서나 식구들 앞에서 마음 놓고 자기 감정을 표현해 보지 못했다면 이런 그룹활동이 특히 도움이 된다.

나는 정기적으로 남자들끼리 작은 모임을 갖고 있고, 내 아내 바니 역시 정기적으로 참여하는 여자들만의 모임이 있다. 이렇게 밖에서 얻는 위안이 우리의 관계를 향상시킨다. 그것은 우리가 배우자만을 유일한 위안의 원천으로 삼고 기대게 하지 않는 여유를 준다. 그뿐만 아니라 다른 사람들의 성공담과 실패담을 들어 볼 기회를 가짐으로써 우리 자신의 문제가 훨씬 작게 보이기도 한다.

### 시간을 투자할 것

자기 생각과 느낌을 아무도 모르게 편지로 쓰든, 컴퓨터를 이용해 기록하든, 가까운 사람에게 털어놓든, 상담이나 모임에 참여해 이야기하든 간에 당신은 이미 자기 자신을 위한 중요한 발걸음을 내디딘 것이다. 시간을 내어 자기 감정에 귀를 기울일 때 당신은 자기 내부의 감정적 자아에게 이렇게 말하고 있는 셈이다.

"너는 중요한 존재란다. 자, 이야기를 해보렴. 내가 들어 줄게. 너는 그런 대접을 받을 자격이 있어."

> 당신이 시간을 내어 자기 감정에 귀를 기울여 줄 때 당신은
> 자기 내부의 감정적 자아에게 이렇게 말하고 있는 셈이다.
> "너는 중요한 존재란다. 자, 이야기를 해보렴. 내가 들어
> 줄게. 너는 그런 대접을 받을 자격이 있어."

사랑의 편지기법이 나 자신을 포함해 수많은 사람들의 인생에 변화를 가져오는 것을 보아 왔기에, 나는 당신도 이 기법을 활용할 수 있기를 희망한다. 사랑의 편지는 쓰면 쓸수록 쉬워지고 효과도 커진다. 그것은 물론 연습을 필요로 하지만 그럴 만한 가치는 충분히 있다.

# 12
## 어떻게 도움을 청하고 받아들일 것인가

만일 당신이 관계 속에서 원하는 도움을 받지 못하고
있다면, 그 중요한 이유는 아마 당신이 도움을 청하지
않았거나 청하더라도 방법이 좋지 않았기 때문이다.
상대에게 사랑과 위안을 구하는 것, 그것은 모름지기
모든 관계를 성공으로 이끄는 필수적인 요소다. '얻고
자' 한다면 당신은 '청해야' 한다.

　도움을 요청하는 데 어려움을 느끼기는 남자든 여
자든 마찬가지다. 그러나 도움을 청하는 일을 기운 빠
져 하고 불만스럽게 느끼는 정도는 여자 쪽이 좀더 심
하다. 그래서 나는 남자보다 여자 쪽에 주안점을 두고
이 장을 전개하려 한다. 물론 남자들 역시 이 장을 읽
음으로써 여자에 대한 이해가 깊어지리라 믿는다.

## 왜 여자들은 요청하지 않는가

여자들은 자기들이 굳이 도움을 청할 필요가 없다는

그릇된 생각을 갖고 있다. 다른 사람의 욕구를 직감적으로 느끼고, 할 수만 있다면 그것을 채워 주고 싶어하는 그들은 남자들도 자기들의 마음과 같으리라고 오해한다. 사랑에 빠지면 여자는 본능적으로 사랑을 베푼다. 그들은 기쁘고 흥분된 마음으로 어떻게 하면 상대에게 도움을 줄 수 있는지 궁리한다. 여자들은 누군가를 사랑하면 할수록 자기 사랑을 주고 싶어 안달한다. 금성에서는 모든 이들이 저절로 마음에서 우러나 서로를 돕기 때문에 굳이 도움을 요청할 필요를 느끼지 않는다. 실제로 상대방이 요청하지 않아도 해주는 것이 그들이 서로에게 사랑을 보여 주는 한 방법이다. "사랑은 결코 요청할 필요가 없는 것!" 이것이 금성인들의 모토이다.

> "사랑은 결코 요청하지 않는 것!"
> 이것이 금성인들의 모토이다.

판단기준이 이러하기에 그녀는 만일 상대가 자기를 사랑한다면 자발적으로 도움을 제공할 것이며, 자기가 굳이 그에게 요청할 필요가 없다고 생각한다. 심지어는 그가 자기를 정말로 사랑하는지 시험해 보려고 일부러 말하지 않고 그의 태도를 주시하는 경우도 있다. 그 시험에 통과하기 위해서는 그녀가 청하지 않더라도 무엇을 원하는지 미리 헤아려 알아서 척척 들어 주어야 하는 것이다!

그러나 남자들에게는 이런 접근방식이 통하지 않는다. 그들은 화성에서 왔고, 화성에서는 도움을 받고 싶으면 청해야 하기 때문이다. 남자들에게는 누구를 도와 주고 싶은 마음이 본능적으로 일어나지 않으며 그들은 요청이 있어야만 비로소 움직인다. 만일 당신이 도움을 요청하지 않는다면 당신은 그로부터 거의 아무런 도움을 받을 수 없고, 그에게 도움을 청하는 방법이 조금 잘못되어 있어도 거절당하기 십상인 이 구조는 당신을 몹시 당황스럽게 할 것이다.

두 사람의 관계가 싹트기 시작할 무렵, 그녀는 자기가 원하는 만큼 도움을 받지 못하면 그가 더 이상 줄 것이 없기 때문에 주지 않는 것이라고 짐작한다. 그녀는 애정을 갖고 그에게 계속 베풀면서 그가 조만간 따라와 줄 것으로 믿고 참을성 있게 기다린다. 그러나 그는 그녀가 계속해서 베푸는 것으로 미루어 보아 자기도 충분히 주고 있다고 생각한다.

그는 그녀가 보답을 기대하고 있다는 것을 눈치채지 못한다. 만약 더 많은 것을 원한다면 그렇게 계속해서 베풀지 않을 거라고 믿기 때문이다. 하지만 금성에서 온 그녀는 그에게서 더 많은 도움을 받고 싶어할 뿐만 아니라 자기가 청하지 않아도 그가 알아서 도움을 주기를 바란다.

나중에는 할 수 없이 도움을 요청할지 모르지만, 그때는 이미 그녀의 마음속에 원망이 쌓여 있어서 요청은 요구가 되고 만다. 어떤 여자들은 자기로 하여금 구차하게 부탁하게 했다는 이유 자체만으로도 남자를 원망한다. 그럴 때는 설령 그녀의 부탁을 그가 흔쾌히 수락하고 도와 주더라도 부탁할 때까지 몰랐다는 데 대한 원망은 여전히 남는다. 그녀는 이렇게 느낀다. '엎드려 절 받는 게 무슨 소용이람!'

남자들은 요구와 원망을 곱게 받아들이지 않는다. 설사 처음에는 도와 주고 싶은 마음이 있었다고 해도, 그녀의 원망과 요구는 반발심을 갖게 한다. 요구는 아주 질색이다. 요청이 요구가 되면 그녀가 도움받을 가능성은 믿을 수 없을 만큼 줄어든다. 그녀가 더 많은 것을 요구하고 있다고 느껴지면 그는 오히려 한동안 더 인색하게 굴기도 한다.

᠃ᢞᢔ

> 만일 여자가 도움을 요청하지 않으면 남자는 자기가 충분히
> 주고 있는 거라고 생각한다.

남자들의 이러한 행동양식을 모른다면 그들과 원만한 관계를 유지하기 어렵다. 그러나 도저히 극복할 길이 없어 보이는 이 문제에도 해결책은 있다. 남자들이 화성에서 온 존재임을 기억함으로써 당신은 자기가 원하는 것을 효과적으로 얻어 내는 새로운 방법을 배울 수 있게 된다.

세미나에 참여한 수천 명의 여자들에게 도움을 청하는 요령을 가르치고 훈련시킨 결과 그 효과가 즉각 나타나기 시작했다. 이제부터 도움을 요청하고 그것을 받아들이는 데 필요한 3단계 방안을 검토할 것이다. 그것은 1 당신이 이미 받고 있는 것들을 정확하게 요청하기, 2 조금 더 많은 것을 요청해 보되 그가

거절하더라도 용납하기, 3 당당하게 요청하기, 이 세 가지이다.


## 제 I 단계 : 당신이 이미 받고 있는 것들을 정확하게 요청하라

관계 속에서 보다 많은 도움을 얻고자 한다면 우선 당신이 이미 받고 있는 도움을 상대에게 요청하는 연습을 하는 것이 급선무이다. 배우자가 현재 당신을 위해 해주는 일이 무엇무엇인지 생각해 보라. 상자를 나르거나 고장난 물건들을 고치거나, 청소를 하거나 전화를 걸어 주거나, 간단한 심부름을 해주는 등의 작은 일이면 더욱 좋다.

이 첫번째 단계의 주안점은 그가 이미 해오고 있던 작은 일들을 부탁해 보되 절대 당연한 것인 양 받아들여서는 안 된다는 것이다. 그가 부탁을 들어 주면 칭찬을 듬뿍 안겨 주어라. 청하지 않아도 그가 도와 주리라는 기대는 잠깐 접어 두어라.

제 I 단계에서는 그가 지금까지 해온 것보다 더 많이 요구하지 않는 것이 중요하다. 그가 평소에 하는 작은 일들에 초점을 맞춰라. 요구하는 듯한 말투를 조심하고, 그로 하여금 정중한 요청의 말에 익숙해지게 하라.

당신이 아무리 그럴 듯한 말로 요청해도 그가 듣기에 요구하는 말투로 들리면, 그는 자기가 부족하다는 뜻으로 받아들인다. 그리고 그녀가 자기를 사랑하지 않으며 전혀 고마워하지 않는다고 느낀다. 그가 지금까지 해온 일을 당신이 고마워할 줄 모르면 그는 오히려 베푸는 일에 더 인색해지는 경향이 있다.

그가 당신의 요청에 단번에 거절의 뜻을 표하는 것은 당신이나 혹은 그의 어머니가 만든 결과일 수 있다. 제 I 단계에서 당신은 그가 당신의 부탁에 긍정적인 반응을 보이도록 변화시키는 작업을 하게 될 것이다. 당신을 위해서 하는 일이 당연한 것으로 취급되지 않고 고맙게 받아들여지고 있음을 느낄 때, 그리고 자기 행동이 당신을 기쁘게 하고 있다고 느낄 때 남자는 기꺼이 당신의 부탁을 들어 주고 싶은 마음을 갖게 될 것이다. 그런 다음에는 그녀가 부탁하지 않아도 자연스럽게 도움을 줄 수 있는 단계로 넘어간다. 하지만 처음부터 그와 같은 고급 단계를 기대할 수는 없다.

 그가 이미 베풀고 있는 것에서부터 시작해야 하는 데는 또 한 가지 이유가 있다. 그것은 당신이 지금 하고 있는 부탁을 그가 들어 주리라는 믿음이 있어야 하기 때문이다. '정확하게 요청하라'는 것은 바로 그런 의미에서 나온 말이다.

### 남자를 움직이는 비결

화성인에게 적절하게 도움을 요청하는 데는 다섯 가지 비결이 있다. 만약 이 다섯 가지가 제대로 지켜지지 않으면 그들은 요청을 들어 주고 싶어하지 않는다. 그 다섯 가지란 바로 적절한 타이밍, 요구하지 않는 태도, 간명한 표현, 직접적인 화법, 그리고 정확한 단어의 선택이다. 그럼 하나하나 살펴보기로 하자.

 1  적절한 타이밍 : 그가 지금 막 그 일을 하려는 순간에 요청하지 않도록 조심하라. 예를 들어 지금 막 휴지통을 비우려고 하는 그에게 "당신, 휴지통 좀 비워 올래요?"라고 말하지 마라. 그는 당신이 자기 행동을 지시하고 있다고 느낄 것이다. 적당한 때를 아는 것이 무엇보다도 중요하다. 그리고 만일 그가 무엇인가에 완전히 정신을 집중하고 있다면, 즉각 당신의 부탁을 들어 줄 것으로 기대해서는 안 된다.

 2  요구하지 않는 태도 : 명심하라, 요청은 결코 요구가 아니다. 만일 당신이 가슴 속에 원망을 품고 있거나 그에게 요구하는 듯한 태도를 보이면 겉으로 표현된 말이 아무리 신중하다 하여도, 그는 자신이 지금까지 해준 일을 당신이 전혀 고마워하지 않는다고 느껴 부탁을 거절할 것이다.

 3  표현은 간명하게 하라 : 그가 당신을 도와 주어야만 하는 이유를 줄줄이 늘어놓지 마라. 남자는 설득당하고 싶어하지 않는다. 당신이 장황하고 구차하게 이유를 설명하면 할수록 그는 점점 더 거부감을 느낄 것이다. 당신이 그런 요구를 하는 이유를 길게 이야기한다는 것은 그가 당신을 도와 주리라고 믿지 못하

기 때문이다. 그럼 그는 자기 의사에 따라 도움을 주는 것이 아니라 당신에 의해 조종당하고 있다는 느낌을 갖기 시작할 것이다.

◆◆◆

남자에게 도움을 요청할 때 그를 설득하겠다는<br>생각은 하지 마라.

여자가 기분이 상해 있을 때 자기가 왜 기분 나빠해서는 안 되는지에 대한 장황한 이유와 설명을 듣고 싶어하지 않듯이, 남자는 자기가 왜 그녀의 요청을 들어 주어야 하는지 기나긴 이유와 설명을 듣고 싶어하지 않는다.

여자들은 자기 요구의 정당함에 대해 조목조목 이유를 들이대는 우를 범한다. 그들은 그렇게 함으로써 자기 요구가 타당한 것임을 그가 알게 될 것이며, 그 요구를 들어 줄 마음을 갖게 되리라 생각한다. 그러나 남자들은 그녀의 말을 이런 뜻으로 받아들인다. "이러이러한 이유로 당신은 세상 없어도 내 요구를 들어 주어야만 해요." 이유가 장황할수록 남자가 갖는 저항감은 커진다. 그러므로 일단 그에게 도움을 요청한 후 그가 만일 자기 도움이 필요한 이유를 묻거든 그때 가서 이야기하되 쓸데없이 늘어지지 않도록 주의하라. 가능한 한 간명하게 표현하라.

4 직접적으로 도움을 요청하라 : 여자들은 실제로는 그렇지 않으면서 자기가 도움을 요청하고 있는 것으로 생각하는 경우가 종종 있다. 도움이 필요할 때 그녀는 상황을 넌지시 일러 줄 뿐 직접 도움을 구하지 않는다. 그러고는 그 정도의 힌트면 그가 충분히 알아들었으리라고 기대한다.

우회적인 요청도 요청이긴 하지만 그것은 상대에게서 무엇을 원하는지 단도직입적으로 말하지 않는 것이다. 이같은 간접적인 요청은 남자로 하여금 상대가 자기 도움을 당연시하고 있다고 느껴지게 만든다. 간혹 우회적으로 표현해 보는 것은 괜찮겠지만 그것이 매번 되풀이되면 남자들은 도움을 주는 일에 저항감을 갖게 된다. 그리고 그들은 자기가 저항감을 느끼는 이유조차 모른다. 우회적인 요청이란 어떤 것이며, 남자들은 여기에 어떤 반응을 보이는지 실례

어떻게 도움을 청하고 받아들일 것인가

를 통해 알아보자.

## 여자들의 간접적인 표현을 남자는 어떻게 받아들이는가

| 이렇게 말해야 한다 (직접적이고 간결하게) | 이렇게 말하면 안 된다 (간접적 표현) | 남자들은 간접적 표현을 어떻게 받아들이나 |
|---|---|---|
| "아이들 좀 데려와 주겠어요?" | "아이들을 데려와야 할 텐데 난 지금 할 수가 없네요." | "당신이 아이들을 데려올 수 있잖아요? 당신은 그렇게 해야 마땅해요. 만일 그러지 않으면 난 섭섭할걸요."(요구) |
| "차 안에 있는 식료품 쇼핑백들을 좀 들어다 주실래요?" | "쇼핑해 온 식료품이 차 안에 있어요." | "장은 내가 봤으니 물건 가져오는 건 당신 할 일이에요."(기대) |
| "휴지통 좀 비워다 주실래요?" | "휴지통이 꽉 차서 아무것도 버릴 수가 없잖아요?" | "당신, 휴지통을 비우지 않았군요. 이렇게 꽉 찰 때까지 놔 두면 어떻게 해요?"(비난) |
| "당신이 뒷마당을 좀 치워 준다면 고맙겠는데요?" | "뒷마당이 완전히 엉망진창이에요." | "당신 또 뒷마당 청소를 하지 않았죠? 그런 건 좀 알아서 하세요. 어떻게 당신은 일일이 내가 얘기를 해야 돼요?"(거부) |

"부탁이 있는데, 우편함에서 우편물을 좀 꺼내 오실래요?"

"우편물이 아직도 그대로 있군요."

"우편물 좀 가지고 오랬더니 또 잊어버렸나요? 왜 그렇게 정신이 없어요?"(불만)

"오늘 저녁은 밖에서 하면 어떨까요?"

"오늘은 저녁 준비를 할 시간이 없어요."

"난 너무나 많은 일을 했어요. 그러니 당신은 최소한 외식 정도는 시켜 줄 수 있어야 하는 것 아닌가요?"(생색)

"이번 주말엔 우리 함께 외출하지 않을래요?"

"우리는 몇 주째 집에만 있었어요."

"당신은 나를 소홀히 대하고 있어요. 당신은 내가 원하는 만큼 주지 않아요. 우리가 함께 외출할 기회도 훨씬 더 늘려야 해요."(원망)

"나와 이야기할 시간을 좀 내실 수 있겠어요?"

"우리는 대화를 해야 할 필요가 있어요."

"우리에게 대화가 부족한 건 당신 탓이에요. 당신은 나와 이야기하는 시간을 더 늘려야 해요."(비난)

5  정확한 용어를 사용하라 : 도움을 요청할 때 가장 흔히 저지르게 되는 실수 가운데 하나는 '해주겠느냐'는 표현 대신 '할 수 있느냐'는 표현을 사용하는 것이다. "휴지통을 비울 수 있겠어요?"라는 말은 정보를 얻기 위한 질문에 지나지 않는다. "휴지통 좀 비워 주실래요?" 이것은 요청의 표현이다.

여자들은 "해주겠어요?"라는 표현 대신에 "할 수 있어요?"라는 표현을 즐겨 사용한다. 앞에서도 말했듯이 우회적이고 간접적인 요청은 남자를 외면하게 만든다. 이따금 그런 표현법을 사용한다면 그냥 모르고 지나칠 수도 있지만 매번 "할 수 있겠느냐?"고 묻는 것은 남자를 짜증나게 하는 지름길이다.

나는 여자들이 도움을 요청하자마자 다짜고짜 남자가 이렇게 말해서 몹시 당황하게 되는 때가 가끔 있으리라 본다.

- "내게 잔소리 좀 하지 말아요."
- "노상 나한테 이래라 저래라 하지 말아요."
- "내가 할 일을 지시하지 말아요."
- "내가 무엇을 해야 하는지는 내가 더 잘 알고 있소."
- "당신이 그런 걸 일러 줄 필요는 없소."

이 말이 여자에게 어떻게 들릴지 알면서도 이런 말을 할 때, 그는 "당신 말투는 정말이지 마음에 안 들어!"라고 말하고 있는 것이다. 몇몇 특정한 표현이 남자에게 어떤 영향을 미치는지 이해하지 못하면 여자는 그야말로 갈피를 잡을 수 없게 된다.

그러면 그녀는 말을 꺼내기가 두려워 아예 아무런 부탁을 하지 않게 되거나, 아니면 공손하게 말한답시고 "해주실 수 있겠어요?"라는 표현을 쓰기 시작한다. 금성에서는 무리 없이 통용되던 이같은 표현에 화성인들은 심한 거부감을 느낀다.

만일 화성에서 누군가에게 "휴지통을 비울 수 있겠습니까?"라고 묻는다면 그는 모욕당했다고 느낄 것이다. 아무려면 그가 휴지통 하나 비울 수 없겠는가! 사실 그 질문의 의도는 그에게 휴지통을 비울 '능력'이 있는지 묻는 것이 아니라 휴지통을 비워 줄 '의사'를 묻는 것이다. 모욕당했다고 느낀 그는 아마도 당신의 청을 보기 좋게 거절할 것이다.

내가 세미나에서 '할 수 있느냐'와 '해주겠느냐'의 차이를 힘주어 설명하자 대다수의 여성들은 아무것도 아닌 걸 가지고 공연히 문제를 삼는다고 생각하는 눈치였다. 여자들에게는 사실 이 두 표현이 별 차이가 없다. 아니, 심지어는 "할 수 있겠어요?"라는 표현이 "해주겠어요?"라는 표현보다 더 공손한 것 같다는 생각까지 한다. 하지만 남자들에게 있어 이것은 엄청난 차이를 지닌다. 그래서 여기에 내 세미나에 참여했던 남성 17명이 했던 말을 그대로 옮겨 보았다.

1  아내가 제게 "당신, 뒤뜰 청소 좀 할 수 있을까요?"라고 물으면 저는 그 질문을 곧이곧대로 받아들입니다. 그래서 이렇게 말하죠. "할 수 있지. 할 수 있는 일이고말고." 하지만 저는 "알았어, 내가 할게."라고 말하고 있는 것은 아니며, 그런 말을 해야 할 필요성을 느끼지 않습니다. 반면에, "당신, 뒤뜰 청소 좀 해줄래요?"라는 질문을 받으면 저는 기꺼이 아내의 청을 들어 주고픈 마음이 들고, 가부간에 결정을 해서 대답을 하게 되죠. 일단 그러마고 약속을 하면 대체로 그 약속을 지키는 편이구요.

2  "당신 도움이 필요한데 나를 좀 도와 줄 수 없어요?" 아내가 이렇게 물을 때 그것은 나를 비난하는 투로 들리죠. 내가 지금까지 할 일을 안 하고 있었던 것처럼 느껴지거든요. 하지만 "당신의 도움이 필요한데요, 이걸 좀 들어다 주시겠어요?"라는 요청을 받으면 착한 남편이 되고 싶은 의욕이 솟구치죠. 나는 흔쾌히 아내의 부탁을 들어 줍니다.

3  "크리스토퍼 기저귀 좀 갈아 줄 수 있어요?" 아내가 이렇게 물어 오면 속으로 이런 생각이 듭니다. 물론 갈아 줄 수 있죠. 기저귀 정도 갈아 채우는 건 간단한 일이니까요. 하지만 저는 뭔가 빠져 나갈 구실을 생각하게 되더군요. 그런데 만일 아내가 "당신이 크리스토퍼 기저귀 좀

갈아 주겠어요?"라고 부탁하면, 저는 "물론, 그러고말고."라고 말하고 그 일을 해주게 됩니다. 우리의 아기를 보살피는 일이 즐겁고, 아내를 돕고 있다는 생각에 뿌듯해하면서요!

4 "부탁이 있는데 저 좀 도와 주실래요?"라는 질문을 받으면 제게 어느 정도 선택의 여지가 있는 것 같고 도와 주고 싶은 마음이 들지만 "저 좀 도와 줄 수 있어요?"라는 말을 들으면 선택의 여지없이 막다른 골목에 밀어붙여진 느낌이 들어요. 내게 도와 줄 능력이 있다면 도와 주는 게 마땅하다는 뜻으로 들리거든요. 그렇게 강제적인 느낌은 싫습니다.

5 "할 수 있겠어요?"라는 질문은 정말 마음에 안 듭니다. 도저히 거절을 할 수가 없을 것 같아요. 만약 거절을 했다간 아내가 얼마나 저를 원망 하겠습니까? 그건 부탁이 아니라 명령이라구요.

6 한 사무실에서 일하는 여직원이 "이것 좀 해줄 수 있어요?"라고 묻는 게 싫어서 저는 실제보다 더 바쁜 척합니다. "해주시겠어요?"라고 물으면 좋을 텐데요.

7 이번 주에 아내가 이렇게 물었습니다. "당신 오늘 이 꽃들을 좀 심을 수 있겠어요?" 저는 선뜻 그렇다고 대답했죠. 집에 돌아온 그녀가 묻더 군요. "꽃 심으셨어요?" 나는 아니라고 말했어요. 아내가 물었습니다. "내일은 할 수 있어요?" 이번에도 저는 망설임 없이 그렇다고 했습니다. 이번 주 내내 우리는 똑같은 문답을 반복했지만 꽃은 여전히 심지 않았습니다. 만일에 그녀가 "당신이 꽃들 좀 심어 주실래요?" 하고 물었다면 저는 그것에 대해 생각해 보았을 테고 알았다고 말했다면 분명 히 꽃을 심었을 겁니다.

8 "그래, 할 수 있어."라고 말하는 것이 곧 하겠다는 약속은 아니죠. 단지

할 수 있는지 없는지를 말하고 있는 것뿐입니다. 그러니 그녀가 내게 기분 나빠할 권리는 없는 것 아닙니까? 만약 내가 "알았어, 내가 하지."라고 말해 놓고 하지 않았다면 아내가 언짢아하는 게 이해가 되겠지요.

9 저는 딸이 다섯인 집안의 외아들로 자랐고, 결혼을 한 지금은 딸만 셋을 두었습니다. 아내가 제게 "휴지통 좀 비워 올 수 있어요?"라고 물으면 저는 대답하지 않습니다. 그럼 아내가 묻죠. "당신 왜 그래요?" 그 이유를 저도 몰랐는데 이제야 알 것 같군요. 저는 아내로부터 조종당하고 있다고 느낀 거였어요. "해주실래요?"라고 물었다면 아마 전 대답을 했을 겁니다.

10 "할 수 있겠어요?"라고 내게 물으면 나는 곧 그렇다고 대답을 할 겁니다. 그러다가 한 10분쯤 지나면 나는 그 일을 하지 않을 구실을 찾고 그 요청을 무시해 버립니다. 하지만 "해주시겠습니까?"라는 질문에 그러마고 대답을 했다면 설사 조금 후에 하기 싫은 마음이 들어도 약속을 한 이상 그 부탁을 들어 주게 되더군요.

11 아내가 내게 "할 수 있어요?"라고 물으면 겉으로는 알았다고 하지만 속으로는 아내가 원망스럽습니다. 싫다고 했다간 성질을 부릴 게 뻔하기 때문이죠. 도리가 있겠습니까? 하지만 "해주겠어요?"라는 말은 내게 선택의 여유를 주죠. 그럴 땐 부탁을 들어 주고 싶은 마음이 저절로 우러납니다.

12 만일 어떤 여자가 제게 "이것 좀 해주시겠어요?"라고 묻는다면 이 일로 점수를 딸 수 있겠구나 하는 생각이 듭니다. 그녀가 고마워할 그 일을 기쁜 마음으로 해주게 되는 건 당연하지 않습니까?

13 "해주시겠습니까?"라는 질문은 나에 대한 상대방의 신뢰가 담겨 있어요. 그런데 "할 수 있어요?" 혹은 "해줄 수 있겠어요?"라는 질문은 그렇지 못하죠. 그녀는 내가 틀림없이 할 수 있는 일을 할 수 있느냐고 묻고 있는 겁니다. 내가 자기를 도와 줄 거라는 믿음이 없기 때문에 그런 식으로 묻게 되는 거라구요.

14 여자가 내게 "해주실래요?" 혹은 "해주겠어요?"라고 물어 올 때 저는 그녀가 혹 상처받을지 모르겠다는 생각을 하게 됩니다. 저는 그녀의 요구와 요청을 거절해서 그녀를 가슴 아프게 하고 싶지 않거든요. 그렇지만 그녀가 "할 수 있겠어요?"라고 물을 때는 제가 싫다고 해도 그녀를 거부하는 건 아니라는 생각이 들어 마음이 가볍습니다. 그건 그저 나는 그 일을 할 수가 없다는 사실을 밝히는 것일 뿐 개인 감정이 섞여 있지 않죠.

15 제가 보기에는 "할 수 있겠어요?"라는 표현보다 "해주실래요?"라는 표현이 훨씬 정감 있고 각별한 것 같아요. 누가 제게 "해주실래요?"라고 물으면 사정이 허락하는 한 들어 주고 싶어져요.

16 아내가 제게 "당신 저 좀 도와 주실 수 없어요?"라고 물으면 저는 그 말에 원망이 담겨 있음을 느낍니다. 그러면 오히려 더 엇나가게 돼요. 하지만 그녀가 "저 좀 도와 주시겠어요?"라고 묻는다면 설사 속으로는 그녀가 원망을 느낄지언정 제게 전해지지는 않죠. 저는 기꺼이 도와 주겠다고 말할 겁니다.

17 그녀가 "이것 좀 해줄 수 있어요?"라고 물으면 저는 귀찮은 생각이 발동해 솔직하게 "아니, 싫은데."라고 말합니다. 하지만 "부탁이 있는데 들어 주실래요?"라고 물어 오면 저는 도와 줄 생각을 갖게 됩니다.

'할 수 있느냐'와 '해주겠느냐'의 차이를 명확히 알고 싶다면 이런 장면을 한 번 상상해 보라. 한 남자가 사랑하는 여인에게 결혼 신청을 하고 있다. 하늘 높이 두둥실 떠오른 보름달마냥 그의 가슴은 한없이 부풀어 있다. 그는 그녀의 앞에 무릎을 꿇고 손을 내밀었다. 그리고는 그녀의 눈동자를 바라보며 다정하게 말했다. "나와 결혼할 수 있겠소?" 그 순간 감미로운 분위기가 싹 가셨다. "할 수 있겠느냐?"고 묻는 그의 모습은 그지없이 유약하고 자신 없고 불안해 보였다. 만일 그가 "나와 결혼해 주겠소?"라고 물었다면 그는 패기와 함께 상처받을지 모르는 자기 마음을 있는 그대로 드러내 보이는 셈이다. 모름지기 청혼은 그렇게 해야 한다.

이와 마찬가지로 남자들은 자기에게 무엇을 부탁하는 여자에게 그런 태도를 기대하는 것이다. '할 수 있겠느냐'는 말은 우회적이고 자신 없고 의뭉스럽게 들린다.

"휴지통 좀 비워 줄 수 있겠어요?"라는 말은 남자에게는 이런 뜻으로 들린다. "당신이 휴지통을 비울 능력이 있다면 당신은 그 일을 해야만 해요. 나 같으면 그러겠어요!" 당연히 그는 휴지통을 비울 수 있다. 하지만 직접적인 부탁이 아닐 때 그는 아내가 자기를 자유자재로 조종하고 있으며, 그의 도움을 당연한 걸로 받아들이고 있다고 느낀다.

내 세미나에 참여했던 한 부인이 금성의 언어로 그 차이를 이렇게 설명한 일이 있다. 그녀가 말했다.

"처음에는 그게 뭐 그리 큰 차이가 있을까 의아했는데 곧 생각이 바뀌었어요. 남편이 제게 '아니, 난 할 수가 없어.'라고 하는 것과 '아니, 난 안 하겠어.'라고 하는 건 엄청나게 다르거든요. '안 하겠다'는 말은 개인 감정이 섞인 거절이잖아요. 하지만 만일 그가 '난 그걸 할 수가 없소.'라고 한다면 말 그대로 할 수 없다는 뜻일 뿐 저를 거부하는 거라고 느껴지지는 않더라구요."

### 부탁함에 있어 흔히 저지르게 되는 실수

부탁하는 방법을 배움에 있어 가장 어려운 부분은 올바른 방법을 늘 염두에 두고 있어야 한다는 것이다. 그것은 많은 연습을 필요로 한다.

　　남자에게 도움을 요청하기 위해서는 1 직접적이고, 2 간명하게, 3 '해주겠어요?'라는 표현을 사용하도록 하라.

　　말을 너무 빙빙 돌리거나 장황하게 이유를 늘어놓거나 "할 수 있겠어요?"라는 표현을 사용하는 것은 금물이다. 몇 가지 예를 보자.

| 이렇게 말하라 | 이렇게 말하지 마라 |
| --- | --- |
| "휴지통 좀 비워 주실래요?" | "부엌 꼴이 말이 아니군요. 어휴, 이 냄새! 쓰레기통이 꽉 차서 아무것도 버릴 수가 없어요. 좀 비워야겠는데 당신이 해줄 수 있어요?" |
| "이 탁자를 옮기려고 하는데 좀 도와 주시겠어요?" | "나 혼자서는 이 탁자를 도저히 못 옮기겠어요. 오늘 밤 파티가 시작되기 전에 제자리에 배치해야 할 텐데 당신이 좀 도와 줄 수 있어요?" |
| "부탁이 있는데요, 이걸 좀 치워주시겠어요?" | "내가 이걸 다 치울 수는 없잖아요." |
| "차 안에 있는 식료품들을 좀 들고 들어오실래요?" | "식료품 쇼핑백 네 개가 차 안에 있어요. 저녁을 지으려면 그것들을 안으로 들여와야 하는데 당신이 해줄 수 있겠어요?" |
| "당신, 집에 들어오는 길에 우유 한 병만 사 가지고 오실래요?" | "집에 오는 길에 가게 옆을 지나게 되죠? 로렌이 먹을 우유가 한 병 필요한데 내가 또 나갈 수가 없어서 |

그래요. 난 너무 피곤해요. 오늘은
정말 힘든 하루였거든요. 당신이 사
가지고 올 수 있겠죠?"

"학교에 가서 줄리를 좀 데려
오시겠어요?"

"줄리를 데려와야 할 텐데 지금
시간이 없어요. 당신, 시간 있어요?
당신이 좀 데려올 수 있을까요?"

"당신이 조이를 데리고 가축병원에
좀 다녀오실래요?"

"조이 예방접종할 때가 됐어요.
당신이 갔다오는 게 어때요?"

"오늘 저녁은 외식을 하게
해주실래요?"

"오늘은 너무 피곤해서 저녁 준비를
못 하겠어요. 우리가 밖에 나가서
식사한 지도 꽤 오래 됐을걸요.
당신은 어떻게 하길 원해요?"

"뒤에 지퍼 좀 올려 줄래요?"

"당신 도움이 필요해요. 이 지퍼를 좀
올려 줄 수 있어요?"

"오늘 밤엔 우리를 위해 불 좀
피워 주시겠어요?"

"날씨가 너무 추워요. 당신, 화로에
불 피울 건가요?"

"이번 주에는 우리 함께 영화구경을
할까요?"

"당신, 이번 주말에 영화 보고
싶지 않아요?"

"로렌이 신발 신는 걸 좀 도와
주겠어요?"

"로렌이 여태 신발도 안 신고 있군요!
이러다간 늦겠어요. 나 혼자서
어떻게 준비를 다 해요? 당신이 좀

어떻게 도움을 청하고 받아들일 것인가

도와 주면 안 되나요?

"지금이나, 아니면 오늘 밤 아무 때나          "어떻게 돌아가는 건지 나는 통 모르
시간을 내서 나랑 같이 스케줄을              겠어요. 도대체 얘기를 해야 알죠. 당
좀 짤래요?"                                    신이 어떤 계획을 갖고 있는지
                                               나도 좀 알아야겠어요."

지금쯤은 아마 당신도 눈치를 챘겠지만 여지껏 당신이 부탁이라고 생각했
던 것은 화성인들이 듣기에는 부탁이 아니다. 그들은 전혀 다른 뜻으로 받아들
인다. 도움을 요청하는 방법을 바꾸려면 의식적인 노력이 필요하다. 두 번째 단
계로 넘어가기 전에 적어도 세 달 정도는 정확하게 요청하는 연습을 해볼 것을
권하는 바다.

당신이 좀처럼 도움을 요청하지 않는다는 사실을 인식하는 것으로부터 제1
단계를 시작하라. 그리고 도움을 요청할 경우에는 어떤 식으로 해왔는지 생각
해 보라. 자기 습관을 좀더 잘 파악하게 되었다면 그가 이미 당신에게 베풀고
있는 것을 그에게 요청해 보는 연습을 하라. 말이 필요 이상 길어지거나 변죽을
울리지 않도록 조심하면서. 그가 부탁을 들어 주거든 고마운 마음을 충분히 표
시하라.

**도움을 요청하는 일에 대해 흔히 갖게 되는 의문**

이 첫번째 단계가 상당히 어려울지 모른다. 여자들이 첫 단계에 발을 들여놓으
면서 흔히 느끼는 불만과 저항감에 대한 해결의 실마리를 제시해 보았다.

  1 의문 : 여자들은 이런 느낌을 가질 수 있다. 나는 그가 청하지 않아도 그
     가 무엇을 원하는지 아는데, 그는 왜 모르는 것일까? 왜 내가 요청을 해
     야 한단 말인가?
     대답 : 남자들이 화성에서 온 존재들이라는 걸 명심하라. 그들은 당신들

과 같을 수가 없다. 그의 특성을 이해하고 적절히 이용함으로써 당신은 자기가 원하는 것을 얻을 수 있다. 그러나 만일 당신이 그를 변화시키려 한다면 그의 고집 센 저항에 맞부딪칠 것이다. 물론 당신은 금성인이므로 자기가 원하는 것을 요청하는 데 익숙하지 않겠지만, 그 일은 당신이 본래의 자기 모습을 희생하지 않고도 얼마든지 할 수 있는 일이다. 만일 당신이 그를 사랑하고 있고 그의 도움을 고맙게 여긴다는 것을 그가 느끼게 되면, 그는 점차 당신이 청하지 않더라도 스스로 도와 주고픈 마음을 갖게 될 것이다.

2 의문 : 여자들은 이렇게 느낄지 모른다. 그를 위해서 내가 얼마나 많은 일을 하고 있는데, 그의 작은 도움을 황송해해야 한단 말인가?

대답 : 화성인들은 상대가 자기 도움을 고맙게 여기지 않는다고 느껴지면 주려던 것도 도로 거두어들인다. 그로 하여금 더 많이 베풀도록 하려면 더 많이 칭찬해 주어야 한다. 남자는 인정받고 있다고 느낄 때 의욕이 솟구친다. 당신이 그에 비해 훨씬 많은 걸 주고 있다면 물론 그에게 감사를 표하기 힘들 것이다. 그럴 때는 당신이 그의 수준에 맞게 관심과 배려를 조금 하향 조정해 보는 것도 한 가지 방법이 될 수 있다. 그가 해준 작은 일들을 높이 평가하고 고맙게 여김으로써 그는 자기가 사랑받고 있음을 느낄 수 있게 되고, 당신 또한 자기가 원하는 도움을 받을 수 있게 될 것이다.

3 의문 : 여자들은 또 이렇게 느낀다. 만일 내가 도와 달라고 부탁해야 한다면, 그는 자기가 내게 호의를 베풀어 부탁을 들어 주는 거라고 생각하지 않을까?

대답 : 그가 그렇게 생각하도록 내버려 두는 것이 좋다. 자기가 당신을 위해 호의를 베풀고 있다고 느낄 때 그는 진심으로 당신을 돕게 된다. 그는 화성인이며 점수를 매기는 방식이 당신과 다르다는 점을 잊어서는 안 된다. 당신이 그의 도움을 강요해 어쩔 수 없이 도와 주고 있는 거라고 느

끼면, 그는 더욱더 마음의 문을 닫고 베푸는 데 인색한 사람이 된다.

4 의문 : 여자들이 흔히 갖는 의문에는 이런 것도 있다. 만일 그가 나를 사
랑한다면 그런 것이 마음에서 우러나야 하는 것 아닐까?
대답 : 남자들은 화성에서 왔으며 화성의 관습은 금성과 다르다는 것을
기억하라. 그들은 상대가 청할 때까지 기다린다. 만일 그가 당신을 사랑
한다면 당신을 도와 주고픈 마음이 들지 않겠느냐는 생각에서 벗어나라.
그가 금성인이라면 그럴 수 있겠지만 그는 화성인이 아닌가! 당신이 그
차이를 인정하고 받아들임으로써 그는 기꺼이 당신을 도와 줄 마음을 갖
게 되고 나중에는 청하지 않아도 알 수 있는 상태에 이르게 될 것이다.

5 의문 : 여자들은 또 이런 느낌을 가질 수 있다. 만일 내가 무엇인가를 해
달라고 부탁하면, 내가 해야 할 일을 자기에게 미루는 거라고 생각하지
않을까?
대답 : 남자들은 꼭 자기가 하지 않아도 된다고 느낄 때 오히려 더 관대해
지는 경향이 있다. 그리고 여자가 자기에게 정중하게 부탁하면 그는 그
녀에게 그럴 자격이 있다고 생각한다. 그의 관점에서는 당신이 그에게
무엇인가 해달라고 요청하는 것은 필시 당신이 그에 비해 많은 것을 베
풀고 있거나, 적어도 두 사람의 점수가 엇비슷하기 때문이지 당신이 제
몫을 다하지 못하기 때문이 아니다.

6 의문 : 여자들은 이렇게 느낄지 모른다. 내가 도움을 청할 때 간단 명료하
게 요점만 말하면 너무 당당하게 요구하는 것처럼 들리지 않을까? 그의
도움이 필요한 이유를 설명하는 것이 더 낫지 않을까?
대답 : 상대가 자기에게 무엇인가를 요청하면 남자들은 그럴 만한 이유가
있으리라 믿는다. 만일 그녀가 장황하게 그 이유를 설명하면 그는 그녀
의 부탁을 도저히 거절할 수 없을 것 같은 압박감을 느끼고, 그렇게 되면
그는 그녀에 의해 조종당하고 있다는 느낌을 받게 된다. 그의 도움이 당

연한 것인 양 생각되도록 하기보다는 선물처럼 당신에게 주게 하라.

만일 자기 도움이 필요한 이유를 알고 싶다면 그가 물어 볼 것이다. 그때는 이야기를 해도 괜찮다. 하지만 그가 묻는 경우에라도 이유가 너무 장황하게 들리지 않도록 주의하라. 그저 한두 가지면 족하다. 그래도 더 자세히 알고 싶다면 그가 물어 볼 것이다.


## 제2단계 : 더 많은 것을 요청해보기 (비록 거절이 확실시되더라도)

더 많이 요청해 보는 시도를 하기에 앞서 우선 지금까지 그가 하고 있었던 일들에 대해 당신이 고맙게 여기고 있다는 것을 그가 확실히 느끼게 하라. 그가 지금까지 해온 것보다 더 많은 것을 해줄 것을 기대하지 말고 계속적으로 도움을 청함으로써, 그는 자기가 인정받고 있다고 느낀다.

그가 당신의 요청에 익숙해지고 당신으로부터 사랑받고 있다고 느낄 때가 바로 변화의 적기이다. 이때 당신은 지금까지 그의 도움이 흡족하지 않다는 듯한 태도를 보이지 않도록 조심하면서 더 많은 것을 향한 모험을 해볼 수 있다.

2단계 작전은 당신이 부탁을 해도 그가 싫으면 얼마든지 거절할 수 있으며, 그래도 당신의 사랑은 변함이 없다는 것을 그가 알게 하는 것이다. 어떤 선택을 해도 괜찮은 자유로운 분위기 속에서는 남자들이 훨씬 더 너그러워진다는 사실을 명심하라.

⌇

싫다고 말할 수 있는 자유로운 분위기를 느끼면 남자들은<br>한층 가까운 마음으로 요청에 응한다.

여자들이 상대방에게 어떤 식으로 요청을 해야 하며, 그의 대답을 어떻게 받아들여야 하는지를 배운다는 것은 중요한 일이다. 여자들은 대개 부탁해 보기도 전에 상대방이 어떤 반응을 보이리라는 것을 직관적으로 느낀다. 그래서 그가 자기 부탁을 거절할 거라고 생각되면 아예 물어 보지도 않는다. 그리고 마음 속으로는 그로부터 거부당했다고 느낀다. 그녀가 그런 생각을 하고 있다는 것을 그는 당연히 알 턱이 없다.

제2단계에서는 이 모든 상황을 무릅쓰고 도움을 요청해 보는 연습을 하는 것이다. 그가 싫어하리라고 생각되거나 당신이 생각하기에 거절할 것이 뻔해도 이에 굴하지 마라.

예를 들어서 텔레비전 뉴스를 보고 있는 남편에게 아내가 이렇게 물어 본다고 치자. "당신, 가게에 가서 연어 통조림 좀 사다 주시겠어요?" 이렇게 물으면서 그녀는 마음 속으로는 이미 거절당할 준비를 하고 있다. 아내가 지금까지 한 번도 그런 부탁을 한 적이 없기 때문에 그는 적이 놀랄 것이다. 그는 아마 이렇게 핑계를 댈지 모른다. "나 지금 뉴스 보고 있는 중인데 당신이 가면 안 되겠소?"

그녀는 이렇게 말하고 싶을 것이다. "물론 갈 수야 있죠. 하지만 항상 내가 다 하잖아요. 난 당신의 하녀가 아니라구요. 좀 거드는 척이라도 해봐요!"

부탁을 했는데 거절당할 것 같으면 미리 마음의 준비를 하고 "알았어요." 와 같은 대답을 생각해 두어라. 만약 화성인들처럼 대답해 보고 싶다면 "좋아요. 아무래도 상관 없어요."라고 말하면 되지만 — 이 말은 남자에게는 실로 음악처럼 듣기 좋은 소리일 것이다 — 그냥 "알았어요."라고만 해도 괜찮다.

부탁한 다음 그가 거절하더라도 정말 아무렇지도 않은 듯이 행동하는 것이 중요하다. 거절할 수 있는 분위기를 마련해 주어야 한다는 것을 명심하라. 그가 거절해도 당신이 언짢아하지 않을 상황을 잘 선택하고, 당신이 평소에 잘 하지 않던 부탁, 만일 그가 들어 준다면 정말로 고마울 그런 부탁을 생각해 보아라.

다음에 몇 가지 실례를 들어 보았다.

| 언제가 좋을 것인가 | 어떻게 말할 것인가 |
| --- | --- |
| 그는 지금 뭔가 일을 하고 있다. 그런데 당신은 그가 아이들을 좀 데려와 주었으면 하고 바란다. 보통때 같으면 그를 성가시게 하고 싶지 않아서 당신이 아이들을 데리러 간다. | 이렇게 말해 보라. "줄리한테서 방금 전화 왔는데, 당신이 좀 데리고 오실래요?" 만일 그가 거절하면 태연하고 우아하게 말하라. "알았어요." |

보통때 그가 퇴근해서 집에 돌아오면 식사 준비는 당신이 할 일이라고 생각한다. 당신은 가끔 남편이 식사 준비를 하기 원하지만 한 번도 부탁해 본 적이 없다. 당신은 그가 요리하는 걸 좋아하지 않으리라 생각한다.

이렇게 말해 보라. "감자 써는 일을 좀 거들어 주실래요?" 혹은 "오늘 저녁밥은 당신이 지으실래요?" 만일 그가 싫다고 하면, 태연하고 우아하게 말하라. "좋아요.."

당신이 저녁식사 후 설거지를 할 때 그는 보통 텔레비전을 본다. 당신은 가끔 그가 설거지를 해주거나, 그렇지 않으면 좀 거들어 주었으면 하고 바라지만 한 번도 부탁해 본 적은 없다. 설거지하기를 싫어 할 것 같아서. 그래서 그냥 당신이 하고 만다.

이렇게 말해 보라. "오늘 저녁엔 설거지를 좀 도와 줄래요?" 또는 "식탁에 있는 접시들 좀 이리 갖다 주겠어요?" 혹은 설거지가 간단한 날을 골라 "오늘 설거지는 당신이 좀 해주시겠어요?" 만일 그가 거절하면, 아무렇지도 않은 듯 가볍게 말하라. "알았어요."

그는 영화를 보고 싶어하는데 당신은 댄스파티에 가고 싶다. 다른 때 같았으면 영화를 보고 싶어하는 그의 마음을 헤아려 댄스파티에 가자는 말도 꺼내지 않는다.

이렇게 말하라. "오늘 밤에 댄스 파티에 데려가 줄래요? 당신과 춤추고 싶어요." 만일 그가 거절하면 태연하고 상냥 하게 말하라. "좋아요."

두 사람이 모두 피곤해 잠자리에 들려던 참이다. 내일 아침에 쓰레기를 수거하는 날인데 쓰레기를 내다 놓지 않았다. 당신은 그가 피곤해한다는 것을 알고는 그에게 부탁하지 않고 직접 한다.

이렇게 말해 보라. "쓰레기 좀 밖에 내다 놓고 오실래요?" 만일 그가 거절하면 아무렇지도 않게 말하라. "알았어요."

어떻게 도움을 청하고 받아들일 것인가

그는 지금 몹시 바빠 보이고 무엇인가 중요한 일에 몰두해 정신이 없다. 그를 방해하고 싶지는 않지만 당신은 그와 할 이야기가 있다. 보통의 경우라면 그가 일을 하도록 가만히 놔두고 말을 걸지 않는다. 말을 걸면 그가 짜증을 낼 거라고 생각한다.

이렇게 말해 보라. "나한테 시간을 좀 내주실 수 있으세요?"
만일 그가 거절하면 아무렇지도 않은 듯 쾌활하게 말하라. "좋아요."

그가 무엇엔가 몰두한 모습이다. 그런데 정비소에 맡겼던 당신 차를 찾아 와야 한다. 보통때 같으면 그가 도저히 시간을 낼 수 없을 거라고 생각해 태워다 달라고 부탁해 보지 않는다.

이렇게 말해 보라. "차를 찾아 와야 하는데 당신이 정비소까지 태워다 줄래요? 차를 수리했거든요."
만일 그가 거절하면 아무렇지도 않은 듯 태연하게 말하라. "알았어요."

위에 열거한 실례 중 어떤 경우에도 그의 거절에 마음 상하지 않도록 미리 준비하라. 그의 거절을 받아들이고, 만일 사정이 허락했다면 그가 도움을 주었을 것이라고 믿어라. 당신이 그에게 도움을 요청했다가 거절당해도 섭섭해하거나 그를 괘씸하게 생각하지 않으면 그는 당신에게 5점에서 10점 가량의 점수를 준다. 다음 번에 당신이 또 부탁할 때 그는 당신의 요청에 좀더 긍정적인 반응을 보여 줄 것이다. 어떻게 보면, 당신이 상냥한 태도로 도움을 요청함으로써 더 많은 것을 베풀 수 있도록 그를 도와 주고 있는 셈이다.

내가 이 사실을 깨닫게 된 것은 몇 년 전 함께 일했던 한 여직원 덕분이었다. 그때 우리는 비영리 사업을 하고 있었으므로 자원 봉사자들의 도움이 필요했다. 그녀는 내 친구인 톰에게 전화를 걸려고 했다. 그가 이번에는 우리를 도와 줄 수 없을 것임을 이미 알고 있던 나는 괜히 전화해서 부담 주지 말라고 그녀에게 말했다. 그녀는 어쨌든 전화를 걸어 보겠다고 했다. 내가 그 이유를 물었더니 그녀는 이렇게 말했다. "전화를 해서 일단 도움을 청해 보겠어요. 그랬

다가 거절을 당해도 더없이 상냥하고 너그럽게 이해하는 거예요. 그럼 다음에
또 부탁할 일이 생겨서 전화를 하면 아마 그분은 십중팔구 들어 주려고 애쓰
실걸요. 저에 대해 좋은 기억을 갖고 계시기 때문이죠." 그녀의 말은 백 번 옳
았다.

당신이 남자에게 도움을 요청했을 때 그가 거절했다는 이유로 불편하게 대
하지 않으면 그는 그것을 기억하게 될 것이며, 다음에는 당신의 부탁에 훨씬 더
긍정적인 반응을 보여 주게 될 것이다. 이와 반대로 만일 당신이 묵묵히 자기
욕구를 희생하고 아무런 요청도 하지 않는다면 그는 당신이 자기 도움을 얼마
나 원했는지 알 길이 없다. 당신이 말하지 않는데 그가 어떻게 알겠는가?

당신이 남자에게 도움을 요청했을 때 그가 거절했다는 이유로
불편하게 대하지 않으면 그는 그것을 기억하게 될 것이며,
다음에는 당신의 부탁에 훨씬 더 긍정적인
반응을 보여 주게 될 것이다.

당신이 부드러운 태도로 요청을 계속하다 보면 가끔은 그도 수락의 범위를
넓혀 전에 없이 부탁을 들어 주는 경우도 생길 것이다. 이 정도면 반은 이루어
진 것이다.

### 건강한 관계

부부 양쪽 모두 자기가 원하는 것, 필요로 하는 것을 배우자에게 마음놓고 부탁
할 수 있고, 싫으면 싫다고 부담 없이 거절할 수 있을 때 그 관계는 건강한 관계
이다.

나의 딸 로렌이 다섯 살쯤 되었을 때의 일이다. 나는 그때 우리 식구가 모두
친하게 생각하는 한 친구와 함께 부엌에 있었다. 로렌은 내게 와서 자기를 번쩍
안아올려 달라고 말했다.

나는 말했다.

"아니, 오늘은 안 돼. 아빠가 너무 피곤하거든."

로렌은 어리광을 부리며 계속 졸라 댔다.

"제발요, 아빠. 응? 아빠. 딱 한 번만 응?"

그 친구가 말했다.

"자, 로렌. 네 아빠는 지금 피곤하시단다. 오늘 굉장히 힘들게 일하셨거든. 그러니 떼쓰지 말아라."

로렌은 즉각 이렇게 대꾸했다.

"난 그냥 부탁하고 있는 거예요!"

친구가 다시 말했다.

"하지만 너도 아빠가 얼마나 너를 사랑하시는지 알고 있겠지? 아빠가 네 부탁을 어떻게 거절하시겠니."

그때였다. 아내와 세 딸이 이렇게 합창을 했다.

"오, 아니에요. 거절할 수 있어요!"

나는 내 가족이 자랑스러웠다. 그렇게 되기까지 많은 노력이 필요했지만 우리는 점차 도움을 요청하는 것뿐 아니라 거절을 받아들일 줄도 알게 되었다.


## 제3단계 : 단호하게 요청하기

2단계까지의 훈련을 통해 상대의 거절을 여유만만하게 받아들일 수 있게 되었으면 3단계로 넘어가도 좋다. 3단계에서는 당신이 원하는 것을 얻어 내기 위해 전력을 기울여야 한다. 당신이 그에게 도움을 요청했는데, 만일 그가 핑계를 대거나 거부하려고 한다면 2단계에서처럼 "좋아요.", "알았어요."라고 말하지 마라. 그가 거절해도 상관 없다는 태도는 계속 유지하면서 그가 수락할 때까지 기다려라.

그가 막 잠자리에 들려고 하는 순간 당신이 이렇게 말한다고 생각해 보자.

"가게에 가서 우유 좀 사다 줄래요?"

그 말에 대한 그의 반응은 이렇다.

"아, 나는 너무 피곤해. 자야겠어."

"알았어요."라고 말해 단번에 책임을 면제해 주는 대신 아무 말도 하지 말아라. 당신의 부탁을 거절하고 있는 그를 이해하는 태도로 그냥 거기 서 있어라. 그의 거부에 대해 못마땅한 기색을 보이지 않음으로써 결국 그가 수락을 할 가능성은 훨씬 커진다.

단호하게 요청하는 기술이란 다름아니라 부탁을 한 다음 잠자코 있는 것이다. 당신이 부탁을 하면 그는 아마 투덜대고 푸념하고 툴툴거리고 중얼거릴 것이다. 그 순간에 그가 다른 일에 얼마나 몰두하고 있었느냐에 따라 투덜거림의 정도가 다를 것이다.

여자들은 보통 남자의 투덜거림을 잘못 해석하는 경향이 있다. 그녀는 그가 부탁을 들어 주기가 싫어서 그러는 것이라고 오해한다. 하지만 그게 아니다. 그가 투덜대는 것은 당신의 부탁을 고려하고 있는 중이라는 신호다. 만일 부탁을 들어 주지 않을 생각이라면 간단히 싫다고 하면 그만이다. 그러므로 그가 뭐라고 툴툴거리는 것은 지금 당신의 요청과 자기 욕구를 저울질하고 있다는 증거이다.

<br>

남자가 투덜거릴 때, 그것은 그가 지금 당신의 요청과 자기
욕구를 저울질하고 있다는 증거이다.

<br>

그는 자기가 몰두하던 일에서 당신의 요청 쪽으로 방향을 전환함에 있어 일어나는 심리적 저항을 결국 극복할 것이다. 녹슨 문을 열 때처럼 남자들이 괴상한 소리를 내는 것을 잠시 못 들은 체하고 가만히 있으면 불평은 곧 잠잠해질 것이다.

그들은 종종 부탁을 들어 주겠다는 말을 하면서까지 툴툴거린다. 대부분의 여자들은 이런 반응을 오해하고는 아예 그에게 부탁하지 않거나 그가 자기 요청을 들어 주지 않으려고 그러는 것으로 생각해 괘씸해하고 노여워한다.

아까 했던 이야기로 다시 돌아가서, 그가 막 잠자리에 들려는데 가게에 가서 우유를 사다 달라고 당신이 부탁을 하면 그는 십중팔구 투덜거릴 것이다.

"피곤하단 말야. 난 자야 한다구."

그는 짜증스러운 얼굴로 이렇게 말한다.

만약에 당신이 그의 반응을 거절의 뜻으로 받아들인다면 당신은 분명히 이렇게 응수할 것이다.

"내가 저녁 준비하고 설거지하고 아이들 씻겨서 잠옷 갈아 입히고 하는 동안 당신은 뭐 했어요? 소파에 파묻혀서 꼼짝도 안 했잖아요! 무리한 부탁도 아닌데 그 정도도 못 해주겠단 말예요? 나도 지쳤다구요. 왜 나 혼자서 온갖 일을 도맡아 쩔쩔매야 하죠?"

여기서 언쟁이 시작된다. 이와 반대로 투덜거림은 그저 투덜거림일 뿐이며 부탁을 들어 주면서도 그가 종종 그런 태도를 보인다는 것을 이해하면 당신은 즉각적인 대응을 자제하고 침묵을 유지할 수 있다. 당신의 침묵은 그가 지금 부탁을 들어 주기 위해 마음 속으로 기지개를 켜고 있음을 믿고 있다는 표시다.

당신이 더 많은 것을 요구할 때마다 그는 기지개를 켜야만 한다. 그의 투덜거림은 잠자리에서 일어나기 위한 준비단계인 기지개와 같은 것이다. 3 단계로 들어가기 위해서는 I, 2 단계를 거치며 준비운동을 해야 하는 것도 바로 그 때문이다.

덧붙이자면, 아침에는 융통성을 갖기가 좀더 어렵다. 저녁 무렵이 되어야 우리는 느긋한 마음으로 늘어지게 기지개를 켤 수 있다. 그러므로 남자가 툴툴거리면 그가 지금 아침 기지개를 켜고 있는 중이라고 생각하라. 일단 기지개를 쭉 켜고 나면 그는 기분이 한결 좋아질 것이다.

### 남자가 부탁을 받아 주게 하려면

내가 다음과 같은 과정을 처음 깨닫게 된 것은, 어느 날 내가 막 잠자리에 들려는데 아내가 가게에 가서 우유를 좀 사다 달라고 부탁을 하면서부터였다. 나는 그때 큰 소리로 불평을 했던 것으로 기억한다. 그런데 아내는 거기에 대해 일체 말이 없이 내가 결국은 들어 주리라는 것을 믿는 얼굴로 가만히 듣고만 있었다. 나는 계속 툴툴거리면서 방에서 나와 차를 몰고 가게로 갔다. 심경에 변화가 일어난 것은 바로 그때였다. 여자들은 모르겠지만 아마 남자들은 대부분 그런 경험을 해보았을 것이다. 새로운 목표인 우유를 향해 점점 가까이 다가가게 되면서 내가 느끼던 불평이 온데간데없이 사라진 것이다. 나는 불현듯 아내에 대한 사랑을 느꼈고, 내가 그녀를 도와 주고 있다는 사실이 괜스레 뿌듯했으며, 이쯤 되면 나도 썩 괜찮은 남편이라는 생각이 들어 기분이 좋아졌다. 정말이지 그때의 그 느낌이 좋았다.

가게에 들어서는 순간 나는 이제 우유를 사게 되리라는 생각에 행복하기까지 했고, 우유병을 향해 손을 뻗는 순간은 목표를 달성한 성취감을 맛보았다. 성취감이란 언제나 남자를 기분 좋게 하는 것이다. 나는 오른손에 우유병을 들고 희희낙락한 얼굴로 나왔는데 그때의 내 표정에는 이런 자랑스러움이 배어 있었으리라.

"자, 날 보라구. 아내를 위해 이렇게 우유를 샀단 말씀이지. 나만큼 훌륭한 남편 있으면 나와 보라 그래."

우유를 사 들고 집으로 돌아오자 아내는 행복한 표정으로 나를 맞았다. 그녀는 나를 끌어안으며 이렇게 말했다.

"정말 고마워요, 여보. 당신 덕분에 잠옷을 다시 갈아 입지 않아도 되어서 얼마나 편한지 몰라요."

만일 그녀가 우유를 사 가지고 들어온 나를 본체만체했다면 나는 속으로 그녀를 괘씸하게 여겼을 것이다. 그리고 만약 그랬다면 다음에 또 그녀가 그런 부탁을 할 때는 더 큰 소리로 오랫동안 툴툴거렸을 것이다. 하지만 아내는 그러지 않고 내게 사랑을 듬뿍 안겨 주었다.

나는 내 자신의 반응을 지켜 보며 속으로 이런 생각을 했다. '아, 얼마나 사랑스럽고 슬기로운 사람인가! 마지못해 툴툴거리면서 한 내 행동을 아내는 이렇게 고마워하는구나.'

그 다음에 아내가 또 우유를 사다 달라는 부탁을 했을 때는 내 투덜거림이 한결 가벼워졌다. 그때도 아내는 충분히 고마움을 표했다. 그리고 아내가 세 번째로 부탁했을 때 나는 이렇게 말했다.

"물론 사다 주고말고."

그로부터 일주일쯤 지나서 나는 냉장고에 우유가 바닥이 났다는 것을 눈치 챘다. 내가 우유를 사다 주겠다고 말했더니 아내는 자기가 지금 막 가려던 참이라고 했다. 그 말을 듣는 순간 나 자신도 믿을 수 없지만 가벼운 실망감이 스치고 지나갔다. 나는 아내를 위해 우유를 사다 주고 싶었기 때문이다. 그녀의 태도가 나를 변화시킨 것이었고, 지금까지도 나는 아내가 우유를 사다 달라고 하면 언제나 기쁜 마음으로 부탁을 들어 주게 되었다.

이같은 내적인 변화는 내가 몸소 체험한 것이다. 내 투덜거림을 들어 주고 내게 고마움을 표해 준 아내가 내 마음 속의 저항감을 씻어 내 주었고, 그때부터는 아내의 요청을 들어 주기가 훨씬 쉬워졌다.

## 의미심장한 침묵

단호한 요청의 중요 요소 중 하나는 도움을 요청한 다음 아무 말도 하지 않고 잠자코 있는 것이다. 당신의 배우자가 스스로 심리적 저항을 이겨 낼 수 있도록 해주어라. 그의 툴툴거림이나 불평에 못마땅한 내색을 하지 마라. 당신이 잠자코 그의 불평을 들어 주는 한 그의 도움을 받을 수 있는 가능성은 있다. 침묵을 깬다면 당신의 내적인 힘은 사라진다.

남자들의 툴툴거림에 대해 여자들은 듣다 못해 이렇게 말함으로써 침묵을 깨고, 상황에의 지배력을 잃는다.

- "아, 싫으면 관둬요."
- "어떻게 싫다고 할 수 있는지 이해가 안 가는군요. 내가 당신을 위해서 하고 있는 일을 생각해 보세요."
- "무리한 부탁을 한 것도 아니잖아요."
- "15분이면 될 걸 가지고 뭘 그래요?"
- "당신한테 실망했어요. 정말 기분이 언짢다구요."
- "나를 위해 이 정도도 안 하시겠단 말예요?"
- "왜 할 수가 없다는 거죠?"

기타 등등. 내 말뜻이 충분히 전달되었으리라 믿는다. 남자가 불평을 하면 여자는 자신의 요청이 타당하다는 것을 입증하고픈 충동을 이기지 못해 침묵을 깨뜨리게 된다. 그녀는 부탁을 들어 주는 것이 도리라는 것을 그에게 납득시키겠다는 생각으로 자기 주장을 편다. 그가 결국 그 부탁을 들어 주든 들어 주지 않든 상관 없이 다음에 그녀가 또 부탁할 때는 그는 더 심한 거부감을 느끼게 될 것이다.

〜〜

단호한 요청의 중요 요소 중 하나는 요청을 한 다음
아무 말 없이 잠자코 있는 것이다.

당신의 요청을 들어 줄 기회를 주기 위해서는 그에게 일단 요청을 한 다음 잠시 그대로 있어라. 툴툴거리고 불평을 해도 그냥 들어 주어라. 결국 그는 수락하게 될 것이다. 그가 당신에게 반감을 갖고 있어서 그러는 것이라는 오해는 하지 마라. 당신이 거세게 자기 주장을 하거나 강요하지 않는 한 반감을 가질 수도 없고 그러지도 않을 것이다. 툴툴거리고 불평을 할망정 그는 결국 부탁을 들어 주는 쪽으로 선택을 하게 될 것이다.

하지만 그가 부탁을 들어 줄 수 없다고 하는 경우도 더러는 있을 것이고, 어떻게든 빠져 나갈 구실을 찾으려 할 수도 있다. 당신이 잠자코 있으면 그는 아마 이렇게 물어 볼지 모른다.

- "당신은 왜 못 하는데?"
- "나는 정말 시간이 없는데. 당신이 좀 해주겠소?"
- "지금 바빠서 그럴 틈이 없어. 당신은 뭘 하지?"

이것들은 때로 그저 수사학적 질문에 지나지 않는다. 그러므로 당신이 굳이 그 질문에 대답할 필요는 없다. 그가 대답을 듣고 싶어하는 것이 확실하지 않는 한 잠자코 있어라. 만일 대답을 듣고 싶어하거든 한두 마디로 짧막하게 얘기하고 재차 요청하라. 단호한 요청이란 그가 할 수만 있다면 결국 들어 줄 것이라는 확신을 갖고 요청하는 것을 의미한다.

만약 그가 이유를 묻거나 거절하면 그때는 당신의 욕구도 그 못지않게 크다
는 것이 그에게 전달되도록 간단히 말하고 다시 한 번 부탁하라. 여기 몇 가지
예문을 들어 보았다.

| 그녀의 요청에 대해 그는 어떻게 저항하는가 | 그녀는 어떻게 단호한 태도를 보일 수 있는가 |
| --- | --- |
| "나는 시간이 없는데 당신이 하면 안 돼?" | "나도 바빠요. 당신이 좀 해주실래요?" 그런 다음 다시 침묵을 유지하라. |
| "아니, 난 하고 싶지 않은걸." | "당신이 해주면 정말 고마울 텐데요. 나를 위해서 좀 해주실래요.." 그런 다음 다시 잠자코 있어라. |
| "난 바쁜데. 당신은 뭘 하지?" | "나도 바빠서 그래요. 부탁인데 좀 해주실래요?" 그런 다음 다시 잠자코 있어라. |
| "아니, 지금 그걸 할 기분이 내키지 않아." | "그건 나도 마찬가지예요. 당신이 좀 해주시겠어요?" 그런 다음 다시 잠자코 있어라. |

그녀가 그를 설득하려고 하는 것이 아니라 단지 그의 거부에 대해 자기 입
장을 밝히고 있다는 점에 주목하라. 만일 그가 피곤하다고 말하면 당신이 더 피
곤하며, 그러므로 부탁을 들어 주는 것이 당연하다고 애써 설득하지 마라. 만약
그가 바쁘다고 생각하는 것 같거든, 바쁘기로 말하면 당신이 몇 배 더하다고 주
장하지 마라. 그가 부탁을 들어 주어야 하는 이유를 장황하게 설명하지 않도록

주의하라. 당신은 그에게 요구하는 것이 아니라 부탁을 하고 있다는 사실을 잊지 마라.

만약 그가 끝까지 싫다고 하거든 제2 단계에서 연습한 것처럼 태연하고 상냥스럽게 그의 거부를 받아들여라. 지금은 당신이 얼마나 실망했는지 그에게 말할 계제가 아니다. 만일 당신이 이 상황을 잘 넘겨 주면 그는 당신의 상냥하고 너그러운 태도를 기억하게 될 것이고, 다음에 부탁을 받을 때는 들어 주는 쪽으로 좀더 기울어지게 될 것이다.

이렇게 단계를 밟아 나가면서 당신은 자기가 원하는 것을 요청하고 얻어 내는 일에 조금씩 자신감을 갖게 될 것이다. 의미심장한 침묵의 단계인 3 단계를 실천에 옮기는 동안에 1 단계와 2 단계를 계속 염두에 두어야 함은 물론이다. 작은 일들을 정확하게 요청하는 것과 아울러 그의 거절을 상냥하게 받아들이는 것은 당신이 언제나 잊지 말고 신경써야 할 중요한 일이다.


## 남자들은 *왜* 그토록 예민한 반응을 보이는가

당신은 남자들이 요청받는 일에 대해 왜 그렇게 예민한 반응을 보이는지 의아해할지 모른다. 이것은 그들이 게을러서가 아니라 인정받고 싶은 욕구가 그만큼 크기 때문이다. 좀더 많이 베풀라거나 좀더 자상한 사람이 되어 달라는 부탁은 그로 하여금 있는 그대로의 자기 모습이 받아들여지지 않고 있다는 느낌을 갖게 할 수 있다.

여자들은 자기 감정을 이야기할 때 상대가 진지하게 귀를 기울여 주고 자기를 이해해 주는지에 예민한 반응을 보이는 반면, 남자들은 있는 그대로의 자기 모습이 받아들여지고 있는지에 더 예민한 반응을 보인다. 그를 향상시키려는 어떤 시도든 그에게는 당신이 지금의 그의 모습에 만족하지 못해 그를 변화시키려 하는 것으로 받아들여질 수 있다.

화성인들의 모토는 '고장나지 않은 한 고치지 말라'는 것이다. 여자가 자기에게 더 많은 것을 기대하거나 자기를 변화시키려 하고 있다고 느끼면, 남자는 그녀가 있는 그대로의 자기를 무슨 고장난 물건쯤으로 생각하는 것 같아 기분이 상한다.

도움을 요청하는 올바른 방법을 터득함으로써 당신의 부부 관계는 점점 향상되어 갈 것이다. 그리고 배우자로부터 당신이 원하는 만큼의 사랑과 협조를 얻을 수 있을 때 그 역시 행복감에 충만하게 될 것이다.

남자들은 자기가 좋아하는 사람을 만족시켜 주었다고 느껴질 때가 가장 행복한 법이다. 도움을 요청하는 적절한 방법을 터득함으로써, 남자에게는 사랑 받고 있다는 느낌을 가질 수 있게 하고 당신 역시 사랑을 얻을 수 있게 될 것이다.

다음 장에서는 사랑의 마법이 꺼지지 않게 하는 비결에 대하여 알아보기로 하자.

# 13 사랑의 마법 지키기

사랑의 패러독스 가운데 하나는 일이 잘 되어 가고 서로 사랑하다가 어느 날 갑자기 상대로부터 마음이 멀어지는 자신을 느끼고 애정 없는 반응을 보일 수 있다는 것이다. 다음의 예를 살펴보면 그 중의 몇몇은 아마 당신도 낯설지 않음을 알게 될 것이다.

1 당신은 배우자를 무척 사랑하고 있다. 그런데 이튿날 아침 잠에서 깨어나 공연히 그에게 짜증을 내거나 원망할 수 있다.

2 배우자를 사랑하고, 그의 결점을 참아 주고 받아 주던 당신이 이튿날 아침 갑자기 불만에 가득 차 이것저것 요구하는 경우가 있다.

3 배우자를 사랑하지 않는 자신은 상상도 할 수가 없다고 생각했는데, 다음 날 갑자기 그와 말다툼을

하고는 이혼을 생각한다.

4 배우자가 당신에게 애정 표현을 하는데, 당신은 그 혹은 그녀가 당신을 무시했던 지난날이 떠올라 골을 내게 된다.

5 배우자가 매력적이라고 생각하는데, 갑자기 그 혹은 그녀의 존재에 대해 무감각해진다.

6 배우자와 함께 있어서 행복하던 당신이 어느 날 갑자기 관계에 대한 불안을 느끼거나 자기 욕구를 표현하지 못한다.

7 배우자가 당신을 사랑하고 있다고 믿었는데, 갑자기 마음이 허전하고 외로워 견딜 수 없다.

8 당신의 사랑에 대해 너그럽고 관대했는데, 하루아침에 상대가 못마땅해서 화가 나고 비난하게 된다.

9 상대가 매력적이라고 생각했는데, 그 혹은 그녀가 당신에게 몰두하게 되는 순간 갑자기 흥미를 잃고 다른 사람에게 눈을 돌리게 된다.

10 배우자와 육체 관계를 원하다가 그가 원하면 거부하게 된다.

11 자기 자신과 인생에 대해 좋은 느낌을 가지고 있었는데, 어느 날 갑자기 스스로가 무가치하고 모자란 사람이라고 느껴지고 버림받은 것처럼 생각된다.

12 기분 좋게 하루를 보내고 배우자가 돌아오기를 기다렸는데, 막상 그를 보고는 그가 한 말에 실망하고 짜증을 내고 그에게 거리감을 느낀다.

당신뿐 아니라 당신의 배우자도 이와 같은 감정의 변화를 경험한 적이 있을 것이고 어쩌면 당신도 그것을 눈치챘을지 모른다. 미친 듯이 서로를 사랑하던 남녀가 하루아침에 미워하는 사이가 되어, 조금도 지지 않으려고 싸우는 것을 우리는 종종 볼 수 있다.

　이러한 급작스런 변화는 실로 당혹스러운 것이지만 얼마든지 있을 수 있는 일이다. 왜 이런 일이 일어나는 건지 이해하지 못한다면 우리는 자기가 아마 미쳤나 하고 생각하거나, 그렇지 않으면 사랑이 식어 버려서 그럴 거라는 그릇된 결론에 도달할 수 있다. 그러나 다행히도 설명을 듣고 나면 이같은 변화를 이해할 수 있게 된다.

　사랑은 해소되지 않은 우리의 감정을 이끌어 낸다. 사랑받고 있다고 느끼던 사람이 갑자기 그 사람을 의심하게 되는 것은, 사랑을 느끼는 순간 예전에 거부당했던 아픈 기억이 떠오르기 시작하기 때문이다.

　우리가 좀더 진한 자기애를 느끼거나 남들로부터 전보다 많은 사랑을 받게 되면 억눌려 있던 감정이 어김없이 솟아올라 애정에 일시적으로 그림자를 드리운다. 그러나 이 감정들은 분출되어야 하고 치유되어야 한다.

　과거에 우리가 표현할 수 없었던 감정들이 안전하다 싶을 때 한꺼번에 우리의 의식 속으로 밀려 들어온다. 사랑으로 인해 억압되어 있던 감정들이 눈 녹듯 차차 풀리면 이 감정들은 우리의 관계 위로 떠오르기 시작한다.

　마치 사랑받고 있다는 느낌을 가질 수 있을 때까지 기다렸다는 듯이 갑자기 나타난 이 감정은 지금이라도 치유되고 싶어한다. 우리 모두는 사랑받고 있다고 느껴지는 때가 올 때까지 우리 내면에 잠복하고 있는, 해결되지 않은 감정의 꾸러미와 과거의 상처를 안고 살아간다.

　그러다가 우리 자신을 마음놓고 드러내도 좋을 듯한 때가 오면 비로소 그 감정들이 고개를 쳐든다.

　만일 우리가 그 상처받은 감정들을 잘 어루만져 치유하고 나면, 기분이 훨씬 좋아지고 창조적인 애정의 잠재력에 생기를 불어넣을 수 있게 된다. 그러나 과거의 감정을 치유하지 못하고 배우자를 힐난하거나 다투게 되면 기분이 더 언짢아져 결국 상처를 또 하나 남기는 결과가 되고 만다.

### 억압된 감정이 어떻게 분출되는가

문제는 이런 감정들이 위로 솟아오르면서 "자, 내가 바로 과거의 억압된 감정이오." 하고 말로 하지 않는다는 데 있다. 버림을 받았거나 거부당했던 어린시절의 기억이 떠오를 때, 당신은 자기가 지금 배우자로부터 외면당하거나 거부당하고 있다는 느낌을 받을 것이다. 과거의 아픔이 현재에 투영되는 것이다. 평소 같으면 대수롭지 않게 넘겼을 일들이 공연히 불쾌하게 느껴지고 마음이 상한다.

여러 해 동안 우리는 고통스런 감정을 감추고 억누르며 살아 왔다. 그러다가 어느 날 갑자기 사랑에 빠지면, 그 사랑이 우리로 하여금 마음을 열어도 괜찮을 것처럼 느끼게 만들고 우리의 감정을 의식하게 한다. 사랑이 우리의 가슴을 열면 우리는 비로소 고통을 느끼기 시작하는 것이다.

### 왜 우리는 좋을 때 싸우게 되는가

과거의 감정들이 위로 솟아오르는 것은, 비단 우리가 사랑에 빠졌을 때뿐만 아니라 기쁜 일이 있거나 행복하고 기분이 좋을 때도 갑자기 일어날 수 있다. 누가 보아도 행복해야 할 것같이 좋을 때 부부들은 설명할 길 없는 이유로 싸우게 된다.

예를 들어, 새 집으로 이사를 하거나 집을 새로 꾸미거나, 졸업식, 종교적 축하연, 결혼식 등에 참석하거나, 크리스마스, 추수감사절 같은 날에, 또는 선물을 받거나 휴가여행을 떠나거나, 나쁜 습관을 고치겠다고 결심하거나, 새 차를 구입하거나 계획하던 일을 끝내거나, 승진을 하거나, 복권에 당첨되거나, 많은 돈을 벌거나 큰돈을 쓰기로 결정하거나, 진한 사랑을 나눌 때 부부들은 의외로 싸움을 하는 경우가 있다.

이런 특별한 상황에서 갑자기 부부 중 어느 한쪽이 아니면 양쪽 모두 설명할 수 없는 기분에 사로잡히게 된다. 그것은 상황이 시작되기 직전일 수도 있고 도중이거나 끝난 직후일 수도 있다. 위에 열거한 특별한 상황들을 다시 한 번

훑어보고, 이러한 상황들을 당신이 관계 속에서 어떻게 맞이해 왔으며 당신의 부모님들께서는 어떤 반응을 보이셨던가를 생각해 보면 의미 있는 사실을 발견하게 될지 모른다.


## 90 / 10 원칙

풀리지 않고 응어리진 감정이 주기적으로 표면에 떠오르는 현상을 이해하면, 우리가 왜 그렇게 쉽게 배우자로 인해 마음이 상하게 되는지를 알 수 있다. 우리가 기분이 상해 있을 때 그 언짢은 기분의 90%는 과거와 연관지어진 것이며, 우리가 기분 나쁘다고 생각하는 현재의 일과는 아무런 상관이 없다. 대개의 경우 약 10% 정도만이 현재의 경험으로 인한 불쾌함이라고 볼 수 있다. 한 가지 예를 살펴보기로 하자.

만일 배우자가 우리를 못마땅해하고 비난하고 있다고 생각되면 우리는 다소 기분이 상한다. 하지만 어른인 까닭에 우리는 그가 일부러 그러는 것은 아닐 거라고 이해를 하거나, 어쩌면 오늘 밖에서 좋지 않은 일이 있었던 모양이라고 미루어 짐작하기도 한다. 그래서 그의 비난에 생각보다 기분이 상하지 않을 수 있다.

그런데 어떤 날은 작은 비난에 기분이 울컥 상하기도 한다. 이런 날은 상처받은 과거의 감정이 위로 솟아오르기 때문이다. 그 결과 우리는 배우자의 비난에 훨씬 상처받기 쉬운 상태가 된다. 그것은 혹독한 꾸지람을 들었던 어린시절에서 기인하는 것이며, 배우자의 힐난이 과거의 상처를 건드린 것이다.

어린시절의 우리는 부모님의 부정적 감정은 그들의 문제이지 우리 잘못이 아니라는 것을 이해하지 못했기에, 모든 꾸지람과 거부와 비난을 오로지 우리 탓으로 받아들였다.

어린시절에 이렇게 응어리진 감정이 우리 의식 위로 떠오르면 우리는 배우자의 말을 자칫 비난이나 힐책이나 거부로 받아들이게 된다. 이럴 때는 어른다운 태도를 견지하기가 어렵다. 그래서 사사건건 곡해하게 된다.

누군가가 지나가다가 당신의 팔을 쿡 찔렀거나 가볍게 부딪쳤다고 생각해 보자. 그 정도는 별로 아프지 않을 것이다. 그런데 이미 상처가 나 있거나 욱신거리고 쑤시는 팔을 누가 쿡 찔렀다거나 부딪치고 지나갔다고 상상해 보라. 아마 훨씬 더 아플 것이다. 마찬가지로 풀리지 않은 과거의 감정이 떠오르면, 우리는 무심하게 쿡 찔러 보는 말이나 가벼운 스침에 과민한 반응을 보이게 될 것이다.

관계 초기에는 그렇게까지 신경과민이 되지는 않는다. 과거의 감정이 표면화되는 데는 시간이 걸린다. 그러나 과거의 감정이 떠오르면 배우자의 행동에 대한 우리의 반응이 판이하게 달라진다. 만일 과거의 풀리지 않은 감정이 떠오르지만 않는다면, 대부분의 경우 우리를 기분 나쁘게 하는 것 가운데 90%는 사라진다.

### 서로에게 도움이 되어 주는 방법

과거의 감정이 떠오르면 남자들은 대개 동굴로 들어간다. 그럴 때의 그는 과도하게 예민해지고 그 어느 때보다 자신의 존재가치를 인정받고 싶어한다.

여자들은 과거의 풀리지 않은 감정이 떠오르면 자긍심이 곤두박질쳐 우물 속으로 들어가게 되는데, 이럴 때 그녀는 자상하고 애정 어린 보살핌을 필요로 하게 된다.

이러한 통찰력은 우리가 스스로 자신의 감정을 잘 다스릴 수 있도록 도와준다. 만일 상대에게 언짢은 일이 있으면 그를 마주 대하기 전에 당신의 감정을 글로 써 보라. 사랑의 편지를 쓰는 동안 부정적인 감정은 저절로 풀리고 과거의 상처가 조금씩 치유될 것이다.

사랑의 편지는 당신이 과거의 감정에서 지금 이 시간으로 돌아올 수 있도록 도와 주고, 그럼으로써 배우자를 더욱 믿고 인정해 주고 이해하고 용서할 마음의 자세를 갖도록 해준다.

90 / 10 원칙을 이해한다는 것은 배우자가 당신에게 다소 지나친 반응을 보일 때도 역시 도움이 된다. 그의 과민함이 과거의 음영 때문이라는 사실을 알고

나면, 당신은 그에게 좀더 이해심 깊은 태도로 위안을 줄 수 있다. 그럴 때 상대방에게 왜 그렇게 지나친 반응을 보이느냐고 절대로 말하지 마라. 그들의 상처를 더욱더 아프게 할 뿐이다. 누군가의 상처 한복판을 찌르면서 그에게 왜 그렇게 과민한 반응을 보이느냐고 말할 수는 없을 것이다.

과거의 감정이 어떻게 떠오르게 되는지 이해한다면 배우자가 왜 그런 반응을 보일 수밖에 없었는지 깨닫게 될 것이다. 그들은 지금 치유과정을 겪고 있는 것이다. 그들이 마음을 가라앉히고 이성을 되찾을 수 있도록 시간을 주어라. 그들의 감정에 귀를 기울이고 있기가 힘들거든, 그런 기분을 내색하기 전에 그들에게 사랑의 편지를 쓰도록 권해 보라.

## 치유의 편지

당신의 과거가 현재에 어떤 영향을 미치는지 이해하게 되면 부정적 감정을 치유하기가 한결 수월해진다. 만일 배우자로 인해 어떤 식으로든 기분이 상했다면, 그에게 사랑의 편지를 쓰되 당신의 언짢음이 혹 과거와 연관된 것은 아닌지 자문해 보아라. 편지를 쓰는 동안 과거의 어떤 기억이 떠올라, 당신이 기분 상했던 것이 배우자 때문이 아니라 실은 당신의 부모님 때문이었음을 깨닫게 될지도 모른다.

이 시점에 이르면 사랑의 편지의 수취인을 배우자에서 부모님으로 바꿔라. 그리고 애정 어린 답장을 쓴 다음 배우자와 함께 이 편지를 읽어 보라.

그들은 아마 좋아할 것이다. 기분이 상한 이유 가운데 과거에서 비롯된 90%의 책임을 당신이 스스로 떠맡고 나서는 데야 좋지 않을 리가 없을 것이다. 과거에 대한 이해가 없다면 우리는 애꿎은 배우자만을 탓하거나, 그렇지 않으면 적어도 비난받고 있다는 느낌을 갖게 만들 것이 뻔하다.

만일 당신의 배우자가 당신의 감정에 좀더 자상하게 신경써 주기를 바란다면 당신이 과거에 받은 아픈 상처를 함께 느낄 수 있는 기회를 가져라. 그럼 그들은 당신의 예민함을 이해하게 될 것이다. 사랑의 편지는 이런 고백을 하기에 그야말로 안성맞춤이 아닌가.

## 당신 기분이 상한 것은 결코 당신이 지금 생각하는 그 이유 때문이 아니다

사랑의 편지를 씀으로써 자신의 감정을 좀더 깊이 들여다보게 되면 기분이 상한 이유가 처음 생각했던 것과 다르다는 사실을 발견하게 되는 경우가 많다. 뒤에 숨어 있던 진짜 이유를 찾아 내어 관심을 기울여 주면 부정적 정서는 곧 사라질 것이다. 우리가 부정적 정서에 사로잡히는 것이 순간이듯, 거기서 놓여나는 것도 순간일 수 있다. 여기 몇 가지 예화가 있다.

1 어느 날 아침 잠에서 깨어난 짐은 아내의 행동에 공연히 짜증이 났다. 그녀가 하는 일마다 눈에 거슬리고 성가시게 느껴졌다. 아내에게 사랑의 편지를 쓰면서 그는 자기가 그토록 기분이 상했던 이유는 매사에 간섭이 심했던 자신의 어머니 때문이었다는 것을 알게 되었다. 과거의 감정이 떠오르자 그는 간섭받고 잔소리를 듣던 어린시절로 되돌아간 기분으로 어머니에게 짤막한 편지를 썼다. 편지를 다 쓰고 나니 아내에 대해 언짢았던 마음이 싹 사라졌다.

2 리자는 한 몇 달 동안 사랑에 빠져 지냈는데, 그러다가 갑자기 파트너가 못마땅하게 보이기 시작했다. 그에게 사랑의 편지를 쓰는 동안 그녀는 자기가 그의 상대로 부족할지 모른다는 걱정과, 그의 마음이 떠날 것 같은 두려움이 가슴 속 깊이 자리하고 있었음을 깨달았다. 자신의 두려움을 알게 된 리자는 다시 상대에게 애정을 느끼기 시작했다.

3 빌과 진은 참으로 달콤한 저녁시간을 보냈다. 그런데 그 다음 날 두 사람은 죽어라고 싸웠다. 빌이 깜빡 잊고 무언가를 하지 않은 데 대해 진이 약간 화를 낸 것이 싸움의 발단이었다. 다른 때 같았으면 충분히 이해하고 넘어갔을 텐데 빌은 불현듯 이혼을 원했다. 그가 나중에 편지를 쓰면서 깨닫게 된 것은 상대로부터 버림받고 혼자 남게 되는 것이 너무나 두

렵다는 사실이었다. 어렸을 때 부모님께서 싸우는 모습을 보며 그가 느꼈던 불안과 두려움이 그를 엄습했다. 그는 부모님에게 사랑의 편지를 썼고, 아내에 대한 사랑을 회복했다.

4 수잔의 남편 톰은 직장에서 원고 마감시간을 지키느라 몹시 바쁘고 힘겨운 하루를 보냈다. 그런데 그가 퇴근해서 집에 돌아왔을 때 수잔은 아주 언짢은 기색으로 남편을 원망했다. 그가 하루 종일 스트레스에 파묻혀 지냈으리라는 것을 이해하지 못하는 바는 아니었지만, 그래도 마음이 언짢은 것은 어쩔 수가 없었다. 남편에게 사랑의 편지를 쓰면서 그녀는 자기가 화를 내고 있었던 대상은 실은 아버지였다는 것을 깨달았다. 아버지는 늘 바쁘셨고, 어린 그녀는 신경질이 많은 어머니의 화풀이 대상이었다. 그때 그녀는 혼자 버려진 기분이었고 너무나 무력했는데, 그 감정이 다시 떠오른 것이었다. 수잔은 그 시절로 돌아가 아버지에게 편지를 썼고, 이제는 남편에게 공연히 화를 내지 않게 되었다.

5 레이첼은 필이 아주 매력적인 남자라고 생각했고, 그에게 호감을 갖고 있었다. 그런데 필이 그녀에게 사랑을 고백하며 열을 올리기 시작하자 갑자기 생각이 달라지는 것이었다. 그의 진심이 의심스럽게 느껴지고 그의 매력도 시들해졌다. 그에게 사랑의 편지를 쓰면서 레이첼은 자신의 심경의 변화는 소극적 성격 때문에 어머니에게 늘 상처만 안겨 주던 아버지 때문이었다는 것을 깨달았다. 아버지에게 편지를 쓰고 나니 자신의 부정적 감정이 많이 치유되는 것을 느꼈고, 필에 대한 열정을 되찾게 되었다.

사랑의 편지를 쓰기 시작했다고 해서 그때마다 늘 과거의 감정과 기억을 떠올릴 수 있는 것은 아니다. 하지만 당신이 정말로 기분이 언짢을 때 스스로 자기 가슴을 터놓고 그 깊은 속을 들여다보면 과거와의 연결고리를 쉽게 발견할 수 있을 것이다.

## 지연 반응에 대한 응답

사랑이 찾아오면 풀리지 않은 과거의 감정들이 되살아날 수 있는 것처럼, 당신이 원하던 것을 비로소 손에 넣게 되는 순간에도 당신은 그런 느낌을 가질 수 있다. 내가 처음으로 그런 느낌을 맛보았던 때의 일이 생각난다. 아주 오래 전의 이야기다. 그때 나는 아내와 잠자리를 같이하고 싶었는데, 그녀는 그럴 기분이 아니라고 나를 거부했다. 나는 아내의 의사를 존중하고 받아들였다. 다음날 저녁에 나는 넌지시 의향을 내비쳐 보았지만 아내는 여전히 흥미 없어 했다. 매일 이런 상황이 되풀이되었다.

이렇게 2주일 정도 지나자 나는 아내가 너무한다고 생각하기 시작했다. 그러나 나는 그때 내 마음을 어떻게 전해야 할지 알 수 없었다. 그래서 내가 느낀 실망과 서운함을 내색하지 못하고 아무렇지도 않은 것처럼 행동했다. 부정적인 감정을 애써 누르고 아내에게 여전히 다정하게 굴었다. 그러는 동안 속으로는 원망이 쌓여 갔다.

속으로는 나를 거부하는 아내를 야속해하면서 그녀가 기뻐하고 행복해할 수 있는 일이라고 생각되면 나는 무엇이든지 했다. 2주일째 되던 날 나는 아내에게 주려고 예쁜 잠옷을 사 가지고 들어왔다. 그녀는 선물 포장을 풀어 보더니 무척 놀라며 좋아했다. 나는 한 번 입어 보라고 말했다. 그러나 아내는 지금 그럴 기분이 아니라며 나중에 입어 보겠다고 했다.

이 대목에 이르러 나는 완전히 포기했다. 육체적인 욕구에 대해서는 아예 잊어버리기로 마음먹었다. 내가 아내에게 일체 내색하지 않았으므로 우리 사이에는 겉으로는 아무 문제가 없었다. 그렇게 다시 2주일이 흘렀는데, 어느 날 저녁 집에 돌아와 보니 아내는 분위기 있게 식탁을 차려놓고 2주일 전에 사 준 잠옷을 입고 있었다. 불빛은 은은했고 실내에는 감미로운 음악이 흘렀다.

그때 내 반응이 어땠겠는지 당신은 아마 짐작할 수 있을 것이다. 순간 나는 그 동안 꼭꼭 눌러 왔던 원망이 한꺼번에 밀어닥치는 것을 느꼈다. 나는 속으로 이렇게 생각했다. '자 이제 당신도 어디 한번 4주 동안 당해 보시지.' 그때까지 아무렇지도 않은 척 억눌러 온 원망이 아내의 변화 앞에서 그만 폭발해 버리고

만 것이다. 그런 내 감정을 아내에게 이야기하면서, 나는 그토록 원하던 것을 상대가 주겠다고 할 때 감동하기는커녕 쌓였던 원망이 분출할 수 있다는 사실을 깨달았다.

### 느닷없이 밀어닥치는 원망을 느낄 때

내가 경험을 하고 나니 그런 경우가 적지않게 눈에 띄기 시작했다. 상담실에서도 그런 상황을 쉽게 접할 수 있었다. 한쪽에서 마침내 개과천선하리라 결심하는 순간, 다른 한쪽이 갑자기 시큰둥해하거나 냉담한 반응을 보이게 되는 경우가 그것이었다.

예를 들어 매기가 그토록 원하고 끊임없이 부탁했던 것을 빌이 결국 들어주겠다고 마음먹는 순간, 매기는 원망에 찬 얼굴로 이렇게 말하는 것이다.

"그래서 어쨌다는 거죠? 흥, 버스는 이미 지나갔어요."

결혼 생활 20년이 넘은 부부들도 상담을 요청해 오는 경우가 많은데, 자식들이 모두 독립해 부모 곁을 떠난 마당에 느닷없이 아내가 이혼을 요구하면, 남자들은 그제야 정신이 번쩍 들어 조언을 좀 구해 보려고 상담실을 노크하는 것이다. 그러나 그가 잘못을 뉘우치고 20년 동안 아내가 그렇게 갈망했던 사랑을 베풀기 시작하는 순간 여자는 그지없이 냉담한 반응을 보이게 된다.

마치 그도 자기처럼 20년 정도 고통을 받아야 한다고 생각하는 듯 보인다. 그러나 다행히 그런 것은 아니다. 그가 아내의 감정에 귀를 기울여 주고 자기가 그 동안 얼마나 그녀를 소홀히 대했는지 진심으로 이해하게 되면서, 그녀는 점차 남편의 마음을 받아들이게 된다. 이와 반대로 남자가 아내에 대한 불만이 쌓여 그녀 곁을 떠나려 할 때, 그녀가 기꺼이 스스로를 변화시키려고 해도 그가 선뜻 받아 주지 않는 경우도 마찬가지다.

### 기대 상승의 위기

사회적 현상에서도 이같은 예를 찾아볼 수 있다. 사회학에서는 이를 '기대 상승의 위기'라고 일컫는다. 1960년대 미국에 존슨 행정부가 들어섰을 때의 일이다. 이때 미국 내 소수민족들의 권리가 전에 비해 상당 부분 신장되는 계기가 마련되었는데, 처음으로 자기 권리를 누리게 된 이들이 보여 준 행동은 폭동과 소요 등 울분의 폭발이었다. 인종차별에 대해 그 동안 억눌려 온 감정이 한꺼번에 쏟아져 나온 것이다.

이것은 억압되어 온 감정이 어떤 계기를 맞아 표면화된 또 하나의 사례다. 소수민족들의 오랜 숙원이 풀리는 순간 그들이 이제껏 느껴 왔던 원망과 분노가 갑자기 분출된 것이다. 풀리지 않은 과거의 감정들이 물을 만나 모조리 위로 떠오르는 것과 같았다. 국민들이 마침내 부패한 독재 권력의 손아귀에서 벗어나 자유를 되찾게 된 나라들에서도 이같은 현상이 벌어지고 있다.


## 심신이 건강한 사람이라도 상담이 필요할 때가 있다

두 사람이 점차 가까워지고 사랑이 깊어 가면서 수치심이나 두려움같이 가슴맨 밑바닥에 가라앉아 있던 고통스런 감정들까지 들끓어 올라올 수 있다. 그러면 우리는 어찌할 바를 몰라 당황하게 되는 것이 보통이다.

그런 감정을 치유하려면 누군가에게 터놓고 이야기할 필요가 있는데, 창피하고 두려운 마음에 차마 속을 터놓지 못한다. 그러면 우리는 공연히 우울해하거나 상대를 원망하거나, 자기도 모르게 신경이 예민해져 마음을 졸이게 된다. 풀리지 않은 과거의 감정들이 분출구를 찾지 못해 막혀 있을 때 나타날 수 있는 증상들이다.

그러면 당신은 (본능적으로) 사랑으로부터 도망치고 싶어하거나, 아니면 무엇인가에 깊이 탐닉하게 될 것이다. 그러나 이때는 당신이 자기 감정을 설득하려고 노력할 때지 결코 도망칠 때가 아니다. 이럴 때 당신은 상담 치료사를 찾는 것이 현명할 것이다.

뿌리 깊은 감정들이 어떤 계기를 맞아 위로 솟아오르면 우리는 그 감정을 배우자에게 투사하게 된다. 그러나 우리가 만일 부모님이나 그 누군가에게 한 번도 속 시원히 감정을 털어놓아 보지 못했다면 배우자 앞에서도 자기의 속마음을 드러내지 못하는 경우가 많다. 출구를 찾지 못한 감정들은 다시 갇히게 된다. 이것은 참으로 역설적인 이야기다. 왜냐하면 당신이 상대방의 사랑을 느끼거나 그 앞에서 마음이 편안해지면 가슴 속 깊은 곳의 두려움이 기회라는 듯 고개를 드는데, 그 감정이 위로 솟아오를 때 당신은 두려운 나머지 그것을 상대에게 털어놓고 말하지 못하게 되기 때문이다. 그 두려움이 당신을 둔감하게 만들 수도 있다.

〜

> 이것은 참으로 역설적인 이야기이다. 왜냐하면 당신이 상대방의 사랑을
> 느끼거나 그 앞에서 마음이 편안해지면 가슴 속 깊은 곳의 두려움이
> 기회라는 듯이 고개를 드는데, 그 감정이 위로 솟아오를 때
> 당신은 두려운 나머지 그것을 상대에게 털어놓고
> 말하지 못하게 되기 때문이다.

이럴 때 카운슬러나 심리 치료사가 있으면 굉장한 도움이 된다. 자신의 두려움과 아무 상관이 없는 제3자에게 당신은 오히려 편안하게 감정을 털어놓을 수 있다.

애정 어린 관계를 유지하고 있는 부부가 상담 치료사의 도움을 필요로 하게 되는 것은 바로 그 때문이다. 집단 치료에 참여해 보는 것도 같은 효과를 줄 수 있다. 친한 관계는 아니지만 서로 도움을 주고받을 수 있는 사람들과 함께라면, 당신의 상처받은 감정을 보다 쉽게 털어놓을 수 있다.

우리가 풀리지 않은 과거의 감정을 배우자에게 투사시킬 때 그들에게는 우리를 도와 줄 방법이 없다. 그들이 도와 줄 수 있는 있다면 전문가의 도움을 받아 보라고 권하는 것이 고작이다. 우리의 과거가 현재의 관계에 어떤 영향을 미치는지 이해함으로써, 우리는 사랑의 밀물과 썰물을 자연스러운 것으로 받아들일 수 있게 된다. 그리고 사랑을 믿고 그 치유능력에 확신을 가질 수 있게 된다. 사랑의 마법이 풀리지 않게 하려면 우리는 사랑의 계절적 변화에 융통성을 갖고 적응할 수 있어야 한다.

# 사랑의 계절

남녀 관계란 정원과 같다. 무성하게 잘 가꾸려면 꼬박꼬박 물을 주어야 하고, 계절은 물론 예측할 수 없는 날씨까지 참작해서 각별한 정성으로 보살펴야 한다. 새로 씨앗을 뿌리고 더러는 잡초도 뽑아 주어야 할 것이다. 마찬가지로 사랑의 마법이 꺼지지 않게 하려면 우리는 사랑의 계절을 알아야 하고, 사랑이 특별히 필요로 하는 자양분을 공급해 주어야만 하는 것이다.

### 사랑의 봄

사랑에 빠지는 것은 봄과 같다고 할 수 있다. 사랑에 빠지면 우리는 언제까지나 행복할 것만 같고, 상대를 사랑하지 않게 되는 것은 상상할 수도 없다. 그야말로 순진무구한 때이다. 사랑은 영원한 지속성으로 우리에게 다가온다. 모든 것이 더할 나위 없이 완벽해 보이고 상대방과 내가 천생연분이라고 느껴진다. 우리는 힘들이지 않고 조화로움 속에서 함께 춤추며 서로를 만나게 해준 운명에 감사한다.

### 사랑의 여름

사랑에 여름이 오면 우리는 처음 생각했던 것처럼 상대방이 그렇게 완벽하지는 않으며, 두 사람의 관계를 가꾸어 나가기 위해서는 노력이 필요하다는 사실을 깨닫게 된다.

상대가 자신과 다른 행성 출신이라는 사실뿐만 아니라, 실수를 하고 결점도 있는 똑같은 인간이라는 것도 이 시기에 알게 된다. 실망과 좌절감이 고개를 든다. 잡초는 뽑아 주어야 하고 뜨거운 햇볕 아래서는 물도 조금 더 주어야 한다. 사랑을 주고받는 일이 처음처럼 그렇게 쉽지는 않다. 늘 행복한 것은 아니며, 사랑의 감정도 언제나 한결같지 않다는 것도 알게 된다. 그것은 우리가 그리던 사랑이 아니다.

이 시기에 이르면 많은 부부들이 서로에 대해, 결혼에 대해 환멸을 느낀다. 그들은 관계를 위해 노력할 생각을 하지 않는다. 자기들의 사랑이 늘 봄철 같으리라 기대했던 그들은 현실이 그렇지 못한 데 대해 상대방을 탓하며 쉽사리 포기하고 만다. 사랑이 그렇게 쉬운 것만은 아니며, 특히 뜨거운 태양 아래서는 각별한 보살핌이 필요하다는 것을 그들은 깨닫지 못한다.

사랑의 여름이 되면 우리는 상대가 필요로 하는 것을 주면서, 우리가 필요로 하는 것을 요청해 얻어야만 한다. 그것은 저절로 이루어지지 않으므로.

### 사랑의 가을

여름 내내 땀 흘리며 정성껏 정원을 가꾼 결과 우리는 보람 있는 결실을 거두게 된다. 바야흐로 가을이 온 것이다. 모든 것이 풍성하고 흡족한 황금기다. 우리는 자기 자신의 결점과 마찬가지로 상대방의 불완전함을 이해하고 받아들이는 성숙한 사랑을 경험하게 된다. 가을은 추수하고 수확의 기쁨을 함께 나누는 계절이다. 여름에 힘들게 일한 덕분에 우리는 편히 쉬면서 우리가 함께 거둬들인 사랑을 향유한다.

### 사랑의 겨울

계절은 다시 바뀌어 겨울이 찾아온다. 매서운 바람이 불고 황량한 겨울에는 모든 것이 자기 안으로 움츠러든다. 그래서 겨울은 휴식과 반성과 소생의 계절이다. 우리의 관계에 있어서는 아직 해결되지 않고 남아 있는 고통과 어두운 면을 느껴 보는 계절이다. 상대의 사랑을 요구하고, 그를 통해 만족을 얻으려 하기보다는 자신의 내면을 들여다보는 고독한 성장의 계절이다. 겨울은 또한 치유의 계절이다. 남자들은 자기 동굴에서, 여자들은 우물 안에서 자기 감정과 대면하고 관심을 기울인다.

우리 자신을 사랑하고, 우리의 상처받은 감정을 치유하면서 음산한 겨울을 나면 봄은 필연적으로 찾아온다. 다시 한 번 우리는 넘치는 희망과 기대, 사랑의 축복을 받는다. 기나긴 겨울여행에서 감정을 정리하고 영혼을 정화한 덕분에, 우리는 서로 마음을 활짝 열고 봄철의 따사로운 사랑을 한껏 받아들일 수 있게 된다.


## 성공적인 관계

관계 속에서 당신이 원하는 것을 상대방에게 전하고 그것을 얻어 내는 방법에 관해 모두 살펴본 지금, 당신은 성공적인 관계로 나아갈 만반의 준비를 갖춘 셈이다. 당신은 충분히 희망을 가질 만하다. 사랑의 사계절을 당신은 슬기롭게 헤쳐 나갈 수 있을 것이다.

나는 수천 명의 부부가 —일부는 그야말로 하룻밤 사이에 —달라지곤 하는 것을 지금껏 보아 왔다. 토요일날 내 인간 관계 세미나에 들어왔던 부부가 일요일 저녁 무렵이면 놀라울 만큼 사랑을 회복하기도 했다. 이 책을 통해 새로이 얻게 된 통찰을 적용하고, 남자는 화성에서 여자는 금성에서 왔다는 사실을 기억함으로써 당신도 그같은 효과를 거둘 수 있을 것이다.

그러나 사랑도 계절을 탄다는 것을 절대 잊어서는 안 된다. 봄에는 모든 것이 쉽지만 여름에는 힘들여 노력해야 하고, 가을이 당신에게 풍요와 만족을 안겨 주는 대신 겨울은 그지없이 허허롭다.

사정이 어렵고 당신이 필요로 하는 사랑을 얻을 수 없는 여름철이 닥치면, 당신은 이 책을 통해 얻은 통찰과 인식을 갑자기 잃어버리게 될지 모른다. 황량하고 공허한 겨울이 찾아오면 당신은 어쩌면 희망이 없다고 포기할지도 모른다. 자기 자신과 상대방을 의심하고 탓하고, 사랑에 대한 냉소주의자가 될 수도 있다. 이것은 끊임없이 반복되는 하나의 순환 주기이다. 새벽이 오기 직전이 언제나 가장 어두운 것처럼.

성공적인 관계를 갖고 싶다면 사랑의 계절적 변화를 이해하고 받아들여야만 한다. 사랑이 쉽게 저절로 흘러갈 때가 있는가 하면, 많은 노력을 필요로 할 때도 있다. 우리의 가슴도 충만할 때와 공허할 때가 있지 않은가. 상대방이 늘 사랑이 넘치는 모습을 보여 주기를 기대하지 마라.

무엇인가를 배우려면 그것을 듣고 적용하는 과정뿐만 아니라 잊어버렸다가 다시 기억해 내는 과정 또한 필요하다. 이 책을 통해서 당신은 부모님께서 가르쳐 주실 수 없었던 것들을 배웠을 것이다. 그분들은 알지 못하셨으니까. 그러나 현실감을 갖기를 바란다. 당신이 새로운 사실들을 알게 되었다고 해도 곧 잊어버리고 전처럼 행동할 수도 있고 실수할 수도 있다. 스스로에게 조금은 관대해질 필요가 있다.

교육 이론에 의하면 우리가 뭔가 새로운 것을 완전히 숙지하려면 그 내용을 2백 번 반복해서 들어야 한다고 한다. 우리는 자기 자신이나 배우자가 이 책의 내용을 빠짐없이 기억하리라고 기대해서는 안 된다. 우리는 참을성을 가지고 그들의 작은 변화에 고마워할 줄 알아야 한다. 이 책에 담긴 생각들이 당신의 삶 속으로 스며드는 데는 시간이 걸릴 것이다.

뿐만 아니라 우리에게는 과거에 배운 것들을 고쳐 배워야 하는 어려움이 있다. 성공적인 관계를 가꾸는 비결을 배움에 있어 우리는 어린아이들처럼 하얀 도화지가 아니다. 우리의 부모님, 우리가 성장한 문화, 우리 자신의 고통스런 경험이 이미 우리 사고의 많은 부분을 지배하고 있다. 거기에 새로운 지혜를 융화시킨다는 것은 또 하나의 도전이다.

당신은 개척자다. 일찍이 아무도 가 보지 않은 미지의 세계를 여행하고 있는 것이다. 때로는 길을 잃을 수도 있고, 때로는 함께 가던 동반자를 잃어버리는 일도 있으리라. 그럴 때마다 이 책을 지도삼아 펴 보고 또 펴 보며 여행을 계속하라.

그리고 이성으로 인해 실망을 느끼게 될 때면 남자는 화성에서 오고 여자는 금성에서 왔다는 사실을 기억하라. 이 책에서 다른 것은 다 제쳐놓더라도 남녀가 서로 다를 수밖에 없다는 사실을 기억하는 것만으로도 당신이 아내를, 또는 남편을 사랑하는 데 도움이 될 것이다. 비난과 힐책을 조금씩 줄이고, 자기가 원하는 것을 포기하지 않고 끈기 있게 요청함으로써 당신은 그토록 원하고 필요로 하고, 또 누릴 자격이 있는 애정 어린 관계를 창조할 수 있게 될 것이다.

당신의 가능성은 무궁무진하다. 당신의 사랑이 나날이 커 가고 지혜가 늘기를 바라며, 내가 당신의 인생에 변화를 가져올 수 있도록 허락해 준 데 대해 깊은 감사를 드린다.